PASOLINI

Cultural Inquiry

EDITED BY CHRISTOPH F. E. HOLZHEY
AND MANUELE GRAGNOLATI

The series 'Cultural Inquiry' is dedicated to exploring how diverse cultures can be brought into fruitful rather than pernicious confrontation. Taking culture in a deliberately broad sense that also includes different discourses and disciplines, it aims to open up spaces of inquiry, experimentation, and intervention. Its emphasis lies in critical reflection and in identifying and highlighting contemporary issues and concerns, even in publications with a historical orientation. Following a decidedly cross-disciplinary approach, it seeks to enact and provoke transfers among the humanities, the natural and social sciences, and the arts. The series includes a plurality of methodologies and approaches, binding them through the tension of mutual confrontation and negotiation rather than through homogenization or exclusion.

Christoph F. E. Holzhey is the Founding Director of the ICI Berlin Institute for Cultural Inquiry. Manuele Gragnolati is Professor of Italian Literature at the Sorbonne Université in Paris and Associate Director of the ICI Berlin.

PASOLINI

Dialogues avec la France / Dialoghi con la Francia

SOUS LA DIRECTION DE
MARCO ANTONIO BAZZOCCHI, PAOLO DESOGUS,
MANUELE GRAGNOLATI, ANNE-VIOLAINE HOUCKE,
HERVÉ JOUBERT-LAURENCIN ET DAVIDE LUGLIO

ISBN (Hardcover): 978-3-96558-103-6
ISBN (Paperback): 978-3-96558-104-3
ISBN (PDF): 978-3-96558-105-0
ISBN (EPUB): 978-3-96558-106-7

Cultural Inquiry, 36
ISSN (Print): 2627-728X
ISSN (Online): 2627-731X

Bibliographical Information of the German National Library
The German National Library lists this publication in the Deutsche Nationalbibliografie (German National Bibliography); detailed bibliographic information is available online at http://dnb.d-nb.de.

Cover design: Studio Bens. Cover photograph: P. P. Pasolini con Bernardo Bertolucci e J. L. Godard, incontro per il film « Amore e rabbia » nel 1969. © REPORTERS ASSOCIATI & ARCHIVI – ROMA

In Europe, volumes are printed by Lightning Source UK Ltd., Milton Keynes, UK. See the final page for further details.

Digital editions can be viewed and downloaded freely at: https://doi.org/10.37050/ci-36.

ICI Berlin Press is an imprint of
ICI gemeinnütziges Institut für Cultural Inquiry Berlin GmbH
Christinenstr. 18/19, Haus 8
D-10119 Berlin
publishing@ici-berlin.org
www.ici-berlin.org

Table des matières

Préface

Le rapport au monde de Pier Paolo Pasolini fut intellectuel, sensuel et intranquille, voire offensif. Son rapport à la culture française, ses philosophes, son cinéma, sa littérature, emprunte les mêmes chemins, passe par les mêmes affects. Selon lui, la tradition politique française est née, pour le meilleur et pour le pire, d'une révolution dont le centralisme initial a donné forme à un État autoritaire, rationaliste et laïque, trop attaché à une seule langue. Ce même centralisme a cependant permis la constitution d'une classe dirigeante unie, condition nécessaire au développement culturel à travers une élite capable d'opposer à la grande bourgeoisie nationale une « rage » plus massive et mieux organisée que celle exprimée, en Italie, par des petites bourgeoisies fragmentées en particularismes régionaux. Mais au-delà des ponts tendus en général par l'intelligence hospitalière instinctive de Pasolini avec les cultures et les langues qui lui étaient étrangères, son rapport à la France fut, spécifiquement, celui d'une *interlocution*. Pasolini s'adresse à la France, l'interpelle.

Tout au long de son œuvre, dans ses romans, ses poèmes, ses essais, ses films et ses prises de position intellectuelles, Pier Paolo Pasolini n'a cessé de dialoguer avec la France. Dialogue profond, multiforme, traversé de fascination, d'opposition, de reconnaissance et de malentendus, il constitue l'un des fils invisibles mais persistants de sa trajectoire artistique et critique. Pasolini interpelle la France, la rêve, la juge, la convoque, elle constitue tantôt un horizon d'admiration, tantôt une cible polémique, tantôt encore un miroir où se reflètent les contradictions internes de la modernité occidentale. Il a interrogé la France à travers sa littérature, sa pensée, sa politique culturelle, mais aussi à travers ses silences, ses aveuglements et ses mythes. Le centenaire de la naissance de Pasolini, célébré en 2022, nous a donc paru une occasion idéale pour organiser un colloque international consacré à cet univers, afin d'éclairer la place qu'occupe la France dans l'œuvre pasolinienne. De Villon à Barthes, en passant par Sade, Stendhal, Gide et Proust, de

Laforgue à Apollinaire, avec Baudelaire, Verlaine et Rimbaud, quels écrivains, quelle poésie, quelle langue, quelle théorie jouèrent pour lui un rôle, entrèrent dans sa vie, dans ses vers et dans ses images ? Avec quels cinéastes confronta-t-il ses « fulgurations figuratives », en rencontrant Jean-Luc Godard, Jean-Claude Biette et Paul Vecchiali, en écrivant un épisode français pour *Uccellacci e uccellini,* en filmant en 1975 Sade plutôt que Proust, *Sodome* plutôt que *Sodome et Gomorrhe* ?

Toutefois, si l'œuvre de Pasolini n'a jamais cessé de puiser dans cet imaginaire multiple, parfois contradictoire, qui fait de la culture française une instance structurante de son propre parcours intellectuel et esthétique, cette relation est loin d'être unilatérale. La France aussi a parlé de Pasolini — et continue à le faire. Depuis les années 1960, Pasolini a fait l'objet d'une attention constante dans les milieux littéraires, cinématographiques et théoriques français. Mais de quel Pasolini la France parla et parle-t-elle encore ? De quoi est fait son rêve de Pasolini ? Ni plus ni moins vrai, sans doute, que celui des Italiens, des Allemands ou des Brésiliens. Quelle fut la forme spécifique de son incompréhension, parmi toutes celles qui voilèrent longtemps l'œuvre de cet artiste érudit ? À l'inverse, de quoi est fait l'élan de l'empathie et de l'impressionnante reconnaissance à son égard au pays de Sade, Proust et Rimbaud ? Quelle postérité, vue depuis la France, pour celui qui se nomma lui-même « plus moderne que tous les modernes » ? Quelle place de « classique contemporain » lui a-t-elle été réservée sur les plateaux français et francophones depuis les premières traductions de son théâtre à la fin des années 1980 ? Par quels paliers contradictoires la cinéphilie française a-t-elle apprécié son intense production cinématographique depuis 1961 ?

C'est à ces questions que ce volume entend répondre, en réunissant les actes du colloque international *Pasolini. Dialogues avec la France,* organisé dans une volonté de croisement disciplinaire et de relecture critique. Les contributions rassemblées ici entendent proposer un aperçu de la richesse, de la complexité et parfois même des paradoxes du lien profond qui lie Pasolini et la France. Un lien qui engage la question plus vaste des circulations transnationales dans l'Europe du XXe siècle, et des formes que peut prendre aujourd'hui, dans un contexte radicalement transformé, la transmission d'une pensée critique, poétique et politique.

Le volume s'ouvre sur deux figures cardinales de la modernité romanesque — Stendhal et Proust — que Pasolini aborde à la fois comme modèles et comme seuils à dépasser. Dans son essai, Davide Messina reconstruit, à partir d'une lettre inédite que Pasolini avait adressée à Stendhal pour en faire la préface-dédicace de son premier roman, un parcours de cristallisation romanesque inspiré par les étapes dessinées dans *De l'amour*. Le voyage symbolique de Bologne à Rome devient ainsi un itinéraire de formation littéraire et sentimentale, marqué dès le départ par un échec fondateur, et s'achevant sur les lectures critiques de Barthes et Sciascia, qui viennent déstabiliser la forme romanesque elle-même. Silvia De Laude, quant à elle, met au jour l'existence, chez le jeune Pasolini narrateur, d'une «hypothèse Proust», qui coexiste un temps avec une référence dantesque plus affirmée et durable. Cette phase de cohabitation est perceptible dans les récits des années cinquante, en particulier ceux rassemblés dans *Alì dagli occhi azzurri* (1965), où la sensualité proustienne cède progressivement la place à une poétique populaire et éthique des borgate.

L'entrée en scène du cinéma accentue ce mouvement de mise à distance critique. Dans son article, Pierre-Paul Carotenuto analyse un épisode supprimé d'*Uccellacci e uccellini*, où Pasolini construit une fable satirique à l'égard de certains courants de la culture française. À travers une confrontation entre un aigle muet et un dompteur français, il oppose la «pensée sauvage» à la rationalité occidentale. Cette séquence, inspirée notamment des fables de La Fontaine, dresse un portrait féroce de l'intellectualisme bourgeois et du marxisme français, incarnés par des figures comme Sartre et Mauriac. Le panthéon ainsi caricaturé devient le symbole d'une hiérarchie culturelle figée, face à laquelle Pasolini appelle à un renouveau dans une société capitaliste en mutation.

Ce geste critique se déploie également dans l'essai de Fabien Vitali, qui interroge la dialectique pasolinienne entre le «monde de la raison» et l'«ancien monde magique» à partir de deux œuvres centrales: «L'Aigle» (1965) et *Appunti per un'Orestiade africana* (1970). Ces deux récits entretiennent une complémentarité inversée: le premier exalte le «la pensée sauvage» dans une perspective anti-eurocentrée, tandis que le second part d'une hypothèse eurocentrique pour tenter une synthèse entre monde ancestral et modernité. Cette contradiction n'est qu'apparente : *Appunti per un'Orestiade africana* adopte une démarche « antilogique » qui mine sa propre thèse, annonçant la rétractation explicite du modèle rationaliste que Pasolini opérera quelques années plus tard.

Dans ce contexte, la question du langage devient cruciale. Trois essais — ceux de Cécile Sorin, Paolo Desogus et Pierre Eugène — analysent les rapports complexes entre Pasolini et les courants théoriques français. Sorin examine la réception française des allocutions de Pasolini à Pesaro, révélant à quel point ses propositions théoriques, notamment le « cinéma de poésie », échappent aux schémas de la sémiologie dominante. Cette difficulté de classement explique leur récupération ultérieure, souvent contradictoire, par des figures comme Ropars-Wuilleumier, Eizykman ou Deleuze. Desogus approfondit cette tension en examinant la critique pasolinienne du structuralisme français, entendu non comme appartenance mais comme pôle dialectique. Contre le formalisme abstrait et antiréférentiel de Barthes, Pasolini oppose une conception historique, processuelle et marxiste de la langue, qui entrelace Gramsci et Hjelmslev. Pierre Eugène, de son côté, retrace l'embarras des *Cahiers du cinéma* face à Pasolini, tour à tour salué pour ses intuitions sémiologiques, puis suspecté de manipulation esthétique et d'insincérité politique. L'ambiguïté de cette réception, marquée par le silence sur ses dernières œuvres, témoigne d'une inquiétude face à l'impureté provocatrice de son cinéma.

Cette inquiétude se prolonge dans les deux essais consacrés à Sartre et aux figures de la poétique africaine. Anne-Violaine Houcke montre comment l'Afrique devient, entre 1958 et 1969, un espace central de l'imaginaire pasolinien, nourri par des intertextes français — Rimbaud, Sékou Touré, Césaire, Senghor, Sartre — et traversé par la notion de « survivance ». Celle-ci, d'abord pensée comme alternative entre rationnel et irrationnel, se mue peu à peu en forme de pensée de l'altérité. Gian Luca Picconi, quant à lui, analyse l'évolution du regard de Pasolini sur Sartre. D'abord violemment critique — Sartre y est qualifié de « fasciste » en tant que symbole d'une culture bourgeoise moribonde —, le jugement pasolinien se transforme après leur rencontre en 1962, notamment sous l'influence des *Damnés de la terre* de Fanon. Si la poésie « Profezia » rend hommage à Sartre en explorant l'idée de violence révolutionnaire, Pasolini maintient cependant son refus de la violence comme instrument politique. Sartre devient alors « Saint Sartre », une icône muséale figée, désormais capable de scandaliser seulement par sa justification de la révolution violente.

Les derniers essais du volume approfondissent la relation critique entretenue par Pasolini avec la pensée française à travers les figures de Barthes, Foucault et Sade. Andrea Cortellessa étudie un aspect peu exploré de la relation entre Pasolini et Barthes : non pas la simple influence, mais un croisement critique autour de la question du temps, de l'image et de la mort. Il met en lumière l'attention accordée aux paradoxes temporels produits par la photographie, où s'entrelacent vie et mort, présence et disparition. Cette inquiétude face au temps figé de l'image se double, chez Pasolini, d'une réflexion sur la représentation du réel comme déchirure, comme irruption violente de la vérité. Davide Luglio explore quant à lui la place implicite mais décisive de Pasolini dans l'œuvre tardive de Barthes, notamment dans *Le Neutre* et *La Préparation du roman.* La « vitalité désespérée » pasolinienne exprime la recherche d'une écriture « neutre », irréductible et résistante proche de celle du roman dont rêve Barthes, fait de notes, de fragments et d'une tension constante entre la vie et l'écriture. Marco Bazzocchi, en s'appuyant sur *Trasumanar e organizzar*, propose une lecture foucaldienne du dernier Pasolini, comme figure de la « parrhésie », cette parole vraie et risquée que Foucault conceptualise au même moment. Pasolini refuse les conventions du langage poétique, les subvertit, et affirme une vérité nue fondée sur l'expérience vécue.

Enfin, *Salò* constitue le dernier carrefour de ce dialogue franco-pasolinien. Hervé Joubert-Laurencin s'attache à la bibliographie initiale du film, cette image de lettres blanches sur fond noir où apparaissent cinq noms français — une liste, un plan, un geste de cinéma. Julie Paquette, de son côté, interprète la figure de Sade comme un test de Rorschach : à travers lui, Pasolini dialogue avec la France comme jamais auparavant, mais c'est un dialogue qui achoppe, peut-être en raison de l'apathie sadienne et du désintéressement surréaliste — deux formes d'extériorité auxquelles Pasolini ne pourra jamais pleinement adhérer.

Les « dialogues » que retrace ce volume témoignent de la densité et de la profondeur du lien entre Pasolini et la France. Ils laissent aussi entrevoir combien d'autres confrontations, échos, gestes critiques et appropriations créatives restent à explorer. Ils ne constituent donc qu'une conversation inachevée, une étape, un relais, une invitation à poursuivre « les dialogues » qui doivent pouvoir aider à comprendre l'étrange et inextinguible actualité du poète et cinéaste italien.

REMERCIEMENTS

Le colloque *Pasolini. Dialogues avec la France* s'est tenu à l'Université Paris-Nanterre et à Sorbonne Université les 1er et 2 décembre 2022, ainsi qu'à l'Académie de France à Rome – Villa Médicis le 12 décembre 2022. Outre l'Université Paris-Nanterre, Sorbonne Université et l'Académie de France à Rome – Villa Médicis, nous tenons également à remercier Francesca Alberti pour sa collaboration à la réalisation du colloque, l'Université de Bologne pour son soutien ainsi que l'ICI Berlin Institute for Cultural Inquiry et notamment son directeur, Christoph Holzhey, sans qui la réalisation de ce volume n'aurait pas été possible. Un grand merci aussi à Louisa Elderton et Claudia Peppel de l'ICI Berlin Press.

MARCO ANTONIO BAZZOCCHI
PAOLO DESOGUS
MANUELE GRAGNOLATI
ANNE-VIOLAINE HOUCKE
HERVÉ JOUBERT-LAURENCIN
DAVIDE LUGLIO

Pasolini et Stendhal, de Bologne à Rome

Étapes d'une cristallisation romanesque

DAVIDE MESSINA

> malgrado tutto, sono largamente compensato dalla mia joy
>
> Pier Paolo Pasolini, lettre à Silvana Mauri, 15 août 1947

Dans les milliers de pages publiées par Pasolini de son vivant et par les soins posthumes des philologues, les références à Stendhal sont plutôt rares et peu remarquables. Il n'est pas surprenant, donc, que ce sujet ait échappé aux mailles serrées des études pasoliniennes. Il serait plus évident de parler d'une absence de Stendhal dans son œuvre. En même temps, il s'agit d'une absence significative, car elle nous renvoie à un lieu originel de son œuvre romanesque. C'est une origine qui demeure, à la lettre, *sous rature* : le jeune Pasolini avait adressé à Stendhal une lettre, qu'il voulait utiliser comme la préface-dédicace de son premier roman ; ensuite, il avait décidé de biffer ces pages, qui ne seront jamais publiées.

En partant de cette lettre, je voudrais tracer un parcours stendhalien dans la formation aussi bien que dans l'évolution de l'œuvre romanesque de Pasolini. C'est un parcours que j'appellerai, avec Stendhal, de *cristallisation*. J'emprunte cette idée aux pages bien connues de *De l'amour*, de 1822, juste cent ans avant la naissance de Pasolini. Stendhal l'avait écrit « sous la dictée d'une grande passion ».[1] Au départ, en 1819, il s'était lancé dans l'écriture du *Roman* d'un grand échec amoureux, mais les peu de pages crayonnées n'avançaient pas ; dans un « day of genius », comme il l'évoque, il avait décidé de traduire l'impasse du roman par l'analyse philosophique de la passion d'amour.[2] Il l'appelait son « livre d'idéologie », car il ne trouvait pas de mot grec pour dire « un discours sur les sentiments, comme idéologie indique discours sur les idées ».[3] C'était toujours une œuvre intime, où les détails n'éblouissent pas les délices. Cette alchimie de l'échec amoureux et de l'essai idéologique est aussi cruciale pour Pasolini, à la croisée de *Passione e ideologia* (1960).[4]

Comme Stendhal l'explique, la cristallisation est davantage le phénomène d'un corps amoureux, par lequel le plaisir, qui envoie « le sang au cerveau », excite l'imagination et produit une idéalisation : dans l'amour, « ce sont les réalités qui s'empressent de se modeler sur les désirs » ; on ne peut pas penser à l'être aimé sans jouir « avec délices de chaque nouvelle beauté que l'on découvre dans ce qu'on aime ».[5] Dans un conte intitulé « Le rameau de Salzbourg », que Stendhal avait écrit en 1825 pour une deuxième édition éventuelle (en espérant plus de succès de vente), le phénomène est figuré par une branche morte, effeuillée, qui tombe dans les profondeurs d'une mine de sel et qu'on retrouve, quelques mois après, toute fleurie de cristaux brillants. Dans ce conte, plus en détail, le processus est expliqué par la métaphore d'un voyage de l'esprit de Bologne à Rome. Stendhal en avait fait un

---

1 Stendhal, *Journal* (22 avril 1820), dans Stendhal, *Œuvres intimes*, éd. Victor Del Litto, 2 vol. (Paris : Gallimard, 1981–82), II (1982), p. 46.

2 Stendhal, *De l'amour* [1822], éd. Victor Del Litto (Paris : Gallimard, 1980), p. 14, n. 1. Voir Serge Sérodes, « De *Roman* à *De l'Amour*, ou comment ne plus échouer à parler de ce qu'on aime », dans Sérodes, *Persuasions d'amour. Nouvelles lectures de De l'Amour de Stendhal*, éd. Daniel Sangsue (Genève : Droz, 1999), p. 41–50.

3 *Ibid.*, p. 35. Voir Roland Barthes, *Le Neutre : Cours au Collège de France (1977–78)*, éd. Thomas Clerc (Paris : Seuil/IMEC, 2002), p. 11.

4 Pier Paolo Pasolini, *Passione e ideologia* [1960], dans Pasolini, *Saggi sulla letteratura e sull'arte*, éd. Walter Siti et Silvia De Laude, 2 vol. (Milan : Mondadori, 1999), I, p. 709–1239 (p. 1238).

5 Stendhal, *De l'amour*, p. 48. Voir Alexandra Pion, « Désirer, c'est imaginer », dans Pion, *Stendhal et l'érotisme romantique* (Rennes : Presses Universitaires de Rennes, 2010), p. 61–96.

joli dessin sur le revers d'une « carte à jouer », comme il appelait les fiches de son manuscrit : un ami lui avait conseillé de le supprimer, car il ressemblait « pas mal au jeu de l'oie » et les lecteurs ne l'auraient pas pris « au sérieux »,[6] mais Stendhal choisit de le garder. Les deux villes italiennes représentent les deux extrêmes de l'esprit qui tombe amoureux, de la première indifférence à la cristallisation. Entre les deux, il y a « quatre gîtes » : l'admiration, le désir, l'espérance et l'exagération.[7] Avec l'exagération, on est encore à mi-chemin, mais l'amour est né, la cristallisation commence.

Bologne était la ville du *Roman* de Stendhal, même s'il avait déplacé près de Bologne, dans une « maison de campagne délicieuse », le village lombard de Desio, dont le nom, « à dix milles » au nord de Milan , était devenu la scène de son *désir* romanesque.[8] À Bologne, il avait trouvé la belle vie de société, la conversation et la musique de Milan, mais moins « francisée » ; dans cette ville, comme il l'écrit, la politique n'était que « le refuge des amants malheureux ».[9] Par contre, Rome n'était pas pour lui le nom d'une cristallisation. L'écrivain français réservait son adoration pour « une femme nommée mille ans », c'est-à-dire Milan, même s'il avait dû épouser « sa sœur aînée, nommée Rome », un mariage épuisé par l'ennui.[10] En fait, cela me semble un voyage très pasolinien, plutôt que stendhalien.

Pour Pasolini, Bologne était la ville de son père et de sa naissance, des équivoques fascistes et des études universitaires.[11] C'est là que l'admiration s'impose, en sortant de l'indifférence. À l'autre bout, Rome est la ville où il devient l'auteur qu'on reconnaît, où il publie ses premiers romans, tourne ses premiers films, rencontre son plus grand amour et son destin aussi : c'est là que son style se cristallise dans

6 Stendhal, lettre de Victor Jacquemont (28 mai 1825), dans Stendhal, *Correspondance*, éd. Henri Martineau et Victor Del Litto, 3 vol. (Paris : Gallimard, 1962–68), II (1967), p. 805.

7 Stendhal, *De l'amour*, p. 363–64.

8 Stendhal, p. 471. Voir Stendhal, *Voyages en Italie*, éd. Victor Del Litto (Paris : Gallimard, 1973), p. 1512, n. 1.

9 *Ibid.*, p. 436.

10 Stendhal, lettre à Domenico Fiore (15 avril 1835), dans Stendhal, *Correspondance*, III, p. 58.

11 *Pasolini e Bologna. Gli anni della formazione e i ritorni*, éd. Marco Antonio Bazzocchi et Roberto Chiesi (Bologne : Cineteca, 2022).

l'exagération, en passant du doute au désespoir. Entre les deux villes, les étapes du désir et de l'espérance se déroulent dans le village de la mère, Casarsa della Delizia, la « campagne délicieuse » où, pendant la guerre, Pasolini s'épanouit comme un poète de langue frioulane et écrit ses premières ébauches romanesques en italien.

DÉLICE ET DÉSIR

Pasolini rentre à Casarsa juste après l'armistice de septembre 1943. C'est une période de délices poétiques, mais aussi d'un désir romanesque tourmenté. Il restera dans ce village jusqu'à janvier 1950, quand, à la suite d'un scandale bien connu, il partira avec sa mère pour aller s'installer à Rome. Dans un poème de 1966–67, il écrira que ce voyage en train avait été la seule « page de roman » de toute sa vie : pour le reste, il avait « vécu au sein d'un poème lyrique, comme tout possédé » (*dentro una lirica, come ogni ossesso*).[12] Dans le même poème, on lit qu'il avait emporté avec lui le manuscrit de son « premier roman », daté de la sortie de *Ladri di biciclette* (1948), de Vittorio De Sica : il s'agit probablement de *Il sogno di una cosa*, qui sera publié en 1962. En effet, il y avait beaucoup d'autres pages et projets romanesques parmi ses inédits de Casarsa.

Pasolini passait sous silence les *Quaderni rossi*, les cahiers où il avait commencé à noter sa vie intime, à fantasmer ses amours inconfessables et à romancer ses expériences clandestines. Sur la couverture rouge de ces cahiers, une gravure de Saint Georges à cheval tuant le dragon gardait le secret. Le titre qu'il avait donné à son tout premier projet romanesque était *Pagine involontarie* — justement, comme Stendhal l'écrivait, le premier mouvement de la cristallisation, marqué par le départ de Bologne, est « involontaire ».[13] Avant de partir pour Rome, Pasolini avait légué ses cahiers à son cousin Nico Naldini, qui

12 Pier Paolo Pasolini, *Poeta delle ceneri* (1967), en français : Pasolini, *Qui je suis*, trad. Jean-Pierre Milelli et Graziella Chiarcossi (Paris : Arléa, 2015), p. 19.

13 Stendhal, *De l'amour*, p. 363. Voir Pier Paolo Pasolini, lettre à Gianfranco Contini (18 août 1947), dans Pasolini, *Le lettere*, éd. Antonella Giordano et Nico Naldini (Milan : Garzanti, 2021), p. 575.

en publiera des extraits en 1980.[14] Les deux premiers brouillons romanesques seront publiés en 1982, sous les titres de *Atti impuri* et *Amado mio*.[15]

Le premier cahier s'ouvre avec une lettre de trois pages « À Stendhal », datée : « Casarsa, le 20 juin 1946 ». Ces pages demeurent dans les archives pasoliniennes de Casarsa, toujours inédites.[16] Pasolini avait décidé de les supprimer avec des ratures diagonales. Le manuscrit est souvent de lecture très difficile, et il n'y a presque rien dans la critique.[17] Pourtant, le déchiffrement peut contribuer à jeter encore quelques lumières sur l'écriture de cette période, sur la naissance du premier roman de Pasolini et la cristallisation de son désir romanesque, surtout dans les *pentimenti* (repentirs, comme en peinture), au-dessous des lignes biffées.

Stendhal est le nom d'une idée reçue du réalisme romanesque, à laquelle le jeune Pasolini veut s'opposer. Les « pages involontaires » affichent une dimension existentielle et lyrique, plutôt que politique ; leur réalité touche à l'écriture de la vie intime, plutôt qu'à l'histoire. Cette première opposition trouvera son dénouement à Rome, la ville qui est « toute vice et soleil, croûtes et lumière ».[18] La forme nouvelle et finale de l'écriture de Pasolini pourrait être nommée le « rameau de *Salò* » (1975) : la branche cristallisée du premier désir romanesque se montre à nouveau effeuillée par le « *dégoût de l'admiration* »,[19] comme Stendhal l'avait écrit de Rome. Plutôt que le plaisir de se faire « *stendhaliser* »,[20] Pasolini cultivera le plaisir d'être « scandalisé », comme il le

---

14 Pier Paolo Pasolini, *Poesie e pagine ritrovate*, éd. Andrea Zanzotto et Nico Naldini (Rome : Lato Side, 1980). Voir Nico Naldini, *Pasolini. Pages retrouvées dans les champs du Frioul*, trad. Philippe Di Meo (Paris : Persona, 1984), p. 18.

15 Pier Paolo Pasolini, *Actes impurs, suivi de Amado mio*, trad. René de Ceccatty (Paris : Gallimard, 1984).

16 Pier Paolo Pasolini, *Quaderni rossi*, Centro Studi Pier Paolo Pasolini (Fondo Nico Naldini), Casarsa della Delizia, Cahier 1, cartes 1–3. Toutes les traductions de cet inédit sont les miennes.

17 Albert Maquet « Pasolini et Stendhal », *Stendhal Club*, 109 (1985), p. 66. Voir Fabien Kunz, « Intorno ai materiali di Casarsa. Dediche nelle prime opere di Pasolini (1941–55) », *Margini. Giornale della dedica e altro*, 4 (2010), p. 11–14.

18 Pier Paolo Pasolini, lettre à Giacinto Spagnoletti (été 1952), dans Pasolini, *Lettere*, p. 706 (ma trad.).

19 Stendhal, *Voyages en Italie*, p. 622.

20 Stendhal, lettre à Adolphe de Mareste (3 janvier 1818), dans Stendhal, *Correspondance*, I, p. 886.

dira dans une interview à la télévision française pour la sortie de son dernier film.[21]

C'est à l'écrivain de 1830 que Pasolini s'adresse, au début de la lettre. C'est l'année où la Restauration va s'écrouler sous la poussée révolutionnaire de *La Liberté guidant le peuple* (1830), comme le dit le tableau d'Eugène Delacroix. Pour Pasolini, au lendemain de la chute du fascisme, les événements de cette période révolutionnaire apparaissent désormais sans importance, « ridicules » (*ridicoli*). Évidemment, la référence est au roman *Le Rouge et le Noir*, sous-titré *Chronique de 1830*. C'est le seul livre de Stendhal qu'on trouve dans la bibliothèque de Pasolini. Il s'agit de la première traduction italienne, faite par le principal représentant du *réalisme magique*, Massimo Bontempelli, qui traduira aussi *De l'amour*.[22] Il y a seulement le premier volume de cette édition ; on ne peut pas savoir si Pasolini possédait ni s'il avait lu aussi le deuxième volume, mais il n'est pas nécessaire de le supposer. À la fin du livre, il y a un petit dessin à crayon noir : la silhouette d'un homme, orientée vers l'intérieur du livre, peut-être de la main de Pasolini.

Le premier volume du *Rouge et le Noir* raconte la vie du protagoniste, Julien Sorel, avant son arrivée à Paris. Le milieu provincial de cette partie parle le plus directement au jeune Pasolini de Casarsa, avant le départ pour Rome : l'une de ses ébauches romanesques était intitulée, précisément, *Il disprezzo della provincia* (1951–52).[23] Julien est un « fils du peuple », très doué et encore plus ambitieux. Il aurait pu parvenir à la gloire militaire avec Napoléon, et même avoir une « vilaine carrière » dans la nouvelle société démocratique, mais cela n'était plus possible dans le régime de l'« aristocratie bourgeoise », qu'il appelle la « caste ». Dans sa traduction, Bontempelli note que, à cause de sa classe, Julien est marqué comme un homme « différent »

21 Pier Paolo Pasolini, Dossier de presse : *Salò, ou les 120 journées de Sodome*, 1975, p. 24.

22 *La biblioteca di Pier Paolo Pasolini*, éd. Graziella Chiarcossi et Franco Zabagli (Florence : Olschki, 2017), p. 25. Stendhal, *Il rosso e il nero*, trad. Massimo Bontempelli, 2 vol. (Milan : Istituto Editoriale Italiano, 1913 ; deux. éd. Milan : Bietti, 1933). Voir Stendhal, *Dell'amore*, trad. Massimo Bontempelli (Milan : Istituto Editoriale italiano, 1916).

23 Pier Paolo Pasolini, *Il disprezzo della provincia* [1951–52], dans Pasolini, *Romanzi e racconti*, éd. Walter Siti et Silvia De Laude, 2 vol. (Milan : Mondadori, 1998), I, p. 421–520.

(*diverso*).[24] Cette diversité de classe déterminera son destin. Son désir d'ascension sociale l'emmène à l'échafaud, alors qu'il a tout juste vingt-trois ans — presque le même âge que Pasolini, qui lit ce roman « cent-seize ans » plus tard, dans un petit village « aux marges » (*ai margini*) de l'histoire, comme il l'écrit dans la lettre. Le jeune poète pouvait se sentir également déchiré entre le rouge et le noir, notamment : la passion et l'idée de la mort ; le noir du fascisme de son père et le rouge de la Résistance, à laquelle il sacrifiera son frère ; le rouge du parti communiste, auquel il aurait décidé de s'inscrire en 1948 (pour en être expulsé en 1949), et le noir du jésuitisme politique, qui s'installera avec la démocratie retrouvée ; enfin, ce sera l'opposition même du terrorisme politique des années 1970, dévoilé dans ce que Pasolini appellera « le roman des massacres » (*romanzo delle stragi*).[25]

Pasolini continue sa lettre en disant que Stendhal était « indubitablement mort » (*indubbiamente morto*), et qu'il ne pouvait donc pas refuser la dédicace d'un roman qu'il n'aurait certainement pas aimé. Dans une parenthèse biffée, il avait ajouté que cette mort de l'auteur était la forme d'une « diversité » (*diversità*) radicale, qu'il n'arrivait pas à bien comprendre. En fait, Pasolini aurait pu la reconnaître par rapport à son désir, qui était pour lui aussi indubitable que la mort. Comme il l'écrira dans ses cahiers en 1947, il n'avait jamais eu besoin de crier à l'instar d'André Gide : « Je suis différent des autres. »[26] Toutefois, ce qui était pour lui indubitable était aussi inconfessable. L'amour et la mort s'entrelacent dans les pensées du jeune écrivain, qui n'arrive pas à vivre son désir et qui, dès le début de ses *Pagine involontarie*, convoite la mort. Il se façonnait comme un Saint Georges, comme il le racontait à ses élèves à Casarsa, mais il se mettait aussi bien dans la peau du monstre qui allait être sacrifié.[27] C'est précisément l'écriture de sa diversité, dans l'invention poétique de la langue frioulane, ce

24 Stendhal, *Il rosso e il nero*, p. 14.

25 Pier Paolo Pasolini, « Il romanzo delle stragi » [1974], trad. Philippe Guilhon, « Le Roman des massacres », dans Pasolini, *Écrits corsaires* (Paris : Flammarion, 1976), p. 131–37. Voir Enrico Petris, *Rosso, nero e Pasolini* (Milan : Mimesis, 2015).

26 Pier Paolo Pasolini, « Appendice ad *Atti impuri* », dans Pasolini, *Romanzi e racconti*, I, p. 156 ; en français : Pasolini, *Douce, et autres textes*, trad. Marguerite Pozzoli (Arles : Actes Sud, 2000), p. 46.

27 Pier Paolo Pasolini, « Dal diario di un insegnante » [1948], dans Pasolini, *Romanzi e racconti*, I, p. 1334–37 (p. 1336–37).

qui fait sortir Pasolini de l'indifférence romanesque : comme l'a écrit Elsa Morante, sa « vraie différence était la poésie » (*vera diversità era la poesia*).[28]

Toujours par opposition à Stendhal, Pasolini note que ses pages sont « sans légèreté » (*senza leggerezza*). C'est le sort d'un écrivain « *provincial* », comme il l'écrit en soulignant le mot, celui de « prendre les choses trop au sérieux » (*troppo sul serio*). Il explique qu'on ne peut pas « faire de l'esprit » (*far dello spririto*) quand on est trop « conscient », ce qui est la condition de son écriture romanesque et, en même temps, de son échec langagier. Le « mot d'esprit » (*motto di spirito*) ne lui suffisait plus à établir « un lien nécessaire à la narration » (*legame necessario al narrare*), comme Stendhal pouvait le faire. Seulement avec la découverte du *Witz* de Sigmund Freud Pasolini trouvera cette « astuce » du récit réaliste qui déplace l'écriture par la relation de la langue à l'inconscient, le désir par la pulsion de mort.[29] Mais il s'agit alors d'une « légèreté funèbre » (*leggerezza funeraria*).[30]

De plus, comme Pasolini l'écrit dans la lettre, l'« habitude démocratique » avait brouillé « les rapports entre la vie intérieure et la vie extérieure ». Si Stendhal pouvait remplir le « vide » (*vuoto*) de l'existence par le « pur rapport social » (*puro rapporto sociale*), le jeune Pasolini ne pouvait pas s'échapper à la « dimension unique et grave de son existence ». Il était vain, donc, de chercher une « adhérence heureuse » (*felice aderenza*) de la vie intime à l'histoire, comme pouvait le faire l'aristocratique Giuseppe Tomasi di Lampedusa en lisant son « adorable Stendhal ».[31] Il était encore moins possible d'imaginer une « adhérence heureuse » de la langue à la société, telle que Stendhal

28 Elsa Morante, « A P.P.P., in nessun posto » (13 février 1976), Biblioteca nazionale centrale di Roma, Archivio Morante ; en français : « À P.P.P. Nulle part », dans René de Ceccatty, *Elsa Morante. Une vie pour la littérature* (Paris : Tallandier, 2018), p. 323–25 (p. 324). Voir Pier Paolo Pasolini, lettre à Sergio Maldini (27 décembre 1945), dans Pasolini, *Lettere*, p. 500.

29 Pier Paolo Pasolini, « Freud conosce le astuzie del grande narratore » [1963] ; en français : Pasolini, « Freud connaît bien les astuces du grand romancier », trad. Gilles Dupuis, *Liberté*, 38 (1996), p. 27-34. Voir Giuseppe Zigaina, *Pasolini e la morte. Un giallo puramente intellettuale* (Venise : Marsilio, 2005), p. 18, 35–36.

30 Roberto Calabretto, *Pasolini e la musica* (Pordenone : Cinemazero, 1999), p. 156, 263.

31 Giuseppe Tomasi di Lampedusa, *Lezioni su Stendhal* (Palerme : Sellerio, 1987), p. 41. Voir Francesco Orlando, *L'intimità e la storia. Lettura del « Gattopardo »* (Turin : Einaudi, 1998).

l'avait trouvée dans le style du « Code civil » de Napoléon.[32] Dans son écriture, Pasolini ne pouvait que chercher à « exprimer » une relation de la langue à la vie intime, plutôt qu'à la société et à l'histoire. Le choix d'écrire son premier roman en italien, à savoir dans la langue d'une tradition écrite, par opposition aux poèmes en frioulan, s'imposait comme un problème.

Dans l'effort de combler la « distance » entre l'esprit et le monde, les choses deviennent des mots privés, qui sont, en effet, « les choses moins en soi qu'on puisse imaginer » (*le cose meno in sé che si possa immaginare*). Voilà l'essence de l'esprit « lyrique », comme Pasolini l'appelle. Contre le propos de Stendhal, qui ne voulait pas toucher à la « vie privée », comme il l'écrivit dans une note finale du *Rouge et le Noir*,[33] le roman du « petit cahier rouge » (*quadernetto rosso*) de Pasolini ne peut qu'être « férocement privé »,[34] dans les deux sens du mot : il est privé car il est intime, mais il est intime car il est privé de rapport à la vie sociale. Pasolini ne semble pas avoir lu le premier roman de Stendhal, *Armance* (1827), qui était disponible en italien dans plusieurs éditions, où le protagoniste se dit un « monstre » sans conscience ni vie intime, avec le « fatal secret » d'un amour malentendu et impossible.

La conscience lyrique de la langue aboutit à une conception tragique de l'écriture. Dans une autre ligne biffée de la lettre, Pasolini avait écrit que la « découverte de notre "moi" » (*scoperta del nostro «io»*) était tout à fait « tragique ». Il ne pouvait pas jouir de « Mr. Myself », le nom que Stendhal aimait utiliser pour se référer à soi-même dans son journal et ses lettres privées. Pour le jeune Pasolini, l'écriture était « une espèce d'Ultima Thulé », l'extrême abri d'une conscience qui ne voulait pas « disparaître avant l'heure dans le néant » (*scomparire prima del tempo nel nulla*). Il y avait l'angoisse de la guerre, sans doute, mais pas seulement cela. Thulé n'est pas « Tendre », le pays de l'amour dans la littérature galante. Pasolini ne pouvait pas dire, comme on le lit dans *Le Rouge et le Noir*, avec une citation libre de la *Médée* (1634)

32 Stendhal, lettre à Honoré de Balzac (20 octobre 1840), dans Stendhal, *Correspondance*, III, p. 399.

33 Stendhal, *Le Rouge et le Noir*, dans Stendhal, *Romans et nouvelles*, éd. Henri Martineau, 2 vol. (Paris : Gallimard, 1952), I, p. 215–699 (p. 699).

34 Pier Paolo Pasolini, lettre à Silvana Mauri (15 août 1947), dans Pasolini, *Lettere*, p. 571.

de Pierre Corneille : « Au milieu de tant de périls, il me reste *Moi.* »[35] Pour lui, l'écriture n'était pas seulement une manière de se « distraire » (*distrarsi*) de la non-vie de la province, mais la forme même, vitale et désespérée, de sa « solitude » (*solitudine*). Il prend congé en disant que Stendhal n'aurait pas pu comprendre la « signification tragique » (*tragico significato*) de ces mots.

Une autre idée de la lettre à Stendhal mérite encore une attention critique. Pasolini écrit : « Nous ne croyons même plus à Votre miroir » (*non crediamo più neanche al Suo specchio*). Cette idée trouve son origine dans l'exergue du treizième chapitre du *Rouge et le Noir*, attribué à l'historien et romancier Saint-Réal, peut-être avec un jeu de mots en anglais sur la « sainteté du réel » — ce qui serait aussi bien pasolinien : « Tout est saint » (*Tutto è santo*), comme Chiron le dit dans *Medea* (1969).[36] D'après cet exergue, un roman est « un miroir qu'on promène le long d'un chemin ».[37] On dirait la devise du Néoréalisme. Pasolini vérifiera cette idée par l'expérience du cinéma, envisagée comme une prise de « notes » (*appunti*) « en face d'un miroir », comme il le dit dans une *battuta* (boutade) de 1966 : ce que le miroir révèle, tragiquement, est la réalité de « soi-même ».[38]

Dans ce contexte, il faut signaler que la question du réalisme se développe et définit dans l'œuvre de Pasolini avec deux passages cruciaux. Premièrement, la lecture de *Mimésis* d'Erich Auerbach (1946, mais dans la traduction italienne de 1956). Pour Auerbach, Stendhal est le « fondateur » du « moderne réalisme sérieux » (*moderne ernste Realistik*), où le discours historique se relie à l'imitation du quotidien par l'« analyse du cœur humain ».[39] Avec cela, la découverte du style

35 Stendhal, *Le Rouge et le Noir*, p. 530.

36 Pier Paolo Pasolini, *Per il cinema*, éd. Walter Siti et Franco Zabagli, 2 vol. (Milan : Mondadori, 2001), i, p. 1274.

37 Stendhal, *Le Rouge et le Noir*, p. 288. Voir Laurent Jullier et Guillaume Soulez, « Stendhal au miroir », dans Jullier et Soulez, *Stendhal, le désir de cinéma, suivi des Privilèges du 10 avril 1840 de Stendhal* (Paris : Séguier, 2006), p. 21–39.

38 Pier Paolo Pasolini, « Battute sul cinema » [1966–67] ; en français : Pasolini, « Sur le cinéma », dans Pasolini, *L'Expérience hérétique. Langue et cinéma*, trad. Anna Rocchi-Pullberg (Paris : Payot, 1976), p. 197–207 (p. 202). Voir Davide Luglio, « Appunti allo specchio », *Arabeschi*, 6 (2015) <http://www.arabeschi.it/2-autoritratti-26-appunti-allo-specchio-/> [consulté le 30 mai 2025].

39 Erich Auerbach, *Mimesis. Dargestellte Wirklichkeit in der abendländischen Literatur* (1946), en français : Auerbach, *Mimésis, la représentation de la réalité dans la littéra-*

indirect libre. Il suffit de noter que le livre de Giulio Herczeg sur *Lo stile indiretto libero in italiano* (1963), qui a donné matière aux premières réflexions de Pasolini sur ce sujet, fait référence au *Rouge et le Noir* et aux travaux de Vittorio Lugli, qui avait été le professeur de littérature française de Pasolini à Bologne et son deuxième directeur de thèse.[40]

EXAGÉRATION ET ÉCHEC

Le désir romanesque de Pasolini se cristallise à Rome. C'est la ville où l'espérance s'affirme, pour s'abandonner à l'exagération. Dans la périphérie de la capitale, il fait l'expérience d'une forme de vie qui lui donne un véritable « syndrome de Stendhal ».[41] Dans ses premiers romans, les *ragazzi* s'élèvent sur le quotidien des *borgate* « comme des héros stendhaliens dégradés ».[42] Le désir d'une « adhérence heureuse » à leur réalité est la matière du premier réalisme de Pasolini.

À Rome, Pasolini croyait aussi avoir trouvé la solution à sa propre question de la langue. Il s'était plongé dans l'Aniene comme si c'était l'Arne des poètes italiens. Dans un essai de 1952 sur la poésie dialectale intitulé « Rome et Milan », intégré à *Passione e ideologia*, il avait suggéré (entre parenthèses) un parallèle entre Stendhal et le poète *romanesco* Giuseppe Gioachino Belli : la « terreur d'être linguistiquement différent » (*terrore di essere linguisticamente diverso*), propre du poète dialectal, était la réalité même du romancier.[43] Cette réalité est l'invention de la vie populaire d'une époque révolue. Pour Pasolini, c'est l'effet d'une première cristallisation. Déjà dans ses romans *Ragazzi di vita* (1955) et *Una vita violenta* (1959), le stéréotype et le

---

ture occidentale, trad. Cornelius Heim (Paris : Gallimard, 1968), p. 459. Voir Carlo Ginzburg, « L'aspra verità », dans Ginzburg, *Il filo e le tracce* ; en français : Ginzburg, « L'âpre vérité, un défi de Stendhal aux historiens », trad. Martin Rueff, *Écrire l'histoire*, 4 (2009), p. 89–104.

40 Giulio Herczeg, *Lo stile indiretto libero in italiano* (Florence : Sansoni, 1963), p. 200–04. Voir Pier Paolo Pasolini, « Intervento sul discorso libero indiretto » [1965] ; en français : Pasolini, « Sur le discours indirect libre », dans Pasolini, *L'Expérience hérétique*, p. 39–64.

41 Hervé Joubert-Laurencin, *Le Dernier Poète expressionniste : Écrits sur Pasolini* (Besançon : Les Solitaires Intempestifs, 2005), p. 181.

42 Luigi de Nardis, « Pietro Paolo Trompeo », *Belfagor*, 24/4 (1969), p. 435–45 (p. 444, ma traduction).

43 Pier Paolo Pasolini, « Roma e Milano », dans Pasolini, *Saggi sulla letteratura e sull'arte*, I, p. 771–73.

scandale de l'homosexualité, qui coexiste avec la diversité linguistique, sociale et existentielle des protagonistes, préfigurent la haine conformiste des années soixante. Doucement, l'idéologie défigure l'idéalisation. Julien passe la main à Juliette, la Rome de Stendhal laisse place à la « Sodome » de Sade.[44]

Dans ce croisement de passion et d'idéologie, la question du réalisme se définit avec une nouvelle difficulté linguistique. C'est l'exagération ultime. Pour Stendhal, l'Italie était « comme de l'amour ».[45] Dans l'œuvre du dernier Pasolini, cet amour éclate dans une « difficulté à dire l'Italie » : la phrase est empruntée au dernier écrit de Roland Barthes, un essai sur Stendhal intitulé, fatalement, *On échoue toujours à parler de ce qu'on aime* (1980). Ce titre veut dire qu'on échoue toujours à parler d'autre chose que de ce qu'on aime, mais « le *sujet surpasse* trop *le disant* », comme Stendhal l'avait écrit d'un souvenir d'enfance, avec une citation de l'épitaphe que François 1er avait composé pour la muse de Pétrarque.[46] L'échec amoureux et romanesque, langagier et idéologique de Stendhal aura lieu à Milan, interrompant brusquement la *Vie de Henry Brulard* (1835–36) : « On gâte des sentiments si tendres à les raconter en détail. »[47] Comme Barthes l'explique, l'Italie de Stendhal se place hors du langage : « Elle ne lit pas, ne parle pas, elle s'exclame, elle chante. C'est là son génie, son "naturel", et c'est pour cette raison qu'elle est adorable. »[48] En effet, la quatrième étape de la cristallisation, l'*exagération,* peut être mise en correspondance avec la musique, qui est aussi la quatrième des « choses à observer en Italie ».[49]

---

44 Pier Paolo Pasolini, *Porno-Théo-Kolossal* [1975], trad. Hervé Joubert-Laurencin, dans Pasolini, *Porno-Théo-Kolossal, suivi de Le Cinéma,* éd. Davide Luglio (Paris : Mimésis, 2016), p. 57–78. Voir D. A. F. de Sade, *L'Histoire de Juliette, ou les Prospérités du vice* (1801), dans Sade, *Œuvres,* éd. Michel Delon, 3 vol. (Paris : Gallimard, 1990–98), III (1998), p. 179–1262.

45 Stendhal, *Voyages en Italie,* p. 99.

46 Stendhal, *Vie de Henry Brulard* (1835–36), dans Stendhal, *Œuvres intimes,* II, p. 659, 859, 1045 n. 3. Voir François-René de Chateaubriand, *Mémoires d'outre-tombe* (Lausanne : Rencontre, 1963), p. 527 (XIV, 2).

47 Stendhal, *Vie de Henry Brulard,* p. 959.

48 Roland Barthes, « On échoue toujours à parler de ce qu'on aime » [1980], dans Barthes, *Œuvres complètes,* dir. Éric Marty, 5 vol. (Paris : Seuil, 2002), V, p. 906–14 (p. 912).

49 Stendhal, lettre à Pauline Périer-Lagrange (8 décembre 1811), dans Stendhal, *Correspondance,* I, p. 624.

Le cliché stendhalien et romantique d'une Italie qui est « adorable » à cause de la vitalité musicale de son inculture est détourné idéologiquement dans *La Ricotta* (1962), où Pasolini fait dire à Orson Welles que l'Italie a « le peuple le plus analphabète, la bourgeoisie la plus ignorante d'Europe ».[50] Le cliché est repris en relation critique avec Pasolini dans une page de *L'Affaire Moro* (1978), de Leonardo Sciascia. Ce pamphlet, d'abord publié en France chez Grasset dans la collection des « Cahiers Rouges », est dédié à l'assassinat d'Aldo Moro par les Brigades Rouges en mars 1978 : son corps avait été retrouvé à Rome « entre la *via delle Botteghe oscure*, où est situé le siège du Parti communiste italien, et la *piazza del Gesù*, où est situé le siège de la Démocratie chrétienne (la force des noms : les boutiques obscures, le Jésus des jésuites [...]) ».[51] Encore une histoire de rouge et noir.

Sciascia amorce son livre en dialogue avec Pasolini. Il reprend la célèbre métaphore de la « disparition des lucioles » (*scomparsa delle lucciole*). Pour Pasolini, cela signifiait la destruction du monde paysan et de la vie du peuple par le « nouveau pouvoir », qu'il voyait (très lucidement) comme un « nouveau fascisme ».[52] Au niveau plus personnel, c'était aussi la métaphore de la disparition des *ragazzi*, qui signalaient les repères de la drague dans la périphérie de Rome en s'allumant la « cigarette du péché » (*sigaretta del peccato*), comme Pasolini l'avait écrit dans un poème en prose de 1950.[53] Sciascia surprend une luciole dans la lézarde d'un mur, et il pense à Pasolini. Il écrit : « Je sentais nous séparer comme un mur un mot qui lui était cher, un mot clé de sa vie : le mot "adorable". »[54] Sciascia avait employé ce mot seulement pour sa femme, comme il l'écrit, et « pour un seul écrivain », à savoir pour Stendhal. « Par contre », continue-t-il, « Pasolini trouvait "adorable"

50 Pier Paolo Pasolini, *Per il cinema*, I, p. 336 (ma trad.). Voir Pier Paolo Pasolini, *Tutte le poesie*, éd. Walter Siti, 2 vol. (Milan : Mondadori, 2003), I, p. 1098.

51 Leonardo Sciascia, *L'Affaire Moro* (Paris : Grasset, 1978), repris dans Sciascia, *Œuvres complètes*, éd. Mario Fusco, 3 vol. (Paris : Fayard, 1999–2002), II (2000), p. 629.

52 Pier Paolo Pasolini, « L'articolo delle lucciole (Il vuoto di potere in Italia) » [1975], dans Pasolini, *Écrits corsaires*, p. 180–89.

53 Pier Paolo Pasolini, « Il Biondomoro » [1950], dans Pasolini, *Romanzi e racconti*, II, p. 362–72 (p. 362).

54 Leonardo Sciascia, *L'Affaire Moro*, p 543–44. Voir Domenico Scarpa, « Préface », dans Leonardo Sciascia, *Stendhal forever. Écrits 1970–89*, trad. Carole Cavallera (Paris : Cahiers de l'Hôtel de Galliffet, 2020), p. 9–21.

ce qui de l'Italie était déchirant » (*straziante*), et « il trouvait "adorables" ceux qui inévitablement seraient les instruments de sa mort », à savoir les *flammes fatales* qu'il appelait les lucioles.[55] Il avait aimé la Rome des *borgate* dans les années cinquante, mais il voyait changer et disparaître les *ragazzi*, engloutis par un nouveau désir de conformisme bourgeois. Il avait vu s'éloigner de lui l'être qui lui était le plus cher, l'acteur-fétiche Ninetto Davoli, et il sentait avoir « perdu le sens de la vie ».[56] Par cette lecture, Sciascia nous rappelle qu'on ne peut pas dissocier l'œuvre de Pasolini de l'objet de son amour, exagéré avec délices et douleur, en même temps adorable et atroce.

Avec Barthes, on peut dire que l'« adorable » est la trace d'un « échec langagier » de la cristallisation romanesque de Pasolini, autant qu'une figure de la découverte tragique du moi : comme en face du miroir stendhalien, l'adorable « c'est lui, c'est bien lui en personne ».[57] À l'encontre de Stendhal, la « difficulté à dire l'Italie » avait amené Pasolini à passer du roman à l'écriture du cinéma, « à vouloir abandonner la langue italienne avec le sentiment de ne plus pouvoir parler de ce qu'il aimait, autrement que dans le souvenir et le rêve, la nostalgie et la névrose » : c'est « l'échec projeté » d'un vaste corpus posthume, à la fois intime et politique.[58] Cet échec relie les premiers brouillons romanesques au tout dernier roman, *Petrolio* (1975), inédit de son vivant et inscrit par sa nature dans « l'ordre de l'illisible » (*ordine dell'illeggibile*).[59] Pasolini se mire dans le protagoniste de ce roman, « cristallisé » (*cristallizzato*) par l'exagération d'un amour solitaire, déchiré par la disparition de son double.[60]

---

55 *Ibid.*, p. 544. Voir Georges Didi-Huberman, *Survivance des lucioles* (Paris : Minuit, 2009), p. 19–20.

56 Pier Paolo Pasolini, lettre à Paolo Volponi (26 août 1971), dans Pasolini, *Lettere*, p. 1423. Voir Pier Paolo Pasolini, *Lettere 1955–75*, éd. Nico Naldini (Turin : Einaudi, 1988), p. 707 (ma trad.).

57 Roland Barthes, *Fragments d'un discours amoureux* [1977], dans Barthes, *Œuvres complètes*, v, p. 33–377 (p. 27).

58 Davide Messina, *Pasolini et son chant du signe. Écriture, cinéma, musique* (Paris : L'Harmattan, 2018), p. 131.

59 Pier Paolo Pasolini, *Pétrole*, trad. René de Ceccatty (Paris : Gallimard, 2006), p. 62. Voir *Pier Paolo Pasolini entre régression et échec*, éd. Paolo Desogus, Manuele Gragnolati, Christoph F. E. Holzhey et Davide Luglio, numéro spécial de *La Rivista*, 4 (2015).

60 Pasolini, *Pétrole*, p. 254 (Note 62).

Dans ce cadre, la lettre-dédicace à Stendhal pourrait être lue avec la lettre qu'on trouve parmi les « cartes à jouer » (et à *jouir*) de *Petrolio*, où elle figure comme un testament. Tout autant que ce dernier projet romanesque, cette dernière lettre, adressée à Alberto Moravia — un écrivain « indubitablement » vivant — devait rester en souffrance. Par leur correspondance, ces deux lettres marquent la folie et la faillite, le point départ et la destination d'un long voyage de cristallisation romanesque de Pasolini. Je crois qu'on ne peut pas suivre ce voyage sans comprendre l'amour du poète, qui a donné à sa vie l'*inachèvement* de son œuvre. Enfin, comme Gérard Genette l'avait écrit de Stendhal, il n'est possible de « lire tout » Pasolini, car le texte de son œuvre totale « n'est pas encore publié, ni déchiffré, ni découvert, ni même écrit ».[61]

61 Gérard Genette, *Figures*, 3 vol. (Paris : Seuil, 1966–72), II (1969), p. 176. Voir Valérie Nigdélian-Fabre, « *Vas*, l'impossible totalité », dans Nigdélian-Fabre, *Pétrole de Pasolini. Le Poème du retour* (Lyon : ENS Éditions, 2011), p. 231–56.

Il Proust di Pasolini

Qualche appunto

SILVIA DE LAUDE

Su Pasolini e Proust esiste un saggio di Walter Siti, che comincia con una frase nominale ad effetto: «Oriane de Guermantes e Tommasino Puzzilli, strana coppia». In *Quindici riprese. Cinquant'anni di studi su Pasolini*, il saggio è riproposto dall'autore con un cappello introduttivo che riconosce le implicazioni anche personali e autobiografiche di quelle pagine, apparse per la prima volta nel 1996 in una miscellanea pisana in onore di Luigi Blasucci, e scritte mentre era già impegnato nella stesura del suo primo romanzo, *Scuola di nudo*:

> Qui c'è poco da dire, se non che è l'esplicitazione di una mia scelta di poetica: insieme al piacere di indicare una fonte pasoliniana inattesa, c'era il gusto di mostrare Pasolini in una evidente postura di epigono. Partendo da una percezione del desiderio erotico non molto dissimile, il romanziere grandissimo e quello di media levatura si separano non soltanto quanto a risultati ma anche e soprattutto sul piano etico: Proust capisce la lezione, sconta la propria nevrosi e rinuncia a vivere, per scrivere; Pasolini lascia che sia la vita a divorare la scrittura e coltiva disperato la propria coazione a ripetere; nemmeno il "laboratorio" di Chia sarebbe diventato per lui, se non fosse stato assassinato, un analogo della stanza foderata di sughero di boulevard Haussmann.[1]

1 Walter Siti, «Pasolini e Proust», in Siti, *Quindici riprese. Cinquant'anni di studi su Pasolini* (Milano: Rizzoli, 2022), pp. 266–89 (p. 266). Una «fonte pasoliniana inat-

Al di là delle implicazioni personali e autobiografiche, che spesso comunque stanno dietro alle prove saggistiche migliori, e che in questo caso sono anche più complicate (perché Proust è anche fra i modelli del Siti narratore), l'intuizione era formidabile. Tanto più che il nome di Pasolini non si incontrava in nessuno dei bilanci sul proustismo in Italia (se è per questo, neanche adesso), ma soprattutto anche perché allora, nel '96, l'agnizione critica del saggio (l'esistenza cioè, per Pasolini, di un'ipotesi Proust sostituita dall'ipotesi Dante subentrata con la "cotta" per le borgate e per il realismo dei primi anni Cinquanta) poteva essere suffragata solo sulla base di un pugno di testi giovanili in prosa. Penso soprattutto al ciclo narrativo *I parlanti* e ad alcuni racconti pubblicati da Nico Naldini in *Un paese di temporali e di primule*. Erano sconosciuti invece, nel '96, altri testi, nei quali la consonanza stilistica e tematica con la *Recherche* arriva a prelievi al limite del calco, e che con Siti abbiamo pubblicato più tardi nei due volumi di *Romanzi e racconti* della nostra edizione delle opere complete nella collana dei "Meridiani" (1998).[2]

Alcuni episodi della prima versione della *Meglio gioventù*-romanzo, l'incompiuto e forse interminabile *Romanzo del mare*, «La Recherche sacilese» e altri racconti inediti o solo abbozzati avvalorano l'esistenza di un "periodo proustiano" della narrativa di Pasolini — e uso il termine "periodo" nel senso in cui si parla per esempio, per Picasso, di un «periodo blu» o di un «periodo rosa». Questo perché i testi a cui alludo presentano tratti distintivi comuni, proprio come la dominanza del blu o del rosa in Picasso. Sono testi che si concentrano negli anni dal '46 al '51, apice con l'uscita dei *Parlanti* (nel '51, anche se i racconti del ciclo risalgono com'è dichiarato in calce al '46–'47) di un proustismo

tesa», dunque, è in effetti è così. Gli studi sul proustismo italiano, anche i più recenti (quello, per esempio, pur accuratissimo, di Anna Dolfi, nel volume da lei curato *Il 'tono' Proust. Dagli avantesti alla ricezione* (Firenze: Firenze University Press, 2022)) non menzionano nemmeno il nome di Pasolini. Cfr. Silvia De Laude, «Pasolini e Proust. Su un sogno del 1946 e l'episodio del vespasiano della *Meglio gioventù*-romanzo», in *Pier Paolo Pasolini. Figure, luoghi, dialoghi*, a cura di Elisa Donzelli (Venezia: Marsilio, 2024), pp. 21–29.

2 Pier Paolo Pasolini, *Romanzi e racconti*, a cura di Walter Siti e Silvia De Laude, 2 voll. (Milano: Mondadori, 1998). Siti in realtà avrebbe potuto coinvolgere nel suo discorso anche le aurorali *Poesie a Casarsa*, e spingersi nell'indagine del proustismo di Pasolini anche oltre la fase giovanile: rimando per motivi di spazio ad altra sede questo sviluppo del mio discorso, oltre a un elenco dei luoghi in cui Pasolini cita o allude, fin da *Poesie a Casarsa*, al titolo della *Recherche*.

che si estende anche a diverse delle prime pagine romane, come «Notte sull'Es» e «Squarci di notti romane», confluite in *Alì dagli occhi azzurri* o come «Ragazzo e Trastevere».

Come ha osservato ancora Siti nel saggio introduttivo ai due volumi di *Romanzi e racconti*, «se pensiamo solo ai romanzi che Pasolini ha pubblicato in vita, e all'ordine in cui li ha pubblicati, possiamo anche avere (come infatti spesso la critica ha avuto) l'impressione di un'occasionalità un po' velleitaria ed eteroclita».[3] Rispetto all'ininterrotta fedeltà alla poesia in versi, o all'energia spesa per il cinema, il lavoro di Pasolini sulla forma romanzo può apparire legato al partito preso di esercitare il suo talento in tutti i generi possibili, e magari anche all'ansia di successo, più che a un'intima necessità. Considerando solo il suo decorso editoriale, insomma, Pasolini può sembrare un *narratore per caso*: un poeta o un regista prestato occasionalmente alla narrativa, che tocca il suo apice con *Ragazzi di vita* e *Una vita violenta*, al momento dell'infatuazione per le borgate e per il realismo, dell'adozione dell'indiretto libero e di tante commosse frasi rubate sulla bocca dei giovani parlanti romani, per entrare nella testa dei propri oggetti d'amore.

Il quadro è completamente diverso se esaminiamo come abbiamo fatto nei "Meridiani" tutti i progetti romanzeschi di Pasolini nel giusto ordine cronologico senza tenere distinti in volumi o sezioni diverse gli abbozzi e i testi inediti. Forse gli abbozzi e gli inediti contano ancora più degli editi, «perché — è ancora Siti ad osservarlo — quel che resta del Pasolini romanziere è più la tensione verso il romanzo che i singoli romanzi realizzati» — e forse proprio per questo si può sostenere che *Petrolio* è il più genuino dei romanzi pasoliniani, «perché invece di raccontare una storia racconta il bisogno di fare i conti col romanzo».[4]

Completamente omesso dal «poema | bio-bibliografico» *Poeta delle Ceneri*, che ricorda solo *Ragazzi di vita* e *Una vita violenta*,[5] un Pasolini narratore preesiste a *Ragazzi di vita*. Sono centinaia e centinaia di pagine che si collocano, come dicevo, fra il '46 e il '51 e compren-

---

3 Walter Siti, «Descrivere, narrare, esporsi», in Pasolini, *Romanzi e racconti*, I, pp. XCV–CXLIII (p. CXLI), ora anche in Siti, *Quindici riprese*, pp. 61–201 (pp. 200–01).

4 *Ibid.*

5 Pier Paolo Pasolini, *Poeta delle Ceneri*, in Pasolini, *Tutte le poesie*, a cura e con uno scritto di Walter Siti, saggio introduttivo di Ferdinando Bandini, 2 voll. (Milano: Mondadori, 2003), II, pp. 1261–88 (p. 1270)

dono, insieme ad alcuni racconti, addirittura cinque romanzi, rimasti per motivi diversi nel cassetto. Tre di questi romanzi (*Atti impuri, Il romanzo del mare* e *La meglio gioventù*: titolo questo che poi verrà dirottato alla raccolta organica dei versi in friulano, pubblicata nel 1954) risultano travagliatissimi, oggetto di scritture e riscritture tormentose. Non sono incursioni sporadiche in terra straniera ma un vero continente narrativo sommerso, che coincide con un "periodo" preciso della scrittura di Pasolini — per questo ho parlato di "periodo" e fatto l'esempio del «periodo blu» o del «periodo rosa» di Picasso: si disegna, in quegli anni, un progetto di scrittura che ha come matrice una incontenibile pulsione autobiografica; una scrittura auto-analitica che riesce ad essere, però, anche mimeticamente preziosa; una scrittura dalla sintassi complessa, che esibisce la sua ostinazione ad assecondare le pieghe della sensibilità. Il grande modello di questa stagione, diciamo di questo "periodo" del Pasolini prosatore, è appunto Proust, letto con passione negli anni dell'adolescenza.

Sappiamo che alla narrativa Pasolini era arrivato relativamente tardi, rispetto alla poesia (nel 1945–'46 — e sei anni, quando si è ragazzi, sono tantissimi). A spingerlo verso la prosa era stata un'esigenza di autoanalisi, lo sforzo di dire tutta la verità. Nel saggio introduttivo ai volumi di *Romanzi e racconti* già citato, Siti ha parlato di «un tarlo della sincerità», che «non gli dà pace e rode la pura grazia "irresponsabile" da cui erano nate le *Poesie a Casarsa*». Nel novembre '45, scrive al giovane poeta in friulano Franco de Gironcoli: «mi sembra ormai considerazione di ordine inferiore anche l'intendere la poesia in friulano come un limbo consentito a chi voglia sfuggire a un impulso morale di troppa e assoluta sincerità».[6] A Silvana Mauri, nel '46 confida: «non scrivo quasi più nulla perché sono entrato in uno di quegli stati pieni di disagio, in cui, scrivendo, non si desidera altro che essere sinceri»).[7] Non è un caso che il primo approccio narrativo sia un diario, i *Quaderni rossi*, che Pasolini comincia a tenere nel '46, e che si apre con alcuni micro-racconti costruiti intorno a ricordi infantili enigmatici. Proust e Freud, altra lettura dell'adolescenza, in questa fase vanno a braccetto.

6 Pier Paolo Pasolini, *Lettere 1940–1954*, a cura di Nico Naldini (Torino: Einaudi, 1986), p. 491.

7 Pier Paolo Pasolini, *Le lettere*, nuova edizione a cura di Antonella Giordano e Nico Naldini (Milano: Garzanti, 2021), pp. 530–31.

La scrittura che in questo periodo Pasolini sperimenta nella latitudine del narrativo ha come matrice una incontenibile pulsione autobiografica; è una scrittura auto-analitica, preziosa, dalla sintassi complessa, che esibisce la sua ostinazione ad assecondare le pieghe della sensibilità. Il grande modello di questa stagione, a volte esibito, a volte evocato in modo allusivo, è appunto Proust, letto con passione negli anni dell'adolescenza.

Nel saggio di Siti su Pasolini e Proust, a far scattare il clic dell'agnizione era stato un passo dei *Parlanti*, il ciclo di racconti del '46–'47 apparso sulla rivista romana *Botteghe Oscure* nel 1951. Già nel primo racconto (proustianissimo fin dal titolo, «Gli adorati toponimi»), si riconosce una criptocitazione della terza parte di *Du coté de chez Swann*, quella intitolata «Noms de pays: le nom»:

> Se dovessi scomporre la carica riassunta nel nome di uno dei paesi di questo stallo, di questo confino, che è divenuta per me la zona della riva destra del Tagliamento che ha per centro Casarsa, è certo che l'accento più debole cadrebbe sulla meraviglia di vedere così stupendamente tradotto il mistero del luogo nel mistero del nome. La mia ammirazione per gli ignoti poeti celti, slavi o romanzi a cui si deve attribuire l'invenzione dei nomi della mia colonia amorosa, sarebbe, per quanto commovente, un fatto un poco secondario. In effetti ecco il senso del nome *Castions* in questo brano del mio diario: «... a sedurci era l'idea del pubblico, della rustica platea, dell'atmosfera di amore pesante e distratto nascente da tutti quei giovani e ragazzi, che, durante gli intervalli addolcivano la loro turbolenza con certi splendori di capelli, con certe attenzioni di sguardi ... ».[8]

E continua, sempre riportando brani di un diario, con altri "adorati toponimi" (Caorle, Villotta):

> un po' fuori dalla cerchia dell'intimità locale, ammorbata dalla confidenza sfrenata, ecco il senso di *Caorle*: «... Forse infine, e soprattutto, era quella doratura fallica che uno straniero come me annusa in ogni trascurabile fatto o presenza dei luoghi sconosciuti, quell'Eros collettivo, indigeno, quasi folcloristico, che si spezza e si rifrange come in un prisma nella folla degli ignoti vestiti a festa», o il senso di *Villotta*: «Quando giunsi a Villotta, che stupore. Era un paese fresco e nuovo, un paese della California. Tesi l'orecchio: vi si parlava un dialetto che non era veneto benché ne avesse la vena saettante: era la

8 Pier Paolo Pasolini, «Gli adorati toponimi», in Pasolini, *Romanzi e racconti*, II, pp. 163–67 (p. 163).

> maschera funebre del friulano; e intanto mi guardavo intorno, chiedendomi se per caso non vedessi ancora svolazzare, un po' stanca, la colomba del diluvio».[9]

Il riferimento è a passi famosi della *Recherche*, come quello sui toponimi Bayeux, Vitré, Lamballe, Coutances; e ancora Lannion, Questambert, Pontorson, Benodet, Pont-Aven, Quimperlé:

> Bayeux si haute dans sa noble dentelle rougeâtre et dont le faîte était illuminé par le vieil or de sa dernière syllabe; Vitré dont l'accent aigu losangeait de bois noir le vitrage ancien; le doux Lamballe qui, dans son blanc, va du jaune coquille d'oeuf au gris perle; Coutances, cathédrale normande que sa diphtongue finale, grasse et jaunissante, couronne par une tour de beurre; Lannion avec le bruit, dans son silence villageois, du coche suivi de la mouche; Questambert, Pontorson, risibles et naïfs, plumes blanches et becs jaunes éparpillés sur la route de ces lieux fluviatiles et poétiques; Benodet, nom à peine amarré que semble vouloir entraîner la rivière au milieu de ses algues; Pont-Aven, envolée blanche et rose de l'aile d'une coiffe légère qui se reflète en tremblant dans une eau verdie de canal; Quimperlé, lui, mieux attaché, et depuis le Moyen Âge, entre les ruisseaux dont il gazouille et s'emperle en une grisaille pareille à celle que dessinent, à travers les toiles d'araignées d'une verrière, les rayons de soleil changés en pointes émoussées d'argent bruni.[10]

O quello, ancora più famoso, su Parma:

> Le nom de Parme, une des villes où je désirais le plus aller depuis que j'avais lu la *Charteuse*, m'apparaissant compact, lisse, mauve et doux, si on me parlait d'une maison quelconque de Parme dans laquelle je serais reçu, on me causait le plaisir de penser que j'habiterais une demeure lisse, compacte, mauve et douce, qui n'avait de rapport avec les demeures d'aucune ville d'Italie, puisque je l'imaginais seulement à l'aide de cette syllabe lourde du nom de Parme, où ne circule aucun air, et de tout ce que je lui avais fait absorber de douceur stendhalienne et du reflet des violettes.[11]

Se Proust per Parma evoca il color malva, Pasolini si incanta in alcune pagine tagliate dei *Parlanti* (ma riprese nel racconto del '48 «Le soglie di Pordenone») di fronte alla «rigida bianchezza» del nome Càneva,

---

9 *Ibid.*, p. 164.

10 Marcel Proust, *À la recherche du temps perdu*, a cura di Pierre Clarac e André Ferré, 3 voll. (Parigi: Gallimard, 1954), I, p. 389.

11 *Ibid.*, p. 386.

la «luce rossastra e molle» che accarezza le sillabe di Polcenigo, la «sensazione di alto, esotico e rupestre»» che aleggia intorno al nome di Sarone, «così popolare [aggiunge] tra noi ragazzi» (cioè sentito pronunciare dai ragazzi tante volte, diventando quasi un lemma del gergo di quella che proprio nei *Parlanti* è definita da Pasolini la propria «colonia amorosa»).

La filiazione da *Swann* è diretta, e neppure concentrata episodicamente nei passi che ho citato prima, su Castions, Caorle e Villotta. Dopo Sarone è la volta di Fuessis:

> la mia candida passione glottologica ha origine altrove che nella glottologia… Generalmente non godo il toponimo descrittivo anche se dotato di quell'equivalenza col reale per cui il peso fisico passa dalla materia all'espressione: *Fuessis*, luogo tortuoso e ricco di fossi. […] La fulmineità del toponimo ricava dall'intraducibile della fisionomia di un luogo quel tanto che basta a individuarlo in modo essenziale, operando miracolosamente il nesso dell'analogia e quasi del processo automatico, se si accetta la presenza, non so, di un Inconscio agricolo e climatico.[12]

Nei toponimi dunque il significato è legato al significante da un rapporto cratiliano di imitazione: entrano in gioco suggestioni cromatiche, foniche, anche particolarità di pronuncia, che ancora fanno pensare alla *Rercherche* (vedremo più avanti la grave nota perigordina della voce di Andrée, l'amica di Albertine, e lo strano modo di pronunciare la O di un ragazzo contadino, un certo Mario S., altra «strana coppia»).

Un ruolo a parte, sempre in un racconto del ciclo dei *Parlanti*, ha il toponimo Pordenone:

> Pordenone — il nome — apparve nella sua vita collocandosi su un piano tutto diverso dagli altri. Intanto, era rimasto lungamente legato al ricordo di una cartella comprata in un negozio della cittadina, dove erano piovuti per caso lui e suo padre: probabilmente avevano fatto il viaggio in treno e si erano trattenuti a Pordenone solo poche ore del dopopranzo, e di tutta la città egli non aveva colto che l'interno della cartoleria, per la soggezione che dovette provarvi; […] il nome della cittadina non mancava di incutergli una specie di intenso rispetto, quasi di panico, forse per l'apparenza accrescitiva del nome, certo per il livello di maggiore modernità e di maggiore progresso in cui l'opinione comune di tutta la zona lo collocava senza riserve. […]

---

12 Pasolini, «Gli adorati toponimi», p. 164.

> Finalmente un giorno gli accadde di andarci in bicicletta. Si trattò di un avvenimento memorabile, da essere approfondito in tutto un capitolo a parte del *romanzaccione* della sua infanzia sacilese.[13]
>
> Ai toponimi friulani se ne aggiungono altri, che appartengono a luoghi non esplorati con gli occhi e i sensi di un antropologo innamorato, ma piuttosto fantasticati su un atlante, come Casale Monferrato, da cui proveniva la nonna materna.[14]
>
> la mia candida passione glottologica ha origine altrove che nella glottologia... Generalmente non godo il toponimo descrittivo anche se dotato di quell'equivalenza col reale per cui il peso fisico passa dalla materia all'espressione: *Fuessis*, luogo tortuoso e ricco di fossi. [...] La fulmineità del toponimo ricava dall'intraducibile della fisionomia di un luogo quel tanto che basta a individuarlo in modo essenziale, operando miracolosamente il nesso dell'analogia e quasi del processo automatico, se si accetta la presenza, non so, di un Inconscio agricolo e climatico.[15]

Nel brano dei *Parlanti* su Fuessis, è fatto riferimento ad una «passione glottologica» la cui origine è «altrove che nella glottologia», a un «Inconscio agricolo e climatico» e una «invenzione verbale» nella quale si concentra la «fisionomia» di luoghi e di corpi (i capelli, le bocche, i petti e i grembi dei ragazzi che vi abitano, e che quasi si confondono con i luoghi stessi: ad essere «adorati», sono tanto i ragazzi quanto i toponimi):

> [...] il paese è un luogo abitato: lì la fisionomia, faccia di un prisma immenso, ramificazione che si perde nelle tenebre dei matrimoni fra parenti, del clima, della produzione del suolo, e si rovescia all'esterno in quelle dimensioni dell'amore che sono i capelli, le bocche, i petti, i grembi (il corpo come statua di materia preziosa, oggetto di sé, fiore), la fisionomia rientra nel luogo, nel più fitto e massiccio dell'intraducibilità, che solo il nome ha il potere di estrarre seccamente alla luce.[16]

E ancora:

> Si guardi il colore delle zolle attorno a Malalbergo e il colore, nella memoria, di quel tratto della guancia che sta tra le mascelle e le narici di un emiliano: la corrispondenza è perfetta.[17]

---

13 Pier Paolo Pasolini, «Dalla leggenda topografico-sentimentale del Friuli», in Pasolini, *Romanzi e racconti*, II, pp. 183–96 (pp. 188–89).

14 *Ibid.*

15 Pasolini, «Gli adorati toponimi», p. 164.

16 *Ibid.*, pp. 163–64.

17 Pier Paolo Pasolini, «Foglie Fuejs», in *Romanzi e racconti*, I, pp. 1294–97 (p. 1295).

Il corpo amato è dunque un corpo infinito, che si dilata fino a comprendere il paesaggio e in cui il paesaggio puntualmente si riflette:

> [...] non era possibile, non era umano sapere dove la ragazzetta sacilese avesse termine e cominciassero in lei i muri e l'aria del borgo.[18]

E in Proust:

> il me semblait que la beauté des arbres, c'était encore la sienne, et que l'âme de ces horizons, du village de Roussainville [...] son baiser me la livrerait.[19]
>
> il me semblait que j'aurais, sur les deux joues de la jeune fille, embrassé toute la plage de Balbec.[20]
>
> son sommeil, au bord duquel je rêvais avec une fraîche volupté dont je ne me fusse jamais lassé et que j'eusse pu goûter indéfiniment, c'était pour moi tout un paysage.[21]

Nel brano che ho citato prima su Fuessis, compariva, con iniziale maiuscola, il termine Inconscio, che è impiegato anche, come aggettivo, in minuscolo ma con virgolette enfatiche, in un passo di *Atti impuri*, dove il ragazzo amato (Nisiuti, o Tonuti, o T. puntato, a seconda dello "strato" del romanzo) cammina con i libri stretti in mano, straziando di tenerezza il narratore con la sua immagine:

> [una] immagine anonima, piena di una freschezza e di un ardore di cui Nisiuti era «inconscio»; questo aggettivo mi toglieva il respiro.
>
> «La tua bellezza è cosi infinita che non solo voce o discorso umano, ma nemmeno il guardarti — in quelle tue forme lontane di giovinetto — riesce in qualche modo ad esprimerti», leggo ancora nei miei scartafacci di quei giorni.[22]

In queste poche righe sono interessanti diverse cose: il tic del ricorso al diario, tipico di Pasolini nel suo periodo proustiano; l'appello di impronta quasi lirica a un «tu»; la quasi dissolvenza del ragazzo amato non solo nel suo ambiente ma anche nel suo «mistero»: Nisiuti è una «immagine anonima», che resta indecifrabile anche se il narratore si

---

18 Pasolini, «Operetta marina», in Pasolini, *Romanzi e racconti*, I, pp. 367–420 (p. 394).

19 Proust, *À la recherche du temps perdu*, I, p. 156.

20 *Ibid*, II, p. 363.

21 *Ibid*, II, p. 7.

22 Pier Paolo Pasolini, *Atti impuri*, in Pasolini, *Romanzi e racconti*, I, pp. 5–130 (p. 98).

sforza di scrutarlo, come il personaggio che dice «io» nella *Recherche* con Albertine addormentata. C'è forse un riferimento a Freud (in altri casi è esplicito), ma l'*inconsapevolezza* di Nisiuti è soprattutto un catalizzatore erotico, come nel racconto del 1947 «O, La trappola»:

> Ma era troppo inconscio, veramente. Talvolta la sua ingenuità diveniva addirittura sfacciataggine. Che diritto aveva di ignorarsi a quel modo?[23]

Qui «inconscio a sé stesso» è il protagonista, il ragazzo Mario S. che con la sua particolare pronuncia della lettera O 'intrappola' il narratore. Prepotente il ricordo di Andrée, la ragazza della «petite bande» di Balbec:

> Quand Andrée pinçait sèchement une note grave, elle ne pouvait faire que la corde périgourdine de son instrument vocal ne rendît un son chantant, fort en harmonie d'ailleurs avec la pureté méridionale de ses traits.[24]

Siamo di fronte al tentativo di catalogare l'inafferrabile, l'incanto di una voce, e di conciliare il momentaneo con l'invariabile, quasi per placare un bisogno d'infinito. La rete a cui si appoggia questo tentativo è culturale: attinge a strumenti della linguistica (dittonghi, vocali circonflesse) e assume i tratti di una antropologia innamorata. Le distinzioni fonetiche con cui il giovane Pasolini traccia un idiosincratico catalogo di parlate e aree linguistico-geografiche sono sottili fino allo spasmo; «se i ragazzi non hanno una storia», ha scritto Walter Siti, «certo hanno un *atlante* (e quella degli atlanti era una delle manie del giovane Pasolini)». E ancora: «Se si dovesse individuare l'occasione di gioia più intensa nella vita del Pasolini di quegli anni (e forse di sempre), bisognerebbe indicare il momento in cui esce in esplorazione, all'avventura: il sesso non è che un pretesto, per "farsi" i paesi, le parlate, le usanze. Ed è in quel giro d'anni che progetta un atlante linguistico del Friuli».[25]

Così Proust:

---

23 Pier Paolo Pasolini, «O, la trappola», in Pasolini, *Romanzi e racconti*, I, pp. 1313–16 (p. 1314).

24 Proust, *À la recherche du temps* perdu, I, p. 910.

25 Walter Siti, «Oltre il nostro accanito difenderla», in Siti, *Quindici riprese*, pp. 225–46 (p. 227)

> Il me semblait que j'aurais, sur les deux joues de la jeune fille, embrassé toute la plage de Balbec.[26]

E così Pasolini:

> Forse quando i giovani di Valvasone e di Malafiesta avessero dittongato le vocali circonflesse, tolto l'*s* ai plurali, pronunciato le sibilanti con *th*, sarebbero divenuti biondi, e avrebbero baciato in modo diverso?[27]

E ancora:

> A Valvasone (cinque chilometri sopra Casarsa, lungo il Tagliamento) e a Malafiesta (circa quindici chilometri a sud di Casarsa, sempre lungo il Tagliamento) si parlava un friulano quasi identico: ebbene, giunto una Domenica, per la prima volta, a Malafiesta, egli stette assai spesso per salutare dei giovani e dei ragazzi credendoli suoi amici di Valvasone. [...] la parlata era quasi identica, caratterizzata dal suono *th*, fenomeno che aveva notato nei dialetti in matura fase di venetizzazione (il substrato ladino era appunto riconoscibile per quel suono *th* trasformato in *z* sordo, ad esempio a Montebelluna), e quasi identici erano i visi, i corpi, il tono della voce, l'allegria, l'estro.[28]
>
> Da Casarsa a San Floreano, due chilometri scarsi di distanza, si potrebbero fissare a voce almeno quattro sfumature diverse nel pronunciare una frase o una domanda: sfumature bloccate nella mia memoria, intraducibili, ma essenziali per poter seguire quel filo, quel genio locale forse non più linguistico, ma fisico e amoroso — che nella mia immaginazione prende la figura quasi di un prezioso ruscello inalveato nelle solitudini rocciose e dorate dei petti, delle gole o dei capelli di coloro che abitano lungo la strada da Casarsa a San Floreano.[29]

Gli esempi si potrebbero moltiplicare. Siamo comunque nell'orbita di una costellazione «nomi-corpi-linguistica-desiderio-antropologia», ed è proprio su questa costellazione che si regge il proustismo del giovane Pasolini, la cui matrice non è solo un'attrazione superficiale per lo stile (con la sua complessità sintattica, la proliferazione metaforica,

---

26 Proust, *À la recherche du temps perdu*, II, p. 363.

27 Pasolini, «Dalla leggenda topografico-sentimentale del Friuli», pp. 183–96 (p. 186).

28 *Ibid.*

29 Pier Paolo Pasolini, «Paesaggio del romanzo d'ambiente», in Pasolini, *Romanzi e racconti*, II, pp. 181–83 (p. 181).

l'andamento autoanalitico della narrazione), ma ha alla base una percezione del desiderio erotico non dissimile, che si traduce nell'ansia o nella gioia inebriante di possedere un paese in un corpo.

La «petite bande» della spiaggia di Balbec è il modello soggiacente alle «squadre» della gioventù friulana — e un modello niente affatto inconsapevole, se Gilberto (nome proustiano, fra l'altro) grida a Benito, in *Amado mio*, «povera Albertine!»[30].

Come scrive Siti, «Se il desiderio è desiderio d'infinito invece che di un corpo individuale, la massima intensità verrà misurata nel caso di incontri casuali, con corpi sconosciuti che concentrano in sé tutto il mistero, e più ancora se il corpo scompare prima che abbiamo potuto raggiungerlo»[31]. In una lettera di Pasolini a Silvana Mauri, nel febbraio del '50, si legge:

> tanto che è di ieri [...] una incontenibile disperazione per un ragazzo seduto su un muretto e lasciato indietro per sempre e per ogni luogo dal tram in corsa.[32]

E in Proust:

> cependant notre voiture s'éloignait, la belle fille était déjà derrière nous et, comme elle ne possédait de moi aucune des notions qui constituent une personne, ses yeux, qui m'avaient à peine vu, m'avaient déjà oublié. Etait-ce parce-que je ne l'avais qu'entr'aperçue que je l'avais trouvée si belle ?[33]

I ragazzi sono chiusi in un mistero che li travalica, e che resta sigillato nonostante ogni sforzo del narratore di penetrarvi. Della «petite bande» di Balbec, le «squadre» della gioventù friulana condividono anche la quasi indistinzione dei singoli ragazzi — l'eros è anche collettivo, e il narratore si sente escluso da un gruppo rispetto al quale si sente straniero:

> In ogni luogo c'era una gioventù diversa. [...] E ogni paese, con l'amicizia della sua gioventù, [...] aveva un suo odore speciale, che per qualche tempo dava senso e trepidazione all'intera esistenza. In

30 Pier Paolo Pasolini, *Amado mio*, in Pasolini, *Romanzi e racconti*, I, pp. 197–268 (p. 217).

31 Siti, «Pasolini e Proust», p. 274.

32 Pasolini, *Le lettere*, p. 631.

33 Proust, *À la recherche du temps perdu*, I, p. 712.

> questa gioia immediata, che egli cercava di sagra in sagra, di gioventù in gioventù, persisteva però sempre un fondo di angoscia, una tetra sensazione di non poter giungere mai nel centro di quella vita che così accorante e invidiabile, si svolgeva nel cuore di tutti quei paesi.[34]

L'erotismo è dunque surdeterminato da un'ansia mistica — si riconosce nelle pagine giovanili di Pasolini una rischiosa indistinzione tra l'io e l'Altro che è fra le nervature della *Recherche.* Nei giovanili «Quaderni rossi» si legge:

> Passavo delle ore di fronte a una foglia o a un tronco per *capirlo,* cioè per valicare il limite o la sutura dove io terminavo e cominciava l'altro: la foglia, il tronco. Non pensavo direttamente a Dio, ma all'Altro, cosa molto più importante per me.[35]

Un altro tema proustiano è quello dei tesori della fisiognomica (basta pensare ai Guermantes). In *Atti impuri* si parla dell'«accanir*si* a riconoscere nei figli (supponiamo: un ragazzo biondo) il riso dei padri (un ragazzo biondo di vent'anni fa, che io non avrei potuto mai carezzare con lo sguardo)».[36] In un racconto ancora dei *Parlanti,* si rileva in un ragazzo un gesto particolare e un particolare difetto di pronuncia, derivati chiaramente dalla madre.

> nel parlare, si copriva la bocca con la mano gonfia [...], certo per tener nascosti almeno in parte i suoi errori di alloglotta, certi *mi* dolcemente veneti al posto del friulano *jo,* certi dolci *th* che, sostituendo l'*s* sonora, davano alle parole non so che intonazione fanciullesca. Del resto quante cose di Stefano si spiegavano in sua madre![37]

E qui, ancora, viene in mente Proust:

> leur double beauté offrait le plaisir abstrait de penser que la cause de cette beauté était en dehors d'eux; on eût dit que les principaux attributs de leur mère s'étaient incarnés en deux corps différents.[38]

Questa attenzione analitica si rivolge a volte anche a sé stesso:

---

34 Pasolini, «Dalla leggenda topografico-sentimentale del Friuli», pp. 183–96 (p. 191).

35 Pier Paolo Pasolini, «Dai "Quaderni rossi"», in Pasolini, *Romanzi e racconti,* I, pp. 131–57 (p. 144).

36 Pasolini, *Atti impuri,* pp. 5–130 (p. 40).

37 Pier Paolo Pasolini, «Stefano», in Pasolini, *Romanzi e racconti,* I, pp. 167–74 (p. 170).

38 Proust, *À la recherche du temps perdu,* II, p. 686.

> Forse la terribile condanna di fragilità, di fantasia, che mi veniva da mia madre si faceva meno cruda nelle resistenti superfici esterne della somiglianza con mio padre: in una faccia dello specchio la figura di uno spirito così tenero da essere disumano, nell'altra un carattere fin troppo umano: riflessi l'uno nell'altro, lontananza materna dentro paterna prossimità.[39]
>
> Il vivere sempre alla presenza di sé stesso, *sulla punta della spada*, e l'incantarsi davanti alla vita, bloccata in episodi chiusi e stupendamente nostalgici, del suo paese, era forse dovuto al suo essere in parte straniero. Il nobile sangue ravennate di suo padre (nella sua immaginazione: un vecchio palazzo nel cuore di Ravenna, consunto e sbiadito come in una vecchia stampa [...]) era venuto a confluire con il sangue casarsese dei Colussi (a sua volta, nell'immaginazione: un vecchio borgo del paese, grigio e immerso nella più sorda penombra di pioggia, popolato a stento da antiquate figure di contadini e intronato dal suono senza tempo della campana).[40]

Non è detto che non ci sia un lato oscuro in questa trasmissione ereditaria da madri e padri a figli:

> I fanciulli sono visioni atroci di morti;
> dov'è la loro innocenza?
> dove sono le loro seduzioni?
> Hanno gli occhi pieni di cenere.[41]

Siamo nel '49, venticinque anni prima, eppure i toni sembrano già quelli della *Abiura dalla Trilogia della vita*; e siamo, si noti, nel giugno '49, cioè prima e non dopo l'accusa pubblica e la gogna: l'esaurimento e la sazietà sono semmai causa dello scandalo e non loro conseguenza. A prima ancora ('46–'47), risale un testo come «No, i dis di no»:

> I bambini non avevano scoreggiato? Sono finiti negli abiti e nella puzza di loro padre [...] Caramelle, aringhe, carta gialla, biscotti, ulive, mentine, varechina [...] Odore di bambini morti nel loro corpo di uomo di nonno di scoreggia e peccato. Vieni giù, Angelo, uccidici tutti.[42]

Questa stessa costellazione («nomi-corpi-linguistica-desiderio-antropologia») si riconosce anche in molte pagine romane pre-*Ragazzi*

---

39 Pasolini, «Operetta marina», p. 373.

40 Pasolini, «Dalla leggenda topografico-sentimentale del Friuli», pp. 183–96 (pp. 183–84).

41 Pier Paolo Pasolini, «Haikai dei rimorsi», in Pasolini, *Tutte le poesie*, I, pp. 556–57 (p. 557).

42 Pier Paolo Pasolini, «No, i dis di no», in Pasolini, *Tutte le poesie*, I, pp. 375–77 (p. 377).

di vita, del periodo in cui Pasolini recupera i raccontini dei *Parlanti* per pubblicarli su *Botteghe Oscure*, o di poco precedenti.

> dove finisce Trastevere e dove comincia il ragazzo?[43]
>
> è trasteverino fino all'infiammazione. Brutalmente, sfregato dall'interno dallo stesso calore puzzolente che sfrega le banchine, i muraglioni o i piloni di Ponte Sisto.[44]
>
> *Moltiplica il tuo mistero per ogni strada di Trastevere, per ogni esclamazione serale... per ogni goccia di una vita vissuta da centomila ragazzi romani e capirai quanto ti amo.*[45]
>
> *Davanti al caffè del lungotevere, di sera tu sei i tuoi compagni e i tuoi compagni sono te: non c'è confine alla bellezza.*[46]

I due brani di «Squarci di notti romane» sono in corsivo, e il racconto è interessante anche dal punto di vista strutturale: la prima parte, quella da cui provengono i passi che ho citato, è alla seconda persona singolare (sono brevi paragrafetti in corsivo separati da uno spazio bianco, nei quali il narratore si rivolge a un «tu» che è il ragazzo amato, ma ne compendia «centomila»); la seconda parte abbandona il corsivo e passa alla terza persona; il narratore è visto da di fuori e chiamato «Je», o il «Je»; una volta, addirittura «Proust» (Mario Lavagetto, fra l'altro, suggeriva che la presenza della sillaba «Je», all'interno di «Jean», fosse la ragione della scelta del nome del protagonista del *Jean Santeuil*, primo incunabolo della *Recherche*[47]):

> Al Porto Proust era stato condotto pochi giorni prima da Gabbriele.[48]

Nello stesso racconto non a caso, credo, un ragazzo sempre chiamato nel racconto «Franco» si trova ribattezzato due volte, senza alcuna giustificazione apparente, «François»: declinato al femminile, un altro nome scopertamente proustiano, come Gilberto e Albertine — quello della governante del narratore, ricordata da Pasolini in *L'odore dell'India*,

43 Pier Paolo Pasolini, «Ragazzo e Trastevere», in Pasolini, *Romanzi e racconti*, I, pp. 1383–86 (p. 1385).

44 Pier Paolo Pasolini, «Notte sull'ES», in Pasolini, *Romanzi e racconti*, II, pp. 395–411 (p. 396).

45 Pier Paolo Pasolini, «Squarci di notti romane», in Pasolini, *Romanzi e racconti*, II, pp. 329–61 (p. 347).

46 *Ibid.*

47 Mario Lavagetto, *Quel Marcel! Frammenti dalla biografia di Proust* (Torino: Einaudi, 2011).

48 Pasolini, «Squarci di notti romane», p. 358.

dove «la vecchia serva Francesca» è portatrice di una «bontà vera», quando Pasolini descrive madre Teresa di Calcutta.[49]

Ci sarebbe molto da dire, fra l'altro, sulla conservazione iniziale dell'ipotesi Proust, prima di essere sostituita dall'ipotesi Dante, nei primi anni romani. Da un piano di lavoro dell'ottobre 1952, conservato al Gabinetto Vieusseux, risulta che Pasolini avrebbe voluto ripubblicare il racconto «Terracina» (fra le pagine espunte dall'*Ur-Ragazzi di vita*) all'interno di una raccolta dal titolo *Le notti calde*, che si sarebbe aperta con una dedica «all'ombra di Proust e alla persona di C. E. Gadda» (c. 18), e avrebbe compreso, fra l'altro, i due racconti derivati da *Operetta marina*, a sua volta esito del *Romanzo del mare*: i racconti sono «La Recherche Sacilese» e «Primavera sul Po», e in uno stesso libro, *Le notti calde* appunto, si sarebbero trovati a convivere il Riccetto (chiamato ancora nell'*Ur-Ragazzi* di vita Luciano) e la ragazzina Silvia, che è una specie di mondana, fragile e capricciosa Gilberte cremonese. Un'altra "strana coppia", quindi.[50]

Quando Pasolini arriva a Roma, il suo modo di osservare i ragazzi non è all'inizio molto diverso da quello a cui era abituato in Friuli, e il proustismo profondo ha ancora modo di agire, anche se presto lo "scandalo" delle borgate lo indirizza verso forme di narrazione verista.

In «Squarci di notti romane» il riferimento a Proust è esplicito, ma resta nel racconto abbastanza misterioso. Ci sono casi, invece, in cui la *Recherche* o il suo autore sono chiamati in causa in modo più diretto. In «Operetta marina», del '47–'50, che dalla giuria del Premio Taranto aveva ricevuto una menzione come «finissimo racconto proustiano» (in giuria c'era anche Ungaretti) confluisce un racconto splendido, inedito, dal titolo «La recherche sacilese» (Sacile è la cittadina friulana dove i Pasolini abitarono, con intervalli, tra il '29 e il '32), nato nell'orbita di un più ampio romanzo, o meglio accumulo di materiali, a cui Pasolini aveva lavorato tra il '47 e il '50. Il titolo avrebbe dovuto essere *Il romanzo del mare*. E a questo *Romanzo del mare* Pasolini allude forse proprio nel passo già citato dei *Parlanti*, dove a proposito della gita a Pordenone e dell'acquisto di una cartella con il padre è detto: «si trattò

49 *Ibid.*, p. 359 e Pier Paolo Pasolini, *L'odore dell'India*, in Pasolini, *Romanzi e racconti*, I, pp. 1197–1286 (p. 1228).

50 Cfr. la notizia relativa a «I parlanti» in Pasolini, *Romanzi e Racconti*, II, p. 1945.

di un avvenimento memorabile, da essere approfondito in tutto un capitolo a parte del *romanzaccione* della sua infanzia sacilese»[51] Ancora l'episodio della gita col padre a Pordenone riaffiora nel racconto «Le soglie di Pordenone», dove il narratore (questa volta in prima persona) rievoca il se stesso bambino:

> Un simile fanciullo ero io a nove anni, quando abitavo a Sacile. Solo ora lo so, essendo divenuto quasi la cavia dei miei esperimenti, o per lo meno l'oggetto di una introspezione così continua e inesauribile da essere divenuta quasi una seconda natura; Proust la chiama la ricerca del tempo perduto.[52]

Altrove, nel racconto «Da Udine a Casarsa», del 1947, il narratore fa riferimento a «periodi ben sistemati, quasi privi di *temps perdu*, della *sua* esistenza».[53] Di *recherche* si parla anche in un racconto probabilmente degli stessi anni, anche se pubblicato solo nel '57. Pasolini lo aveva scritto su richiesta della Direzione Generale delle Ferrovie dello Stato, che aveva progettato un volume antologico sul viaggio in treno e aveva ottenuto il contributo di numerosi scrittori italiani. Non siamo riusciti, con Walter Siti, a reperirne il dattiloscritto, e lo abbiamo pubblicato come è apparso nella raccolta *Un paese di temporali e di primule*. Probabilmente Pasolini aveva recuperato in quell'occasione pagine di vent'anni prima, o aveva incaricato Naldini di farlo, scegliendo qualcosa sul tema del treno tra le carte che aveva lasciato a Casarsa. L'attacco del racconto suona così:

> Non so veramente spiegare il mio amore per il treno, che è uno di quegli amori che fanno da connettivo all'oggetto della *recherche*...
>
> Ricordo il mio *primo* treno: sono in uno scompartimento di legno con mia madre: mio fratello, no, non c'era. Avevo quindi meno di tre anni. Ma doveva essere la seconda volta che andavo a Casarsa, perché avevo già dei ricordi.[54]

In questi esempi il nome di Proust o il titolo della sua opera sono esplicitati, e «ricerca» appare da intendere (è il secondo significato del

51 Pasolini, «Dalla leggenda topografico-sentimentale del Friuli», p. 189.

52 Pier Paolo Pasolini, «Le soglie di Pordenone», in *Un paese di temporali e di primule*, a cura di Nico Naldini (Parma: Guanda, 1993), pp. 228–31 (p. 228).

53 Pier Paolo Pasolini, «Da Udine a Casarsa», in Pasolini, *Romanzi e racconti*, I, pp. 1330–33 (p. 1330).

54 Pier Paolo Pasolini, «Il treno di Casarsa», in Pasolini, *Romanzi e racconti*, I, pp. 1437–43 (p. 1437).

termine nel giovane Pasolini) come «indagine in senso quasi scientifico, condotta mediante introspezione, sulla propria diversità psichica», sottintendendo la conoscenza di Freud o di una vulgata freudiana.[55] Proust e Freud, in questa fase, vanno quasi a braccetto, e lo dimostra, oltre al resto, l'uso della parola «trauma». Si legge in «Operetta marina», associando Proust e Freud:

> ma chi avrebbe mai potuto prevedere che la risoluzione di quel *trauma* lungo quanto il primo periodo della mia vita sarebbe stata in chiave letteraria, addirittura in un *cursus proustianus*?[56]

La parola «trauma», ancora associata alla *Recherche*, torna nel primo abbozzo di *Amado mio*, del '47, «[Le "maglie"]». La scena è quella in cui si racconta dell'innamoramento del protagonista Gilberto per la figura di un ragazzo indiano a torso nudo comparso per un attimo sullo schermo durante la proiezione di un film western, sullo sfondo delle Montagne Rocciose:

> Forse la cosa sarebbe passata inosservata negli inventari della «recherche», piccolo trauma innocuo, pane quotidiano del sensibile giovane; fu invece l'apertura, una specie di reagente che fece precipitare la sua saggezza; i martiri, si sa, prima d'essere impalati o crocefissi, vengono spogliati nudi.[57]

Segue un passo curioso, dove l'invaghimento per il giovane Pellerossa è analizzato mobilitando in meno di mezza pagina (con la giustificazione, da parte del narratore, che il protagonista Gilbert era un *homme de lettres* in erba) il trovatore provenzale Jaufré Rudel, col suo amore di «terra lontana»; il poeta spagnolo Antonio Machado; il suo compatriota Juan Ramón Jiménez; il poeta americano Karl Shapiro, e appunto Freud:

> Non che se ne fosse innamorato — s'intende, benché, come «amore di terra lontana», il giovane non fosse privo di una bellezza visibile, sia in panoramica che in primo piano — però l'esotico è un potente corrosivo; a cui si può aggiungere il sale di quella morte predisposta che «interrompe il volo», e il lettore è pregato di ricordare (benché non sia tenuto a saperlo) il valore magico del volo che come immagine onirica rappresenta l'erezione (Freud), e nel mito e nell'arte ha

55 Siti, «Pasolini e Proust», p. 271.

56 Pasolini, «Operetta marina», p. 392. Il primo corsivo è mio.

57 Pier Paolo Pasolini, «[Le "maglie"]», in Pasolini, *Romanzi e racconti*, I, pp. 272–92 (pp. 272–73).

> giocato sempre un ruolo inebriante, tanto che forse inconsciamente uno spagnolo, Machado, lo vede quasi come il simbolo della poesia, o, come direbbe il suo compatriota Jiménez, dell'etica estetica: «El vuelo, el vuelo, el vuelo!»[58]

Un terzo, più sfuggente significato che Pasolini dà alla parola «recherche», si delinea nella poesia «Progetto di opere future», in *Poesia in forma di rosa*:

> Impazzisco! È tutta la vita
> che tento di esprimere questo sgomento da Recherche —
> che io sentivo già bambino, sul Tagliamento,
> o sul Po, più vicino alle matrici —
> alla cerchia dei miei isoglotti —
> sordi, per abitudine a ogni privata, infantile, incerta
> pre-espressività, dove il cuore sia nudo.[59]

Qui, lo «sgomento da *Recherche*» è sgomento per l'infinita desiderabilità e insieme per la disperata inafferrabilità di ciò che è. Questo terzo significato aiuta a illuminare gli altri due. Le cose sono disperatamente inafferrabili «nella loro densità materiale ma anche nella radianza che le rende assolute», e ha ragione, ancora una volta, Walter Siti: «torna a onore dell'intelligenza critica di Pasolini l'avere intuito che questo è un tema di Proust».[60]

Di altri riferimenti all'opera proustiana (in particolare nel racconto *Un mio sogno*, del '46 e nell'«episodio del vespasiano» della *Meglio gioventù*-romanzo, confluito in una forma più misteriosa in *Romàns*), ho trattato altrove.[61] Ricordo solo che in «Un mio sogno» è interessante oltre al resto per il motivo del narratore si sforza di mettere a fuoco la sensazione di provocata dal sogno, ma non ne trova la chiave. Siamo di fronte a uno sforzo ermeneutico che accomuna toponimi e sogni. Chi scrive cerca di indagare il significato delle associazioni presenti in nomi e sogni ma a volte, a differenza che nell'episodio del vespasiano della *Meglio gioventù*-romanzo, dove è ricalcato al limite del calco il meccanismo della memoria involontaria nella *Recherche*.

---

58 *Ibid.*, p. 273.

59 Pier Paolo Pasolini, «Progetto di opere future», in Pasolini, *Tutte le poesie*, I, pp. 1245–56 (pp. 1245–46).

60 Siti, «Pasolini e Proust», p. 272.

61 Cfr. De Laude, «Pasolini e Proust. Su un sogno del 1946 e "l'episodio del vespasiano" della *Meglio gioventù*-romanzo», pp. 21–29.

Nel primo raccontino dei *Parlanti* in prima persona, chi dice io (e coincide con la persone empirica dell'autore, citando anche alla lettera alcuni versi della sua «raccoltina poetica in casarsese») riconosce che «il senso del luogo» è «stupendamente tradotto nel mistero del nome»; e che la percezione di quel mistero tradotto in nome e poi in versi gli era parsa inizialmente penetrabile, apribile «come un ventaglio» (anche l'immagine è proustiana), consentendo di «rasentare» nella memoria «i luoghi» e «le ore» in cui era precipitato (sono ancora parole di Pasolini) «tutto il *suo* tempo perduto».

> Ma se tento di aprire come un ventaglio questa percezione di umidità, se entro in esse come in un labirinto tenacemente profumato di salici bagnati, di fango, di carbone e di campi, ecco che un po' alla volta la macchia informe si dirada come una nebbia, e io entro nel nudo dell'umidità, fino a rasentare quella Verità che ci si nasconde da tanti anni e che mi svelerebbe il senso di Casarsa. Ma già si delineano nella memoria i luoghi e le ore nei quali è precipitato tutto il mio tempo perduto... [...] Spesse volte ho ripetuto questa escursione dentro la macchia d'umido che occupa la mia memoria [...].[62]

Arrivato, scavando in sé stesso (facendosi «cavia dei *suoi* esperimenti», come diceva) all'immagine della pozzanghera, l'io narrante non può che registrare una sconfitta — l'enigma non riesce a essere decifrato, resta un groppo in gola. Proustiano è quel moltiplicarsi metonimico degli enigmi, un'epifania che non si rivela, ma si traduce sensorialmente in un'altra, e ad ogni passaggio si carica di nuove implicazioni. Oltre al prelievo del sintagma «tempo perduto», è da notare, in questo passo, l'arcaico «spesse volte» dell'ultimo periodo, richiamo allusivo ma puntualissimo al «Longtemps» con cui si apre la *Recherche*.

62 Pasolini, «Gli adorati toponimi», pp. 165–67.

Le « Panthéon du Grand Cirque de France »

Présences françaises dans la fable d'*Uccellacci e uccellini*

PIERRE-PAUL CAROTENUTO

Par sa référence assumée à La Fontaine et sa caricature d'une panoplie d'*auctoritates* intellectuelles, le premier épisode, coupé au montage, d'*Uccellacci e uccellini* recèle de multiples sources d'inspiration françaises. Ainsi, l'attachement de Pasolini à la France se manifeste-t-il sous une forme ambiguë allant d'une admiration sans borne : « je considère la France comme le centre de ma culture » (considero la Francia il centro della mia cultura) à la satire d'une pensée rationaliste absolutisante opposée à la « pensée sauvage ».

UNE FRANCE OMNIPRÉSENTE

Notre contribution se concentrera sur ce premier épisode du film *Uccellacci e uccellini*, observatoire d'autant plus privilégié que ce film serait, au dire de Pasolini lui-même, celui où il se serait le plus exposé.[1] On y constate une forte présence de la France, parfois manifeste, voire ostensiblement affichée, parfois plus discrète, à de multiples niveaux :

1 Pier Paolo Pasolini, « Lettera aperta », dans Pasolini, *Per il cinema*, éd. Walter Siti et Franco Zabagli, 2 vol. (Milan : Mondadori, 2001), I, p. 830–31 (p. 831).

genre, structure, idéologie, style et « langue » cinématographiques. Crispation, période charnière, dépassement, critique, ambiguïté de la position pasolinienne vis-à-vis de la culture française contemporaine sont les traits qui en ressortent. Cette omniprésence française touche à la fois le texte du scénario et le dense paratexte qui l'entoure, bien que Pasolini réfute tout lien d'hétéronomie entre ses essais théoriques et sa création.[2]

La première phase d'élaboration du film est celle du *soggetto* en trois épisodes, parus entre avril et mai 1965, dans trois numéros de l'hebdomadaire communiste *Vie nuove*, où Pasolini tient une rubrique de *Dialogues* avec ses lecteurs. Trois « histoires », comme une continuation sous forme de « fables comiques », des échanges parfois houleux avec ses lecteurs sur des sujets d'actualité. Ce *soggetto* contient un premier double accès français, et non des moindres. Celui-ci se situe au niveau du titre et du genre : les trois « fables ésopiques » s'intitulent alors respectivement *L'aigle, Faucons et moineaux* et *Le corbeau* (ces titres seront italianisés et modifiés par la suite, donnant lieu à *L'uomo bianco, Uccellacci e uccellini* et *Laggiù*).[3] Si les titres en tant que tels ne renvoient pas directement à des œuvres des modèles, la matrice lafontainienne, elle, affleure au niveau des indices internes et se lie de près à la polémique contre un certain type de rationalisme, incarné dans le premier épisode par la caricature d'un dompteur-intellectuel français. Au final, donc, des titres français italianisés et une matrice lafontainienne qui s'estompe, tout comme les modèles classiques du genre : « une sorte de pamphlet composé de trois récits, qui ont comme archétype lointain les fables de Phèdre et de La Fontaine ».[4]

Le croisement de la fable et d'une dimension française investit deux plans. Le premier se lie à la composante idéologique du film et renvoie aux origines mythiques de l'attrait pour ce genre. La fable serait à même, selon le jeune Pasolini, d'« élever avec la plus grande spontanéité les animaux philosophants et donneurs de leçons dans le

2 Pier Paolo Pasolini, « Razionalità e metafora in Pier Paolo Pasolini », dans Pasolini, *Per il cinema*, II, p. 2911–17 (p. 2913–14). Nous traduisons. Les mentions bibliographiques incluses dans les notes font référence aux éditions originales en italien.

3 Walter Siti et Franco Zabagli, « Note e notizie sui testi », dans Pasolini, *Per il cinema*, II, p. 3033–3249 (p. 3102).

4 *Ibid.*, p. 2906.

ciel de l'imagination […] dans une atmosphère épurée, de miniature ou de gravure ou d'art céramique ».[5] Pasolini revendiquera pour des fabliers plus récents l'éviction des scories didactiques du noyau de pure fantaisie de la fable.[6] C'est là un premier paradoxe, car il reconnaîtra *a posteriori* que, dans le difficile équilibre de l'« idéo-comique » d'*Uccellacci e uccellini,* la part d'idéologie aura tendance à écraser la composante de pure représentation.[7] Or, c'est précisément cet excès d'idéologie qui constituera l'un des principaux points d'achoppement avec la culture française contemporaine.

Si la fable renvoie à une composante idéologique, elle renvoie également à une autre notion, à savoir celle de l'homologie. En s'appuyant sur une citation du sociologue franco-roumain Lucien Goldmann,[8] le questionnement de Pasolini touche à la possibilité, pour le cinéma, de supprimer, comme dans les nouvelles formes du roman, le sujet en tant qu'individu problématique à la « recherche dégradée de valeurs authentiques dans un monde dégradé ».[9] Cette suppression se fonde sur le principe de l'homologie entre l'écriture et les structures d'une société en pleine évolution, du modèle de concurrence à celui des monopoles industriels. Si un nouveau cinéma, et notamment un « cinéma de poésie », incarné selon Pasolini par l'œuvre filmique de Jean-Luc Godard, semble aussi aller dans le sens d'une suppression de la figure du héros à la recherche de valeurs dans une société ébranlée, cette tendance est néanmoins entravée, pour ce qui est du cinéma, par des données contingentes telles que le type de public et les contraintes liées à la production. Godard est au cœur du laboratoire déployé dans « Il "cinema di poesia" », essai qui jouxte le scénario d'*Uccellacci* dans l'édition Garzanti : « En somme c'est la "subjective

5 Pier Paolo Pasolini, « Dittatura in fiaba », dans Pasolini, *Saggi sulla letteratura e sull'arte,* éd. Walter Siti et Silvia De Laude, 2 vol. (Milan : Mondadori, 1999), I, p. 337–40 (p. 337).

6 *Ibid.*, p. 338.

7 Pier Paolo Pasolini, « Risvolto di copertina », dans Pasolini, *Per il cinema,* I, p. 828–29 (p. 828).

8 La référence concerne *Pour une sociologie du roman,* dont la version italienne sera publiée par l'éditeur Feltrinelli en 1965, soit l'année de l'élaboration d'*Uccellacci e uccellini.* L'*editio princeps,* quant à elle, est en français : Lucien Goldmann, *Pour une sociologie du roman* (Paris : Gallimard, 1964).

9 Pasolini, « Risvolto di copertina », p. 828.

libre indirecte" qui instaure la possible tradition d'une "langue technique de la poésie" dans le cinéma. Comme exemples concrets de tout cela, je soumettrai à l'analyse dans mon laboratoire Antonioni, Bertolucci et Godard. »[10] Aussi, le principe d'homologie doit-il être associé à un autre principe, celui de *déception,* dans le sens d'une discordance sciemment recherchée par le poète-réalisateur à l'encontre des attentes des lecteurs-spectateurs. La notion sémiologique, empruntée à Jakobson, de déception du signe linguistique est au centre de la conception d'*Uccellacci* : « Une fable qui se termine comme elle ne doit pas, un picarisme qui ne dit pas ce qu'il doit dire : voici deux raisons de déception. Or : il faut décevoir. Sauter sans cesse sur les braises comme des martyrs ».[11] Cette déception se lie ailleurs à l'image du poète-martyr, et la liberté d'enfreindre les codes stylistiques est dépeinte alors sous les traits d'un « attentat autolésioniste » de la part de l'auteur qui, dans un élan masochiste se situant à l'opposé de la conservation des institutions, s'inflige les plaies du martyr. Cette vocation s'incarne à nouveau dans l'*exemplum* de Jean-Luc Godard, héraut d'un cinéma cassant tout lien avec la tradition, aussi récente soit-elle, et se teinte d'un autre motif récurrent chez Pasolini, celui de l'hérésie stylistique.[12]

Mais revenons à présent à une autre allusion renfermée dans la citation de Lucien Goldmann : la suppression du « sujet » comme « individu problématique » connaîtrait sa principale déclinaison littéraire dans le Nouveau Roman, dont le « désengagement » est conçu par Pasolini comme l'une des déclinaisons de cet irrationalisme aussi présent que dénié dans la culture française. Or, le nom du représentant le plus insigne du Nouveau Roman se glisse dans la note en bas de page d'une intervention pasolinienne de 1965 ayant pour objet la linguistique saussurienne et son dépassement dans une perspective marxiste. Tout en prenant les devants quant à son inaptitude à traiter convenablement de certaines thématiques, Pasolini s'interroge sur les raisons de son amour pour une langue orale distincte à la fois de la langue et de la parole. Les linguistes de l'Europe industrielle n'auraient

10 Pier Paolo Pasolini, « Il "cinema di poesia" », dans Pasolini, *Saggi sulla letteratura e sull'arte,* I, p. 1461–88 (p. 1477).

11 Pasolini, « Lettera aperta », p. 830.

12 Pier Paolo Pasolini, « Il cinema impopolare », dans Pasolini, *Saggi sulla letteratura e sull'arte,* I, p. 1600–10 (p. 1604–08).

pas eu, comme lui, d'expérience sentimentale, idéologique et politique d'une langue appartenant à un monde antérieur et se comporteraient avec les « purs parlants » comme des « cueilleurs de lichens », ou pire, comme des colonialistes avec les peuples dominés.[13] Là aussi, comme pour l'homologie, Pasolini souligne la révolution interne au monde capitaliste. À présent, en effet, les bourgeoisies européennes auraient radicalement modifié leur rapport avec les « purs parlants », ces derniers étant employés comme immigrés sous-payés. Et à la question sur l'issue linguistique de ce nouveau rapport, voici la réponse sibylline de Pasolini : « En attendant nous avons toute l'anthropologie structurale, en ce sens Lévi-Strauss est le poète des bas salaires, Robbe-Grillet le poète des monopoles ».[14] Notons aussi que la langue française est choisie pour illustrer le dépassement des catégories saussuriennes : entre langue et parole, le poète apprenti linguiste introduit la langue vocale méta-chronique qui résoudrait le dilemme des « tableaux sémantiques du structuralisme entre synchronie et diachronie ». C'est le moment purement oral de la langue (la langue du cri, de l'interjection, des réflexes conditionnés, de la pure phonation animale) dont les signes seraient nécessaires, contrairement à l'arbitraire de la langue écrite, aussi primitive soit-elle « dans le cadre d'une pensée sauvage ». En effet, Pasolini précise que la langue est toujours pour lui la langue d'une civilisation, d'une culture, encore que primitive, et ce à l'opposé d'un « adorable » Saussure qui ne considèrerait que les groupes humains civilisés, en-deçà du moment purement oral, au sens à la fois philosophique et historique, la préhistoire se configurant comme une catégorie qui persiste dans notre inconscient. D'où la nécessaire conjonction entre linguistique, psychanalyse, ethnologie et anthropologie. Et la pointe finale, avec son souhait de « bon travail à *L'Homme* », revue d'anthropologie fondée, entre autres, par Claude Lévi-Strauss.[15]

13 Pier Paolo Pasolini, « Dal laboratorio (Appunti en poète per una linguistica marxista) », dans Pasolini, *Saggi sulla letteratura e sull'arte*, I, p. 1307–42 (p. 1318–19).

14 *Ibid.*

15 *Ibid.*, p. 1328–33.

UNE STRUCTURE QUI VEUT ÊTRE UNE AUTRE STRUCTURE

Passons à présent au plan structural des critiques émises par Pasolini, à l'époque d'*Uccellacci*, contre la culture française. Si, dans l'essai que nous venons de mentionner, il affirme que sa langue, l'italien, n'est pas une structure stable mais une structure qui veut devenir une autre structure, une structure en mouvement, du fait de sa précarité sociale, grammaticale et phonétique,[16] c'est vers un autre document qu'il faut se tourner pour creuser cette poussée au dépassement de la structure. Dans l'édition Garzanti du scénario d'*Uccellacci e uccellini*, nous trouvons l'essai intitulé « La sceneggiatura come struttura che vuol essere altra struttura » (Le scénario en tant que structure qui veut être une autre structure). Par le prisme d'une remise en question des catégories lévistraussiennes et d'un emprunt aux apports de la récente sociologie américaine, le réalisateur analyse cette forme hybride qu'est le scénario. Pasolini en souligne simultanément la valeur de technique narrative spécifique aboutissant à une œuvre autonome et la propriété médiatrice d'étape conduisant — d'où le glissement de la notion de *structure* à celle, plus pertinente, de *processus* — de la phase littéraire au stade cinématographique. C'est là le sens de la requête implicite, faite aux lecteurs du scénario, d'un effort d'imagination supplémentaire consistant à penser en images, pour intégrer visuellement les allusions du signe linguistique.[17] Cette notion de structure en mouvement s'adapte on ne peut plus pertinemment au premier épisode du *soggetto*, que le réalisateur tournera, mais qu'il élaguera et, au final, évincera en phase de montage. La trame s'articule autour d'un dompteur qui « veut domestiquer un aigle au moyen de toutes les finesses de la pédagogie moderne et qui finit par penser vouloir devenir un aigle à son tour ».[18] La connotation française du personnage du dompteur, Monsieur Courneau, du nom du critique du *Nouvel Observateur* qui, quelques mois auparavant, avait démoli le *Vangelo secondo Matteo*

16 *Ibid.*, p. 1315–16.

17 Pier Paolo Pasolini, « La sceneggiatura come "struttura che vuol essere altra struttura" », dans Pasolini, *Saggi sulla letteratura e sull'arte*, I, p. 1489–1502.

18 Pier Paolo Pasolini, « Il cinema secondo Pasolini », dans Pasolini, *Per il cinema*, II, p. 2890–2907 (p. 2907).

accusant son réalisateur de tromperie sur la marchandise,[19] vaudra à Pasolini des accusations de francophobie, dont il se défendra en rétorquant que, s'il a choisi un certain type d'intellectuel laïc parisien, c'est seulement en tant que représentant parfait de la bourgeoisie occidentale.[20] Le réalisateur avait d'ailleurs déjà précisé ses reproches aux directs intéressés lors de sa rencontre houleuse de 1964 avec « certains représentants de la gauche française », à l'occasion de la projection de son *Évangile* : « l'intellectuel français a du mal à reconnaître l'irrationnel, le moment de la faim, du sous-prolétariat ».[21] Si cette dimension de libelle est pleinement assumée par Pasolini, le caractère allégorique qui se dissimule derrière cette entreprise d' « édification » a attiré notre attention, car il incarne le thème du rapport dialectique impossible, et de ce fait scandaleux, entre la religion irrationnelle du Tiers Monde, personnifié dans le film par un aigle muet, soit la « pensée sauvage » qui domine l'un des écriteaux du cirque, et la logique rationnelle occidentale du dompteur. La nécessité d'une confrontation entre ces deux pôles est au cœur de la réflexion pasolinienne en ce milieu des années soixante. Le terrain conceptuel commun à l'ensemble des épisodes d'*Uccellacci* est identifié dans la crise du marxisme des années cinquante « soufferte et vue par un marxiste, de l'intérieur [...] en aucun cas disposé à croire que le marxisme est terminé [...] dans la mesure où il saura accepter de nombreuses nouvelles réalités [...] suggérées dans le film ».[22] Aussi, il nous semble que c'est précisément sur

19 Le 4 mars 1965, dans *Le Nouvel Observateur*, paraît la critique de Michel Cournot intitulée par provocation « Tonton Marx à Bethléem ». L'*Évangile selon saint-Matthieu* y est défini comme « un film fait par un prêtre pour les prêtres » et « une tromperie sur la marchandise ». Voir, à ce propos Vincenzo Bassoli, « Il Vangelo secondo Matteo », *Quaderni di cultura*, 2.7 (1966), p. 3–17, en particulier le paragraphe intitulé « Come fu accolto il film dagli ambienti francesi di sinistra ». Concernant la séquence en question, nous avons pu, sous la supervision de Roberto Chiesi, consulter ce qui reste de la version filmée de l'épisode de « Totò al circo » auprès du *Centro Studi – Archivio Pier Paolo Pasolini* de la *Cineteca* de Bologne. La séquence est à présent disponible également à l'intérieur des contenus bonus du dvd en commerce : « Totò al circo », dans *Uccellacci e uccellini*, réalisé par Pier Paolo Pasolini (Arco Film, 1966).

20 Pier Paolo Pasolini, « Dai "Dialoghi con Pasolini" su *Vie Nuove* », dans Pasolini, *Saggi sulla politica e sulla società*, éd. Walter Siti et Silvia De Laude (Milan : Mondadori, 1999), p. 875–1089 (p. 1062–63). Pour l'allusion à l'attaque critique à son *Vangelo*, voir Pier Paolo Pasolini, « Opera "ideo-comica" con tema religioso », dans Pasolini, *Per il cinema*, II, p. 2908–10 (p. 2908–09).

21 Maria A. Macciocchi, « Cristo e il marxismo », *L'Unità*, 22 dicembre 1964, p. 3.

22 Pasolini, « Lettera aperta », p. 831.

cette perspective douloureuse que se greffe la crispation des relations entre Pasolini et la France.

SOUS LE CHAPITEAU DU *GRAND CIRQUE DE FRANCE*

Pénétrons alors sous le chapiteau du *Grand Cirque de France*. L'oxymore de la première didascalie est on ne peut plus évocateur, car la première scène se situe dans le « Panthéon du "Grand Cirque de France" », un saint des saints localisé dans les coulisses du cirque. Ce dernier abrite une collection d'*auctoritates* françaises prenant la forme d'effigies à la hiérarchie figée. « Les "Grands" de France, statues, portraits, lithographies ou estampes, sont alignés contre les parois du Panthéon : Sartre aux côtés de Mauriac, Camus de Claudel *et caetera*, selon l'ordre de leur prestige et de leur succès. » Et dans la foulée : « Plus grand que tous les Grands, sur un mur est placé De Gaulle. »[23] Si certaines de ces personnalités sont panthéonisées de leur vivant et que, dans la version filmique, la mosaïque est plus bariolée (Proust, Beauvoir, mais également Gabin, Belmondo, Chevalier et un De Gaulle acéphale, pour ne citer que ceux que j'ai reconnus), ce qui importe ici, ce sont les paires allusives d'un canon figé. En effet, laissant pour l'instant de côté « saint Sartre » et Camus[24], les deux autorités restantes font l'objet, chez Pasolini, d'un nombre limité d'interventions. L'académicien et Prix Nobel François Mauriac est cité dans un parallèle avec le Dante de la *Mala Mimesi*, où il côtoie Sartre dans la chronique du Saint-Germain existentialiste,[25] alors que l'autre académicien, Paul Claudel, est « non aimé » par un jeune Pasolini qui lui préfère « les autres catholiques français », Péguy, Bernanos et Maritain. « [N]on aimé » à cause de l'« apriorisme de son exaltation et de son apostolat », « non aimé » à cause d'une « "*inventio*" conçue par le poète tel un texte dicté » et à laquelle ferait défaut « le drame, l'humilité »,[26] bien que Pasolini suspende son jugement et promette de le relire. Par

23 *Ibid.*, p. 681.

24 Concernant Camus, nous renvoyons au colloque napolitain de 2010 *Camus e Pasolini, tra mito e tragedia* dont les actes ne sont pas encore parus.

25 Pier Paolo Pasolini, « Appendice. La mala mimesi », dans Pasolini, *Saggi sulla letteratura e sull'arte*, I, p. 1391–99 (p. 1396).

26 Pier Paolo Pasolini, « Non ho amato Claudel », dans Pasolini, *Saggi sulla letteratura e sull'arte*, II, p. 2721.

la suite, il rangera Claudel dans la catégorie des « mystiques des dernières crises, plus enclins au problème de Dieu qu'à Dieu, en cela trop pascaliens ».[27]

Dans un échange serré relaté par *Vie nuove*, Giordano Siviero, italien émigré en Moselle, accuse le réalisateur de s'être livré, dans l'épisode de l'*Aigle*, à une allégorie obscure. Une formule par laquelle Pasolini mettrait « dans le même sac d'illustres représentants de courants politiques opposés », pour les exposer dans le « Panthéon de [son] souverain mépris ». Pasolini rétorquera à ce qu'il qualifiera de « conjectures »,[28] de déductions simplificatrices isolant la partie du tout. D'autant plus injustes qu'il revendique haut et fort sa dette envers la France pour « ce merveilleux instrument de connaissance (qui est également [s]a matrice culturelle) fourni par les Lumières et le rationalisme français ».[29]

> Quant à moi, je n'en veux pas à la France, que je considère comme le centre de ma culture. J'en veux, dans mon épisode, à un certain type d'intellectuel laïc parisien, en tant que représentant parfait d'une certaine bourgeoisie du monde occidental. Aussi, ai-je de nombreuses observations polémiques à faire à l'encontre de la culture française de ces dernières années (mais Barthes, Fanon, Lévi-Strauss sont français !).[30]

Par-delà la dimension de libelle étroitement lié à l'actualité, l'axe de la réponse se tourne ensuite indéniablement vers une dimension où la structure s'immerge dans l'histoire, et où, comme c'est souvent le cas lorsque Pasolini se réfère à la France, l'Italie n'est jamais bien loin. En effet, tandis que celle-ci aurait, au travers notamment de la Résistance, exercé une critique révolutionnaire sur les formes de la culture précédente, la France aurait, quant à elle, éludé cette profonde remise en question. Depuis le binôme, encore un binôme oppositif, Flaubert-Rimbaud, il n'y aurait eu aucune solution de continuité dans l'élaboration d'un critère de jugement interne : « L'enchaînement des modes littéraires n'a jamais été interrompu. La hiérarchie des valeurs a

27 Pier Paolo Pasolini, « Voci nella città di Dio », dans Pasolini, *Saggi sulla letteratura e sull'arte*, I, p. 394.

28 Pasolini, « Dai "Dialoghi con Pasolini" su *Vie Nuove* », p. 1062.

29 Macciocchi, « Cristo e il marxismo », p. 3.

30 Pasolini, « Dai "Dialoghi con Pasolini" su *Vie Nuove* », p. 1062–63.

toujours été la même, et aucune division, ni fictive, ni réelle n'a jamais fissuré le panthéon français. » Pasolini précise la cible de sa critique lorsqu'il assène que, face à une « présence continue et géniale de Sartre pour ce qui est de la production d'essais », il manque en France une littérature de l'engagement assez consistante pour inaugurer une nouvelle période littéraire. Dans un élan pédagogique, Pasolini s'émeut alors de ce qu'un jeune marxiste français soit dépourvu de tout critère moral dans ses choix littéraires et que « dans son *panthéon* il y [ait] Sartre près de Mauriac, *Tel Quel* près de *Clarté* ». Ensuite, Pasolini évoque les haines et les contrastes qui se produisent, d'abord et de façon préventive sur un plan idéologique, avant même l'opération littéraire. Mais c'est encore la métaphore du panthéon qui s'impose, cette fois-ci dans une démarche d'évidement, de désacralisation : du fait que « les fils » n'ont pas le courage de « faire tomber les anciens dieux et de les remplacer », « le *panthéon* est bondé, mais le catalogue est encore disponible pour de nouveaux caveaux ». D'où l'hypothèse, sous forme de paradoxe : « D'ailleurs, si un fanatique, au nom d'une condamnation idéologique héritée des recherches italiennes des années 1950, voulait faire table rase, il viderait le *panthéon*, qui deviendrait tout court une basilique consacrée à saint Sartre et à ses constellations. » Le langage allusif cède alors la place à un semblant d'éclairage marxiste : « Le marxisme français n'a pas produit de force culturelle intermédiaire susceptible d'exercer une critique révolutionnaire de la culture ayant précédé le marxisme. Peut-être parce qu'en France le scandale n'avait pas sa place ; rien ne rentre scandaleusement dans une relation dialectique avec le libéralisme français. »[31]

Mais revenons à notre épisode manqué. L'aigle, « muet et sauvage », sur une échasse positionnée face à l'effigie de De Gaulle, surplombe le Panthéon. La seule fêlure à cette grandeur oppressante est incarnée par Ninetto, valet du Grand Cirque de France, immortalisé en train d'accomplir une action en résonance avec d'autres lieux et projets pasoliniens :

> Au milieu de toute cette Grandeur, humble et drôle, il y a un jeune garçon, bouclé, avec un balai, qui est en train de passer le balai. Alors qu'il passe le balai, il tombe sur les visages en plâtre des Grands,

31 *Ibid.*, p. 1065–66.

> et par pur instinct vital, mu par une envie soudaine, un caprice, il imite, tout en riant dans sa barbe, avec un éclair de joie sacrilège, leurs expressions pensives et sourcilleuses. Les uns après les autres les Grands tombent sous le regard et le manque total de respect de Ninetto.[32]

Le sacrilège ninettien se reproduira dans la suite de l'épisode, notamment au travers d'une réécriture parodique des Béatitudes évangéliques, ou encore lorsqu'il expliquera à un journaliste le sens de l'adjectif « anthropologique » (« Ben, c'est tout ce qu'on donne à manger aux bêtes »).[33]

Une fois le décor planté, l'action est lancée : après l'annonce aux journalistes d'une « entreprise qui demeurera inoubliable dans l'histoire de la civilisation »[34] (impresa che resterà inobliabile nella storia della civilizzazione), nous assistons au lancement en grande pompe du rituel de civilisation de l'aigle. Précisons que la parodie est aussi linguistique, et ce au moyen de calques, d'intrusions, dans le tissu lexical et syntaxique, de mots français, ou même de pans entiers de répliques signalés par les didascalies, la *mimesis* caricaturale étant poussée jusqu'au paraverbal des tics, avec la typique « grimace à la française »[35] de Monsieur Courneau. Après une première approche consistant à feindre d'« ignorer courtoisement » l'Aigle,[36] le rituel s'articule en quatre phases. En premier lieu, Courneau projette pour Ninetto (en réalité, pour l'Aigle) une série de documentaires — nous assistons donc à un film dans le film, ou mieux un récit dans le récit, démarche propre également au reste du film. Ceux-ci viseraient, d'après le dompteur, à illustrer les quatre piliers de la civilisation occidentale, à savoir la famille, la patrie, la raison, que Ninetto confond un instant avec la religion, et, à la première place, l'esprit, qui tourne en dérision les trois précédents et en révèle le formalisme inconséquent. Dans cette succession de tableaux vivants, qui pourraient parodier indirectement les piliers lévistraussiens du lien social, nous assistons, dans l'ordre, à

32 Pier Paolo Pasolini, *Uccellacci e uccellini*, dans Pasolini, *Per il cinema*, I, p. 675–834 (p. 681).

33 *Ibid.*, p. 684. Dans l'original, Ninetto s'exprime en dialecte romain.

34 *Ibid.*, p. 683.

35 *Ibid.*, p. 685.

36 *Ibid.*, p. 686.

des scènes de voyeurisme familial à l'intérieur d'une famille de la riche bourgeoisie de province résidant dans le village proustien de Combray, et à une parade militaire où, dans un comique chaplinien, les hauts-de-forme des ministres français s'envolent et se posent aux pieds d'un clochard parisien, alors qu'un père Fraternité est enseveli sous la cloche de son église à cause du tir inopiné du père de famille bourgeois.

Cette première étape du rituel est un fiasco. S'ensuit une deuxième phase, la « conquête d'une langue ». Le processus antiphrastique atteint alors l'un de ses sommets lorsque, face au totem cloué dans son silence, le dompteur met en avant le modèle humaniste d'un Étienne Dolet et de sa *Manière de bien traduire d'une langue en l'autre*, alors que le silence de l'aigle est par définition intraduisible. Aux modèles savamment choisis s'ajoutent alors les principes d'une réduction à de modestes proportions et d'une ironie qui fera de notre aigle « je ne dis pas le plus intelligent de tous, mais le module, le fonctionnement même de l'intelligence ».[37]

Troisième temps de l'entreprise de Monsieur Courneau. La métaphore se recentre sur elle-même et nous assistons à un véritable numéro de cirque, soit à une domestication passant par l'*exemplum* de clowns et de fauves en cage — tous présents, sauf un évidemment, le lion d'Algérie, prosopopées des anciennes colonies, clowns et fauves « qui ont accepté d'entrer en relation avec l'homme blanc ». Nous nous bornerons ici à Monsieur le chameau du Ghana, ce dernier annonçant son ambition ultime : « connaître toute la grande culture européenne de Marx à Lévi-Strauss et aller l'enseigner dans la capitale de mon pays ».[38] Nous sommes ici dans une sorte d'anti-*Profezia*, soit aux antipodes de ce poème cruciforme dédié à Sartre — qui avait raconté à Pasolini l'histoire d'Ali aux yeux bleus — où les croisés d'une armée du Tiers Monde débarquée sur les côtes de Calabre « détruiront Rome | et sur ses ruines | déposeront le germe | de l'Histoire ancienne » avant de « rejoindre Paris | pour y enseigner la joie de vivre ».[39] Si l'immobilisme et le mutisme de l'aigle peuvent s'expliquer par une subversion inhérente au Tiers Monde, tout aussi inéluctable sera la ré-

37 *Ibid.*, p. 695–96.

38 *Ibid.*, p. 701–02.

39 Pier Paolo Pasolini, « Profezia », dans Pasolini, *Tutte le poesie*, éd. Walter Siti, 2 vol. (Milan : Mondadori, 2003), I, 1285–91 (p. 1289).

action du dompteur transformé en dictateur chaplinien et déchargeant ses invectives racistes, inclusives d'allusions explicites aux tortures des guerres coloniales et, plus particulièrement, aux faits récents d'Algérie. Nous sommes ici face au « bruit sourd de la rage réactionnaire » déclenchée dans un « cœur blanc » par un simple « doux visage camus et foncé ». La notion pasolinienne de racisme, soit l'incapacité, de la part du bourgeois, à concevoir toute forme d'altérité, constitue un accès privilégié au rapport entretenu par Pasolini avec ses sources françaises en cette seconde moitié des années soixante. En effet, dans son interview à Ferdinando Camon de '69, au « mythe raciste "négatif" » du vieux bourgeois, Pasolini oppose le renversement de ce même mythe par les « bons bourgeois », ce dernier aboutissant au hissage du « drapeau du paysan et du prolétaire pauvre, entité métaphysique (élégantissime chez Lévi-Strauss, bouleversante chez Fanon) d'une apocalypse positive, rédemptrice ».[40] La pensée pasolinienne se précise davantage dans un essai de 1970 paru posthume et intitulé « Che fare col "buon selvaggio" ? », dans lequel une ultérieure distinction est établie entre, d'un côté, la solution de l'« intégration réciproque entre la culture par excellence (la nôtre) et la culture (admise) du "bon sauvage" », solution incarnée par la Négritude senghorienne, de l'autre « la reconnaissance objective de cette dernière culture comme d'un "ensemble" exhaustif une fois pour toute de la totalité, dans des structures immuables (Lévi-Strauss) ». Mais restons encore un instant sur les invectives racistes de Monsieur Courneau, car il nous semble de pouvoir y déceler la première percée d'un irrationnel qui, plus il est refoulé, plus il affleure sous des formes incontrôlables : « le moment irrationnel n'est pas seulement le propre de ce milliard d'hommes qui pointent à la porte de l'histoire, mais l'irrationnel est dans la France elle-même. Certains phénomènes tels que celui des paras sont irrationalistes, le nationalisme désespéré est irrationaliste ».[41] L'aversion nourrie par Pasolini pour l'actuelle forme bourgeoise du pouvoir se situerait donc essentiellement à deux niveaux : la répulsion à l'égard d'une soi-disant rationalité bourgeoise, gangrenée par une obsession

40 Pier Paolo Pasolini, « [Intervista rilasciata a Ferdinando Camon] », dans Pasolini, *Saggi sulla politica e sulla società*, p. 1626–46 (p. 1642).

41 Macciocchi, « Cristo e il marxismo », p. 3.

identitaire, et la répugnance pour la structure profondément raciste de cette même pensée. Autant de pièges dans lesquels s'étaient englués, pour d'autres raisons, certains marxistes. Ceux-ci avaient marqué du sceau de l'irrationnel tout ce qui ne rentrait pas dans leur vision, inévitablement inhérente à l'histoire et à l'idéologie bourgeoises, ou avaient évité de se poser le problème, par exemple, d'une instance évangélique à la racine de leur philosophie. C'est là précisément l'objet de la rencontre, en 1964 à Paris, entre Pasolini et Sartre. Par-delà le prétexte de cette entrevue survenue dans la foulée de l'« indulgent autodafé » du *Vangelo* et de « l'absolution du tribunal ecclésiastique réuni à Notre-Dame »,[42] par-delà même un existentialisme que le jeune Pasolini reconnaît comme « la seule philosophie que je sente très proche de moi [...] avec sa notion poétique [...] d'"angoisse", et son identification existence-philosophie »,[43] Sartre est le seul représentant d'une certaine mouvance intellectuelle française à avoir compris de « devoir forcer sa propre culture de type rationnel » au-delà des frontières du rationalisme des Lumières, pour « saisir toute la réalité ».[44] C'est encore ce Sartre dont Pasolini, en 1971, reconnaîtra le « moralisme absolu », celui des victimes qui ne sont jamais innocentes de *L'existentialisme est un humanisme*, un moralisme absolu qui devient « une vision religieuse du monde ».[45]

PASOLINI *EXPLORATEUR* DES SCIENCES SOCIALES

Mais revenons aux passages d'interviews cités plus haut, car au travers des présences plus ou moins explicites que l'on peut y déceler, nous voyons poindre ici cette « bibliothèque anthropologique » qui donne son titre à un paragraphe de la monographie d'Alberto Sobrero.[46] L'auteur part du constat d'un Pasolini *explorateur* des sciences

42 *Ibid.*

43 Pier Paolo Pasolini, *Lettere 1940–1954*, éd. Nico Naldini (Turin : Einaudi, 1986), p. 171.

44 Macciocchi, « Cristo e il marxismo », p. 3.

45 Pier Paolo Pasolini, « [Intervista rilasciata a Clemente Ciattaglia] », dans Pasolini, *Saggi sulla politica e sulla società*, p. 1682–88 (p. 1687).

46 Alberto Sobrero, *Ho eretto questa statua per ridere. L'antropologia e Pier Paolo Pasolini* (Rome : Cisu, 2015).

sociales,[47] alors que Pasolini, quant à lui, n'aura de cesse de se distinguer de ses collègues écrivains dépourvus de notions ethnologiques et anthropologiques, qu'il posséderait quant à lui « ni en tant que professionnel, ni en tant qu'amateur, mais en simple homme de lettres qui a choisi "pour cause" de telles lectures »,[48] de ces intellectuels ignorant la distinction entre « culture populaire » et « culture historique » : « La linguistique et l'ethnologie sont soigneusement ignorées. Mais Lévi-Strauss ! Mais le structuralisme ! Ils n'ont pas été obligatoires. Naturellement on en a parlé mais on ne les a pas lus. »[49] Or, l'enquête de Sobrero souligne que Pasolini se serait lui-même approprié la plupart de ces auteurs de façon médiée : en effet, si le terme d'« apocalypse positive, rédemptrice »,[50] employé dans sa réponse à Camon, pourrait cacher un renversement de la notion demartinienne, nous apprenons que c'est précisément dans l'anthologie de l'ethnologue napolitain de 1962, *Magia e civiltà*, que Pasolini aurait rencontré des extraits entre autres, et pour nous limiter au seul volet français, de Lévy-Bruhl et Lévi-Strauss, et de façon encore plus probante, dans l'anthologie fortinienne de 1965, *Profezie e realtà del nostro secolo*, les principaux représentants du débat social et culturel de ces années (Fanon, Sartre, à nouveau LS, Foucault).[51]

Si la liberté pasolinienne dans la lecture de certains auteurs ne constitue pas l'objet de notre intervention,[52] ce qui prime à nos yeux c'est l'impression que la position de Pasolini vis-à-vis de certains courants de la culture française contemporaine se modifie au gré de l'évolution, ou mieux de l'involution, de son mythe du Tiers Monde (« Afrique ! Ma seule alternative ! »),[53] un mythe d'altérité absolue qui s'est détérioré au fil des ans. Si les vieux bourgeois européens, une fois la décolonisation achevée, restaient là avec leur racisme, les bour-

47 *Ibid.*, p. 46.

48 Pier Paolo Pasolini, « Mircea Eliade, *Mito e realtà*, Elias Canetti, *Potere e sopravvivenza* », dans Pasolini, *Saggi sulla letteratura e sull'arte*, II, p. 2113–18 (p. 2116).

49 Pier Paolo Pasolini, « [Cultura borghese – Cultura marxista – Cultura popolare] », dans Pasolini, *Saggi sulla letteratura e sull'arte*, II, p. 1995–2001 (p. 1995).

50 Alberto Sobrero, *Ho eretto questa statua per ridere*, p. 113.

51 *Ibid.*, p. 77.

52 *Ibid.*, p. 78–79.

53 Pier Paolo Pasolini, « Frammento alla morte », dans Pasolini, *Tutte le poesie*, I, p. 1050. Voir Pasolini, « [Intervista rilasciata a Ferdinando Camon] », p. 1638.

geois de gauche, ceux-là même qui s'étaient abreuvés à la pensée et aux œuvres d'un humanisme africain (Senghor, Césaire, Fanon, Amílcar Cabral), s'étaient limités à renverser le mythe des peuples exclus de l'histoire, finissant par bâtir un nouveau mythe.[54] Concernant l'anthropologie, Pasolini aurait confié à celle qu'il considérait comme la discipline première parmi les sciences sociales, le rôle de contraster le racisme bourgeois, de soustraire ces peuples à l'histoire bourgeoise, mais en même temps celui de les soustraire à la « métaphysique du naturalisme », de leur reconnaître une culture qui, tant bien que mal, paraissait disposée à la sacralité de la vie. Mais, là encore, Pasolini se serait senti trahi, ne se reconnaissant pas dans l'immuabilité, l'anhistoricité de cet « "ensemble" exhaustif une fois pour toute de la totalité, dans des structures immuables (Lévi-Strauss) ».[55]

En revanche, sous notre chapiteau-panthéon, le mutisme de l'aigle cède, l'espace d'un instant, face aux premiers signes de transe mystique du dompteur : « Vous voulez vraiment savoir ce que je suis en train de faire ? [...] Je prie ! »[56] L'action rebascule alors dans le « sanctuaire » des Grands, où nous retrouvons Monsieur Courneau qui, à présent, paraît vêtu « humblement » tels « certains prêtres modernes », et qui semble avoir pris conscience, dans une nouvelle forme d'inconscience, que sa stratégie pédagogique doit s'adapter à la révélation de son totem. Plutôt ressemblant à une figure hybride de psychanalyste-chamanacteur (« J'ai compris, entre le monde de la civilisation occidentale et ton monde... le Tiers Monde... Ce qui est en jeu c'est la religion »),[57] il se lance dans la déclamation de textes qu'il qualifiera de « religieux », et qu'il articulera selon une savante gradation rhétorique en friction comique avec son état de transe : mis à part le dernier texte de sa *lectio* — l'encyclique *Pacem in terris* de Jean XXIII —, les autres citations sont françaises, mais cette fois-ci issues d'un univers poétique et de pensée qui n'est plus celui d'une culture majoritairement contemporaine. Si les *Pensées* pascaliennes font figure de première autorité appelée en secours pour tenter de convertir l'aigle, cette citation nous renvoie,

54 *Ibid.*, p. 1642–43.

55 Alberto Sobrero, *Ho eretto questa statua per ridere*, p. 113.

56 Pier Paolo Pasolini, *Uccellacci e uccellini*, p. 704.

57 *Ibid.*, p. 705.

du fait de son contexte anthropologique renversé, à un étrange cas d'erreur de citation.

Dans un essai de 1965 qui aurait dû préfacer le recueil *Alì dagli occhi azzurri*, Pasolini a recours au totémisme lévistraussien pour métaphoriser la volonté de marxisme chez un écrivain bourgeois. Celle-ci peut en effet emprunter différents chemins, parmi lesquels celui consistant à vivre les expériences vitales d'autrui, « insurmontablement » autres. À ce propos, Pasolini concède qu'il aimerait citer en épigraphe une phrase de Pascal citée à son tour par Lévi-Strauss : « Toutefois, à l'instar de Radcliffe-Brown et Bergson, Rousseau voit dans l'acquisition, chez l'être humain, de la structure "spécifique" du monde animal et végétal, la source d'une différence sociale qui ne peut être vécue qu'à condition d'être conçue. »[58] Si Walter Siti se borne à relever l'anomalie-anachronisme de cette citation dans la citation,[59] d'autant plus étrange, rappelons-le, que les *Pensées* pascaliennes avaient représenté pour le jeune Pasolini « [s]on livre » durant la guerre et « cette sorte d'exil dans la campagne frioulane »,[60] nous avons découvert que cette citation renverrait en fait à un passage du cinquième chapitre, intitulé *Le totémisme du dedans*, du lévistraussien *Le totémisme aujourd'hui*, sorti en 1962, soit la même année que *La Pensée sauvage* : « Pourtant, comme Radcliffe-Brown et comme Bergson, Rousseau voit, dans l'appréhension par l'homme de la structure "spécifique" du monde animal et végétal, la source des premières opérations logiques, et, subséquemment, celle d'une différenciation sociale qui ne peut être vécue qu'à la condition d'être conçue. »[61] Peut-être Pasolini confond-il ici Pascal avec le Rousseau du *Discours sur l'origine et les fondements de l'inégalité parmi les hommes* : en effet, selon Rousseau cité par Lévi-Strauss, le passage de la Nature à la Culture coïnciderait avec la naissance de l'intellect, et la culture reposerait donc sur l'aptitude de l'homme à se perfectionner « faculté qui [...] réside parmi nous, tant dans l'espèce

58 Pier Paolo Pasolini, « I diseredati sono il nostro "Terzo Mondo" », dans Pasolini, *Saggi sulla politica e sulla società*, p. 825–29 (p. 828).

59 Walter Siti et Silvia De Laude, « Note e notizie sui testi », dans Pasolini, *Saggi sulla politica e sulla società*, p. 1732–1831 (p. 1799).

60 Pier Paolo Pasolini, « [Nota all'*Usignolo della chiesa cattolica*] », dans Pasolini, *Saggi sulla letteratura e sull'arte*, I, p. 366–68 (p. 367).

61 Claude Lévi-Strauss, *Le Totémisme aujourd'hui* (Paris : Presses Universitaires de France, 2002), p. 155–59.

que dans l'individu, au lieu qu'un animal est, au bout de quelques mois, ce qu'il sera toute sa vie». Pensée qui recoupe de près précisément une pensée pascalienne, tirée plus exactement du *Fragment de préface pour le traité du vide*: «N'est-ce pas indignement traiter la raison de l'homme que de la mettre en parallèle avec l'instinct des animaux, puisqu'on ôte la principale différence, qui consiste en ce que les effets du raisonnement augmentent sans cesse, au lieu que l'instinct demeure toujours dans un état égal.» À noter, en passant, que le cinquième chapitre du *Totémisme aujourd'hui* est celui où l'anthropologue oppose Rousseau à Sartre car «cette philosophie de l'identification originelle à tous les autrui est la plus éloignée qu'on puisse concevoir de l'existentialisme sartrien».[62]

L'*IMITATION AQUILAE*

Or, ce n'est ni au Sartre de *La Critique de la raison dialectique*, ni au Lévi-Strauss d'*Histoire et dialectique*, chapitre final de *La pensée sauvage*, dans lequel l'anthropologue disqualifie en bloc la philosophie sartrienne, qu'a recours notre directeur de cirque-chaman pour percer le mystère de l'aigle. Le deuxième texte choisi, après un Pascal sans doute trop «spécialisé», ne consiste pas dans un «texte religieux à proprement parler», mais dans de la «poésie... et donc à sa façon religieuse...».[63] Et le choix ne pouvait que tomber sur le Rimbaud d'*Une saison en enfer*, celui d'une poésie qui, plus que toute autre, est «contaminée par la vie dans son acception la plus violente et la plus immédiate»,[64] le Rimbaud du lacanien «Je est un autre», où l'identité est habitée par l'altérité, la pensée sauvage, où l'obsession identitaire du bourgeois vacille et la pensée n'est plus une identité consciente, le sujet n'est plus un avec soi-même mais se retrouve hors de soi, dans cet autre qui le dépossède. Monsieur Courneau, entre deux visions, est «comme possédé [...] par un début de transe [...] muet [...] dans un état de ravissement».[65] C'est le Rimbaud d'*Une saison en enfer*, celui

62 *Ibid.*

63 Pasolini, *Uccellacci e uccellini*, p. 706.

64 Pier Paolo Pasolini, «Benedetto Croce e la poesia pura», dans Pasolini, *Saggi sulla letteratura e sull'arte*, p. 357–60 (p. 358–59).

65 Pasolini, *Uccellacci e uccellini*, p. 707–8.

de l'aphasie du « Je ne sais plus parler ».[66] Nous retrouverons d'ailleurs sous peu le dompteur « perché, dans la même et identique position de l'aigle, dans une sorte d'*imitatio aquilae* habitée ».[67] Si l'expression latine est en réalité une altération du syntagme religieux *imitatio Christi*, il nous suffira de mentionner ici que les sources sont encore une fois multiples : du traité d'édification spirituelle d'époque médiévale, au modèle lafontainien du « Corbeau voulant imiter l'Aigle »,[68] où le volatile « glouton » veut imiter « l'oiseau de Jupiter » et s'abat sur un mouton, mais, ne mesurant pas ses forces, se fait mettre en cage par le berger. Chez Pasolini, hors allégorie, c'est ici toute l'inaptitude du tenant d'un rationalisme irréligieux à embrasser authentiquement l'ouverture à l'irrationnel qui est emblématisée. Sans oublier ce « mouvement de conscience » qui pousserait un bourgeois-catholique à la « trahison » de son idéologie de classe pour embrasser le marxisme, un mouvement que Pasolini décrit selon une phénoménologie mystique. C'est précisément avant le « saut de qualité » représenté par l'adhésion à un marxisme où la religiosité perdrait toute connotation métaphysique, que s'insinue un « instant de vide » imprégné d'anciens résidus d'irrationalisme.

> Au moment où quelqu'un accomplit ce saut de qualité il n'est pas encore marxiste : il y a donc un instant de vide pendant lequel, s'il se met en mouvement, il se met en mouvement pour cette impulsion d'amour que deux mille ans d'*imitatio Christi* — hélas, combien de fois trahie — lui ont enseignée.[69]

C'est bien dans ce saut dans le vide, dans cet instant de suspension — qui est également la suspension brechtienne-barthésienne d'un sens émanant d'une réalité qui « nous parle avec son langage chaque jour, en transcendant — en un sens encore indéfini [..] nos propres significations »[70] que se cache, à notre avis, la morale de la fable pasolinienne d'*Uccellacci*. C'est aussi l'hésitation de Pasolini qui, à ce stade

66 Alberto Sobrero, *Ho eretto questa statua per ridere*, p. 116.

67 Pasolini, *Uccellacci e uccellini*, p. 709–10.

68 Jean de la Fontaine, « Le Corbeau voulant imiter l'Aigle » [II, 16], dans La Fontaine, *Fables* (Paris : Librairie Générale Française, 2002), p. 103–04.

69 Pasolini, « Dai "Dialoghi con Pasolini" su *Vie Nuove* », p. 982– 84.

70 Pier Paolo Pasolini, « La fine dell'Avanguardia », dans Pasolini, *Saggi sulla letteratura e sull'arte*, I, p. 1400–28 (p. 1425).

de sa parabole poétique et idéologique, oscille entre admiration sans bornes et remise en question de ses modèles français.

D'un côté, l'incapacité à renoncer au désir d'apporter de l'ordre dans le *magma*, à se contenter d'en connaître la géométrie (« je n'aurai jamais d'autre alternative que le marxisme »),[71] néanmoins flanquée de la conscience lucide d'un tournant de l'histoire : « Le structuralisme anthropologique (fascinant pour son étude de la pensée sauvage et pour son interprétation du totémisme), avec son "intellectualisme, idéalisme et nominalisme" dont Gurvitch accuse Lévi-Strauss, représente à la perfection ce moment de la pensée occidentale dans les pays du capitalisme avancé *qui semble devancer le marxisme pour quelque chose de nouveau*, et d'extrêmement tendu. »[72] De l'autre, l'anomalie de son cas particulier qui lui consent l'illusion de pouvoir concevoir une expérience de vie autre, qui ait comme trait principal la religion, la « pensée sauvage ». Nous retrouvons ici cette illusion totémique dont parle Lévi-Strauss et qui « consiste d'abord en ceci, qu'un philosophe ignorant l'ethnologie, comme Bergson, et un autre, vivant à une époque où la notion de totémisme n'avait pas encore pris forme [Rousseau], aient pu, avant les spécialistes contemporains [...] pénétrer la nature de croyances et de coutumes autres ». Toujours selon Lévi-Strauss, ceux-ci « y parviennent car [Bergson] a pu comprendre ce qui se cache derrière le totémisme, parce que sa propre pensée était, sans qu'il le sût, en sympathie avec celles des populations totémiques [...] [avec le] même désir d'appréhension globale de ces deux aspects du réel [...] continu et de discontinu ».[73]

Pasolini évoquera le trope de la *sineciosi* fortinienne comme l'élément le plus important de sa pensée, et il ira même jusqu'à affirmer : « en raisonnant de façon un peu folle celle-ci consiste en une sorte de totémisme stylistique », si comme l'entend le Lévi-Strauss pasolinien « le procès totémique est une tentative de procès dialectique, d'intégration des contraires, faite pour ainsi dire en rêve ».[74] Aussi, il nous plaît ici de rappeler le trait principal que Durkheim, cité par Lévi-Strauss,

71 Pasolini, « Dal laboratorio », p. 1337.

72 *Ibid.*

73 Lévi-Strauss, *Le Totémisme aujourd'hui*, p. 157–58.

74 Pasolini, « I diseredati sono il nostro "Terzo Mondo" », p. 829.

attribue à la pensée religieuse, à savoir le « goût naturel, aussi bien pour les confusions intempérantes que pour les contrastes heurtés ».[75]

D'autres présences françaises surgiront de la fable d'*Uccellacci*, en particulier au travers de cette « métaphore irrégulière de l'auteur » qu'est le corbeau — à la fois socratique, lafontainien, marxiste, whitmanien.[76] Nous pensons notamment à la présence véhiculée par Elsa Morante du mysticisme franciscain d'une Simone Weil. Le sens, au final, est celui émanant de la rencontre entre Pasolini et Sartre, avec sa critique de l'« attitude ambiguë » de la gauche française, d'un rationalisme qui aurait « mis de côté » le « Christ culturel », et plus généralement d'un marxisme incapable d'autocritique. D'où l'urgence sartrienne de susciter telle « une "contagion" » parmi les intellectuels une réflexion autour du « problème du Christ » qui se reflète dans le rapport au "tiers monde" »[77] ou, pour le dire comme Pasolini, d'un « marxisme ouvert à toutes les possibles contaminations et à tous les syncrétismes », à la « faille de la norme ».[78]

75 Lévi-Strauss, *Le Totémisme aujourd'hui*, par. 17.

76 Pier Paolo Pasolini, « Le fasi del corvo », dans Pasolini, *Per il cinema*, I, p. 824–27 (p. 825).

77 Macciocchi, « Cristo e il marxismo », p. 3.

78 Pasolini, « Le fasi del corvo », p. 825.

La ragione delle Erinni

Pasolini e la «scandalosa dialettica del Terzo Mondo»

FABIEN VITALI

> Il tuo rapporto con me è scandaloso, scandaloso!
> Il rapporto tra un uomo civilizzato e un essere
> preistorico deve essere di dare e avere! [...]
> Mettiti in un rapporto dialettico con me!
>
> Pier Paolo Pasolini, «L'uomo bianco»

1. Nell'inverno del 1965, durante una delle loro conversazioni, Gideon Bachmann chiede a Pasolini di estendere le sue riflessioni, in particolare, sulla questione meridionale a un quadro storico più ampio di cui ritiene la situazione italiana sia un «simbolo».[1] La domanda sembra entrare nel vivo di una preoccupazione culturale che per Pasolini, in quegli anni, anche in seguito all'accumularsi di esperienze di viaggio in India e in Africa, pare aver assunto un'importanza sempre maggiore: i rapporti (di forza) tra Occidente e Terzo mondo ossia, metonimicamente, l'opposizione tra il progresso e il regresso, il logos e la corporeità, la maturità e l'adolescenza, l'io e l'altro. Per dare concretezza alle sue idee Pasolini sceglie di portare l'attenzione a un esempio con cui di recente, come vedremo, ha avuto modo di entrare personalmente

1 Pier Paolo Pasolini, *Polemica. Politica. Potere. Conversazioni con Gideon Bachmann*, a cura di Riccardo Costantini (Milano: Chiarelettere, 2015), p. 118.

in contatto: la Francia. Si tratta di un tema già sfiorato diffusamente in ambito soprattutto lirico,[2] ma che nel frattempo ha assunto un'importanza tale da imporre un progetto a più ampia scala: non più soltanto poesie ma — e il termine rinvia a un noto disegno d'opera sul Terzo mondo — un «poema»:[3]

> Prenda per esempio il rapporto della Francia [con il] Terzo mondo in generale: è un caso degno di un poema. È una nazione che è arrivata al massimo della razionalizzazione del mondo. Per la Francia, la parola "libertà" corrisponde alla parola "razionalità". Essa ha razionalizzato tutto: ha razionalizzato anche l'irrazionale. Per esempio Godard è profondamente irrazionale, ma la Francia lo ha razionalizzato e lo ha messo al suo posto. E così tutto l'irrazionalismo francese, che non ha mai avuto soluzione di continuità [...] E quindi anche gli elementi irrazionalistici della cultura hanno il loro posto ben preciso, sono razionalizzati.[4]

Di primo acchito si direbbe che il discorso di Pasolini proceda nel solco di una narrazione diffusa e, per così dire, classica: la Francia vi compare come la patria per antonomasia della razionalità, la sua storia come storia di una progressiva conquista razionale. Della stessa narrazione comunque Pasolini si accinge quasi subito a correggere e rovesciare l'assunto teleologico centrale e positivo. In realtà, e come suggerisce lo stesso suo insistere ad oltranza sul termine «razionale», la cultura razionale francese, proprio in quanto totalizzante, rischia di ripiegarsi su sé stessa. Comporta il pericolo della circolarità e dell'impasse:

> [L]a Francia è arrivata a una specie di saturazione della propria razionalità. Anche il partito comunista francese, per esempio, è profondamente formato da questo spirito borghese, razionalistico, illuministico e non ha saputo superare all'interno questa influenza.[5]

Questa precisazione, come del resto tutto il discorso che Pasolini qui rivolge a Bachmann, corrisponde a quanto afferma, in modo talvolta

---

2 Per esempio in *La religione del mio tempo*, nell'epigramma «Alla Francia», o in alcuni passi de *La rabbia* in cui, sullo sfondo della guerra in Algeria, la Francia è identificata polemicamente come un simbolo odioso «di chi vuole, di chi è padrone, di chi ha!»; Pier Paolo Pasolini, «La rabbia», in Pasolini, *Per il cinema*, a cura di Walter Siti e Franco Zabagli, 2 voll. (Milano: Mondadori, 2001), I, pp. 355–404 (p. 390).

3 Si tratta dei mai — o solo parzialmente — realizzati *Appunti per un poema sul Terzo Mondo* [1968]; il testo del soggetto è pubblicato in Pasolini, *Per il cinema*, II, pp. 3227–28.

4 Pasolini, *Polemica. Politica. Potere*, p. 118.

5 *Ibid.*, p. 119

anche testualmente analogo, in altri contesti risalenti a questo periodo, come ad esempio nel dialogo con le lettrici e con i lettori di «Vie nuove».[6] Nell'ultimo numero di gennaio Pasolini infatti ribadisce che tutti i francesi, inclusi gli iscritti al Partito Comunista Francese, sono «immersi in un ambito culturale moralmente indistinto» che,[7] in definitiva, risulta omologante e claustrofobico. Da eredi della civiltà nazionale, i compagni del PCF ne sono quindi diventati prigionieri, vi sono anzi rimasti murati dentro — come «faraoni dentro la loro piramide».[8] Ma in realtà una via d'uscita dalla piramide ci sarebbe stata. E sarebbe dovuta passare attraverso una radicale critica allo stesso marxismo, attraverso «un rivolgimento totale [di quei] valori, politici, morali e letterari» che allora definivano la cultura marxista.[9] Sennonché, così precisa Pasolini, «[n]essun marxista francese ha mai condotto con coraggio questa revisione [...] che coinvolgesse tutto quanto è stato prodotto dalla grande cultura francese dalla fine dell'Ottocento a oggi».[10]

È un punto su cui Pasolini in altro contesto si compiace di trovare l'avallo niente meno che da parte di Jean-Paul Sartre,[11] già dedicatario di una sua poesia — «Profezia» — che del problema qui discusso presenta gli incunaboli, ma in una prospettiva rovesciata. Mentre in «Profezia» l'accento cadeva sul ruolo degli altri, sui popoli subalterni e sul loro auspicato avvento rivoluzionario sull'Occidente, ora l'in-

---

6 Le conversazioni con Bachmann nonché i dialoghi con i lettori di «Vie nuove» implicano tracce di riflessione presenti testualmente nel racconto «Rital e raton» che chiude *Alì dagli occhi azzurri*, in particolare nel ritratto dei tre giovani marxisti francesi, fondatori della rivista «Clarté»: Pier Paolo Pasolini, *Romanzi e racconti*, a cura di Walter Siti e Silvia De Laude, 2 voll. (Milano: Mondadori, 1998), II, pp. 865–87 (p. 881).

7 Così in un dialogo per «Vie nuove» del 28 gennaio 1965, in Pier Paolo Pasolini, *I dialoghi*, a cura di Giovanni Falaschi (Roma: Editori Riuniti, 1992), pp. 369—72 (p. 371).

8 *Ibid.* In una poesia pubblicata nell'edizione di «Vie nuove» dell'11 febbraio 1965, l'immagine torna in una variazione che ne aumenta l'intensità: «[I]l più grande cimitero è la Francia,| ogni Francese è un morto davanti alla sua piramide| piena di tutti gli oggetti| ammassati senza distinzioni morali e linguistiche:| Sartre accanto a Mauriac,| il Pcf accanto ai Paras,| ognuno nella sua teca| costruita da mani liberali e razionali»; *ibid.*, p. 377–80 (p. 379).

9 *Ibid.*, p. 371.

10 *Ibid.*

11 Si veda la «Poesia in forma di polemica» pubblicata su «Vie nuove» nel gennaio 1965; ibid. pp. 367–69 (p. 368).

teresse di Pasolini si concentra sulla responsabilità che di fronte a questo avvenimento incombe sui marxisti, in particolare quelli europei. Ne evidenzia il potenziale storico. Tutto secondo lui dipenderà da come essi reagiranno all'occasione presentata loro dalla presenza, anzi — con termine che ricorda una nota espressione di De Martino — dall'«irrompere» dell'Altro,[12] delle classi subalterne, nella storia occidentale. Il caso francese ancora una volta gli si presenta come emblematico:

> La domanda è: una nazione come la Francia come si pone di fronte all'irrompere di irrazionalità dal Terzo mondo, il mondo della fame? La Francia, in realtà, non ha rapporti con questo Terzo mondo. Perché questa irrazionalità non è sistemabile se non attraverso una modifica della razionalità. La Francia si pone come ammaestratrice di razionalità di fronte ai popoli coloniali; infatti li educa benissimo. [...] La Francia non ha preso niente da loro, ha invece offerto un modello di educazione, di razionalità, di civiltà, senza imparare niente. Perché il modello religioso, irrazionale, preistorico che il Terzo mondo porta con sé non è razionalizzabile. I francesi devono modificare la loro ragione se non vogliono restare indietro [...].[13]

È un passo intrigante, e non solo per la notoria lucidità con cui Pasolini identifica, criticandoli, i «caratteri regressivi» della condizione storica della Francia (o, in generale, del mondo) coloniale.[14] Prima però di entrare nel vivo del problema che Pasolini pone in questo passo — e del modo specifico in cui lo pone — vale la pena notare che sullo sfondo del suo ragionamento si staglia una traccia testuale ben riconoscibile.

2. La Francia «ammaestratrice di razionalità»: la formula racchiude, in sintesi, il soggetto del primo dei tre apologhi o episodi «ideocomici» di *Uccellacci uccellini*, quello intitolato «L'aigle» (o «L'uomo

---

12 Dell'«irrompere nella storia del mondo popolare subalterno» parla Ernesto De Martino in «Intorno a una storia del mondo popolare subalterno», *Società*, 3 (1949), pp. 411–35 (p. 423).

13 Pasolini, *Poesia, Politica, Potere*, p. 119.

14 La sua capacità di individuare i «caratteri regressivi» di determinate situazioni storico-culturali è tra le qualità che a Pasolini è stata riconosciuta, malgrado il loro rapporto polemico, anche da Fortini: Franco Fortini, *Attraverso Pasolini* (Torino: Einaudi, 1993), p. 28.

bianco») e che poi sarà escluso dalla versione finale del film.[15] In questa opera il riferimento all'esperienza francese, esplicito sin dal titolo in lingua, è duplice: storico, in quanto rivolto alle problematiche del razionalismo citate precedentemente, ma anche biografico-personale, secondo il noto innesco circolare tra privato e universale che tanta parte ha nell'opera di Pasolini.[16] Il soggetto de «L'aigle», infatti, è incentrato su tale M. Cournot,[17] addestratore di «un famoso circo francese «e specializzato, in particolare, nelle tecniche di «addomesticamento di animali selvaggi».[18] E come sappiamo, lo stesso Cournot altro non è che una controfigura caricaturale dello storico personaggio di Michel Cournot, critico per *Le Nouvel Obs* e autore di una severa stroncatura del *Vangelo secondo Matteo* dopo la proiezione del film a Parigi, al cinema della Mutualité, nel mese di dicembre del 1964.

Tutto allora germoglia da una banale combinatoria di offese e risentimento verso la critica ricevuta? A conferma della pratica tipicamente pasoliniana della «surenchère» («ingigantire l'offesa per renderla indimenticabile»)?[19] Sì — almeno a considerare il tenore idiosincrasico diffuso nell'intera serie dei testi che tra gennaio e maggio Pasolini dedica alla sua esperienza della Francia e, come scrive in una poesia pubblicata su «Vie nuove», all'abitudine francese di «apprestare carte razionali» per ammaestrare tutti quelli che non le si conformano.[20] Ma anziché un semplice vizio di fondo, di permalosità o altro, il suo coinvolgimento ossessivo in questa vicenda sembra piutto-

15 Sulla gestazione di *Uccellacci e uccellini* e, in particolare, del primo episodio si veda Walter Siti e Franco Zabagli, «Note e notizie sui testi», in Pasolini, *Per il cinema*, II, pp. 3033–3249 (pp. 3093–94). In seguito si userà il titolo «L'aigle» per i riferimenti al testo del soggetto e «L'uomo bianco» per la sceneggiatura. Le citazioni seguiranno, in entrambi i casi, l'edizione a testo contenuta in Pasolini, *Per il cinema*, I, pp. 809–13 (per «L'aigle») e pp. 681–712 (per «L'uomo bianco»).

16 Pasolini possiede, così Walter Siti, la «fiducia candida» che ognuna delle sue esperienze private «possano diventare fatti d'universale interesse»; Walter Siti, «Tracce scritte di un'opera vivente», in Pasolini, *Romanzi e racconti*, I, pp. XI–XCII (p. XVI).

17 Così nel soggetto pubblicato per la prima volta nella rubrica di Pasolini per «Vie nuove», mentre nel film sarà "Courneau"; si veda Pier Paolo Pasolini, *Per il cinema*, II, p. 3094. Qui d'ora in poi si userà soltanto "Cournot".

18 Pasolini, «L'aigle», p. 809.

19 Siti, «Tracce scritte di un'opera vivente», p. LXXVII.

20 Glielo rimproverano anche i lettori della sua rubrica su «Vie nuove». Dopo la pubblicazione a puntate degli episodi di *Uccellacci uccellini*, infatti, Pasolini è accusato di esporre la Francia intera al «Pantheon del [s]uo sovrano disprezzo»; Pasolini, *I dialoghi*, pp. 413–17 (p. 414).

sto stare a indicare che essa ha toccato nel vivo la sensibilità di Pasolini intellettuale, lo riguarda alla radice. Togliendosi lo sfizio polemico di reagire a Cournot e, in generale, ai «faraoni» ossia, in prospettiva, alle mummie della razionalità, in realtà interroga anche sé stesso, in quanto cresciuto all'insegna della loro stessa cultura di valori. La sua formazione, come infatti dirà a Bachmann, è *essenzialmente* francese: «Parigi è una città meravigliosa, la matrice della mia cultura è lì».[21] Ma proprio come matrice, condizionamento eteronomo, Pasolini è portato a rivederla e criticarla, come (e più di quanto) in passato non avesse fatto con il "modello Gramsci". Riafferma così la propria vocazione all'antagonismo rispetto a ogni paradigma normativo. Il dialogo di Pasolini con la cultura intellettuale francese che negli anni a venire costella la propria carriera, da *Uccellacci uccellini* fino a *Salò*, equivale quindi *anche* a un dialogo o un agone con sé stesso, in particolare, con quella parte interiorizzata della cultura dominante che paradossalmente ritiene sia da superarsi, appellandosi a ineffabili elementi "talassici", a una mai o mal «superata [forza] nelle latebre dell'[...] inconscio».[22]

Negli anni a venire questo agone sarà spostato e tematizzato sempre di più su un piano di critica postcoloniale, impostata su un'opposizione radicale tra Occidente (simboleggiato dalla «Francia del grande razionalismo») e mondo sottosviluppato (corrispondente a un «irrazionalismo pre-industriale»).[23] E già nel dialogo con Bachmann sembra che questa opposizione assuma i caratteri, precisamente, di quella posizione «anti-dialettica» in cui Franco Fortini, con riferimento proprio al periodo in questione, gli anni '60, identificava il suo «limite ideologico» definitivo, perché strettamente ancillare all'«ordine di valori [...] tradizionali della borghesia ossia quello che ha al suo vertice [...] la razionalità e l'irrazionalità, *giustapposte e contrapposte*».[24] Da un lato, il «modello francese», un razionalismo asfissiante ed asfissiato, dall'altro il Terzo mondo, un blocco erratico che «non si può razionalizzare». Come se fosse inconcepibile ogni rapporto che non sia di stridore, di urto, di violenza.

---

21 Pasolini, *Polemica. Politica. Potere*, p. 117.

22 L'espressione è usata da Pasolini nel maggio del 1965, in uno dei suoi dialoghi per «Vie nuove», Pasolini, *I dialoghi*, p. 412–13 (p. 412).

23 *Ibid.*

24 Fortini, *Attraverso Pasolini*, p. 202 (mio il corsivo).

In realtà il discorso di Pasolini in quel dato momento non risulta ancora essere chiuso a ogni ipotesi di mediazione. L'appello indirizzato ai francesi a «modificare la ragione» presuppone, alla base, la fede nella sostanziale duttilità della storia e, mediatamente, nella dialettica e nella sintesi. Non il categorico rifiuto del modello razionale e del suo canone storiografico è dunque quanto trapela dal dialogo con Bachmann ma, bensì, la richiesta di una verifica paradossale — analoga a quella che all'epoca maturava in seno alla filosofia psicoanalitica, proiettata verso una revisione della tradizionale logica aristotelica nei termini di un sistema integrante il cosiddetto «pensiero asimmetrico».[25] Tutte le opere successive di Pasolini fino a *Porno-Teo-Kolossal* sono intestate a questa verifica, protratta sul filo, come ha fatto vedere Paolo Desogus, della scandalosa «dialettica binaria, inconciliabile» tra le idee che gli derivano dalla propria condizione di intellettuale marxista e quelle che invece nascono dalla sua negazione.[26] I presupposti di questa ricerca comunque cambieranno di segno, dal momento che la posizione ultima di Pasolini, come vedremo meglio più avanti, prevede un'esplicita ritrattazione dall'intera cultura razionalista.

Nei paragrafi che seguono il graduale capovolgersi dell'ordine dei termini in cui Pasolini pone la questione del razionalismo sarà interrogato alla luce di due opere appartenenti al corpus di testi e film tematicamente affini alla problematica del Terzo mondo: «L'uomo bianco» e, soprattutto, gli *Appunti per un'Orestiade africana*. Tra i due esiste un rapporto di complementarietà, ma rovesciata: mentre l'episodio di *Uccellacci e uccellini* è impostato sullo schema di una parodia anti-coloniale (anti-francese), dagli esiti prevedibili, negli *Appunti* lo stesso schema risulta sospeso e interrogato in funzione di ipotesi più interlocutorie, ambivalenti — o, secondo un termine proposto da Manuele Gragnolati, di «Kippbilder».[27] Gli equilibri paradossali del ragionamento che Pasolini esprime in quel film comunque anticipano,

---

25 Si veda Ignacio Matte Blanco, *L'inconscio come insiemi infiniti: saggio sulla bi-logica*, a cura di Pietro Bria (Torino: Einaudi, 2000).

26 Paolo Desogus, «Lo scandalo della coscienza. Pasolini e il pensiero anti-dialettico», in *Pasolini, Foucault e "il politico"*, a cura di Raoul Kirchmayr (Venezia: Marsilio, 2016), pp. 83–96 (p. 92).

27 Manuele Gragnolati, «Analogy and Difference: Multistable Figures in Pier Paolo Pasolini's *Appunti per un'Orestiade Africana*», in *The Scandal of Self-Contradiction: Pasolini's Multistable Subjectivities, Geographies, Traditions*, a cura di Luca Di Blasi,

in nuce, le posizioni anti-dialettiche che caratterizzano il pensiero nell'ultimo periodo della sua vita. In questo senso gli *Appunti* sembrano potersi leggere come un'opera di svolta — se non addirittura come un'interrogazione o palinodia di tutto quanto l'autore stesso in passato abbia scritto sul rapporto tra Terzo mondo e mondo della ragione.

3. «L'uomo bianco» che nelle intenzioni originarie dell'autore doveva aprire *Uccellacci e uccellini* rimane in gran parte schiacciato sulla polemica da cui è nato. Se infatti lo si isola dagli altri due episodi, con i quali sta in un rapporto complesso di tensione e di verifica, il racconto non riesce a rendere ragione del livello di articolazione secondo cui Pasolini, per esempio, nel dialogo con Bachmann, ha posto la questione del razionalismo universalista. A differenza soprattutto del terzo e più estroso dei tre apologhi («Le corbeau» ossia, come s'intitolerà nella sceneggiatura, «Laggiù»), la distribuzione delle parti in questo caso è e rimane fino alla fine chiara, malgrado il buon numero di trovate fantasiose che ne imbrogliano, senza però intaccarla, la tesi di fondo.

Troviamo, da una parte, M. Cournot e la moglie Monique, sua assistente, i quali sono a capo del «Pantheon del "Grand cirque"»; dall'altra parte le bestie addomesticate, in particolare, un'aquila selvaggia, ancora da addomesticarsi ma che si rivelerà essere indomabile. Infine c'è Ninetto, sospeso tra le due parti, ma non al punto da rompere lo schema dualistico, perché tende comunque dalla parte degli animali — secondo un tratto che lo caratterizza anche in altri contesti.[28] Il setting corrisponde quindi alla riproduzione allegorica dei rapporti di forza secondo una visione «marxista-dicotomica»:[29] la classe dominante si oppone alla classe subalterna, in particolare, i colonizzatori ai colonizzati. Tra i due non c'è reciprocità ma soltanto dominio unilaterale ed estensione coatta di un modello di valori, dato per universale. «[T]u *devi*», così Cournot all'aquila, «metterti in rapporto con me, e questo rapporto *deve* essere un rapporto dialettico!».[30]

Manuele Gragnolati e Christoph F. E. Holzhey (Vienna: Turia + Kant, 2012), pp. 119–33.

28 Nel soggetto Ninetto è chiamato «l'animaletto italiano [...] del Prenestino» (Pasolini, «L'aigle», p. 810).

29 Secondo l'espressione chiave del saggio di Giorgio Galli, *Pasolini, comunista dissidente. Attualità di un pensiero politico* (Milano: Kaos, 2015).

30 Pasolini, «L'aigle», p. 811.

A questa costellazione un po' meccanica, funzionale alla tesi da dimostrare, corrisponde lo svolgersi della trama secondo una simmetrica inversione dei ruoli tra l'addestratore e l'addestrando, tra Cournot e l'Aquila. A rivelarsi essere un animale, alla fine, non è quest'ultima, indifferente agli appelli e ai comandi del suo addestratore, assorta nel silenzio di una sua divina superiorità ma, bensì, Cournot, l'uomo civilizzato che quanto più si fissa sul proprio obiettivo civilizzatore, tanto più fallisce. Onde finisce in preda alla disperazione, in crisi letteralmente isteriche che da civile lo rivelano tale quale era sin dall'inizio: un selvaggio, un essere tutto pulsioni. Infatti, tra i dettagli che Pasolini aggiunge nell'elaborazione della sceneggiatura, ce n'è uno che merita attenzione, anche perché dà vivacità e spessore all'impostazione dell'apologo e alle sue variabili allegoriche: Cournot sin dalla prima sua apparizione è caratterizzato da strani «tic», nella fattispecie, «gomitate, ammicchi al vento, stiramento dei tendini del collo, piegamento delle gambe», fino alla comica emissione coatta della «pernacchietta "francese"».[31] Ora da questi «tic» egli è investito puntualmente ogni volta che di fronte al suo oggetto, l'aquila, pronuncia la parola chiave del suo progetto: «civilizzazione».

La felice trovata riassume, simbolicamente, l'idea del sintomo nevrotico quale risultato, se non quintessenza, della storia della civiltà moderna, secondo le tesi che all'epoca stavano al centro delle riflessioni freudo-marxiste, in particolare, di Norman O. Brown, con cui Pasolini era familiare.[32] E infatti tutto l'episodio, con l'intensificarsi graduale delle «ondate di tic» di Cournot,[33] segue uno sviluppo narrativo inversamente proporzionale al controllo razionale che quest'ultimo ha su sé stesso, sulla sua missione, sugli altri. Nella struttura chiastica su cui il racconto è incardinato, sembra in effetti racchiudersi un accenno al-

31 Pasolini, «L'uomo bianco», p. 683.

32 Non è sicuro quando lo abbia letto, ma in una delle conversazioni con Gideon Bachmann (settembre 1974) Pasolini rimanda a Brown, in particolare a *Corpo d'amore* (1969), come a una fonte acquisita. La prima edizione (italiana) di *La vita contro la morte* è del 1959. Pasolini all'epoca di *Uccellacci uccellini* poteva quindi averla letta. Il sopra indicato passo delle conversazioni con Bachmann nell'edizione italiana, citata sopra, non è stato trascritto. Per cui qui si rimanda all'edizione tedesca, più completa: Pier Paolo Pasolini e Gideon Bachmann, *Gespräche 1963–1975 und Kommentar*, a cura di Fabien Vitali e Gabriella Angheleddu, trad. e con un'introduzione di Fabien Vitali, 2 voll. (Hamburg: Galerie der abseitigen Künste, 2022), I, p. 176.

33 Pasolini, «L'uomo bianco», p. 683.

l'interpretazione (controversa) dei concetti freudiani dell'uomo quale «animale nevrotico», indissolubilmente legato a un'«eredità arcaica» che torna a farsi valere nella misura in cui viene rimossa.[34] In questo senso, l'immagine di Cournot che all'insuccesso della sua missione reagisce con una furia convulsiva, con «urla selvagge» in cui inneggia a Hitler e alle camere a gas come le vere soluzioni civilizzatrici,[35] anticipa le sempre allegoriche (ma non più, o molto meno evidentemente, comiche) scene dei quattro borghesi di *Salò*, nel «Girone del sangue», esasperati e violenti di fronte alla loro propria incapacità di controllare la volontà e i desideri dei loro sudditi.[36]

Se «L'aquila» (o «L'uomo bianco») esprime una critica della pretesa superiorità della cultura razionalista borghese per contrapporgli il «pensiero selvaggio», seguendo le tesi di Claude Lévi-Strauss, l'epilogo delle stesse tesi altera comunque ed esaspera le conclusioni: non la revisione critica o l'azzeramento delle gerarchie dominanti tra civiltà arcaica e moderna è quanto dimostra l'episodio ma bensì, l'esaltazione della prima a valore assoluto attraverso una sorta di apoteosi. L'aquila infatti rimane una sfinge, del tutto insensibile alle "ragioni" di Cournot. Quest'ultimo, di rimando, si aliena man mano dalla propria identità di uomo civile: la perde come una pelle artificiale per seguire un'oscura vocazione regressiva, innescata da elementi di cultura religiosa (le note di un brano della *Passione secondo San Giovanni*) — secondo una concezione tendenzialmente positiva, ancora una volta freudo-marxista, della religione come depositaria ed «espressione dei desideri immortali del cuore umano».[37] Il percorso di Cournot presenta una specie di variazione del topico *going native* che si articola in tre scene e, paradossalmente, *culmina* nella sua regressione a livello di bestia ossia, in una «imitatio aquilae»:[38] prima assume la stessa postura dell'aquila, poi corre per le strade «agita[ndo] le braccia come ali» e, infine, «spicca il volo» e si libra «su verso le alte vette scintillanti» — verso le «mi-

34 Sugli sviluppi della dottrina freudiana della nevrosi universale dell'umanità, si veda il capitolo «Storia e nevrosi» in Norman O. Brown, *La vita contro la morte. Il significato psicanalitico della storia* (Milano: Adelphi, 2002), pp. 29–39 (pp. 31 e 35).

35 Si veda Pasolini, «L'uomo bianco», p. 683.

36 Si veda Pier Paolo Pasolini, *Salò o le 120 giornate di Sodoma*, in Pasolini, *Per il cinema*, II, pp. 2032–60 (p. 2056).

37 Brown, *La vita contro la morte*, p. 32.

38 Pasolini, «L'uomo bianco» p. 709.

steriose solitudini, di regni non umani».[39] L'apologo a questo punto si rivela essere imparentato alla struttura narrativa e simbolica di *Teorema*, dove l'incontro-scontro tra il mondo borghese e un misterioso mondo arcaico si ripropone risolvendosi, proprio come ne «L'uomo bianco», in una trasformazione mitico-religiosa del primo che corrisponde al suo «annullamento» —[40] nell'uscita di Paolo dalla storia borghese ossia, vice versa, nel suo ritorno al deserto, al tempo del mito.

4. Quando all'incirca tre anni dopo, tra il 1968 e il 1969, con i suoi *Appunti per un'Orestiade africana*, Pasolini tornerà a porsi il problema della «scandalosa dialettica del Terzo mondo»,[41] i presupposti saranno ben diversi, a cominciare dall'impostazione teorica della questione. Essa infatti non sarà più incentrata sulla «modificabilità» della cultura razionalista europea (francese). A essere interrogata sarà, bensì, quella dei popoli subalterni e della loro irrazionalità. Questa variazione ne comporta un'altra, ancor più fondamentale, che riguarda la scelta del genere, ossia la rinuncia al genere — rinuncia indicata sin dal titolo e corrispondente alla poetica del non-finito, della progettualità, del paradossale "fallimento riuscito".[42] Venuto meno il vincolo della polemica contro i «faraoni» della razionalità, Pasolini in quest'opera sembrerebbe muoversi con una ben diversa libertà sperimentale. Se anche in questo caso parte da una tesi (esposta nel commento a inizio del film), negli *Appunti* la forma è funzionale, non già, come nell'apologo, a una dimostrazione, bensì alla verifica e critica — anzi, a una decostruzione profondamente ambigua sia della tesi che dell'autorevolezza di chi l'ha avanzata.L'idea di partenza notoriamente consiste nella ri-

39 *Ibid.*

40 Marco Antonio Bazzocchi, «Teorema», in Bazzocchi, *Alfabeto Pasolini* (Roma: Carocci, 2022), pp. 162–64 (p. 163).

41 L'espressione è usata da Pasolini nella «Lettera aperta» pubblicata in un fascicolo distribuito in occasione della prima del film al cinema Ritz a Milano [1966]; Pasolini, *Per il cinema*, I, pp. 830–31 (p. 831).

42 Sulla poetica del non-finito, si veda il noto saggio di *Empirismo eretico*, «La sceneggiatura come "struttura che vuol essere altra struttura"» in Pier Paolo Pasolini, *Saggi sulla letteratura e sull'arte*, a cura di Walter Siti e Silvia De Laude, 2 voll. (Milano: Mondadori, 1999), I, pp. 1489–1502. Sulla «forma progetto» e, in particolare, gli *Appunti* cinematografici (sia gli *Appunti per un'Orestiade africana* che gli *Appunti per un film sull'India*) come «opere vere e proprie», si veda Carla Benedetti, *Pasolini contro Calvino. Per una letteratura impura* (Torino: Bollati Boringhieri, 1998), pp. 168–70.

contestualizzazione dell'*Orestea* di Eschilo, soprattutto delle *Eumenidi*, nell'Africa moderna. L'interpretazione del mito da parte di Pasolini si orienta, almeno apparentemente, al modello «evolutivo-affermativo» (già riscontrabile alla base della traduzione che dello stesso testo di Eschilo fece nel 1960, in vista di una messa in scena a Siracusa).[43] Secondo questo modello, il mito di Oreste, in particolare l'istituzione dell'Aeropago e quindi l'assoluzione di Oreste dal suo selvaggio delitto matricida da parte di un tribunale civile, riflettono una «svolta storica nella vita politica e democratica di Atene»[44] — un passaggio epocale e che ha portata simbolica in quanto segna la fine della civiltà arcaica e l'avvento della *polis* democratica. L'ipotesi di Pasolini prevede di astrarre da questo mito uno schema analogico attraverso cui leggere la situazione storica dei paesi africani, in particolare, nella loro recente fase di decolonizzazione, ossia, nel loro passaggio da stati tribali senza organizzazione e autonomia democratica, a stati democratici moderni.

L'idea lascia subito perplessi. Ricorrendo alla figura dell'analogia, in effetti, Pasolini sembra dare per pacifica l'estensibilità all'Africa di un paradigma europeo; di una storia (nel doppio senso del termine) che implica un principio teleologico, di progresso e di superamento della condizione precedente ritenuta essere deteriore. Proprio quello che tre anni prima, all'epoca di *Uccellacci e uccellini*, contestava, parlando del Terzo mondo come di un inamovibile blocco erratico di irrazionalità. Quindi Pasolini nel 1968 torna sui suoi passi, saltando Fanon e Biko, per recuperare quegli elementi di cultura storiografica marxista che poco prima riteneva essere erronei? Ignora le implicazioni (ideo-)logiche della sua analogia? Voler leggere, anzi letteralmente inquadrare la situazione africana secondo uno dei cosiddetti *charter myths*, costitutivo del canone e dell'ordine dei valori dell'Occidente, equivale, almeno sembra, all'ennesimo gesto di sopraffazione coloniale. Come infatti ha scritto Gragnolati interrogandosi sulla «legittimità dell'operazione», Pasolini con questo progetto correva il pericolo di prestarsi a «una mossa imperialista o esotizzante che feticizza e colonizza l'altro».[45]

43 Giovanni Greco, «Introduzione», in Eschilo, *Orestea. Agamennone — Coefore — Eumenidi*, a cura di Giovanni Greco (Milano: Feltrinelli, 2022), pp. 7–39 (pp. 31–34).

44 *Ibid.*, p. 11.

45 Gragnolati, «Analogy and Difference», p. 123.

Oggi che l'apporto postcoloniale agli studi letterari ha contribuito da tempo a un generale irrigidimento su posizioni di critica coatte, se non addirittura a «veri antistoricismi cretinizzanti»,[46] difendere gli *Appunti* dall'accusa di confermare le teorie e le pratiche di violenza coloniale rischia di essere una camminata sulle uova. Tanto più se si considera che in questo film c'è qualcosa di obiettivamente, e forse — ecco il punto — *intenzionalmente* irritante. Se infatti è l'ipotesi stessa del film a creare problemi, gli espedienti scelti per metterla in pratica a prima vista non solo non li dissimulano ma, al contrario, li esasperano. Lo "scandalo" ovviamente sta nel modo specifico in cui, distribuendo il materiale girato sull'asse di un'ipotesi narrativa e politica, Pasolini lo commenta, esplicitamente alterando così il valore autonomo dei referenti di realtà. Un caso flagrante, si direbbe, di appropriazione culturale. Dell'ossequio o «complesso d'inferiorità» che Walter Siti gli riscontra negli *Appunti per un film sull'India*, allorché Pasolini «con un microfono in mano chiede a un contadino poverissimo [...] come si chiami il suo villaggio», qui sembra non esserci più traccia. Infatti, come ha scritto Gian Maria Annovi,[47] l'autore s'impone «prepotentemente» sul proprio progetto e, verrebbe da aggiungere, sugli ambienti e le persone che coinvolge. Pasolini dirige la realtà, e lo fa anzitutto con la propria voce.

Così, mentre scorrono le sequenze selezionate dal materiale girato in Uganda, in Tanzania, sul lago di Vittoria, su quello di Tanganica nonché al confine con il Congo, la voce fuori campo procede a identificare le *dramatis personae* della sua immaginata *Orestea*:

> Questo potrebbe essere Agamennone, [nuova inquadratura] anche questo. Il vecchio Agamennone che torna stanco dalla guerra di Troia. [Nuova inquadratura che fa vedere, come precisa la voce narrante, un Masai:] Un'altra variante, per un possibile Agamennone più favoloso e mitico [...]. [Nuova inquadratura] Questo potrebbe essere Pilade [segue un commento su Pilade, poi nuova inquadratura] Dietro a questo sinistro velo nero si potrebbe nascondere la faccia di Clitennestra [...].[48]

46 Francesco Orlando, *L'intimità e la storia. Lettura del «Gattopardo»* (Torino: Einaudi, 1998), p. 158. Sulla questione dei pregiudizi anti-eurocentrici nei *Cultural Studies*, si veda anche Slavoj Žižek, *Did Somebody Say Totalitarianism? Five Interventions in the (Mis)use of a Notion* (Londra: Verso, 2002), pp. 190–227.

47 Annovi, «Pasolini, autoritratto per voce sola», p. 252.

48 Pasolini, «Appunti per un'Orestiade africana», in *Per il cinema*, I, pp. 1175–96 (p. 1178).

I condizionali cui Pasolini ricorre in questo inizio di "casting" (e di "location scouting"), quasi a ribadire la natura soltanto euristica della sua operazione, in realtà non fanno che aumentare un senso generale di prevaricazione, perché sembrano rendere indiscriminata l'attribuzione al paradigma precostituito di referenti che ovviamente, per quanto «ancora vicin[i] alla preistoria»,[49] hanno uno spessore storico-culturale autonomo e differenziato. Man mano che il casting procede, intrecciandosi a precisazioni e a commenti più convenzionalmente documentaristici, i condizionali diventano meno frequenti, gli "attori" sono presentati perentoriamente, come nel caso di Oreste o nella sequenza "corale" in cui il regista precisa che «[i] protagonisti devono essere questi, ecco qui: questa donna che raccoglie l'acqua del pozzo, questo bambinello, questo giovanotto elegante».

Di rigore, sempre in ottica postcoloniale, si dirà che i personaggi non fanno nemmeno in tempo a comparire che già sono stati alienati, inseriti dal regista in uno schema evolutivo che — secondo un distinguo gramsciano — da «in sé» li vede proiettati a diventare «per sé».[50] Se a Pasolini in generale si rimprovera di tributare al culto del buon selvaggio e quindi di misconoscere la storicità delle realtà popolari, qui invece il suo "torto" sarebbe di segno opposto: di ascrivere loro una storia già scritta. Da semplici comparse di una fantasia un po' rousseauiana, le realtà popolari africane negli *Appunti* diventano dunque, sì, soggetti, ma secondo un copione già noto che, in definitiva, impedisce di riconoscerli come *diversi*. In questo senso il termine tecnico inglese usato per definire la funzione narrante extradiegetica nei film, «voice over», qui si rivela avere un significato metaforico ambiguo, quasi da meta-figura narrativa del discorso colonialista. A giudicare dal modo in cui interviene, Pasolini sembra voler suggerire che "M. Cournot, c'est moi". E in effetti è lui che, in questo caso, *dà* anziché *ricevere*; è lui che «apprest[a] carte razionali» per farle coincidere con il territorio dell'altro; che lo conforma al proprio mito evolutivo perché si metta — come l'addestratore chiedeva all'aquila — «in un rapporto dialettico con [lui]».

---

49 *Ibid.*, p. 1179.

50 Il distinguo è ricordato nel saggio di Paolo Desogus, «Lo scandalo della coscienza», pp. 91–92.

Ora l'elemento mitologico chiave che Pasolini fa valere nella sua rilettura africana dell'*Orestea* sta nel controverso passaggio della trasformazione delle Erinni in Eumenidi. Secondo la trama, la riuscita simbolica dell'istituzione della *polis* attraverso l'assoluzione di Oreste, dipende infatti anche da quest'ultima — dalla placazione definitiva o "addestramento" delle dee persecutrici. L'obiettivo è centrato al momento che Atena convince loro di diventare benevoli o, appunto, Eumenidi. Questo «strappo [che] mette fine alla catena delle vendette» segna la fine simbolica di un'epoca di inciviltà.[51] Ora Pasolini in questa trasformazione coglie, non solo un'analogia che gli permette di tradurre qualcosa che sta obiettivamente succedendo, un ricambio storico, il salto delle nazioni africane da realtà tribali e irrazionali, a nazioni razionali e civili. La figura implica anche una sollecitazione. La trasformazione delle Erinni in Eumenidi rappresenta, più che uno scenario possibile, una condizione auspicata: è quanto idealmente *dovrebbe* succedere perché l'Africa possa diventare parte della Storia. L'ipotesi quindi dissimula un'istanza parenetica, di appello all'assunzione di un ruolo storico che, per quanto meno evidente, assomiglia comunque a quella espressa — anche lì, da una voce dall'alto, da Dio — nella parabola della *Sequenza del fiore di carta*.

Se grazie al carattere esplicitamente aperto del progetto il suo autore pare situarsi nei confronti dei destinatari su un piano orizzontale, e li coinvolge in un ragionamento critico, quest'impostazione in qualche modo riesce compromessa. Perché rimangono sensibili ovunque degli strascichi di precettistica che alterano e falsano la voce di chi pretende che lo sperimento si svolga in modo imparziale. È quanto nel film diventa manifesto nei due intervalli meta-narrativi, ambientati in Italia, a Roma, in una stanza allestita un po' come un'aula scolastica o universitaria, non a caso simile a quella apparsa nella scena immediatamente precedente che documenta una situazione di scuola in Tanzania, con giovani «studenti africani [...] obbedienti, passivi e umili».[52] L'autore che commenta così, nel seguente blocco di scene compare fisicamente, compare in quanto Sig. Pasolini, per confrontarsi con una ventina di studenti universitari, tutti maschi, provenienti dalle parti

51 Greco, «Introduzione», p. 14.

52 Pasolini, «Appunti per un'Orestiade africana», p. 1181.

più disparate del continente africano. È comunque visibile in modo solo intermittente, e sempre solo di scorcio, appoggiato su una sedia appena più elevata, dislocata rispetto alla classe. Non solo l'abito casual e la posa "sportiva", ma anche la prossemica e la posizione non-frontale assunta nei confronti degli altri, segnalano la volontà di non atteggiarsi da professore. Ciò che importa e che, in effetti, s'impone alla nostra visione sono, anzitutto, i corpi, le posture e, inquadrate in primo piano, le espressioni degli studenti africani i quali, confrontati con l'ipotesi del film, parlano e esprimono i loro giudizi.

In un primo momento, queste sospensioni metanarrative, ispirate al *Cinéma-Verité,* già sperimentate da Pasolini in *Comizi d'amore* (1964), sembrano quindi inserite apposta per decentrare il racconto e recuperare quelle voci *altre,* le voci degli africani, così clamorosamente assenti nelle parti precedenti.[53] E infatti è stato detto che l'espediente permette di proteggere il film, e fare da schermo, contro prevedibili condanne per «colonialismo culturale».[54] Ma in realtà, lo schermo non funziona benissimo, o non nell'immediato. Nonostante l'atteggiamento anti-autoritario e inclusivo, l'insistere sul carattere sperimentale e "poroso" del progetto — le ambiguità resistono, Pasolini non riesce a sottarsi al ruolo del pedagogo ossia, in qualche misura, dell'addestratore. «Come si potrebbe rappresentare la trasformazione delle Furie in Eumenidi?», chiede agli studenti. La disponibilità a un coinvolgimento aperto maschera il preconcetto. Il metodo seguito sembra proprio quello di M. Cournot: «fare pedagogicamente finta di niente, limitarsi a dare degli esempi».[55] Intanto, il canovaccio è già pronto, aspetta solo di essere avallato.

5. Neanche Pasolini quindi è immune a un suo coinvolgimento nel peccato originale di cui si è macchiato l'intero Occidente europeo con la paternalistica pretesa di egemonia sul resto del mondo? Sembra di no, anzi, la sua colpevolezza pare distribuirsi equamente tra due categorie opposte di atteggiamenti coloniali: da un lato, come in «L'uomo bianco», l'esaltazione dell'altro in base a un pregiudizio positivo di

53 Come giustamente sottolinea Annovi, «Pasolini, autoritratto per voce sola», p. 256.

54 È questa l'opinione di Maurizio Viano, *A Certain Realism: Making Use of Pasolini's Film Theory and Practice* (Berkeley: University of California Press, 1993), p. 252.

55 Così in Pasolini, «L'aquila», p. 809.

irrazionalità che — con i termini usati da Carlo Ginzburg nella sua critica all'approccio di Foucault al caso di Pierre Rivière — corrisponde a un «populismo di segno rovesciato»;[56] dall'altro lato, l'indebita estensione del proprio canone narrativo e assiologico a un'esperienza storicamente e culturalmente altra, anzi, come sembrerebbe succedere negli *Appunti per un'Orestea africana*, la riduzione prospettica di quest'ultima alla prima.

Tutto questo però è troppo evidente. Ed è poco probabile che Pasolini, il quale, notoriamente, non è «un uomo dalle soluzioni facili»,[57] si lasci cogliere in fallo così, senza porre trabocchetti agli interpreti e coinvolgerli nella sfida dell'interpretazione di testi e film, come all'epoca amava dire — e lo dice proprio anche nel finale degli *Appunti* — "a canone sospeso".[58] Ecco due considerazioni finali per cercare di restituire a questo film la sua condizione di opera complessa.

Primo. Nella misura in cui rimane a uno stato soltanto progettuale, la forma stessa del film sancisce l'irrealizzabilità o la fallacia dell'ipotesi da cui muove: ne «mette in scena il fallimento».[59] Più che essere una semplice e lineare espressione dell'ideologia d'autore, gli strascichi di paternalismo nel discorso sono piuttosto parti di una strategia rappresentativa che continuamente lo invalida in quanto sta in contrasto con le premesse negative dell'opera stessa. La dinamica è quella immanente alle figure logico-antilogiche: ogni contenuto affermativo contiene in sé la propria contraddizione, pur senza esserne del tutto azzerato. Ed è proprio questo impianto che permette a Pasolini di sostenere una tesi debole, o scandalosa — a tal punto che infatti sembra non volerla prendere a proprio carico fino in fondo. Non a caso nelle scene in cui compare, come si è detto, Pasolini non offre di sé un'immagine trasparente o a tutto tondo ma, bensì, distorta o addirittura «spettrale» (come nella scena iniziale in cui si rispecchia nella vetrina di un ne-

56 Carlo Ginzburg, *Il formaggio e i vermi. Il cosmo di un mugnaio del '500* (Torino: Einaudi, 2009), p. XVII.

57 Walter Siti, «Descrivere, narrare, esporsi», in Pasolini, *Romanzi e racconti*, I, pp. XCV–CXLIII (p. CXXVII).

58 «Come concludere? Ebbene, la conclusione ultima non c'è, è sospesa» (Pasolini, «Appunti per un'Orestiade africana», p. 1196). Secondo la formula usata nel testo della quarta di copertina di «Teorema»; si veda Pasolini, *Romanzi e racconti*, II, p. 1978.

59 Gragnolati, «Analogy and Difference», p. 131.

gozio),[60] o parziale (come nei due intervalli con gli studenti africani). Come a dire, presta la sua voce — ma non ci mette la faccia.

E qui vale la pena tornare ancora una volta ai due intervalli con gli studenti universitari africani. Infatti, essi come reagiscono al progetto che Pasolini gli espone? Si noterà che, contrariamente a quell'atmosfera «piena di silenzio zelante e rispettoso» che domina nella precedente scena con i ragazzi della scuola in Tanzania,[61] nell'aula in cui si svolge la discussione con gli universitari, dominano perplessità, critica, se non ostilità. Come infatti ha notato Gragnolati, gli studenti mettono in mostra «una resistenza piuttosto forte al progetto di Pasolini».[62] Anche i pochi accenni di simpatia rimangono privi di ogni autentica adesione e non interrompono lo scenario fatto di reticenza e freddezza. Infatti, chi critica Pasolini perché tratta l'Africa come un insieme indifferenziato; chi gli fa notare che si sbaglia sulle realtà tribali; chi si rifiuta a riconoscere nella cultura democratica di stampo europeo un obiettivo desiderevole; chi ancora smentisce che l'analogia si presti a descrivere le situazioni del presente storico, ecc.

In un caso soltanto la presa di posizione degli studenti sembra pienamente soddisfare la attese del maestro, di quella particolare figura di sé stesso che Pasolini espone nelle scene del dibattito. Si tratta del commento, in francese, che uno degli astanti fa sulla possibilità di essere identificato con Oreste e, in particolare, di valutare positivamente, secondo quanto suggerito dal mito, la sua esperienza dell'Occidente:

> Moi je crois que l'expérience d'Oreste dans le monde occidentale pourrait être utile dans le cas où, en retournant chez lui il ne pourrait pas confondre, ou bien assimiler, l'expérience qu'il a eu aux méthodes anciennes qui existent chez lui. Je voudrais dire par là [...] qu'il ne faudrait pas qu'il soit aliéné [...]. Il faudrait qu'il transpose, mais d'une manière plus humaine, ce qu'il a appris dans le monde occidental, chez lui.[63]

Con la sua risposta, lo studente in effetti sembra accogliere, pur sfumando e rettificandola, l'ipotesi del progetto. E infatti Pasolini puntual-

60 Annovi, «Pasolini, autoritratto per voce sola», p. 256.

61 Pasolini, «Appunti per un'Orestiade africana», p. 1181.

62 Gragnolati, «Analogy and Difference», p. 128.

63 Pasolini, «Appunti per un'Orestiade africana», p. 1192–93.

mente lo loda per la sua «osservazione molto giusta e intelligente»,[64] ossia, con le parole di M. Cournot — la cui ombra ancora una volta si staglia sulle pareti dell'aula — per aver «accettato di entrare in rapporto con l'uomo bianco civile».[65] Il riconoscimento fatto allo studente, infatti, non prescinde da una sfumatura di condiscendenza. Per cui non fa che contribuire all'imbarazzo generale della scena, riassunto simbolicamente nell'espressione di uno studente etiope che è visibilmente a disagio: non solo rispetto al progetto ma, si direbbe, anche rispetto alla situazione coatta che lo impegna in un ruolo non suo, in una trama già scritta.

Ma Pasolini dunque non si è accorto di queste manifestazioni, anche corporee, di imbarazzo e contrarietà? Ovviamente sì. E il fatto di non tagliare, ma addirittura evidenziare le scene rispettive, ancora una volta, rientra nei calcoli di una rappresentazione a corrente alternata, di affermazione / ritrattazione. Lo spazio lasciato alle parole e alle immagini che esprimono disagio si iscrivono a tutto il film come l'accertamento di uno scacco. Pasolini non solo l'ha accolto, ma addirittura auspicato, perché è funzionale alla scommessa che sta alla base del suo progetto: proporre un'ipotesi improponibile. E anche gli accenti e le posture da Cournot a questo punto rientrano nella detta strategia retorica di esasperazione che toglie attendibilità e autorità sia all'autore che alla sua idea. Se ora, procedendo per questa via, Pasolini non arriva comunque a sfiorare il ridicolo, è perché la posta in gioco rimane pur sempre seria, l'esposizione della propria impotenza, che sta anche per quella di un'intera classe di intellettuali, inevitabilmente, partecipi di una classe, di una cultura, di un discorso egemoni.

Secondo. Sappiamo che negli *Appunti* Pasolini ha riscattato idee per progetti che risalgono alla prima metà degli anni '60. E infatti l'ipotesi stessa della sua *Orestea* africana sembra improntata alle idee del Pasolini di allora, quando ancora condivideva una visione socialista della storia, accettando quindi anche l'idea di ricavare dall'esperienza occidentale degli strumenti utili, estensibili, universali.[66] Nel frattempo le cose però sono mutate sensibilmente, lo stesso modello

64 *Ibid.*, p. 1193.

65 Pasolini, «L'uomo bianco», p. 701.

66 Ancora nel 1965, nel dialogo con Bachmann: «[I]l marxismo si pone sin dall'inizio un problema umanistico — la conciliazione tra la dignità e la libertà — e pone la

socialista gli si presenta sempre di più nella sua vera natura, non già di antagonista al capitalismo, ma al massimo di un'alternativa più blanda al primo, tendente anch'essa a un'industrializzazione totale e all'asservimento di tutto e di tutti alle ragioni del mercato. Ora negli *Appunti* Pasolini mette a nudo non solo il carattere ideologico, di forza, di ogni interpretazione universalista della storia, ma con ciò anche l'ingenuità della propria posizione di intellettuale degli anni '60: la voce narrante e il personaggio dell'autore intravisto in alcune scene pertanto sembrano rimandare a una figura superata di Pasolini, al Pasolini del cinema nazional-popolare (e infatti precisa «[v]orrei che il mio film sull'Orestiade in Africa, fosse un film il cui carattere fosse essenzialmente popolare»).[67] L'opera a questo punto sembra corrispondere alla formula cui Pasolini ricorre anche in altre occasioni, di una «imitazione di [un] [sé]stesso di allora».[68]

Tra le parti meno coinvolte in questa strategia auto-manieristica sono, non a caso, quelle dedicate alle Furie, cioè, per estensione, «il momento animale dell'uomo», espressione di un «mondo ancestrale [...] destinat[o] a scomparire». Come a dire: i momenti più autentici del film non sono quelli speranzosi, quelli che i canti rivoluzionari russi sullo sfondo vogliono relativi all'idea di un'Africa socialista e progressista. Questi ultimi, al contrario, rimangono essenzialmente retorici. E come tali culminano nella paradossale conclusione in cui si afferma che la storia «di un popolo non conosce [...] retorica».[69] È bensì nei momenti negativi, nella rappresentazione di ciò che inevitabilmente va incontro alla scomparsa, che l'invenzione di Pasolini sembra acquisire intensità. La riuscita tradisce una propensione per le Erinni — per le «misteriose potenze», per ciò che sta fuori dalla storia — ed è direttamente proporzionale al presagio della loro imminente distruzione. Infatti, l'ipotesi sulla storia africana, della coesistenza del «antico mondo magico» nella modernità non resisterà all'estendersi progressivo e distruttivo dei nuovi rapporti di produzione che ispi-

centralità dell'uomo rispetto a quello che egli produce e a quello che consuma»; Pasolini, *Polemica. Politica. Potere*, p. 122.

67 Pasolini, «Appunti per un'Orestiade africana», p. 1178.

68 È la definizione che Pasolini in un'intervista del 1962 dà de *Il sogno di una cosa*; si veda Siti, «Descrivere, narrare, esporsi», p. CCXXVII.

69 Pasolini, «Appunti per un'Orestiade africana», p. 1196.

rano a Pasolini dichiarazioni come quelle che farà, circa sei anni dopo, in una conversazione con Bachmann su *Salò*: l'idea di storia, così com'era stata «prodotta dalla cultura eurocentrica», è sbagliata, anzi non esiste.[70] Esiste solo la soppressione e la sostituzione. Alla luce di queste affermazioni, la troppo euforica conclusione degli *Appunti*, volta a mostrare la «libertà [e] disponibilità verso il futuro, negli Africani»,[71] sembra contenere, all'inverso, quella brutalmente anti-retorica, evocata nell'intervista che Pasolini, a poche ore dalla propria morte, rilascerà a Furio Colombo:

> Ho nostalgia della gente povera e vera che si batteva per abbattere quel padrone senza diventare quel padrone. [...] Io ho paura di questi negri in rivolta, uguali al padrone, altrettanto predoni, che vogliono tutto a qualunque costo.[72]

70 Pasolini, *Polemica. Politica. Potere*, p. 182.

71 *Ibid.*

72 Pier Paolo Pasolini, «Siamo tutti in pericolo», in Pasolini, *Saggi sulla politica e sulla società*, a cura di Walter Siti e Silvia De Laude (Milano: Mondadori, 1999), pp. 1723–30 (p. 1727).

Faut-il oublier Pesaro ?

CÉCILE SORIN

La Mostra del nuovo cinema de Pesaro est, comme souvent le sont les festivals de cinéma, un lieu de rencontre où se croisent réalisateurs et critiques. En cohérence avec son ambition de stimuler les débats et d'être un carrefour du nouveau cinéma, Lino Micchichè, le directeur du festival, a invité Pier Paolo Pasolini à s'exprimer en 1965 et en 1966. De ces échanges est née une controverse qui a contribué à instituer la linguistique comme un enjeu théorique majeur pour la critique et la théorie du cinéma françaises. En effet, la linguistique, appliquée au cinéma depuis peu,[1] est dans un premier temps considérée comme un outil prometteur pour structurer l'analyse de film et dépasser le stade de la critique impressionniste, ce sans soulever d'émoi particulier.[2] Après Pesaro, il n'en sera plus tout à fait de même. Ces disputes, au sens philosophique du terme, ont eu un fort retentissement bien que reposant sur une somme d'incompréhensions qu'il s'agit ici d'éclairer. Marc Cerisuelo a intitulé un de ses articles « Tu n'as rien vu à Pesaro » peut-être parce que Pesaro constitue une tache aveugle, et le point de départ de ce qui institue un contresens dans la compréhension des approches théoriques de Pasolini en France.[3] Alors faut-il oublier Pesaro

1 On peut citer le dossier « Structuralisme et cinéma » de la revue *Image et son* n°175 en 1964 qui anticipe de peu les premières publications de Christian Metz sur le sujet.

2 Philippe Pilard, « Structuralisme et cinéma », *Image et son*, 175 (1964), p. 36–45 (p. 37).

3 Marc Cerisuelo, « Godard et la théorie : tu n'as rien vu à Pesaro », *Cinémaction*, 52 (1989), p. 192–98.

et imaginer ce qu'aurait pu être une autre réception des textes théoriques de Pasolini en France ? Plutôt que de dresser le bilan du débat, nous proposons d'analyser et contextualiser la réception productive des propositions de Pasolini dans le champ des théories du cinéma en France de 1965 aux années 80, période à laquelle *Cinéma* 1 et 2 de Deleuze vont redessiner l'impact théorique de Pasolini, et constituer un nouveau point de départ, tout aussi biaisé dans la compréhension des propositions théoriques de Pasolini, mais ceci est une autre histoire ...[4]

PESARO ET SA RÉCEPTION CRITIQUE FRANÇAISE

Les objets de litiges sont nombreux à Pesaro. En 1965, on s'y ennuie ferme tant la sélection de films tient peu les promesses d'un nouveau cinéma sur l'existence duquel les critiques s'interrogent.[5] Dans ce cadre morose, l'intervention de Pasolini lors de la table ronde consacrée à la critique italienne, aux côtés de Giulio Cesare Castello, Gianni Toti, Paolo et Vittorio Tavani, fait figure de point d'orgue. Seul Paul-Louis Thirard, pour la revue *Positif*, voit dans le structuralisme une nouvelle marotte de l'intelligentsia marxiste et regrette l'absence de débats contradictoires. Il en sera tout autrement l'année suivante, car non seulement la sélection de films s'avère bien meilleure mais les échanges sont autrement plus animés : « [...] il y a encore de l'espoir lorsque critiques et réalisateurs descendent dans la bagarre jusqu'à l'insulte, à la paire de claques, à la diatribe venimeuse [...] » s'enthousiasme Goffredo Fofi.[6] La linguistique, et avec elle le structuralisme, c'est-à-dire tout un champ théorique largement représenté dans le domaine académique, provoquent en effet des réactions antagoniques.

---

4 Pour une vision élargie de l'influence théorique de Pasolini, on peut se référer aux textes suivants : Davide Luglio, « Pour une genèse littéraire de "l'esthétique de l'existence" : Pasolini, Barthes, Foucault », *Theory Now: Journal of Literature, Critique and Thought*, 3.1 (2020), p. 148–60, et Hervé Joubert-Laurencin, « 1965–75 Pier Paolo Pasolini : la divine théorie », *Cinémaction*, 60 (1991), p. 206–13. Gilles Deleuze, *L'Image-mouvement* (Paris : Éditions de Minuit, 1983) et *L'Image-temps* (Paris : Éditions de Minuit, 1985).

5 Marcel Martin, « Le "Nouveau Cinéma" à Pesaro », *Cinéma*, 98 (1965), p. 129–31 ; Guy Gauthier, « Pesaro : premier festival du nuovo cinema », *Image et son*, 186 (1965), p. 52–55.

6 Goffredo Fofi, « Pesaro 1966 », *Positif*, 79 (1966), p. 98–99 (p. 99).

« Si le navet n'est pas toujours langage, le langage est toujours navet ; la preuve, c'est que, dans tous les livres sur le langage cinématographique, les meilleurs exemples sont toujours tirés de navets, et la liste des films cités comporte beaucoup de navets et oublie beaucoup de chefs-d'œuvre », éructe Moullet au festival de Pesaro de juin 1966 dans une intervention dont le titre programmatique laisse clairement entendre les intentions initiales. Moullet ne nomme pas ses cibles.[7] Il s'en prend, dit-il, aux chercheurs. De fait Metz semble plus directement attaqué que Pasolini, c'est du moins l'interprétation qu'en fait Sam Di Iorio.[8] Moullet oppose ce qui relèverait du geste artistique, le vrai cinéma, aux normes, c'est-à-dire le langage, dans un refus ouvertement assumé de toute approche structuraliste du cinéma qui viendrait relativiser l'unicité du geste artistique. Jean-Luc Godard fait sien le cri de Luc Moullet « Le langage c'est le vol ».[9] Les deux critiques-réalisateurs s'élèvent ainsi contre une approche structuraliste du cinéma qu'ils perçoivent comme étant désincarnée, anesthésiée et éloignée de la réalité de la création contemporaine. Cette intervention, polémique et volontairement provocatrice, témoigne de la vigueur des débats qui animent le festival de Pesaro. Plus qu'une réelle position théorique, on peut y lire un probable avertissement sur la nécessité, pour la critique, de se tenir en marge de cette démarche théorique et la crainte que ces nouvelles approches du cinéma ne deviennent trop normatives. Certains critiques semblent ravis d'entendre Barthes traiter Luc Moullet de bourgeois romantique,[10] d'autres lisent de nouvelles alliances dans la levée de « [...] boucliers inattendus, jusqu'à Barthes et Pasolini »[11] en réaction aux saillies de Luc Moullet. Umberto Eco et Christian Metz, quant à eux, reprochent à Pier Paolo Pasolini ce qu'ils perçoivent comme de naïves incohérences. Pour les uns, la linguistique est de trop,

7 Luc Moullet, « De la nocivité du langage cinématographique, de son inutilité, ainsi que des moyens de lutter contre lui » [Intervention à la table ronde Pesaro 4 juin 1966], dans Moullet, *Piges choisies (de Griffith à Ellroy)* (Nantes : Capricci, 2009), p. 235–41 (p. 236).

8 Sam Di Iorio, « The Woodcutter's Gaze : Luc Moullet and *Cahiers du cinéma* 1956–69 », *SubStance*, 34.3 (2005), p. 79–95.

9 Jean-Luc Godard, « Trois mille heures de cinéma », *Cahiers du cinéma*, 184 (1966), p. 47–48.

10 Albert Cervoni, « Le Festival de Pesaro », *Cinéma*, 108 (1966), p. 120–23 (p. 123).

11 Fofi, « Pesaro 1966 », p. 99.

et pour les autres, elle n'est pas assez; pas un ne parvient à réellement situer Pasolini dans ce débat.

Pour comprendre le cadre de cette relative incompréhension, il faut prendre en compte le fait que Pesaro constitue un point de départ dans la découverte des textes théoriques de Pasolini en France. En effet, leur publication en langue française ne démarre qu'à partir de l'été 1965. Avant cette date, outre des entretiens liés aux sorties de ses films, sa seule publication concernant son activité critique est collective: «Le néo-réalisme vu par les critiques» paru dans le n°17 de la revue *Études cinématographiques* en 1964. Pesaro marque un véritable point de départ puisque le festival de 1965 donne lieu à la publication d'un entretien réalisé par Jean-Louis Comolli pour les *Cahiers du cinéma* d'août 1965. La revue poursuit la publication des textes de Pasolini avec «Le Cinéma de poésie» en octobre 1965, puis en juin 1966 «Uccellacci e uccellini», suivi en décembre par «Le scénario comme structure» et en juillet-août 1967 par le «discours sur le plan séquence». Le documentaire de Jean-André Fieschi, *Pasolini l'enragé*, diffusé à la télévision par l'ORTF en 1966, a pu également contribuer à l'essaimage de certaines notions telles que «la langue écrite de la réalité».

Excepté l'article sur le néo-réalisme, les premières publications en français de textes de Pasolini à contenu théorique démarrent ainsi avec le festival de Pesaro qui l'institue comme un acteur majeur et stimulant des débats portant sur les relations entre cinéma et linguistique, cinéma et modernité. Jean-Louis Comolli introduit en ce sens l'entretien avec Pasolini publié en août 1965: «Bernardo Bertolucci et moi-même avons rencontré Pier Paolo Pasolini au cours du premier Festival du "Nouveau cinéma" à Pesaro, où il était venu faire l'exposé inaugural des journées d'étude sur le jeune cinéma et sa critique. Ce texte, intitulé "cinéma de poésie" et que nous publierons dans notre prochain numéro, situait d'emblée les problèmes du nouveau cinéma à un tel niveau de lucidité et de réflexion, allait si droit à l'essentiel qu'il ne nous était plus possible d'interroger seulement le cinéaste en Pasolini, mais d'abord le théoricien.»[12]

12 Bernardo Bertolucci et Jean-Louis Comolli, «Le Cinéma selon Pasolini. Entretien avec Pier Paolo Pasolini», *Cahiers du cinéma*, 169 (1965), p. 20–25 et 76–77 (p. 21).

Pesaro marque ainsi la prise de conscience, en France, que Pasolini n'est pas uniquement un critique, un romancier et un cinéaste de renom mais également un penseur du cinéma en phase avec les interrogations théoriques de son temps. La sortie en 1976 de la traduction en français de *L'Expérience hérétique* confirme, dix années plus tard, l'emprise théorique de Pasolini dans le champ des études cinématographiques françaises.[13]

ANTÉRIORITÉ THÉORIQUE

Pourtant, l'œuvre théorique de Pasolini est bien antérieure au festival de Pesaro. Il a publié en italien de nombreux textes interrogeant la proximité entre langue et cinéma ainsi qu'entre littérature et cinéma. Ses outils d'analyse littéraire aussi bien que cinématographique s'enrichissent progressivement d'une terminologie empruntée à la linguistique.[14] La question des discours et des formes rapportées anime ses textes théoriques dès 1954 concernant l'œuvre de Gadda.[15] L'ouvrage d'Herczeg *Lo stile indiretto libero in italiano* paru en 1963 propose une analyse linguistique des formes de discours indirect libre [DIL] spécifiques à la littérature italienne, et consacre ses dernières pages à l'analyse d'une *Vie violente*, le second roman de Pasolini.[16] Le mélange linguistique opéré par Pasolini cédant la parole à ses personnages y est décrit comme une forme innovante de DIL. L'ouvrage d'Herczeg s'attache de près aux travaux de Leo Spitzer dont il généralise la démarche à travers l'étude de différents exemples puisés dans la littérature italienne. En exemplifiant le DIL à partir des pratiques

13 Pier Paolo Pasolini, *L'Expérience hérétique. Langue et cinéma* (Paris : Payot, 1976). Lorsqu'il s'agit d'analyser la réception française des productions théoriques de Pasolini, nous privilégions les citations en langue française de ses textes théoriques afin de respecter leur format de diffusion en France.

14 Pour une lecture approfondie de l'acquisition d'outils linguistiques par Pasolini : Paolo Desogus, « Le cose e i segni. Per una semiotica dello stile indiretto libero nell'opera letteraria e cinematografica di Pier Paolo Pasolini » (thèse de doctorat sous la direction de Davide Luglio et Giovanni Manetti, Université de Sienne et Université Paris-Sorbonne, 2015), p. 165–246.

15 Pier Paolo Pasolini, « Gadda. Le Novelle dal ducato in fiamme » [1954], dans Pasolini, *Saggi sulla letteratura e sull'arte*, éd. Walter Siti et Silvia De Laude, 2 vol. (Milan : Mondadori, 1999), I, p. 1049–55.

16 Giulio Herczeg, *Lo stile indiretto libero in italiano* (Florence : Sansoni, 1963), p. 262–64. Pier Paolo Pasolini, *Una vita Violenta* (Milan : Garzanti, 1959).

créatives de Pasolini, il permet à ce dernier d'effectuer un retour réflexif sur sa production littéraire et lui offre un outil théorique à la mesure de son écriture, stimulant ainsi le glissement spéculatif le menant de la poétique à la linguistique.

De fait à partir de 1964, Pasolini substitue le DIL au pastiche. L'année suivante, le DIL structure ses différents essais, dont *Hypothèses de laboratoire* et *La volonté de Dante d'être poète* dans lequel il décolle sa conception du DIL des linguistes et grammairiens. L'ouvrage d'Herczeg a donc pu être à l'origine du glissement qui s'opère entre *pastiche* et DIL puisque ce que Pasolini entendait sous le terme *pastiche* depuis le milieu des années 1940, est à présent décrit avec une autre terminologie présentant l'immense avantage d'offrir des bases linguistiques solides. De fait pour Pasolini, ces notions de pastiche, puis de discours indirect, puis de subjective indirecte libre ou de cinéma de poésie sont étroitement associées à la volonté de décrire et comprendre des gestes créatifs, les siens mais également ceux de ses contemporains. Ces notions sont dans ses textes incarnées, associées à des exemples d'œuvres. Elles revêtent une dimension biographique, notamment le pastiche et le DIL, et profondément matérielle car il s'agit pour lui d'entrer dans ce qui concrètement, dans le texte ou l'image, construit la polyphonie.

Comme en témoigne Jean Delmas, la confusion dans la réception des propositions de Pasolini naît à Pesaro dès 1965 et tient probablement à sa position plurielle de cinéaste/critique/essayiste.[17] Le premier malentendu a été, pour Delmas, de supposer que Pasolini décrit ses propres films lorsqu'il parle de nouveau cinéma. Il témoigne ici de la difficulté pour les critiques présents à Pesaro à articuler l'intervention de Pasolini avec sa production cinématographique. Le second malentendu, qui en découle, a été de ne pas comprendre que son expérience de romancier puis de réalisateur était constitutive de sa réflexion théorique.

17 Jean Delmas, « Cinéma nouveau à Hyères et Pesaro », *Jeune cinéma*, 16 (1966), p. 20–22. Delmas explique qu'en 1965, l'ambiguïté voire le malentendu sur les distinctions entre l'ancien et le nouveau cinéma ont été alimentés par le fait que l'on a oublié que Pasolini ne positionnait pas ses films dans la catégorie du nouveau cinéma. Autrement dit, la difficulté à appréhender conjointement les approches théoriques de Pasolini et ses films a participé à la construction de ce malentendu.

Pasolini reviendra sur les bases de cette incompréhension dans une préface publiée en Italie en 1971 et dans laquelle il répond tardivement à Godard, non sans ironie mais également tendresse. Il y rappelle à juste titre que sa linguistique est antérieure aux textes sur la sémiologie et le cinéma, soulignant par-là que la réception française de ses propositions théoriques est lacunaire, ignorante d'une partie de sa réflexion, mais également que cette antériorité le légitime. Il cherche à s'y distinguer des sémiologues du cinéma dont l'objectif normatif entre en contradiction avec le sien qui est de se doter d'outils d'analyse. Il s'agit pour lui de comprendre les films et non pas d'échafauder une nouvelle théorie du cinéma : « La linguistique et la sémiologie ne sont que des instruments de description interne, et donc de compréhension 'spécialisée' – c'est-à-dire profonde – de l'œuvre. »[18] Pasolini s'oppose ainsi au courant de la sémiologie en études cinématographiques qui tente de définir ce qu'est le langage cinématographique, c'est-à-dire de produire une définition du cinéma non pas critique (l'ontologie bazinienne) mais scientifique et qui se décolle des questions de représentations pour privilégier les articulations signifiantes en se portant pour une large part sur le montage au détriment du contenu même des images. Les difficultés que rencontre la sémiologie pour définir un langage cinématographique provoquent dès le milieu des années 1970 un resserrement des corpus étudiés autour d'un cinéma uniquement narratif, puis très largement classique, ainsi qu'une lecture univoque et décontextualisée des films.[19]

LECTURES ET RÉEMPLOIS DU CINÉMA DE POÉSIE DANS LA SPHÈRE ACADÉMIQUE FRANÇAISE

La réception théorique du cinéma de poésie ne peut être complète si l'on s'en tient uniquement à Metz et Deleuze, fréquemment, et à juste titre, cités par la doxa. Il convient en effet de tenir compte de deux maillons importants et pourtant occultés : Marie-Claire Ropars-Wuilleumier et Claudine Eizykman dont il semble plus que nécessaire

---

18 Pier Paolo Pasolini, « Godard », *Cahiers du cinéma*, hors-série « Pasolini cinéaste » (1981), p. 28. Préface publiée en italien en 1971.

19 On peut se référer à la critique qu'en livre Serge Daney dans « Fonction critique : histoire d'énoncer », *Cahiers du cinéma*, 250 (1974), p. 38–42 (p. 39).

de revaloriser l'importance et la clairvoyance. Pour ces deux grandes théoriciennes du cinéma, le festival de Pesaro et les publications dans les *Cahiers du cinéma* qui ont suivi ont été décisives.

Christian Metz : le dialogue impossible

Metz, sur la défensive, répond aux propositions de Pasolini dans son célèbre article « Le Cinéma moderne et la narrativité » publié dans les *Cahiers du cinéma* en décembre 1966 puis repris dans *Essais sur la signification au cinéma*.[20] Les objets de litige ou d'incompréhension entre Metz et Pasolini sont en effet fort nombreux.

Ainsi Christian Metz ne renonce pas à une grammaire et au principe d'une syntaxe cinématographique alors même que la linguistique admet que certaines formes linguistiques ne peuvent pas être définies syntaxiquement.[21] Il existe ainsi des formes linguistiques qui échappent à toute caractérisation syntaxique, dont le discours indirect libre. En effet ce dernier doit être mis en relation avec son contexte pour pouvoir être identifié,[22] ce qui en fait une forme linguistique tributaire du ou des énonciateurs et de la forme culturelle de leurs expressions. Le DIL offre ainsi l'immense avantage de conserver, au sein d'un bagage théorique linguistique, les éléments de caractérisations sociales et régionales chers à Pasolini ainsi qu'une très grande plasticité. En mettant en lumière une forme linguistique en tension avec les outils de la linguistique, Pasolini ne pouvait que dérouter ses contemporains. Il entend la notion de grammaire dans un sens très large de répertoire de formes dont les usages narratifs sont devenus à la fois évidents mais épuisés, usés.[23] Au service tout entier du récit, ils auraient perdu de leur capacité à exprimer des subjectivités, à émouvoir. La grammaire s'inscrit pour lui dans une histoire des formes et

20 Christian Metz, « Le Cinéma moderne et la narrativité », *Cahiers du cinéma*, 185 (1966), p. 43–68.

21 « Cette dernière [la syntaxe cinématographique] recouvre un certain nombre de constructions syntagmatiques, et non point un certain nombre de motifs filmés. » (*Ibid.*, p. 67).

22 Dominique Maingueneau, *L'Énonciation en linguistique française* (Paris : Hachette, 1999), p. 135.

23 Pier Paolo Pasolini, « Le Cinéma de poésie », *Cahiers du cinéma*, 171 (1965), p. 55–64 (p. 56).

des normes cinématographiques dont elle révèle les fonctionnements culturels.

Tout comme le mot, comme signe, qui est pour Pasolini, également chargé par l'histoire des usages linguistiques, littéraires. Le cinéma quant à lui prélève des objets, isole les objets pour qu'ils prennent sens ou l'apportent par leur concrétude même. Les images sont concrètes, leur expression n'est jamais directement conceptuelle car elles travaillent en premier lieu les registres du sensible.[24]

Enfin, pour Pasolini, la langue peut s'entendre à la fois comme un outil descriptif (la langue de la linguistique) mais également comme moyen expressif. Ce dernier usage rejoint la notion de style au cinéma, c'est-à-dire la façon dont le cinéma se caractérise comme moyen d'expression.[25] Pour Metz, le cinéma est un langage avant d'être une forme sensible, matérielle. Il semblerait que la conception même du langage ne soit pas la même chez les deux hommes. Metz, via Saussure, veut comprendre le cinéma comme système signifiant[26] au-delà des écoles, styles, genres afin de saisir ce qui pourrait caractériser le fonctionnement discursif du cinéma dans son ensemble.[27] À la recherche d'un cadre théorique structuré, Metz ne peut qu'être dérangé par la plasticité avec laquelle Pasolini envisage la linguistique. Il semblerait que, plus que de comprendre et discuter les propositions de Pasolini, il cherche surtout à défendre son cadre spéculatif mis à mal par la créativité théorique de Pasolini et la complexité inhérente à certaines notions linguistiques dont le DIL.

L'impossibilité de partager un vocabulaire commun ne peut que très logiquement mener à une impasse et s'il faut chercher une suite productive française aux propositions théoriques de Pasolini, il faut aller du côté des écoles théoriques en marge des approches sémiologiques du cinéma, ces dernières devenant dominantes dans la sphère académique française des années 1970.

---

24 *Ibid.*, p. 54.

25 *Ibid.*, p. 60.

26 Christian Metz, *Langage et cinéma* (Paris : Éditions Albatros, 1977 [1971]), p. 5.

27 *Ibid.*, p. 10.

Du cinéma de poésie au cinéma littéraire : les lectures productives de Marie-Claire Ropars-Wuilleumier

Les premières publications de Marie-Claire Ropars-Wuilleumier remontent à 1958, elle y fait fructifier ses études littéraires pour mener une réflexion fine sur les relations entre littérature et cinéma qu'elle enseigne à l'Université de Vincennes. Responsable de la rubrique « Cinéma » de la revue *Esprit*, elle assiste à ce titre au festival de Pesaro et rend compte dans le numéro de janvier 1966 d'un premier contact enthousiaste avec les propositions théoriques de Pasolini :

> Dans cette affirmation subjective de la caméra, personnage plus que témoin du récit, Pasolini put à juste titre repérer, en un exposé triomphal qui rendait au théoricien du cinéma ce qui manque parfois au cinéaste, la consécration d'un cinéma différent, rompant avec la tradition américaine d'apparente objectivité [...][28]

Et de louer quelques pages plus loin, la qualité des propositions de Toti et Pasolini. Elle tempère son propos notamment sur le fait qu'il lui semble difficile d'attribuer « l'exaspération de la forme » à la poésie. Ce compte-rendu festivalier donne la mesure de l'influence de Pasolini. Elle y mobilise la notion de subjectivité pour décrire les films présentés à Pesaro : « Godard a d'ailleurs largement contribué à rendre naturelle et nécessaire une forme subjective [...] » ou encore : « En employant comme une langue commune la vision subjective inventée par quelques auteurs, la génération de Pesaro contribue à réaliser ce difficile passage de l'esthétique à la linguistique [...] », « Tout se passe au contraire comme si cette langue subjective constituait, pour les cinéastes venus à Pesaro, un instrument de libération personnelle au cœur duquel peut s'inscrire l'histoire d'une révolte. »[29] Ces différentes citations exemplifient l'adhésion et le réemploi immédiats de la chercheuse aux propositions énoncées par Pasolini à Pesaro en 1965.

Elle reprend à froid la notion de cinéma de poésie, après avoir lu la version éditée dans les *Cahiers du cinéma*, qu'elle cite dans un texte de 1967 intitulé « La forme et le fond ou les avatars du récit », publié dans

---

28 Marie-Claire Ropars-Wuilleumier, « À Pesaro : perspectives sur un nouveau cinéma » [1966], dans Ropars-Wuilleumier, *L'Écran de la mémoire – Essais de lecture cinématographique* (Paris : éditions du Seuil, 1970), p. 23–28 (p. 25).

29 *Ibid.*, p. 24–25.

Études Cinématographiques. Si elle rejoint ouvertement Metz sur les limites d'une analogie entre langue et cinéma, elle soutient toutefois que « c'est l'organisation stylistique qui constitue le cinéma comme langage », prenant ainsi parti indirectement pour Pasolini contre Metz qui réfute toute possibilité d'une « grammaire stylistique ».[30]

Pour Ropars-Wuilleumier, le roman se distingue de la poésie par son inscription dans la durée. Il lui est donc, de fait, difficile d'admettre que des films de fiction se déployant dans une temporalité purement narrative puissent relever de la poésie. Tout traitement de la subjectivité ne peut, à partir de là, être systématiquement considéré comme poétique, au cinéma comme en littérature. Ces précautions ne l'empêchent pas, bien au contraire, de faire de l'analyse de la subjectivité un élément récurrent de ses textes, sur *Blow-up* par exemple dans un article de 1967.[31] Mais surtout, elle semble réinterroger la possibilité d'un cinéma de prose et de poésie dans un texte de 1968 dans lequel elle tente d'élaborer ce qu'elle appelle « un cinéma littéraire ». Metz n'effectue pas de distinction entre les œuvres cinématographiques et les films « véhiculaires » : ce faisant, remarque Ropars-Wuilleumier, il « refuse à l'œuvre cinématographique la possibilité offerte à toute œuvre littéraire de se constituer contre les matériaux à partir desquels elle s'exprime. »[32] Cette distinction qu'elle établit constitue une très belle façon de spécifier implicitement cinéma de prose et de poésie. Il s'agit ici de valoriser le cinéma de création, qu'il soit moderne ou pas : « Par cinéma littéraire il faut donc entendre d'abord un cinéma dont l'*effet* serait d'ordre littéraire et renverrait à l'œuvre cinématographique comme à une totalité sensible, *irréductible à un discours direct* ou à une histoire. »[33] Le discours indirect devient ainsi une des caractéristiques premières de ce cinéma littéraire dont l'objectif n'est plus de décrire le réel mais de dire le réel, un cinéma qui n'est plus assujetti à la représentation mais excelle au contraire dans la suggestion et le mouvement.

---

30 Metz, « Le Cinéma moderne et la narrativité », p. 67.

31 Marie-Claire Ropars-Wuilleumier, « Blow-up ou la fin des hypostases » [1967], dans Ropars-Wuilleumier, *L'Écran de la mémoire*, p. 126–32.

32 Marie-Claire Ropars-Wuilleumier, « Réflexions sur les possibilités actuelles de l'expression cinématographiques », *Cahiers de l'Association internationale des études françaises*, 20 (1968), p. 221–37.

33 *Ibid.* p. 224. C'est moi qui souligne.

Le cinéma subit le paradoxe de se définir comme art du réel tout en devant se dégager des contraintes du réel pour développer son potentiel artistique. « [L]a plénitude sensible de l'image, propre au cinéma, deviendra d'autant mieux perceptible que son insertion dans une structure indirecte l'aura ramenée à son essence et chargée de ce sens second qui achève toute narration littéraire. »[34] L'indirection, élément central et particulièrement complexe des approches pasoliennes, est ici saisie dans sa singularité.[35]

Ropars-Wuilleumier, depuis l'enthousiasme premier de Pesaro, ne cesse donc de digérer les propositions de Pasolini, de les discuter pour aboutir *in fine* à la proposition d'un cinéma littéraire rejoignant en partie les finalités du cinéma de poésie.

Claudine Eizykman contre Christian Metz, avec Pasolini

Claudine Eizykman, cinéaste, spécialiste du cinéma expérimental et enseignante à l'Université de Vincennes, a fait date avec son ouvrage *La Jouissance Cinéma*.[36] Proche de Jean-François Lyotard avec qui elle a collaboré à de nombreuses reprises, elle assume clairement dans les années 1970 une orientation « anti sémiologie » partagée par nombre de Vincennois, c'est-à-dire les étudiants et enseignants de l'Université de Vincennes parmi lesquels se trouve également Deleuze. Dans un texte publié dans la *Revue d'Esthétique* en 1973, elle prend parti avec beaucoup de vigueur contre Metz et en faveur de Pasolini. Pour Eizykman, il s'agit de souligner combien la lecture que Metz fait du cinéma de poésie constitue un contresens. La sémiologie du cinéma lui semble incapable de saisir les circulations entre langue et cinéma, raison pour laquelle, à ses yeux, Metz ne peut pas comprendre le cinéma de poésie. Cette position est courageuse dans le contexte des années 1970, car non seulement la sémiologie y est reine, mais elle est également considérée comme une des rares approches scientifiques du cinéma : s'y opposer revient *de facto* à se situer en marge de tout un champ de la

34 *Ibid.* p. 237.

35 Concernant la notion d'indirection : Cécile Sorin, *Pasolini, pastiche et mélange* (Saint-Denis : Presses Universitaires de Vincennes, 2017), p. 33–62.

36 Claudine Eizykman, *La Jouissance Cinéma* (Paris : Union générale d'Éditions, 1975).

recherche en études cinématographiques. Marge qu'Eizykman occupa, non sans un certain panache, pendant toutes les années 1970.

Elle réagit également à la tournure particulièrement désobligeante avec laquelle Metz décrit le cinéma expérimental dans son texte « Le Cinéma moderne et la narrativité » : « [...] cascades d'images gratuites et anarchiques sur fond de percussions diverses, coiffées par un texte avant-gardiste et ampoulé. »[37] Il s'agit donc bien pour Eizykman de démonter cet article argument par argument. Son interprétation énergétique du cinéma de poésie démontre à quel point Metz est incapable d'en saisir les enjeux. Formes normées et dérégulées du cinéma s'y opposent, tout comme le regard du réalisateur s'objectivise lorsqu'il entre en relation avec la subjectivité du personnage, tout comme les éléments prélevés du réel se heurtent aux référents culturels du cinéaste, tout est *clash*, conflit, choc :

> Pier Paolo Pasolini parle de rupture, d'énergie, d'une autre face. Et l'on oppose une comptabilité, on évalue le cours des changes, on pratique des opérations de bourse. L'agent de change ne s'occupe pas d'actions poétiques, ni de fluctuation de taux subversifs.[38]

Elle soutient, contre ses contemporains, que « Pasolini parle de rupture ».[39] On remarquera que ce faisant, elle ne perd pas de vue la façon dont fonctionnent les films de Pasolini et leur rapport à une certaine hétérogénéité stylistique.

Ce faisant, Eizykman réinvestit la dimension poétique du cinéma de poésie, c'est-à-dire son potentiel expressif, évocateur, la capacité du cinéma à fabriquer des formes qui renouvellent notre enchantement, bousculent nos habitudes de spectateur. Focalisée sur le cinéma expérimental, elle voit probablement dans la défense du cinéma de poésie, une façon de valoriser ce qui échappe au récit, y compris dans le cinéma narratif.

Pour demeurer sensibles aux films en ce qu'ils éveillent en nous, en ce qu'ils produisent d'étonnement, de ravissement, Eizykman comme Pasolini se méfient des modes d'analyse qui, à l'instar de la sémiologie,

---

37 Metz, « Le Cinéma moderne et la narrativité », p. 67–68.

38 Claudine Eizykman « Que sans discours apparaissent les films » [1973], dans Eizykman, *Le Film après-coup* (Saint-Denis : Presses Universitaires de Vincennes, 2019), p. 45–71 (p. 66).

39 *Ibid.*

fonctionnent en mode descendant. Ils privilégient tous deux des approches herméneutiques reposant sur une circulation entre des détails et l'ensemble du film, un exercice qui se joue différemment à chaque film, qui engage l'attention et la sensibilité du spectateur, qu'il s'agisse de l'analyse holistique chez Eizykman,[40] ou du déclic inspiré de Spitzer chez Pasolini.[41]

Pour pouvoir saisir les enjeux esthétiques, et non pas uniquement linguistiques du cinéma de poésie, il fallait un regard capable de saisir l'intérêt qu'il y avait à déplacer certains paradigmes de l'analyse filmique (objectivité/subjectivité, réel/image) pour venir activer ce qui dans le film se donne à sentir à travers les flux d'énergie s'élaborant dans des jeux d'opposition. En tirant le cinéma de poésie du côté du sensible, Eizykman le restitue également dans sa dimension matérielle.

En constituant ainsi le cinéma de poésie comme une alternative sensible, ouverte à la diversité des élans créatifs du cinéma, Ropars-Wuilleumier et Eizykman préparent le terrain à la réappropriation théorique qu'en fera Deleuze dans *Cinéma* 1 et 2.

Défaire le cinéma de poésie avec Gilles Deleuze

Il faut attendre *Mille Plateaux* pour que Pasolini soit explicitement cité, à trois reprises, dans le chapitre consacré à la linguistique. Il s'agit pour Deleuze et Guattari de rétablir le caractère social de l'énonciation : « Ce n'est pas la distinction des sujets qui explique le discours indirect, c'est l'agencement, tel qu'il apparaît librement dans ce discours, qui explique toutes les voix présentes dans une voix [...]. »[42] Ce qui compte dans le DIL, ce n'est pas tant la co-présence d'énonciateurs mais l'agencement collectif, c'est-à-dire une configuration dont la singularité permet d'exprimer la combinatoire d'énonciateurs. Le DIL n'a

40 Cette méthode d'analyse, directement inspirée de son travail de cinéaste, vise à parcourir le film du tout au particulier, dans ses constituantes formelles, matérielles et sensibles en intégrant le retour du spectateur (Eizykman, *Le Film après-coup*, p. 8 et 282).

41 Pasolini explicite en quoi il s'inspire de la méthode d'analyse de Spitzer dans « Il pasticciaccio » [1958], dans Pasolini, *Saggi sulla letteratura e sull'arte*, I, p. 1055–61 (p. 1055).

42 Gilles Deleuze et Félix Guattari, *Capitalisme et schizophrénie*, 2 vol. (Paris : Éditions de Minuit, 1972–80), II : *Mille Plateaux* (1980), p. 101.

pas de formes arrêtées. Le contexte, l'agencement le font exister et percevoir comme tel. Tout agencement collectif d'énonciation prend alors la forme du DIL pour Guattari et Deleuze. « C'est le langage tout entier qui est discours indirect » :[43] il ne s'agit pas de concevoir le langage comme un territoire purement intertextuel mais plutôt d'accepter que ses fonctions sociales, pragmatiques font que toute expression est une construction socialement marquée, issue d'un processus collectif. Dans cette logique, le discours direct est un fragment de DIL que l'on aurait arraché et que l'énonciateur se serait approprié. Deleuze et Guattari retiennent de Pasolini la dimension plurielle qui se joue derrière chaque voix qui ne construit sa singularité que dans sa relation au collectif, à l'autre.

Guattari poursuit et amplifie cette réflexion qui, en se précisant, en se matérialisant, notamment suite à la lecture de Bakhtine, devient pour lui ce qu'il appelle un « processus de subjectivation » et fond, ce faisant, la pensée de Pasolini dans une analyse plus globale du sujet inscrit dans des interactions sociales, environnementales ou technologiques.

Deleuze joue quant à lui un rôle décisif dans l'abandon de la sémiologie dans le champ des études cinématographiques, *Cinéma* 1 et 2 proposant un répertoire de formes et de notions à même de vivifier l'analyse de film dans un contexte qualifié « d'atone ».[44] Il revisite de façon très personnelle un cinéma de poésie au service de la pluralité des regards dans une certaine modernité cinématographique. Deleuze panache la notion élaborée par Pasolini avec la réflexion de Mitry sur la subjectivité et les travaux de Bakhtine sur le DIL[45] pour aboutir à une version apocryphe du cinéma de poésie. Lorsque Deleuze revient sur la présence du discours indirect au cinéma, ce dernier apparaît curieusement dépouillé de sa dimension mimétique au profit de l'immanence de l'image.[46] En favorisant ce que l'image raconte par sa plasticité même, au détriment de ce qu'elle représente, en tentant de séparer le

43 *Ibid.* p. 106.

44 Claudine Eizykman, « Pensées en cinéma » (2005), dans Eizykman, *Le Film après coup*, p. 89–93 (p. 89).

45 Louis-Georges Schwartz, « Typewriter: Free Indirect Discourse in Deleuze's "Cinema" », *SubStance*, 34.3 (2005), p. 107–35 (p. 124).

46 Judith Michalet, *Deleuze penseur de l'image* (Saint-Denis: Presses Universitaires de Vincennes, 2020), p. 212.

signifiant et le signifié, Deleuze sectionne volontairement le lien que l'image cinématographique entretient avec le réel : ce faisant, il enlève à l'image cinématographique une des caractéristiques à même de la distinguer du langage. Dès lors, on peut légitimement se demander comment pourrait s'élaborer un discours indirect, quel qu'il soit, sans imitation, sans prélèvement, ou sans emprunt. Deleuze a exagérément éloigné le DIL et le cinéma de poésie de la linguistique pour en faire des catégories principalement stylistiques[47] et ce sans tenir compte, ni de l'œuvre littéraire ni de l'œuvre cinématographique de Pasolini, et en s'éloignant de ses principaux fonctionnements théoriques, notamment linguistiques. On peut ici esquisser l'hypothèse que pour Deleuze comme pour Eizykman, le débat entamé à Pesaro avec Christian Metz, puis poursuivi dans les pages des *Cahiers du cinéma*, a institué involontairement Pasolini en pourfendeur de la linguistique alors même que son positionnement était bien plus complexe.

Deleuze s'appuie également sur Pasolini et sur une autre de ses inventions terminologiques célèbre, le « cinéma langue de la réalité » pour, comme Eizykman, détricoter patiemment les fétiches de la sémiologie : « En vérité, cette langue de la réalité n'est pas du tout un langage. C'est le système de l'image-mouvement, dont nous avons vu dans la première partie de cette étude qu'il se définissait sur un axe vertical et un axe horizontal, mais qui n'ont rien à voir avec le paradigme et le syntagme, et constituent deux 'procès'. »[48] Et qui dit procès dit dynamique, mouvement, rythme, intervalles, différentiations. Autant d'éléments sur lesquels Eizykman fondait ses analyses de films expérimentaux…

Deleuze était peu enclin à citer ses sources d'inspiration, l'influence de ses deux collègues semble pourtant claire. On retrouve ainsi dans *Cinéma* 1 et 2 une incursion dans la plasticité de l'image cinématographique qui n'est pas étrangère à l'approche matérialiste qu'Eizykman fait du cinéma de poésie. Quant à l'apport de Ropars-Wuilleumier, il suffit de lire ses analyses de la couleur chez Antonioni pour s'en convaincre.[49]

---

47 *Ibid.*, p. 213.

48 Deleuze, *L'Image-temps*, p. 43.

49 Par exemple concernant les relations entre couleur et subjectivité : Marie-Claire Ropars-Wuilleumier « Réflexions sur la couleur dans le cinéma contemporain »

CONCLUSION

La réception française des propositions théoriques de Pasolini s'effectue en deux temps. Le premier moment suit immédiatement Pesaro et se focalise sur les relations langue/cinéma, cinéma/littérature et est fortement conditionné par la méconnaissance des textes théoriques ou critiques de Pasolini. Le contexte festivalier de Pesaro, au lieu de constituer un espace où la théorie du cinéma se voit connectée aux films, semble au contraire construire un premier malentendu sur le fait que les propositions théoriques de Pasolini ne sont ni rattachées à leur filiation poétique, ni à ses pratiques artistiques tant littéraires que cinématographiques. Désincarnées et détachées de tout contexte bio-filmo-bibliographique, elles se voient offertes à une forme de réification à même de susciter des incompréhensions. La linguistique pasolinienne perd de sa matérialité, mais également de sa relativité. De même, séparé du pastiche, le DIL puis la Subjective Indirecte Libre se voient privés de la mimésis, principe d'imitation indispensable pour comprendre leurs enjeux poétiques et linguistiques.

Pasolini a été mobilisé par les universitaires cherchant des alternatives à la sémiologie appliquée aux études cinématographiques telle que pouvaient l'incarner les travaux de Metz. De fait, le débat critique entre Metz et Pasolini, relayé par la critique festivalière puis communiqué par les *Cahiers du cinéma*, instaure Pasolini en chantre de l'anti-sémiologie, ce qui constitue un contresens notable qui va toutefois alimenter une réflexion productive menant à *Cinéma* 1 et 2.

On remarque une tendance générale à dissocier le cinéma de poésie du cinéma de prose. Seul le premier retient l'attention des critiques et de nos quatre chercheurs. Or le cinéma de prose n'a pas pour fonction de mener uniquement au cinéma de poésie. Ces notions doivent être comprises dans leurs interrelations et leurs réciprocités. Comme souvent chez Pasolini, les jeux d'opposition valent pour la dynamique ou la contradiction qu'ils dégagent.

L'existence d'un front vincennois anti-sémiologie, soutenant largement les propositions de Pasolini, ne doit pas occulter la diversité

[1965] ou « L'Espace et le temps dans l'univers d'Antonioni » [1964], dans Ropars-Wuilleumier, *L'Écran de la mémoire*, p. 160–73 et p. 73–90.

des positionnements des chercheurs concernés. Par sa position « anti-langagière », Deleuze poursuit la déconstruction du structuralisme entamée avec Guattari.[50] Eizykman s'oppose de façon frontale à la sémiologie metzienne tandis que Ropars-Wuilleumier se positionne d'une façon beaucoup plus prudente. Parmi ce front vincennois, ces deux chercheuses aux personnalités très différentes font figure de passeuses. La légende voudrait que Deleuze ait revivifié le cinéma de poésie et la SIL. Certes, mais il ne l'aurait probablement pas fait de la même façon sans l'apport de ces deux femmes qui ne se privent pas, par ailleurs, de revenir avec exigence sur *Cinéma* 1 et 2.

Il serait par conséquent simpliste d'unifier les démarches de ce front vincennois. Les corpus et outils théoriques mobilisés par Eizykman et Ropars-Wuilleumier sont forts différents, et elles opèrent toutes deux avec beaucoup de finesse des analyses critiques de *Cinéma* 1 et 2 dans lesquelles elles se rejoignent pour pointer la contradiction deleuzienne à vouloir articuler pensée et cinéma indépendamment du langage.[51] Il faudrait certes pouvoir « Parler avec le cinéma [...] »[52] pour dénouer tous les enjeux théoriques de cette équation que le truchement deleuzien de la notion « pensée » par celle d'« image » ne suffit pas à résoudre.[53]

Le second temps de la réception française des propositions théoriques de Pasolini fait suite au retentissement de *Cinéma* 1 et 2 dans les études cinématographiques. Il se caractérise par la dissociation de Pasolini de la linguistique pour en faire un penseur de la complexité dans la mesure où ses propositions théoriques sont mobilisées pour sortir activement de la pensée structuraliste dominante tout en oblitérant le fait qu'il écrit avec sa langue à lui, qui intègre des éléments issus de la linguistique et qu'il voit cette dernière comme un outil d'analyse plastique dont il faut tester les propositions.

---

50 Marie-Claire Ropars-Wuilleumier, « La "Pensée du dehors" dans *L'Image-temps* (Deleuze et Blanchot) », dans Ropars-Wuilleumier, *Le Temps d'une pensée*, éd. Sophie Charlin (Paris : Presses Universitaires de Vincennes, 2009), p. 401–17 <https://doi.org/10.4000/books.puv.151>.

51 Eizykman, « Pensées en cinéma », p. 91. Marie-Claire Ropars-Wuilleumier, « Le Cinéma lecteur de Gilles Deleuze », dans Ropars-Wuilleumier, *Le Temps d'une pensée*, p. 167–74 <https://doi.org/10.4000/books.puv.132>.

52 *Ibid.*

53 Michalet, *Deleuze penseur de l'image*, p. 205–07.

En mettant en crise ce que ce pouvoir scientifique incarné alors par la linguistique exerce sur les œuvres, Pasolini la réinvestit idéologiquement et poétiquement. En imposant à la linguistique une plasticité inouïe, en la faisant sienne, Pasolini en livre une lecture à la fois inventive et politique. Aussi il semble légitime de se demander si, finalement, l'enjeu de la réception française du cinéma de poésie n'est pas moins son devenir dans le monde académique que d'en faire un outil d'analyse des films à même de libérer les chercheurs, de constituer le champ de l'analyse de film comme un espace où s'exprime une relation sensible, matérielle et créative aux films.

Pasolini e lo strutturalismo (francese)

PAOLO DESOGUS

Il titolo, *Pasolini e lo strutturalismo*, non si riferisce a un'appropriazione o a una particolare affiliazione di poetica e teoria; né, per riprendere una nota definizione dell'autore, riguarda un'endiadi (*Pasolini strutturalista* o *strutturalismo pasoliniano*). Indica piuttosto una prossimità che nasce da una contraddizione fra campi mai pienamente riducibili. Come spesso accade in Pasolini, la congiunzione «e» ha infatti un valore contraddittorio e, in modo simile a quanto accade nella coppia di «passione e ideologia», mette insieme termini tra loro in conflitto. In questo caso il confronto è tra due aree — quella afferente al Pasolini poeta e scrittore, interessato alla linguistica e alla scienza dei segni, e quella della ricerca strutturalista divenuta centrale nella teoresi di Pasolini dai primi anni Cinquanta[1] sino agli ultimi anni con le note analisi corsare e luterane sui fenomeni culturali e sociali. Soprattutto nei saggi di *Empirismo eretico*, che raccoglie gli scritti più teorici redatti tra il 1964 e il 1971, è possibile ricavare contrasti e rifrazioni utili per accedere al laboratorio pasoliniano e studiare la sua riflessione intorno ai sistemi segnici e lo stile in un momento cruciale del suo percorso, ovvero nella fase di ridefinizione del bagaglio metodologico e di rinnovamento del nesso tra marxismo e linguistica messo a punto negli anni Cinquanta con lo studio di Gramsci.

1 Cfr. la lettera a Luigi Ciceri del 13 gennaio 1953 in cui Pasolini riflette sulle categorie saussuriane di «langue» e «parole», in Pasolini, *Le lettere*, a cura di Antonella Giordano e Nico Naldini (Milano: Garzanti, 2021), p. 738.

Il rapporto tra Pasolini e lo strutturalismo non è stato pacifico, soprattutto se si considera l'attenzione riposta verso gli studi condotti in Francia, da lui frequentati con un atteggiamento oscillante, di apertura e rifiuto, ma in ogni caso con l'intento di recuperare dai loro esiti materia per accrescere quella coscienza poetica alla base della sua scrittura verbale e visiva. Quella di Pasolini si direbbe una diffidenza non tanto verso i singoli esponenti che hanno aderito allo strutturalismo. È infatti nota l'ammirazione verso Barthes,[2] così come l'interesse verso Lévi-Strauss e persino verso il Foucault delle *Parole e le cose*.[3] La critica di Pasolini riguarda l'impianto metodologico di fondo, orientato verso un tipo di razionalismo che a suo avviso «rappresenta alla perfezione il momento del pensiero occidentale nei paesi di capitalismo avanzato».[4]

Alla luce del rifiuto della neutralità ideologica del metodo strutturale vorrei allora concentrarmi non su quanto di strutturalista ci sia nel pensiero di Pasolini — poco, a dire il vero — ma piuttosto sulla postura polemica che lo scrittore ha tenuto verso questa corrente che ha conosciuto in Francia un'influenza decisiva, con un'espansione nei vari campi del sapere maggiore che in qualsiasi altro paese europeo: decisamente più vasta e profonda che in Italia, ma anche più grande e più articolata di quanto accaduto nei paesi in cui sono stati costruiti i suoi fondamenti, come Svizzera, Danimarca e Cecoslovacchia. In particolare vorrei soffermarmi sugli elementi di contrasto che Pasolini

---

2 Insieme a Lucien Goldmann, Barthes viene definito il «più straordinari[o] e avanzat[o] rappresentant[e] del saggismo europeo»: Pier Paolo Pasolini, «La fine dell'avanguardia (appunti per una frase di Goldmann, per due versi di un testo d'avanguardia, e per un'intervista di Barthes)», *Nuovi Argomenti*, 3–4 (1966), poi in Pasolini, *Empirismo eretico* (Milano: Garzanti 1972); ora in Pasolini, *Saggi sulla letteratura e sull'arte*, a cura di Walter Siti e Silvia De Laude, 2 voll. (Milano: Mondadori, 1999), I, pp. 1400–28 (p. 1416). Su Barthes e Pasolini cfr. Stefano Casi, *I teatri di Pasolini* (Milano: Ubulibri, 2005), pp. 218; Antonio Tricomi, *Pasolini: gesto e maniera* (Soveria Mannelli: Rubbettino, 2005), pp. 96–127; Hervé Joubert-Laurencin, «Pasolini-Barthes: engagement et supension de sens», *Studi pasoliniani*, 1 (2007), pp. 55–67; Davide Luglio, «Pasolini et la "vaccine" de Barthes», *Lo Sguardo*, 19 (2015), pp. 165–73.

3 Cfr. Marco Bazzocchi, *I burattini filosofi* (Milano: Bruno Mondadori, 2007), pp. 83–106.

4 Pier Paolo Pasolini, «Dal laboratorio (Appunti en poète per una linguistica marxista)», inizialmente col titolo «Laboratorio (I. Appunti *en poète* per una linguistica marxista; II. La sceneggiatura come struttura che vuol essere altra struttura)», *Nuovi Argomenti*, 1 (1966); poi in Pasolini, *Empirismo eretico*; ora in Pasolini, *Saggi sulla letteratura e sull'arte*, I, pp. 1307–42 (p. 1337).

ha opposto allo strutturalismo francese, relativi in particolare all'esclusione del carattere processuale dei sistemi linguistici e alla questione intorno al «valore» ricavato dal problematico rapporto tra segno e realtà.

A questo proposito credo che sia utile partire da una citazione ricca di elementi teorici e ripresa dalla lunga intervista *Pasolini su Pasolini*, dove l'autore risponde a una domanda sulla polemica francese contro uno dei padri dello strutturalismo, ovvero il danese Louis Hjelmslev:

> *Sono in pieno disaccordo con gli strutturalisti francesi*, per quanta ammirazione possa avere per uno come Lévy-Strauss [*sic*]. E infatti la conclusione di quel mio articolo[5] era che si dovesse abbandonare del tutto il termine «struttura» adottando in sua vece il termine «processo», che incorpora il termine «valore». Una struttura si evolve solo e in quanto esistono valori che la fanno evolvere, valori che in certo qual modo sono inerenti ad essa, ma che fanno sì che la struttura non si fossilizzi in una sorta di razionalismo francese vecchia maniera. *La mia scelta del termine «processo» illustra il mio dissenso dallo strutturalismo, ed è qui che entra in gioco il concetto di valore.*[6]

Non mi soffermerò immediatamente sui vari passaggi di questa citazione, a suo modo ricchissima di risonanze che travalicano l'ambito dello strutturalismo francese e che chiamano in causa altri aspetti del laboratorio pasoliniano, in particolare il marxismo, ma li analizzerò man mano con l'obiettivo di scioglierne i nessi principali. Quello che in ogni caso emerge da subito è che questi passi pasoliniani non si limitano a esprimere semplicemente una presa di posizione. Il loro contenuto polemico ha probabilmente come bersaglio la teoria del cinema di Christian Metz[7] (e in qualche misura forse anche il pensiero di Barthes e persino di Althusser), ed è espresso in modo chiaro e inequivocabile. Ma al di là degli schieramenti pro o contro lo strutturalismo francese, mi sembra che da queste considerazioni emergano alcune questioni

5 Qui Pasolini si riferisce al suo articolo «Dal Laboratorio».

6 Pier Paolo Pasolini, *Pasolini su Pasolini. Conversazioni con Jon Halliday* (Parma: Guanda, 1992); ora in Pasolini, *Saggi sulla politica e sulla società*, a cura di Walter Siti e Silvia De Laude (Milano: Mondadori, 1999), pp. 1283–99 (pp. 1389–90, corsivo mio).

7 Pier Paolo Pasolini, «La lingua scritta della realtà», inizialmente con il titolo «La lingua scritta dell'azione», *Nuovi Argomenti*, 2 (1966), poi in Pasolini, *Empirismo eretico*; ora in Pasolini, *Saggi sulla letteratura e sull'arte*, I, pp. 1503–40.

teoriche che interessano la più generale concezione pasoliniana dei sistemi linguistici.

Il brano citato va per questo motivo letto parallelamente alla riflessione coeva, sviluppata all'interno di «Dal laboratorio. Appunti en poéte per linguistica marxista», prima parte di un più ampio scritto pubblicato nel 1965 e poi confluito in *Empirismo eretico* nella sezione dedicata alla linguistica. Seppure «*en poéte*», al suo interno Pasolini tenta di gettare le basi per una linguistica che non si limiti, come lo strutturalismo, a studiare la lingua in senso puramente formale e sincronico, facendo cioè «la geometria del magma».[8] Lo studio dei sistemi espressivi deve prendere in considerazione la loro relazione con la base sociale che si manifesta nel loro impiego, nel loro accadere e fluire, insomma nella loro processualità, intesa in una doppia accezione: come divenire storico e come esperienza concreta.

A questo proposito non deve stupire che le pagine del «Laboratorio», contengano numerose annotazioni sull'esperienza linguistica personale di Gramsci. Anche negli anni Sessanta e soprattutto nelle pagine dedicate alle «nuove questioni linguistiche» il pensatore sardo resta un punto di riferimento di primaria importanza sia per sottoporre a verifica le proprie intuizioni teoriche che per riflettere sull'idea di lingua in rapporto ai processi sociali, soprattutto in questa fase storica segnata, secondo Pasolini, dal superamento delle vecchie forme di dominio e sfruttamento. Dalla fine degli anni Cinquanta lo scrittore osserva infatti l'emergere di un nuovo capitalismo, che proprio in virtù della sua promessa di benessere si dota di un apparato culturale e politico vòlto a giustificare la propria supremazia. In senso gramsciano la lingua è anche per Pasolini la cartina di tornasole di questo mutamento di egemonia. Comprenderne le determinazioni politiche veicolate dall'uso sociale e letterario permette in questo senso di risalire al nuovo assetto ideologico.[9]

Come già si osserva nella «Confusione degli stili», del 1956, a Pasolini interessa il modello teorico gramsciano del quaderno 29 in cui la lingua appare come il centro di tensioni fra forze centrifughe,

---

8 Pasolini, «Dal laboratorio», p. 1341.

9 Pier Paolo Pasolini, «Le nuove questioni linguistiche», *Rinascita*, 51 (1964); poi in Pasolini, *Empirismo eretico*; ora in Pasolini, *Saggi sulla letteratura e sull'arte*, I, pp. 1245–71 (pp. 1269–70).

determinate dall'uso individuale, e forze centripete che esercitano sui singoli il potere della norma.[10] Si tratta dunque di qualcosa di molto diverso dal concetto saussuriano di *langue* alla base dello strutturalismo e dell'indagine sincronica dei sistemi linguistici. È proprio il modello gramsciano a imporre di considerare la lingua nel campo di forze allestito dalla vita sociale, intesa come spazio che accoglie il collettivo e l'individuale.

Tale concezione ha dirette ricadute anche sul lavoro di scrittura. Con la mediazione di Gramsci, per Pasolini il momento poetico non è dato per «partenogenesi»,[11] non è un effetto di senso creato nella lingua o nel gioco intertestuale con la tradizione, secondo il modello che fa coincidere creazione e infrazione. Tale modello è anzi ciò che Pasolini più ha contestato, soprattutto nella polemica con il novecentismo e successivamente con la neoavanguardia. L'atto di creazione per sfuggire alle astrazioni dell'illusione dell'autonomia dell'estetico o all'idea che l'impegno sia un effetto di senso da riprodurre mediante le sperimentazioni avulse dal concreto-sensibile, necessità del confronto con la realtà.[12]

Occorre tuttavia osservare che, nonostante alcune derive, ostili non solo allo storicismo ma allo stesso concetto di storia, i primi esponenti dello strutturalismo, Ferdinand de Saussure e Louis Hjelmslev, non negano l'esistenza dei rapporti diacronici. Chi si è ispirato al loro metodo di analisi ha nondimeno ripreso quasi esclusivamente l'aspetto

---

10 Pier Paolo Pasolini, «La confusione degli stili», *Ulisse*, 24–25 (1956); poi in Pasolini, *Passione e ideologia* (Milano: Garzanti, 1960); ora in Pasolini, *Saggi sulla letteratura e sull'arte*, I, pp. 1070–88.

11 «La letteratura non genera letteratura ecc., cioè le ideologie non creano ideologie, le superstrutture non generano superstrutture altro che come eredità di inerzia e di passività: esse sono generate, non per "partenogenesi»" ma per l'intervento dell'elemento "maschile»" — la storia — l'attività rivoluzionaria che crea il «nuovo uomo», cioè nuovi rapporti sociali» (Antonio Gramsci, *Quaderni del carcere* (Torino: Einaudi, 1975), p. 733).

12 Dagli anni Cinquanta, scrive Pasolini, «è nato in me il bisogno di una vera libertà: una libertà non puramente letteraria e stilistica, appunto, le cui innovazioni nascevano per *partenogenesi* da sé, del tutto staccate dalla genesi prima; il bisogno di una libertà conquistata proprio nella sua genesi, a fatica, a costo di molte perdite, rimettendo in gioco oltre che me stesso, il mondo sociale e politico di cui ero un frutto puro, irriflesso» (Pier Paolo Pasolini, «Dove va la poesia?», *L'Approdo letterario*, 6 (1959), pp. 87–90; ora in Pasolini, *Saggi sulla letteratura e sull'arte*, I, pp. 2734–39 (pp. 2734–35)).

formale dei rapporti sincronici che definiscono un dato sistema linguistico come totalità di componenti tra lo solidali, governati da un rapporto differenziale di determinazione reciproca.

Diverso è il punto di vista di Pasolini. La sua proposta teorica mette l'accento sul divenire dei processi di significazione e su come essi contribuiscano a modificare le strutture linguistiche. Come si è visto in precedenza: «Una struttura si evolve solo e in quanto esistono *valori* che la fanno evolvere, *valori* che in certo qual modo sono inerenti ad essa».[13]

A che tipo di «valori» fa però riferimento Pasolini? Per gli strutturalisti e in particolare per gli strutturalisti francesi che hanno fatto del carattere immanente della struttura un tratto irrinunciabile, il valore degli elementi di un sistema è stabilito dal principio differenziale. Lo stesso Barthes negli *Elementi di semiologia* del 1964 — testo celeberrimo di cui è difficile pensare che Pasolini non ne conoscesse il contenuto — riprende Saussure alla lettera: «nella lingua non vi sono se non differenze».[14] All'interno di un dato sistema ogni valore è pertanto definito non da proprietà intrinseche, né dalla sostanza linguistica dei concreti atti di comunicazione dei singoli soggetti, né tantomeno dal suo referente. Il valore è dedotto negativamente dal rapporto che ogni elemento del sistema istituisce rispetto alla sua totalità. Per essere più chiari possiamo immaginare un sistema fatto solo dallo spettro dei colori. Al suo interno il valore di ciascuno dei colori non sarà definito sulla base di una loro qualche proprietà o sostanza, come quelle che i fisici individuano nel campo elettromagnetico, ma è dato negativamente per sottrazione. Per cui quello che chiamiamo rosso è tale perché non è giallo, verde, blu, non è insomma nessuno degli altri colori dello spettro.

Il modello negativo del valore è per gli strutturalisti la garanzia del carattere immanente della struttura indipendentemente dalle manifestazioni concrete: la parola «rosso» e la porzione di spettro elettromagnetico che di solito identifichiamo col rosso condividono lo stesso valore sebbene siano l'espressione di sostanze linguistiche

13 Pasolini, *Pasolini su Pasolini*, p. 1389.

14 Ferdinand de Saussure, *Corso di linguistica generale*, a cura di Tullio De Mauro (Roma-Bari: Laterza, 2006), p. 145.

diverse. Non solo, il modello strutturalista garantisce lo studio dei fenomeni culturali in modo separato e autonomo dai fatti reali. Il «significato — afferma Barthes negli *Elementi* — non è una "cosa"».[15] Solo così, solo concepito formalmente è possibile garantire ai valori del sistema il loro carattere differenziale, composto dunque da rapporti strutturali.

L'antireferenzialismo è naturalmente comune a molti altri strutturalisti o anche post-strutturalisti come Martinet, Derrida, oltre che allo stesso Barthes. Almeno per una porzione significativa del suo percorso teorico anche Eco in Italia ha mantenuto posizioni simili. Di tutt'altro avviso è invece Pasolini, che ha rivendicato l'elemento trascendente della significazione e cioè il rapporto delle forme semiotiche con il reale fondato sull'esperienza diretta delle cose del mondo. Lo si vede in particolare nella riflessione pasoliniana sul «cinèma» che Pasolini elabora nei primi anni Sessanta[16] e che riprende in polemica con Metz e con l'idea secondo cui non esiste una lingua del cinema, perché non esistono elementi articolatori che compongono i singoli testi cinematografici, come il fonema e il monema nei sistemi verbali.[17] Al contrario, secondo Pasolini, il cinema è una lingua e gli elementi articolatori sono ricavabili dalla realtà posta di fronte alla macchina da presa e messa a disposizione del regista e del montatore al momento della fase terminale di produzione del film. In tal senso il cinèma e l'inquadratura sono l'equivalente cinematografico del fonema e del monema con la differenza che però il loro statuto semiotico è sempre intimamente legato alle sostanze del reale. Per cui un segno non è solo qualcosa che rimanda a qualcos'altro, un significante per un significato, un'espressione per un contenuto. Il segno rimanda anche a se stesso, alle proprie intrinseche qualità espressive.[18]

Sempre nell'ambito della riflessione semiotica, merita di essere ripreso quello che Pasolini ha affermato in polemica con Umberto Eco, che nella *Struttura assente* gli rimprovera «di ricondurre i fatti

15 Roland Barthes, *Elementi semiologia* (Torino: Einaudi, 1966), p. 40.

16 Pier Paolo Pasolini, «Il "cinema di poesia"», *Marcatré*, 19–22 (1966); poi in Pasolini, *Empirismo eretico*; ora in Pasolini, *Saggi sulla letteratura e sull'arte*, I, pp. 1461–88.

17 Pasolini, «La lingua scritta della realtà», p. 1505.

18 Pasolini, «Dal laboratorio», p. 1335.

di cultura a fenomeni di natura».[19] Proprio in ottica francese questa affermazione è interessante perché la separazione di cultura e natura è stata ispirata a Eco da Roland Barthes e in particolare dalla celebre affermazione secondo cui per fondare la semiotica moderna sarebbe stato necessario uccidere il referente: «Il faut tuer le réferant».[20] In polemica con Eco, e indirettamente dunque con Barthes,[21] Pasolini afferma che occorre guardare «oltre il ciglio dell'abisso», occorre cioè sporgersi oltre la soglia del dato strettamente culturale, dal momento che ogni struttura è in qualche modo sempre direttamente legata a una struttura originaria, a un'«ur-struttura», che Pasolini fa coincidere con la realtà.[22]

I termini di questa polemica sono stati ampiamente discussi, ma rischiano di generare confusione e di far rientrare Pasolini nell'area strutturalista troppo frettolosamente e senza aver chiarito tutte le premesse che rendono questa affiliazione molto problematica. Occorre a questo proposito riprendere un famoso passo polemico di Eco su Lévi-Strauss, a mio avviso menzionato però da Pasolini in modo esclusivamente strumentale.[23] Eco si riferisce all'«ur-struttura» per criticare l'idea di un «codice universale capace — secondo Lévi-Strauss — di esprimere le proprietà comuni alle strutture specifiche» e dunque di sussumere i diversi sistemi culturali attraverso un percorso che dalle forme più avanzate conduce a quelle più elementari.[24]

Possiamo dire che la critica all'antireferenzialismo abbia portato Pasolini ad avvicinarsi per vie traverse allo strutturalismo? Si direbbe, in effetti, che la riflessione sull'ur-struttura e sul codice dei codici costituisca la formulazione teorica che maggiormente avvicina Pasolini

---

19 Umberto Eco, *La struttura assente* (Milano: Bompiani, 1968), p. 152.

20 Umberto Eco, «Qualche osservazione a mo' di conclusione», in *Nel nome del senso: intorno all'opera di Umberto Eco*, a cura di Jean Petitot e Paolo Fabbri (Milano: Sansoni, 2002), pp. 615–35 (p. 617).

21 È curioso leggere che Pasolini ritenga che dalla sua semiotica del cinema Barthes «dovrebbe essere profondamente ingolosito» («Dialogo I», *Cinema e Film*, 1 (1966-67); con il titolo «Battute sul cinema», in Pasolini, *Empirismo eretico*; ora in Pasolini, *Saggi sulla letteratura e sull'arte*, I, pp. 1541–54 (p. 1553)).

22 Pier Paolo Pasolini, «Il codice dei codici» [1967], in Pasolini, *Empirismo eretico*; ora in Pasolini, *Saggi sulla letteratura e sull'arte*, I, pp. 1611–21.

23 Eco, *La struttura assente*, pp. 285–302.

24 Claude Lévi-Strauss, *Antropologia strutturale*, trad. Paolo Caruso (Milano: Net, 2002), p. 77.

allo strutturalismo francese o comunque allo strutturalismo di Lévi-Strauss.

Il saggio del 1971, intitolato «Res sunt nomina», aiuta a superare ogni ambiguità. Come si può notare in queste pagine, il «codice dei codici» assume una configurazione diversa da quella che gli aveva attribuito Lévi-Strauss. La sua funzione non è tanto quella di una struttura che ne ritraduce altre, ma rappresenta una sorta di matrice alla base delle esperienze primarie, da cui discendono le forme veicolate dal sistema linguistico audiovisivo, ovvero il cinema. È del resto evidente, anche nelle pagine polemiche contro Eco, che a Pasolini non interessi definire gli elementi di un sistema solidale di forme da cogliere in termini differenziali, secondo il loro rapporto di reciprocità. In Pasolini il codice dei codici è l'istanza *a quo* della significazione, è l'essere come fonte di semiosi suscettibile a trasformarsi, a evolvere, ad assumere il carattere dinamico di combinazione di valori linguistici attraverso un processo di continue mutazioni. In maniera più prossima agli autori della *Dialettica dell'illuminismo*, testo che sotterraneamente sembra spesso agire in Pasolini e che mi pare particolarmente consonante con la critica degli autori allo strutturalismo francese, il segno non acquisisce il suo valore conoscitivo divenendo un'astrazione formale. Il segno — il segno non omologato, non frazionato e ridotto a elemento di calcolo — non abdica alla pretesa di somigliare alla realtà.[25] Il segno conserva il suo rapporto intimo con l'esperienza delle cose del mondo. Per questo Pasolini parla di «empirismo» a cui aggiunge «eretico»: la linguistica che lui propone vive con l'esperienza della realtà che sfugge alle astrazioni.

Il ricorso alle riflessioni di Lévi-Strauss — ma a ben vedere anche di altri autori — è dunque strumentale, determinato dalla necessità di partecipare a un ambito di ricerca e assimilarne i dati che consentono di sviluppare il proprio punto di vista teorico. È interessante a questo proposito seguire il filo dell'argomentazione pasoliniana. In particolare occorre osservare che nelle pagine del *Laboratorio* dedicate al tema della lingua in Gramsci Pasolini abbia rinunciato ad esplorare l'idea, espressa nei *Quaderni*, secondo cui «linguaggio = pensiero, modo di

25 Max Horkheimer e Theodor W. Adorno, *Dialettica dell'illuminismo*, trad. Renato Solmi (Torino: Einaudi, 1997), p. 25.

parlare indica modo di pensare e di sentire non solo ma anche di esprimersi, cioè di far capire e sentire».[26] In particolare i temi del «sentire» e della «con-passionalità», che hanno ricevuto una lunga e decisiva trattazione nei *Quaderni* e che trovano una forte risonanza in Pasolini,[27] nel «Laboratorio» non vengono mai presi in esame. L'attenzione è tutta per la produzione precarceraria, dove però Gramsci viene studiato non per le sue riflessioni linguistiche, come accaduto in passato, ma per il suo uso effettivo della lingua.[28] Pasolini si concentra in particolare sulla maturazione di Gramsci e sul modo in cui l'influsso della cultura francese abbia condizionato la sua formazione per poi però trasformarsi negli anni dell'esperienza ordinovista, dunque nella fase rivoluzionaria italiana del biennio rosso. Negli scritti di questo periodo Pasolini riconosce un cambiamento di grande rilevanza rispetto al passato. Il razionalismo francese in Gramsci non è più un fattore esteriore o un complemento argomentativo della sua meditazione politica. Non è parte di un procedimento analitico che tende all'astrazione. È anzi qualcosa di interiorizzato e di politicamente operativo, capace in questo modo di dare forma alla dimensione vivente e attiva della lotta politica. È insomma un buon razionalismo, immune dalle derive — o verrebbe da dire dalla «dialettica dell'illuminismo» — che trasformano la ragione in uno strumento di potere delle classi dominanti.

La compenetrazione di vita e forma, ovvero dell'elemento processuale, costantemente in divenire e del tratto che predilige invece la sua segmentazione volta all'analisi, spinge Pasolini a non rinunciare completamente allo strutturalismo, seppure attraverso una strada diversa e alternativa a quella francese. Ed è proprio in questo frangente che ritorna la riflessione sul valore. Il marxismo è infatti in grado di spiegare la processualità, sa vedere il reale nel suo divenire storico, nelle sue trasformazioni e nei conflitti che alimentano il suo avanzare magmatico. Lo strutturalismo, invece, astrae e come si accennava prima propone una «geometria del magma». Da qui segue la predilezione di Pasolini per il marxismo, cioè «l'unica ideologia — scrive — che

26 Gramsci, *Quaderni del carcere*, p. 1655.

27 Pier Paolo Pasolini, «La mia periferia», *Città aperta*, 7–8; ora in Pasolini, *Saggi sulla letteratura e sull'arte*, I, pp. 2727–33.

28 Pasolini, «La confusione degli stili», pp. 1072–73.

mi protegga dalla perdita della realtà».[29] Proprio come però accade in Gramsci anche Pasolini si propone di incorporare e integrare al suo marxismo quegli elementi del pensiero strutturale che consentano di pervenire a un *buon razionalismo* immune dai ripiegamenti regressivi che disarcionano la lingua dall'esperienza del reale e che nei tempi più recenti hanno portato alle derive del postmoderno e al debolismo filosofico. Lo studio delle forme non è sufficiente, occorre integrare l'analisi all'indagine materialista. La sintesi tra i due metodi trova in particolare sbocco nella nozione di valore e in particolare nella specifica declinazione sviluppata dal padre nobile dello strutturalismo, Louis Hjelmslev, da Pasolini difeso dagli attacchi dello strutturalismo francese.

All'interno del corpus pasoliniano, il nome di Hjelmslev figura solo due volte. La seconda delle due compare nella già citata intervista di Jon Halliday. La prima citazione si trova invece nel «Laboratorio». In questo scritto, dopo aver riflettuto su Gramsci, Pasolini vira sullo strutturalismo del linguista danese, di cui menziona l'intervento al Congresso internazionale di linguistica del 1957, intitolato «Per una semantica strutturale». Pasolini si sofferma in particolare sui meriti di Hjelmslev per aver introdotto la nozione di valore e per averla messa in relazione a quella di processo. Con grande agilità afferma inoltre che questa innovazione teorica potrebbe essere il punto di partenza per una semiotica più prossima alla sua visione di marxista, là dove «marxista» nel campo della linguistica vuol dire per Pasolini materialista in un senso esteso, ovvero come immersione nella realtà, apertura alla comprensione della dinamica sociale, apertura cioè al magma.

È indubbio che il passaggio da Hjelmslev al marxismo possa apparire come una sorta di provocazione teorica, simile ad altre presenti nelle riflessioni teoriche degli scritti di *Empirismo eretico*. È in effetti curioso che Pasolini cerchi una sponda proprio in un linguista di non facile lettura come Hjelmslev, tra quelli che più hanno riflettuto sugli aspetti formali dei sistemi linguistici e soprattutto così distante sul piano epistemologico dal marxismo, incluso quello eterodosso di Pasolini.

---

29 Pasolini, «Dal laboratorio», p. 1339.

La risposta può forse essere trovata nella particolare attenzione che il linguista danese ha riposto sul rapporto tra i sistemi linguistici, intesi come schemi formali, e la nozione di «uso», introdotta negli anni Quaranta e poi ripresa nel 1957 nel saggio noto a Pasolini. L'«uso», da quello che si ricava dagli scritti di Hjelmslev, è strettamente legato alla nozione saussuriana di *parole*, ne è anzi la sua espansione e problematizzazione. L'«uso» ha in particolare a che fare con l'impiego concreto della lingua, sia sociale che individuale. È per questo una categoria spuria, che chiama in causa non semplicemente gli elementi formali dei sistemi espressivi, ma anche la loro sostanza. Come si legge proprio nelle pagine di «Per una semantica strutturale» i valori che l'uso esprime non sono negativi, ossia dedotti differenzialmente dalla totalità del sistema. Secondo Hjelmslev, i valori dell'uso emergono dalla pratica concreta che gli utenti fanno della lingua, la quale in quest'ottica viene presa in esame non come sistema astratto, sincronicamente definibile, ma come insieme instabile di sostanze, da un lato messo in forma dai parlanti attraverso gli atti di enunciazione e, dall'altro, sottoposto alle continue oscillazioni dell'uso, che sul lungo periodo mutano l'identità dei sistemi linguistici, secondo una modalità che ricorda le trasformazioni molecolari descritte da Gramsci per mostrare il rapporto tra espressione individuale e la lingua.

A questo punto, verrebbe forse da chiedersi se dall'innesto di Hjelmslev sia possibile edificare un'intera linguistica marxista, come si proponeva di fare Pasolini nel suo «Laboratorio». Si tratta di interrogativo legittimo di cui mi sento di rispondere soffermandomi solo sulle sue premesse di una simile impresa. Quello che è infatti interessante è che la prossimità con Gramsci, per quanto limitata e circoscritta, trova conferma nell'idea di Hjelmslev secondo cui in linea di principio anche l'uso singolare, quantunque molecolarmente, contribuisce a determinare la norma linguistica.

Per esplorare tutta la profondità di questo parallelismo occorre però orientare l'attenzione verso una parte della riflessione del linguista danese per molti versi distante da quella più strettamente legata alla nozione di sistema e alle sue importanti implicazioni con il principio di immanenza, sfruttato ampiamente dallo strutturalismo e dal poststrutturalismo francese, tra cui Gilles Deleuze e molti altri studiosi che a lui si sono riferiti. Cogliere la lingua alla luce dei valori espressi dall'uso significa infatti non solo violare il principio di immanenza, ma anche riferirsi alla lingua nel suo divenire, coerentemente con il proposito pasoliniano di fondare una nuova linguistica marxista. Leggiamo a questo proposito una lunga citazione tratta ancora una volta dal «Laboratorio»:

> Il fatto di essere italiano mi «costringe» a non essere strutturalista, a non avere la «testa» dello strutturalismo. Io vivo in un establishment idiota quanto precario. Non ho intorno alcuna certezza sociale. Per esempio le strutture foniche e grammaticali della mia lingua sono instabili, arbitrarie, infinitamente cangianti, infinitamente turbate da forme concorrenti, e tenute insieme da una volontà ordinatrice o fittizia o autoritaria ecc. ecc. Io, parlando — nell'atto puro e semplice del parlare — vivo una struttura che si sta strutturando: contribuisco io stesso, e lo so, a tale strutturazione, che non so tuttavia su cosa si fonda e cosa sarà ecc. ecc. [...] Per tutte queste ragioni non posso e non potrò mai rinunciare a una tensione dovuta al desiderio di portare ordine nel magma delle cose, e non di accontentarmi di saperne la geometria (ossia non ho e non avrò mai altra alternativa che il marxismo).[30]

Il riferimento all'italianità trova spiegazione all'interno dello stesso «Laboratorio» in un passaggio in cui Pasolini, in modo indubbiamente frettoloso e schematico, contrappone «il francese comunicativo e scientifico» all'«italiano espressivo e irrazionalistico». Si tratta dunque di semplificazioni da prendere con beneficio d'inventario. Ad ogni modo in questo passo, come nell'intervista da cui siamo partiti ritorna la presa di distanza dal già citato «razionalismo francese vecchia maniera», che nel contesto strutturalista si traduce nello studio delle forme a discapito delle sostanze. Lo statuto semiotico di queste ultime non solo è spurio e non si adegua al metodo strutturalista, ma come afferma molto bene anche Gilles Deleuze in un suo celebre testo sullo strutturalismo (quasi integralmente dedicato ad autori francesi) tradisce il principio autonomia la dell'ordine simbolico scoperto dagli strutturalisti.[31]

In Pasolini l'ordine del simbolico non è separabile dall'ordine del reale. Non c'è autonomia. Il cinema è per Pasolini la lingua scritta della realtà e i suoi elementi articolatori sono gli oggetti, le azioni e

30 *Ibid.*, pp. 1336–37.

31 Gilles Deleuze, *Lo strutturalismo*, a cura di Simona Paolini (Milano: SE, 2004).

le passioni ripresi dalla macchina da presa. Sono cioè elementi formali direttamente connessi alla sostanza e alla processualità della semiosi. Ci si consenta a questo punto un riferimento cruciale al pensiero di Hjlmeslev. Come è stato osservato l'«uso» avvicina le posizioni del linguista danese a quelle di Pasolini e in una certa misura anche a quelle di Gramsci. Resta tuttavia un elemento di scarto problematico. Per Hjelmslev il valore che merita di essere studiato dallo strutturalismo è sempre quello che prescinde dalle sostanze e che astrae dai concreti usi linguistici. I punti di contatto con il pensiero pasoliniano rischiano dunque di apparire molto marginali o comunque di essere compromessi.

È allora forse opportuno riprendere un'ulteriore nozione che Pasolini non menziona apertamente, ma che compare proprio nell'intervento del 1957 e che occupa una posizione di estrema rilevanza per comprendere il rapporto tra lingua ed esperienza nell'ottica hjelmsleviana. Mi riferisco quello che il linguista danese chiama «apprezzamento collettivo».[32] Questa nozione riguarda il primo livello della semiosi, ovvero il livello in cui le sostanze dell'esperienza vengono negoziate, o anzi «apprezzate», proprio nel senso di «ricevere un prezzo», per essere rese pertinenti come valori nel quadro delle opposizioni differenziali della lingua. Gli apprezzamenti collettivi si collocano in questo senso in una posizione molto marginale rispetto all'orizzonte di studio dello strutturalismo. Rompendo il rigido schema di Deleuze, potremmo dire che gli apprezzamenti collettivi riguardano il momento in cui il regno delle strutture dialoga con il regno del reale: un reale che sia per Pasolini che per Hjelmslev è concreto, abitato, vissuto dagli utenti dei sistemi linguistici in carne ed ossa.

Questa lettura, come si può osservare, è possibile però solo se si esce dalle interpretazioni più dogmaticamente immanentiste di Hjelmslev e se si accetta di attraversare il terreno difficile tracciato da una linguistica che Pasolini auspicava a ridefinire in termini marxisti. Quanto siano forti i fondamenti di una simile teoria è tutto da verificare. Quel che è certo è che aprono il dialogo tra la concezione processuale della lingua e il suo studio formale, non più chiuso per principio alla

32 Louis Hjelmslev, «Per una semantica strutturale» [1957], in *Saggi di linguistica generale*, a cura di Massimo Prampolini (Parma: Pratiche, 1981), pp. 127–46 (p. 142).

realtà e alla sua molteplicità. Ponendosi «in pieno disaccordo con gli strutturalisti francesi» Pasolini dunque amplia di molto il potenziale teorico di Hjelmslev, che del resto, lasciando ai suoi epigoni la maschera dell'arcigno formalista o le distinzioni fra regno simbolico e realtà, ha affermato che, con lo studio degli «apprezzamenti collettivi», la semantica diviene «osservatorio della storia e, in generale, dell'antropologia sociale»,[33] diviene dunque una disciplina che non rinuncia allo studio della processualità dei sistemi linguistici e che non si accontenta di fare la «geometria del magma», ma che si cala nel suo fluire per comprenderne la sua storia, la sua antropologia, il suo divenire in un'ottica molto vicina alle posizioni di Pasolini.

33 *Ibid.*, p. 146.

Les *Cahiers du cinéma* face à Pasolini
Différends et embarras

PIERRE EUGÈNE

Cet article s'intéresse à la réception problématique de Pier Paolo Pasolini, de ses premiers films à sa mort, dans les *Cahiers du cinéma*. On y trouve en effet nombre de malentendus conflictuels qui en révèlent autant sur les différentes évolutions de la revue que sur la difficulté de ses exégètes français à se saisir des films et de la figure du cinéaste. Comme le remarque Hervé Joubert-Laurencin, Pasolini « ne fut ni un auteur *Positif*, ni un auteur *Cahiers* », et, comme le rappelle Alain Bergala dans le numéro spécial des *Cahiers* en 1981, ce dernier était pour la revue un « cinéaste deux fois impur » : impur — c'est-à-dire coupable aux yeux de la tendance *Cahiers* — d'une part « de ne pas être un cinéaste issu du cinéma », d'autre part, « de ne pas être un cinéaste de l'inscription vraie, ni même de la révélation bazinienne ».[1] Il se trouve en outre que la cinéphilie de Pasolini n'est pas du tout en phase avec celle de la revue, ce dernier dédaignant la majorité des cinéastes — classiques comme modernes — issus de la Politique des auteurs. Bertrand Levergeois, dans *Pasolini. L'Alphabet du refus*,

1 Hervé Joubert-Laurencin, *Le Dernier Poète expressionniste : Écrits sur Pasolini* (Besançon : Les Solitaires Intempestifs, 2005), p. 106. Alain Bergala, « Pasolini, pour un cinéma deux fois impur », *Cahiers du cinéma*, hors-série « Pasolini cinéaste » (1981), p. 7–10 (p. 9).

cite une remarque de Pasolini: «Je n'aime aucun des mythes des *Cahiers du cinéma*, c'est-à-dire Hawks, Hitchcock, Ford. Et je déteste Eisenstein.»[2] Jean-Claude Biette, proche du cinéaste (j'y reviendrai) évoque ainsi ses goûts:

> Dans le cinéma américain, il détestait Hitchcock qu'il considérait comme un cinéaste creux et vide, il n'aimait pas Hawks, il n'aimait pas ce qu'il appelait le «cinéma classique de prose» idée qu'il a développée dans un texte paru aux *Cahiers*, «Cinéma de prose et cinéma de poésie».[3] Il n'aimait pas Ford, mais je crois qu'il avait dû en voir très peu. Et il semblait avoir une certaine sympathie pour Lang. [...] Qu'on pût faire preuve d'invention dans un système de contraintes devait — en cinéma — lui paraître vain, du moins je le suppose. [...] En ce qui concerne Bresson, Pasolini se limitait à une admiration laconique.[4]

INCLASSABLE

L'inscription problématique du cinéaste dans les *Cahiers* apparaît de fait dès les premières mentions qui lui sont consacrées : en octobre 1961, à propos d'*Accattone*, découvert au festival de Venise, André S. Labarthe tente d'«étiqueter» le film avec un qualificatif rétrospectivement étrange, celui de «réalisme psychologique».[5] Et place déjà le cinéaste à un endroit problématique: Pasolini, dit Labarthe, a travaillé avec Mauro Bolognini, dont l'«influence» est ici «sensible»; mais, note-t-il, la personnalité de Pasolini, est «suffisamment évidente pour que ce film, son premier film, ait à souffrir de ce contestable parrainage». Labarthe, se plaçant explicitement au cœur de l'hollywoodophilie *Cahiers*, précise que Pasolini est romancier et que dans son film «la plupart des protagonistes y usent d'un dialecte particulier, argot saisi sur le vif difficilement accessible aux oreilles non prévenues. À plus forte raison aux nôtres, françaises, déplorablement rompues au *slang* de la série noire». Il conclut: «D'inspiration nettement homo-

---

2 Cité par Bertrand Levergeois, *Pasolini. L'Alphabet du refus* (Paris: Éditions du félin, 2005), p. 90.

3 Voir *infra*, note n° 19.

4 Jean-Claude Biette, «Dix ans, près et loin de Pasolini», *Cahiers du cinéma*, hors-série «Pasolini cinéaste» (1981), p. 58.

5 André S. Labarthe, «La Boîte à surprises», *Cahiers du cinéma*, 124 (octobre 1961), p. 48.

sexuelle, *Accattone* évoque par moment le meilleur Visconti, le meilleur Fellini, peut-être le meilleur du cinéma italien. »

Quelques mois plus tard, à la sortie d'*Accattone* en juin 1962, la critique est confiée à Jean Collet, *outsider* qui écrit pour la première fois dans la revue et n'y interviendra qu'épisodiquement.[6] Celui-ci s'ingénie à distinguer le film du néoréalisme, de Jean Rouch et de Richard Leacock, et analyse comment la figure manipulatrice de Pasolini prime sur l'attente rossellinienne. Il situe son film à l'opposé d'un « cinéma qui s'interdit de prévoir les gestes de l'acteur. Cinéma où l'auteur attend que ses personnages et son décor lui jouent des tours, lui fassent des surprises ».[7] Dans *Accattone* le héros est placé, écrit Collet, en face du cinéaste « qui est dans le champ sans y être ». Ce film lui paraît plus proche du « surréalisme » : « ambigu, déchiré, donc une œuvre d'art ».[8] La tentative d'éclaircir la geste pasolinienne et de distinguer le cinéaste parmi ses contemporains suspend ici l'évaluation, mais place néanmoins sa figure en miroir de son œuvre : la présence de l'homme apparaît en même temps que ses films.

INSINCÈRE

En octobre 1964, Jean-Louis Comolli, rédacteur en chef, rend compte avec un certain scepticisme de *L'Évangile selon saint Matthieu*, découvert au festival de Venise. L'interrogation sur Pasolini en tant que cinéaste est posée en début d'article : « Avant tout, Pasolini n'est pas cinéaste. Il est peut-être écrivain, poète, menteur, penseur ou artiste, que sais-je, mais il n'a rien d'un cinéaste. »[9] Pasolini, pour Comolli, s'efforce de « "faire du cinéma" et de "faire cinéma". Aussi, écrivant, parlant ou pensant, il est sans doute plus cinéaste que filmant ». S'il loue le cinéaste d'avoir trouvé dans la réalité une matière de décors et de visages adéquats au texte *princeps*, Comolli voit dans les « défauts, fautes de récit » et « hésitations entre toutes sortes de styles » le mérite paradoxal de maladresses attachantes qui éviteraient l'hagiographie

6 Jean Collet, « Le Blanc et le Noir », *Cahiers du cinéma*, 132 (juin 1962), p. 44–47.

7 *Ibid.*, p. 46.

8 *Ibid.*, p. 47.

9 Jean-Louis Comolli, « *Il Vangelo secondo Matteo* », *Cahiers du cinéma*, 159 (octobre 1964), p. 24–27 (p. 24).

menaçant le projet d'adaptation.[10] Le problème reste que Pasolini refilme « un film déjà fait », puisque l'Évangile est pour Comolli déjà du cinéma, déjà représenté : il aurait tenté de se saisir du texte en tant qu' « événement sociologique : tel qu'il peut être vu par et à travers les yeux les plus vierges ».[11] Mais « ceux de Pasolini le sont-ils ? », s'interroge Comolli.

Le film reste en effet pris dans ce qui apparaît au critique comme une maîtrise démiurgique stérilisante : Pasolini

> a toujours une longueur d'écart, une image de trop, un travelling de travers sur l'instant privilégié, sur ce petit miracle qu'est à lui tout seul l'accomplissement d'une scène sous l'œil de la caméra. [...] Ce qui fait qu'au lieu de créer la chose, que sais-je, la vie, la vérité, la poésie, le cinéma ici les désigne, les promet ou, plus tristement, finit par les illustrer.

La dimension de « surprise » (sous-entendu : rossellinienne) manque.

Comolli rejoint en fait sourdement les accusations (elles, ordurières) de Michel Cournot dans *L'Observateur*, qui parle « d'art pédé » et regrette la vision marxiste de Pasolini apposée sur le texte sacré.[12] Finalement, selon Comolli

> Privée de son auto-mise en scène, la Passion ne tient plus debout. Prise entre sa nature première de cinéma et le cinéma second de Pasolini, elle est boiteuse, et le drame branlant. Mais ce déséquilibre qui est d'abord un manque d'audace, est celui aussi de l'entreprise toute entière : le marxisme marié à la foi, c'est une croix tortueuse à porter. La dédicace du film à Jean XXIII n'arrange pas les choses. Il reste encore quelques marchands du temple.[13]

Semblant débusquer le catholicisme masqué de Pasolini, Comolli dessine une ligne d'attaque tenace aux *Cahiers*, qui va de pair avec une mise en doute de la sincérité du cinéaste, inaugurant une durable méfiance.

Néanmoins, lors de sa sortie, le film est au contraire loué par Michel Delahaye (pour sa part marxiste et catholique revendiqué)

---

10 *Ibid.*, p. 25.

11 *Ibid.*, p. 26.

12 Michel Cournot, « Tonton Marx à Bethléem », *Le Nouvel Observateur*, 4 mars 1965.

13 Jean-Louis Comolli, « *Il Vangelo secondo Matteo* », p. 27.

dans le n° 166-167 (mai-juin 1965).[14] Lui aussi voit Pasolini comme un cinéaste venant d'ailleurs, mais qui a réussi à faire converger fidélité au marxisme et au catholicisme, stylisation et cinéma puissamment corporel. Le film impose pour lui une « évidence […] qu'on prend ou qu'on refuse, mais qu'on ne peut guère discuter ».[15] Contrairement à l'accusation d'insincérité de Comolli, Delahaye remarque que Pasolini « réussit dans la mesure même où il se prive de toute échappatoire, et va droit au but ». Ce n'est que la première des multiples réceptions contradictoires qui vont se retrouver dans la revue.

Deux numéros plus loin, en août 1965, sont analysés quatre films inédits (en France) de Pasolini : *Mamma Roma* (par Comolli), *La Ricotta* (par Maurizio Ponzi), *Enquête sur la sexualité* (par Adriano Aprà) et *Repérages en Palestine pour L'Évangile selon saint Matthieu* (Edoardo Bruno).[16] La recension de Comolli se révèle positive :

> *Mamma Roma* est à la fois le délayé de ce que les gens de bon goût ne goûtent pas dans le cinéma de Pasolini — outrance, latinité forcenée, symbolisme grossier et misérabilisme — et le condensé de *ce que nous avons le mauvais goût de trouver bon dans son œuvre* : l'originalité d'une structure narrative, la réinvention de types, le franc-parler cinématographique et le prosaïsme comme fait de poésie.[17] [je souligne]

Comolli en vient à défendre le cinéaste comme poète. C'est surtout que sa réputation de sémiologue commence à jouer en sa faveur. La revue va publier dans ses numéros suivants ses textes théoriques sur le cinéma, en commençant par « Le cinéma de poésie », issu de sa conférence faite en juin 1965 au festival de Pesaro.[18] Parallèlement, un lien concret est établi avec Pasolini à travers deux rédacteurs de

14 Michel Delahaye, « Tout droit », *Cahiers du cinéma*, 159 (octobre 1964), p. 125–26.

15 *Ibid.*, p. 125.

16 Jean-Louis Comolli, Maurizio Ponzi, Adriano Aprà et Edoardo Bruno, « Quatre films inédits de Pasolini », *Cahiers du cinéma*, 169 (août 1965), p. 27–29.

17 *Ibid.*, p. 27.

18 Pier Paolo Pasolini, « Le Cinéma de poésie », *Cahiers du cinéma*, 171 (octobre 1965), p. 54–64 ; Pasolini, « Le Scénario comme structure tendant à être une autre structure », *Cahiers du cinéma*, 185 (décembre 1966), p. 76–83 ; Pasolini, « Discours sur le plan séquence comme sémiologie de la réalité », *Cahiers du cinéma*, 192 (juillet-août 1967), p. 26–30. Concernant le Pasolini théoricien, je renvoie au texte de Cécile Sorin publié dans ce volume. Le 4 juin 1966, Luc Moullet, ancien rédacteur des *Cahiers* devenu cinéaste, intervient avec une communication-brûlot lors d'une table ronde au festival de Pesaro, s'opposant violemment à Metz, ce qui choquera Roland Barthes et Pasolini.

la revue. À l'été 1965, Jean-André Fieschi rencontre Pasolini pour lui consacrer un épisode de la série télévisée de Labarthe, « Cinéaste de notre temps » : *Pasolini l'enragé* (1966). Jean-Claude Biette, quittant précipitamment la France pour échapper au service militaire en 1965, fuit en Italie, rencontre Pasolini, lui donne des cours de français afin de lui permettre de lire les sémiologues et assiste au tournage de *Uccellacci Uccellini,* qu'il relate dans la rubrique « Petit journal » du n° 174 (janvier 1966).[19] Il corrigera les sous-titres français et proposera la belle frappe du titre francisé : *Des oiseaux, petits et gros.* Et sera par la suite un assistant de Pasolini sur quelques tournages.

Outre la parution de ses textes théoriques, Pasolini publie dans le n° 179 (juin 1966) un texte de défense de *Uccellacci Uccellini,* « mon film le plus pur », s'expliquant sur son caractère de fable.[20] Dans le même numéro, le film passé au festival de Cannes est l'objet d'une recension très enthousiaste (ce sera la dernière) de Jacques Bontemps pour qui « Pasolini inaugure un genre cinématographique sans précédent [...] aboutissement provisoire de ses propres recherches », inventeur d'une « méthode pour déchiffrer la "fable du monde" ».[21] Perçu comme un « chercheur » plus qu'un cinéaste, Pasolini peut ainsi devenir un auteur *Cahiers,* il est enfin — mais très provisoirement — saisi, grâce à ses propres textes. Pasolini échappe à la « désincarnation » conceptuelle de son cinéma, et même si le film n'est pas « tout à fait parfait » pour Bontemps, simplement « aux trois quarts sublime », il s'agit là d'une « œuvre clé ». L'article est relativement bref, et n'interroge pas les liens de ce film avec la culture française, pourtant au cœur de son propos. Néanmoins, preuve de son importance pour la revue, le film est projeté dans la IIème Semaine des *Cahiers* (8–14 novembre 1967), dont le programme publié dans le n° 195 (novembre 1967) comprend un

Pour le récit de l'événement : Jean Narboni, « Notre alpin quotidien », *Cahiers du cinéma,* 180 (juillet 1966), p. 58–60. Pour le texte de Luc Moullet : « De la nocivité du langage cinématographique, de son inutilité, ainsi que des moyens de lutter contre lui » [1966], dans Moullet, *Piges choisies (de Griffith à Ellroy)* (Nantes : Capricci, 2009), p. 235–41.

19 L'épisode de la rencontre avec Pasolini est raconté dans Jean-Claude Biette, *Poétique des auteurs* (Paris : Éditions de l'étoile, 1988), p. 13–14. Jean-Claude Biette, « Les oiseaux de Pasolini », *Cahiers du cinéma,* 174 (janvier 1965), p. 13.

20 Pier Paolo Pasolini, « *Uccellacci e uccellini* », *Cahiers du cinéma,* 179 (juin 1966), p. 39.

21 Jacques Bontemps, « *Uccellacci e uccellini* », *Cahiers du cinéma,* 179 (juin 1966), p. 46–47.

court texte élogieux de Fieschi ainsi qu'un long entretien avec Pasolini sur *Œdipe roi* (1967) et une critique de ce dernier film par Fieschi lors d'un compte rendu du festival de Venise.[22] Ce dernier voit le film comme une « autoanalyse » de Pasolini, remarquant que « l'œuvre inverse volontairement les rapports habituels auteur-œuvre, et œuvre-spectateur » : elle piège le spectateur dans une posture de projection où celui-ci ne peut voir que ce qu'il y projette lui-même.[23] Pasolini apparaît comme un auteur retors, dont la difficulté d'appréhension par la critique répondrait à son rapport au spectateur.

FATIGUE

Les choses se gâtent ensuite un an plus tard avec deux recensions, dans le n° 206 (novembre 1968), de deux films de Pasolini : *Œdipe Roi* lors de sa sortie française (relégué dans une notule à la fin du numéro) par Dominique Aboukir (rédacteur occasionnel de la revue à la fin des années 1960) et surtout de *Théorème*, vu par Jean-Louis Comolli au festival de Venise. Tandis que la revue se politise de plus en plus à gauche en même temps qu'elle souscrit explicitement aux théories structuralistes ambiantes, tout se passe comme si les rédacteurs se retrouvaient finalement fatigués du style pasolinien et inscrivaient cette fatigue dans leurs textes. Aboukir voit *Œdipe Roi* comme « un film inégal, beau de ses aspérités, parfois même de ses ratages ».[24] Ce film, ainsi que *Théorème*, « s'épuisent à en dire trop », et « l'arbitraire des procédés [...] trahit à la fois *l'ennui* de devoir filmer des idées une fois que celles-ci ont été formulées et l'incertitude que l'auteur s'efforce justement de désigner » (je souligne).

---

22 *Cahiers du cinéma*, 195 (novembre 1967) : p. 11 pour le texte de Fieschi dans le programme ; p. 13–16 pour l'entretien ; p. 28–29 pour la critique de Fieschi.

23 Jean-André Fieschi, « *Edipo Re* », *Cahiers du cinéma*, 195 (novembre 1967), p. 28.

24 Dominique Aboukir, « *Edipo Re* », *Cahiers du cinéma*, 206 (novembre 1968), p. 63–64 (p. 64). Dans le même numéro, le cinéaste Gianvittorio Baldi, remarque aussi que « les scénarios de Pasolini sont plus beaux que ses films parce qu'il épuise toute sa charge poétique avant de faire le film, et le film devient une traduction, parfois une congélation » : André S. Labarthe, « Entretien avec Gianvittorio Baldi », *Cahiers du cinéma*, 206 (novembre 1968), p. 27–29 (p. 29).

Comolli, pour sa part, attaque *Théorème*, « démonstration rigoureuse d'un postulat diablement sacrilège », comme une œuvre qui s'épuise dans sa démonstration :

> Une conséquence un peu navrante de la nécessaire rigueur de cette démonstration est que celle-ci, plus elle va, déçoit plus, qu'elle appauvrit son postulat à mesure qu'elle en remplit scrupuleusement les successifs termes, qu'elle restreint le champ des hypothèses et des questions [...] et par là tire le film vers les platitudes de l'illustration.[25]

Ce que reproche surtout Comolli au film, c'est, comme il le révèle à la fin de son texte, d'avoir eu l'heur de plaire à l'Office Catholique International du Cinéma (OCIC), même si le prix obtenu a été doublé par une plainte du Vatican : « Pour se prêter à ces feux-croisés, *Teorema* ne doit être audacieux qu'à moitié. » Qualifié de « jésuitisme », ce film « aux retombées dérisoires », est donc vu comme une tentative duplice de jouer sur les deux tableaux, religieux et marxiste. Comolli en profite pour attaquer conjointement les cinq « miraculés » du film et l'un des défenseurs de Pasolini dans la revue, le rédacteur Michel Delahaye :

> Par la grâce touchés, aussitôt ses miraculés se mettent à « changer de vie » (comme certaine naïveté contemporaine — Julian Beck, hippies, Michel Delahaye et sans doute Pasolini — en forme le vœu ici et là).[26]

DIFFÉRENDS

C'est à propos de ce film que les *Cahiers* changent durablement d'orientation face à Pasolini, même si ce faisant, ils expriment aussi leur propre embarras face à son œuvre. En effet, pas moins de quatre articles seront consacrés à *Théorème* ! Trois numéros plus loin, dans la page des notules à la fin du numéro, Bernard Eisenschitz commence par louer le court-métrage qui accompagne le film de Pasolini (*Le Mariage de Clovis* de Daniel Duval, 1967), et écrit de *Théorème* :

---

25 Jean-Louis Comolli, « *Teorema* », *Cahiers du cinéma*, 206 (novembre 1968), p. 34.

26 Delahaye suit passionnément les événements et la révolte de Mai 68, mais le dogmatisme politique de la revue l'isole progressivement. Un an plus tard, il en claquera la porte : voir Antoine de Baecque, *Les Cahiers du cinéma. Histoire d'une revue*, 2 vol. (Paris : Édition des Cahiers du cinéma, 1992), II : *Cinéma, tours détours, 1959–81*, p. 227.

> Il est assez pénible de devoir dire du mal d'un film qui reflète si limpidement son auteur. Mais la sincérité de Pasolini peut-elle désormais suffire ? Dans le cas de Pasolini, elle conduit directement à l'OCIC, ce qui n'aurait rien de grave [...] si la disponibilité à ce type d'opération n'était le fondement même du film.[27]

Avec la même insistance sur l'ennui que Comolli (celui des rédacteurs, réintrojecté dans l'œuvre du cinéaste), il décrit le film comme

> un travail ennuyé, sans nerf, fait dans la lassitude de devoir filmer des idées, qui, implicites, donnaient vie aux œuvres précédentes, mais qui, près d'un an après avoir été exposées à loisir sur le papier, arrivent à l'écran desséchées et réduites comme les têtes des jivaros.

Eisenschitz conclut sur le fait que « Pasolini filme non plus ses films, mais l'image qu'une intelligentsia bourgeoise s'en fait ».

Deux numéros plus tard, en avril 1969 (n° 211), c'est Pascal Bonitzer qui, comme il le racontera plus tard, est missionné par la rédaction en chef pour « dire laborieusement du mal » du film de Pasolini.[28] Dans un article effectivement assez embarrassé, il reproche au film le manque de dialectique qui préside à sa démonstration, et que sa parabole n'a rien de marxiste.[29] Arrive alors le quatrième et dernier article : celui de Serge Daney.[30] Bonitzer, dans un texte d'hommage à ce dernier, retrace sa publication :

> [Le texte de Daney] était envoyé d'Italie. On me le laissa voir gentiment, et je fus frappé, d'abord par sa graphie [...] ; ensuite par sa signature : Jean Bave ; enfin et surtout, moins par son contenu par que son *ton*, tellement contradictoire de ce que cette signature comico-crucifiée semblait dire. Calme, distant, marqué d'un indéfinissable sourire. Ça coulait tranquillement, sans se laisser arrêter par rien. J'y découvrais un nouveau visage du film, qui ne ressemblait en rien aux discours caricaturaux et réducteurs qui se le disputaient dans la presse.[31]

---

27 Bernard Eisenschitz, « *Teorema* », *Cahiers du cinéma*, 209 (février 1969), p. 63–64 (p. 64).

28 Pascal Bonitzer, « Calme bloc », dans Olivier Assayas et al., *Serge Daney* (Paris : Éditions des Cahiers du cinéma, 2005), p. 17–21 (p. 18).

29 Pascal Bonitzer, « Le Carré », *Cahiers du cinéma*, 211 (avril 1969), p. 53.

30 Serge Daney, « Le Désert rose », *Cahiers du cinéma*, 212 (mai 1969), p. 61–62. Pour une analyse étendue de ce texte et de sa place contradictoire, je me permets de renvoyer à Pierre Eugène, *Exercices de relecture : Serge Daney (1962–82)* (Paris : Éditions du Linteau, 2023), p. 114–16.

31 Bonitzer, « Calme bloc », p. 18.

Malgré l'admiration de Bonitzer, c'est à son propre texte que la rédaction donne d'abord sa faveur, avant de publier finalement le texte de Daney lors du numéro suivant. Intitulé « Le désert rose », cet article écrit par un *outsider* (Daney, pigiste régulier mais distant, revient tout juste d'un long voyage en Inde) vient reprendre *de l'extérieur*, en les renversant, les précédentes lectures des *Cahiers* sur *Théorème*. D'un ton tranquille, aux phrases condensées et suivies d'un retour à la ligne, comme une démonstration mathématique ou une suite d'aphorismes nietzschéens (référence du moment), l'article de Daney est une petite machine ironique à l'égard de la revue.

Eisenschitz avait conclu son texte sur le fait que « Pasolini film[ait] non plus ses films, mais l'image qu'une intelligentsia bourgeoise s'en fait ».[32] Daney semble prendre avec humour cette déclaration à la lettre : *Théorème* propose selon lui un « récit métaphorique de sa projection ».[33] Un peu dans le sens de ce que Fieschi écrivait de *Œdipe Roi* (qui piégeait son spectateur dans ses propres ornières), *Théorème* « anticipe » les réactions de ses spectateurs, autant que les commentaires faits *a posteriori* sur lui par les intellectuels (et, *a fortiori*, les critiques de cinéma). Il prévoit le scandale avant sa sortie, les réactions suscitées pendant la projection, et les commentaires qu'elle induira :[34]

> Comment ne pas voir que les divergences dans l'interprétation de *Teorema* sont *déjà* les voies différentes que choisissent ceux (la famille, désormais séparée) qui ont vécu une même expérience lorsque celle-ci est tarie. Comme si Pasolini ne savait pas qu'on parlerait de son film soit en terme religieux (le père, la bonne, la grâce, l'office catholique, etc.), « artistiques » (le fils, l'art moderne, l'art et essai, etc.) ou pornographiques (la mère). Sans parler de ceux qui se refuseraient à parler (la fille, l'aphasie). Nous entrons dans le domaine du commentaire, où nul n'a tort, ni raison.[35]

Ironie souveraine et jubilatoire d'une critique interne de la revue par l'intermédiaire du film. Daney adopte quelque peu ici la figure de l'émissaire de *Théorème*, mettant tout le monde en porte-à-faux.

---

32 Eisenschitz, « *Teorema* », p. 64.

33 Daney, « Le Désert rose », p. 61.

34 Les différentes parties de l'articles sont titrées : « Avant », « Pendant », « Après », « Le désert », « Rose ? ».

35 *Ibid.*, p. 62.

Néanmoins, le critique constate en conclusion de son texte que si le film se fantasme, dans sa réflexivité, comme « le dernier film », celui qui mettra à bas le système cinématographique, Pasolini reste « trop complice de ce qu'il dénonce. Condamné à plaire, même (et toujours) *pour la dernière fois* ». Le cinéaste s'apparente ainsi au dernier homme nietzschéen, dans une entreprise guettée par une forme de nihilisme. Daney modère en définitive les mérites de Pasolini et de son film, exposant l'aporie qui les cerne.

Cinq numéros plus loin (n° 217, novembre 1969) les *Cahiers* chroniquent la sortie de *Porcherie*. Là encore, le film « pose problème » à la revue, qui publie (fait extrêmement rare) l'un après l'autre, dans la rubrique des notules, deux textes consécutifs sur le film : le premier de Eisenschitz, le second de Daney.[36] Chacun des deux auteurs s'accorde à ne pas donner d'importance au « contenu » du film, à ses thèmes, ses symboles (chrétiens) qu'ils jugent être exhibés comme des attrape-nigauds. Eisenschitz écrit que « la parabole atteint un tel simplisme que, une fois énoncée (lue), elle s'efface complètement ». S'il juge l'épisode avec Pierre Clémenti raté, celui avec Jean-Pierre Léaud lui semble admirable. Le film est pourtant, pour lui « le plus secret qu'on puisse imaginer, complètement bouclé, n'offrant aucune prise » comme s'il était enclos dans la tête de Pasolini. Daney, pour sa part, va de nouveau ironiser sur la lecture de Eisenschitz, dès le début de son texte en le montrant comme une assez simple « machine » :

> Cette nouvelle *machine à faire du sens* est la mise en œuvre d'un jeu de mots assez simple : les mots *corps et porcs* sont dans un rapport anagrammatique, deux distributions différentes des mêmes lettres, d'une même Lettre [...], de même que *Porcile* se donne comme le double récit d'un même événement. [...] [D]ans *Porcile, un jeune homme, au lieu d'aimer les corps, les mange; un autre, au lieu de manger les porcs, les aime.* C'est qu'ils se sont trompés de mot et donc de film. Leur transgression est d'abord le résultat fortuit d'une inversion dans les termes, d'une mauvaise lecture, d'une erreur de distribution, dont Pasolini assume toutes les conséquences, attentif à la naissance obligatoire d'(au moins) un sens. Le scandale n'est plus tellement dans la gravité ou l'horreur des thèmes abordés, mais

36 Bernard Eisenschitz et Serge Daney, « *Porcile* », *Cahiers du cinéma*, 217 (novembre 1969), p. 64. Sur ces textes : Eugène, *Exercices de relecture*, p. 128-34.

de ce qu'ils (le cannibalisme, la zoophilie) aient été suscités sans nécessité, par *jeu*.

Daney conclut son analyse par une lecture derridienne, en assimilant les figures paternelles à un « logos » dévorateur, et finalement victorieux. Cette manière pour les *Cahiers* (renforcée à l'époque structuraliste) de « vider » les films de leur contenu scénaristique au profit d'un pur jeu sur les signifiants est très adroite : elle assimile *Porcherie* à *Théorème*. Mais ce faisant, Daney reste finalement proche de ce qui s'est écrit auparavant dans la revue : Pasolini, insituable politiquement, reste un joueur formel. Son engagement politique n'est jamais questionné, seul prime le paradoxe vivant du cinéaste, aux motivations insaisissables.

INDIFFÉRENCE

Entre 1969 et 1972, les *Cahiers* accentuent leur pugnacité politique et théorique, culminant entre 1972 et 1974 dans un maoïsme militant où l'esthétique du cinéma et les films cèdent le pas à des textes généraux dirigés vers les luttes politiques sur le front de la culture.[37] Durant cette période, on constate une indifférence presque totale à Pasolini. La revue ignore *Médée* (1969). En juillet 1970, une notule sur le film à sketches *Amore et Rabbia* (1970) décrit, devant son épisode *La Terre vue de la lune*, la « paresse » du cinéaste et regrette ses précédents films.[38] Aucun des trois opus de la « Trilogie de la vie » (*Le Décaméron*, 1971 ; *Les Contes de Canterbury*, 1972 ; *Les Mille et Une nuits*, 1974) ne fait l'objet d'article, même si le troisième est mentionné dans un article de Pascal Kané, consacré à la représentation de l'histoire au cinéma.[39] L'auteur oppose alors Roberto Rossellini et ses films pour la télévision à Pasolini et son film pour leur donner tort à tous les deux, défendant une démarche brechtienne (à la suite de l'article est publié un extrait du *Journal* de Bertolt Brecht). Elle seule permettrait de figurer le « signifié » historique et de s'en saisir politiquement, sans illusion

37 Sur le sujet : de Baecque, *Les Cahiers du cinéma*, p. 185–264 ; Eugène, *Exercices de relecture*, p. 143–260.

38 Bernard Eisenschitz, « *Amore e Rabbia* », *Cahiers du cinéma*, 222 (juillet 1970), p. 62.

39 Pascal Kané, « Cinéma et histoire », *Cahiers du cinéma*, 254–255 (décembre 1974 – janvier 1975), p. 77–83 (p. 80–81).

référentielle. Pasolini est ici mentionné, avec injustice, dans les marges de l'article : à travers les photos de presse données par le distributeur, dont Kané critique l'« orientalisme » donné en pâture, expliquant que la vision occidentale de la femme, refoulée, ferait néanmoins retour dans le film.

Ce numéro de la fin d'année 1974 inaugure une mise à distance (plutôt qu'une sortie totale) du maoïsme stérilisant. Pour leur retour à l'analyse esthétique, les *Cahiers* vont vite revenir, durant plusieurs numéros, à deux de leurs auteurs tutélaires : Jean-Marie Straub et Jean-Luc Godard. Les seules mentions de Pasolini figurent dans un entretien de Straub publié par la revue, où ce dernier est peu amène sur son travail. Déjà, en octobre 1970, Straub constatait que « la démarche de Pasolini dans ses derniers films au contraire [de la sienne] est de plus en plus idéaliste. »[40] Fin 1975, il n'a pas changé d'avis, et déclare, lorsqu'il évoque son propre travail sur le son : « Les ondes que nous entendons dans un film de Pasolini sont restrictives. Elles n'enrichissent pas l'image, elles la tuent ».[41] Ce qui n'empêche pas Pasolini de signer une pétition pour rétablir dans leur film *Moïse et Aaron* (1974) la dédicace manuscrite de Straub à Holger Meins, que veulent couper les télévisions allemandes et autrichiennes ainsi que le centre du cinéma allemand.[42] Enfin, en mars-avril 1976, Bonitzer revient sur la ressortie de *Mamma Roma*, qu'il entend comme une « variation "matérialiste", entendons anale, sur la crucifixion », au sein d'un article qui, tout en critiquant ses œuvres postérieures, écartèle le film sur le lit de Procuste d'un lacano-bataillisme qu'on lit aujourd'hui avec peine.[43]

UN FANTÔME DIFFAMÉ ET DIFFÉRÉ

La mort de Pasolini, survenue le 2 novembre 1975, aurait pu permettre aux *Cahiers* de faire le point, à l'occasion d'une nécrologie, sur un auteur marginalement « diffamé » dans leur page depuis leur parenthèse maoïste. Dans les mois qui suivent, aucun texte ne sera consacré

40 Jean-Marie Straub, « Entretien », *Cahiers du cinéma*, 224 (octobre 1970), p. 42.

41 Enzo Ungari, « Entretien avec Jean-Marie Straub et Danièle Huillet », *Cahiers du cinéma*, 260–261 (octobre–novembre 1975), p. 48.

42 Publiée dans les *Cahiers du cinéma*, 257 (mai–juin 1975), p. 64.

43 Pascal Bonitzer, « *Mamma Roma* », *Cahiers du cinéma*, 265 (mars–avril 1976), p. 66.

à cette mort pourtant très commentée, non plus qu'à la projection remarquée de *Salò* au Festival de Paris le 22 novembre 1975. Outre le dédain dont fait l'objet Pasolini dans la revue, deux autres raisons peuvent expliquer ce silence : les *Cahiers* font à cette époque peu de nécrologies, et la revue (encore en grande difficulté financière) rate l'événement en publiant un numéro d'octobre–novembre, pas de numéro de décembre, puis un numéro en janvier 1976 (262–263), où est enfin mentionnée la mort du cinéaste, encore une fois marginalement. Ce numéro est consacré à la censure des films pornographiques (suite au passage de la Loi X votée le 30 décembre 1975), et aurait été l'occasion de commenter la censure de *Salò* en Italie et le classement pour les moins de seize ans en France. Las, Pasolini apparaît comme illustration, dans la marge d'un article de Serge Toubiana sur *Numéro Deux* de Godard. Évoquant le traitement scandaleux de sa mort dans les médias, l'article reproduit le fac-similé d'un article indigne du *Parisien libéré* (accompagné de la photo de son assassinat), qui déclare en conclusion :

> Feu du ciel ? Justice immanente ? Simplement, en fait, le bâton d'un jeune dévoyé (son émule ?) de 17 ans qui devait avouer l'avoir achevé en l'écrasant avec sa propre voiture de sport. Feu du ciel ou matraque improvisée, le metteur en scène de *Porcherie* est bien, apparemment, victime des forces qu'il a déchaînées au sein d'une jeunesse que, par l'écrit comme par l'image, il poussait aux plaisirs malsains.[44]

Toubiana en profite pour développer un petit commentaire sur le journalisme, où la mort de Pasolini ne sert que d'exemplification, d'exorde à une pensée critique de l'information trouvée chez Godard — sans interroger bien sûr l'œuvre pasolinienne.

Marginalisation et silence, donc. Mais la mort de Pasolini continue à hanter la revue. Dans le numéro suivant, en février 1976, le scandale de la mort de Pasolini réapparaît à la fin d'un article de Jean-Pierre Oudart. Intitulée « Diffamations (fragments) », cette critique de *Karl May* (1974) de Hans-Jürgen Syberberg prend le film comme « prétexte » pour interroger la figure de l'artiste diffamé. Tandis que

44 Cité par Serge Toubiana, « Le Hasard arbitraire », *Cahiers du cinéma*, 262–263 (janvier 1976), p. 15–19 (p. 16).

Syberberg évoque l'écrivain allemand fabulateur (1842–1912) et la dizaine de procès qui l'ont tourmenté sa vie durant, Oudart se penche sur d'autres auteurs scandaleux (d'Édouard Manet et son *Olympia* à Godard) concluant sur Pasolini. Il note cette « jouissance [de l'artiste] qui divise politiquement, [à travers] *l'écriture* ».[45] La société condamne les artistes pour leur jouissance privée, explique Oudart, sans voir que celle-ci est le fait des gouvernants qui « jouissent de la crise » et des cinéastes du « bon sens ». La fin de l'article évoque les réactions à la mort de Pasolini :

> Un procès en diffamation, ça ne cesse pas de s'écrire — et surtout, ça se met en scène. Gardez en mémoire la mort de Pasolini, et rappelez-vous comment la presse fasciste, de son vivant, alimentait ses accusations : homosexuel, penseur à gauche — penseur à gauche et artiste international — artiste international et homosexuel. Ce couplage n'est bien sûr pas indifférent : il s'agissait d'alimenter les pires fantasmes de parasitage de la société bourgeoise par ceux qu'elle ne cesse pas de réprimer, d'emprisonner ou de tuer. [...] Mais pourquoi cette décharge d'insultes à l'annonce de sa mort, ces écrits déchainés disposés en regard de sa dernière photographie ? Cette image couplée à ces injures criantes, qu'est-ce, sinon le retour de refoulé des photographies silencieuses et terrifiantes des morts de la Commune de Paris [...], ici organisé en mise en scène sadienne comme le dernier acte du procès fait à un cadavre qu'il fallait rappeler à l'existence, évoquer vivant, pour alimenter encore la jouissance des lecteurs, pour la perpétuer même jusqu'à ce qu'elle s'avoue (sous le manteau de la sentence morale) : il a eu la mort qu'il cherchait, qu'il désirait [...].[46]

C'est par l'intermédiaire d'une réfraction médiatique que Pasolini revient donc dans les *Cahiers*: comme sujet d'une diffamation publique analysée par une revue qui, ironiquement, l'ignorait encore peu avant. Il faudra attendre le numéro 275 de juillet-août 1976 pour lire enfin une courte mais dense recension de *Salò* (sorti sur les écrans le 19 mai 1976), dans la rubrique « Petit journal » (pas celle des longues critiques de film mais des ressorties, de sujets d'actualités ou de la télévision). Serge Daney la rédige, et elle est précédée d'un questionnaire envoyé à Enzo Siciliano, Ettore Scola, Alberto Moravia et Dacia

45 Jean-Pierre Oudart, « Diffamations (Fragments) », *Cahiers du cinéma*, 266–67 (mai 1976), p. 78–82 (p. 81).

46 *Ibid.*, p. 81–82.

Maraini — comme si la nécrologie de Pasolini était finalement confiée à ses proches.[47] La première question posée est celle, pour une fois, des prises de positions politiques de Pasolini: « En France, Pasolini est surtout connu comme cinéaste. En Italie, c'est un homme qui intervenait partout. Peut-on parler de ses dernières activités et prises de position ? » Mais tous les interrogés réaffirment sa position d'écrivain, de poète, d'artiste, contredisant la question (Ettore Scola : « c'était un grand poète » ; Alberto Moravia : « les thèmes de sa polémique étaient ceux-là même de son œuvre littéraire et cinématographique »).

Dans son article, Daney revient sur *Salò* après les multiples commentaires qui ont été faits sur le film, notamment ceux d'un Roland Barthes qualifiant Pasolini « d'irrécupérable » (« personne en effet, semble-t-il, ne peut le récupérer » politiquement: ni à droite, ni à gauche).[48] Daney commence par s'opposer à ce qu'il juge être des mauvaises lectures du film (film testamentaire, adaptation de Sade, étude des mécanismes d'adhésion du peuple au fascisme). Le film construit selon lui un hiatus: des maîtres incapables de *désirer* s'acharnent sur le *plaisir* imprenable d'un peuple homogène en âge (indifféremment victimes et jeunes bourreaux). Si Joubert-Laurencin y voit (comme il m'en a fait part) la résurgence d'un blâme très *Cahiers* envers un certain « populisme » du cinéaste, j'y verrais pour ma part la tentative, chez Daney, de retourner la question des rapports de force entre la maîtrise créative (avec ses tentatives d'appropriation) et la liberté du jeu cinématographique — évoquées dans les précédentes lectures de ses films. La maîtrise des maîtres sadiens se retourne contre le spectateur, comme l'explique Daney: Pasolini subvertit le mode de récit, sa fonction « d'embrayage ». La nouvelle machine infernale pasolinienne offre donc une expérience sur le pouvoir du regard et l'impossible appropriation d'un « reste » insaisissable, celui d'un *plaisir* que tous essayent sans succès de s'approprier (maîtres, spectateurs, mais aussi Pasolini). Daney achève son texte sur la figure de Pasolini, résumant en quelque sorte l'énigme qu'elle a posée aux *Cahiers* depuis le début:

---

47 « Questionnaire » et Serge Daney, « Notes sur *Salò* », *Cahiers du cinéma*, 268–69 (juillet-août 1976), respectivement p. 100–01 et 102–03.

48 Roland Barthes, « Sade - Pasolini », *Le Monde*, 16 juin 1976, dans Barthes, *Œuvres complètes*, dir. Eric Marty, 5 vol. (Paris: Seuil, 2002), IV: *Livres, textes et entretiens, 1972–76*, p. 944–46 (p. 946).

> Pasolini est condamné à une sorte d'*innocence* irrémédiable. Maître (d'école, puis artiste célèbre), mais maître diffamé, il est à une place à lui-même incompréhensible : deux groupes de corps, enchevêtrés par l'Histoire, forces de vie et de mort, font pour lui l'épreuve crucifiante de leur *corps à corps imaginaire.*

Il faudrait déplier entièrement cette formule : du « maître innocent » au « maître diffamé » (par les *Cahiers* aussi bien), sa « place incompréhensible », et la drôle de conjonction entre « forces de vie et de mort », corps à corps, crucifixion, qui ressemble assez à un éloge funèbre. Un an et demi plus tard, Daney développe justement cette notion d'innocence dans un article à propos du premier film de Biette (également responsable de la version « originale », doublée en français, de *Salò*) : *Le Théâtre des matières* (1978). Daney y analyse un étonnant « réalisme », sous la forme d'un « pacte » entre les mots et les choses, où les mots se « réalisent » à l'écran. *Salò* apparaît exemplaire :

> Le réalisme, c'est aussi cela : être assujetti à un contrat où tout ce qui se dit peut aussi être montré, tout en sachant que cette conversion est rigoureusement impossible. C'est, plus particulièrement, du pacte entre les noms et les corps qu'il est question dans *Le Théâtre des matières* (*nomen*, le nom, ne signifie-t-il pas en latin pacte, contrat ?). C'est d'un autre pacte, tout aussi désespéré, qu'il est question dans un film comme le *Salò* de Pasolini, film bouleversant à force d'innocence, d'obstination à ne rien dire qu'on ne puisse sur-le-champ montrer, fût-ce le pire.[49]

L'émotion devant l'innocence paradoxale de Pasolini affleure, et le cinéaste se retrouve donc finalement réhabilité comme celui qui aurait tenté l'expérience limite de la figuration. Cette innocence, Daney en donnera beaucoup plus tard, dans *Persévérance*, une belle définition : « celui qui filmant le mal, ne pense pas à mal ».[50] Entre expérimentateur et manipulateur, le joueur revient : Pasolini peut être comparé à un enfant-joueur amoral, à la manière de Nietzsche. Il faudra aussi quelques années pour que Daney, dans ce qu'il considérera comme

49 Serge Daney, « Éloge d'Emma Thiers », *Cahiers du cinéma*, 285 (février 1978), p. 31–35 (p. 34).

50 Serge Daney, « Le Travelling de *Kapo* », dans Daney, *Persévérance* (Paris : P.O.L, 1994), p. 24.

les films marquants de la décennie 1970–80,[51] finisse par dater *Salò*, ce « gag lugubre »[52] comme la limite du cinéma moderne, son cran d'arrêt avant l'ère du post-modernisme.

Les années qui suivront, la réhabilitation et la reconnaissance tardive de Pasolini dans la revue sera initiée par Biette : déjà par une belle recension de *La Ricotta* ;[53] puis dans ses interventions lors du numéro spécial (dirigé par Bergala et Jean Narboni) que la revue consacre en 1981 au cinéaste. Bergala y évoque alors ce cinéaste « deux fois impur », qui n'aura cessé d'échapper, de tous côtés, aux doctrines *Cahiers*, retraçant honnêtement un historique de la manière dont la revue aura « manqué » son œuvre, observant que celle-ci « apparaît de plus en plus comme l'énigme du cinéma moderne, son contemporain ».[54] Pasolini, autrefois figure insaisissable, insiste dès lors comme fantôme de regret, posant à la revue, dans son « énigme », l'abyssale question de ses ornières et de ses manques.

51 Serge Daney, « Les Films marquants de la décennie (1970–1980) », *Cahiers du cinéma* 308 (février 1980), p. 45–46.

52 Serge Daney, *L'Exercice a été profitable, Monsieur* (Paris : P.O.L, 1993), p. 331.

53 Jean-Claude Biette, « Les Fantômes du permanent (treize inédits) », *Cahiers du cinéma*, 309 (mars 1980), p. 23–34 (p. 23–26).

54 Bergala, « Pasolini, pour un cinéma deux fois impur », p. 7.

Pasolini en Afrique, 1958–69

Quelques figures et intertextes français d'une poétique africaine (Rimbaud, Sékou Touré, Césaire, Senghor, Sartre)

ANNE-VIOLAINE HOUCKE

Ahmed Sékou Touré est né en 1922, comme Pier Paolo Pasolini. Le poète, peut-être sensible à sa contemporanéité avec le premier président de la république de Guinée, écrit, dans un poème intitulé « À la France » daté de l'été–automne 1958 :

> J'ai la joyeuse surprise de voir que je ressemble
> à Sékou Touré, le président de la Guinée ;
> le nez écrasé et les yeux vifs ;
> lui aussi remonté à la grisaille de l'histoire
> des gouffres de pur esprit sauvage :
> nègre vraiment comme était blond Rimbaud.[1]

Or, la contemporanéité, Pasolini le sait bien, n'est pas tant une question de dates synchrones que d'affinités historiques, psychiques, poétiques, politiques. Avec elle, le temps sort de ses gonds, et d'ailleurs, dans le poème, le miroir dans lequel Pasolini se contemple dédouble son image : Pasolini se réfléchit dans le « nègre » Sékou Touré, lequel

1 « Alla Francia », paru dans *Officina* (mars–avril 1959), repris dans *La Religione del mio tempo* en 1961. En français dans Pier Paolo Pasolini, *La Religion de mon temps*, éd. et trad. René de Ceccatty (Paris : Rivages poche, 2020), p. 235.

à son tour fait affleurer l'image du « blond » Rimbaud du siècle précédent. L'un, Pasolini, se dédouble, puis devient trois. Je voudrais déplier cette trinité pour voir ce qui se joue entre 1958 et 1969–70, période pendant laquelle le continent africain bouleverse la géopolitique mondiale (1960, « année de l'Afrique », voit l'accession à l'indépendance de 17 pays) et occupe une place centrale dans l'œuvre de Pasolini (1958, poème « À la France » ; 1969–70, *Carnets de notes pour une Orestie africaine*). Le premier temps de mon texte envisagera l'autoportrait *bifrons* de Pasolini en Rimbaud et Sékou Touré, et la manière dont l'Afrique s'articule, à la fin des années cinquante et au début des années soixante, sur une vision de l'Histoire polarisée par la dialectique irrationnel (Préhistoire)-rationnel (Histoire). J'envisagerai ensuite de possibles liens entre quelques textes de la « Négritude » — Léopold Sédar Senghor, Aimé Césaire — et Pasolini dès 1958, et quelques convergences et divergences entre « Orphée noir », préface de Jean-Paul Sartre à la célèbre anthologie de Senghor, et le texte « La Resistenza negra », préface de Pasolini à une autre anthologie de « littérature noire ». Ces intertextes nous servirons enfin à interroger la temporalité anachronique de l'*Orestie africaine* réalisée en 1969–70, mais que Pasolini propose de « rétro-dater » en 1959.

AUTOPORTRAIT EN NÈGRE ET BLOND — PASOLINI, SÉKOU TOURÉ, RIMBAUD

Sékou Touré et les intellectuels français, figures de la contradiction

L'autoportrait *bifrons* de 1958 — la double identification au poète Rimbaud et à l'homme politique et militant marxiste Sékou Touré — manifeste la spécificité de l'intérêt de Pasolini pour les mouvements de décolonisation : cet intérêt est relativement précoce dans le contexte italien, il est médié par le rapport de Pasolini à la France, et il articule étroitement la réflexion poétique à la question de l'engagement politique. Pasolini compose son poème avant la tenue à Rome en 1959 du deuxième Congrès des écrivains et artistes noirs (la première édition s'était tenue à Paris en 1956), et avant la traduction italienne en 1962 des *Damnés de la Terre* de Frantz Fanon.[2] Or, « À

2 Congrès organisé par la revue *Présence africaine*, créée par Alioune Diop, sur laquelle je reviendrai dans la suite de ce texte. À Rome furent présents nombre d'hommes

la France » témoigne de l'attention portée par Pasolini à la politique menée par la France du général de Gaulle vis-à-vis de ses colonies. Le poème fait partie de la série d'épigrammes intitulés « Humilié et offensé » (« Umiliato e offeso »), publiés pour la première fois dans *Officina* en mars–avril 1959. Pasolini les avait envoyés à Franco Fortini qui, dans une lettre de décembre 1958, lui avait dit : « Magnifique, celui pour la France » (*Bellissimo* quello per la Francia).[3] Pasolini l'écrit donc à l'automne 1958, qui voit la Guinée accéder à l'indépendance. Elle est alors le seul des territoires français d'outre-mer à refuser d'entrer dans la Communauté française proposée dans le référendum constitutionnel du 28 septembre 1958, et il n'est pas impossible que Pasolini ait connu l'audace de la phrase prononcée par Sékou Touré, alors président du conseil de gouvernement et député de Conakry, dans son discours du 25 août 1958, en présence du général de Gaulle : « Il n'y a pas de dignité sans liberté. [...] Nous préférons la liberté dans la pauvreté à la richesse dans l'esclavage. »[4] Ce à quoi de Gaulle avait répondu : « L'indépendance est à la disposition de la Guinée. [...] La Métropole n'y fera pas obstacle. Elle en tirera, bien sûr, des conséquences. »

L'auteur de l'épigramme, Pasolini–Sékou Touré, est une contamination de l'homme politique guinéen et du poète italien, mettant en garde un pays qui, loin d'être à la hauteur de ce moment historique, s'engage dans une guerre de déstabilisation de son ancienne colonie. Surtout, Pasolini intègre le geste de Sékou Touré à sa propre poétique, il en déplace le sens et la portée immédiate — l'affirmation d'indépendance de la Guinée — pour l'incorporer dans une vision hégélienne de l'Histoire associant le sous-prolétariat à l'idée de Préhistoire et de

---

politiques et intellectuels, dont Sékou Touré, Césaire, Senghor, Fanon, ou Glissant. La conférence de Fanon, qu'il reprendra ensuite dans *Les Damnés de la terre*, fut traduite dans *Rinascita* dès avril 1959 sous le titre « Nazione, cultura e lotta di liberazione ».

3 « Un fulminante esempio di poesia *e* verità ! Esatto, vero, storicamente, psicologicamente, poeticamente, politicamente ». Voir Franco Fortini, lettre du 14 décembre 1958, dans Pier Paolo Pasolini, *Le lettere*, éd. Antonella Giordano et Nico Naldini (Milan : Garzanti, 2021), p. 1144.

4 L'allocution de Sékou Touré est disponible sur le site de l'Institut National de l'Audiovisuel : <https://www.ina.fr/ina-eclaire-actu/audio/phz09010864/allocution-du-president-sekou-toure-en-reponse-a-la-proposition-de> [consulté le 10 janvier 2025].

nature, dont l'Afrique serait exemplaire.[5] Le poème se poursuit en effet ainsi :

> Peut-être revient-il à qui est né dans la forêt, de pure mère,
> pour être seul, pour nourrir seul une joie,
> de se rendre compte de la vie réelle :
> renoncer à obéir au sexe pour penser,
> cesser d'être enfant pour devenir citoyen,
> trahir les Dieux pour lutter en compagnie de Marx ![6]

Sékou Touré a donc renoncé au pur esprit sauvage, au sexe, à l'enfance, aux Dieux, pour « remonter à la grisaille de l'histoire » et « lutter en compagnie de Marx ». L'interprétation que Pasolini donne, en 1959–60, de l'*Orestie* d'Eschyle, qu'il traduit au même moment pour une mise en scène de la *Compagnia del Teatro Popolare Italiano* à Syracuse, montre bien qu'il ne s'agira aucunement de faire table rase du monde archaïque : ce monde primordial, « opérant sous le signe utérin de la mère », irrationnel, incarné par les Érinyes, sera réassimilé dans le monde moderne — ce sera le sens de la transformation des Érinyes en Euménides.[7]

Il s'agit là d'une question intime, et il faut entendre le poids des deux mots ouvrant le troisième vers du poème « À la France » : « lui aussi remonté à la grisaille de l'histoire | des gouffres de pur esprit sauvage ». « Lui aussi », c'est-à-dire : « comme moi, Pasolini ». Un autre poème de *La Religion de mon temps*, daté d'avril 1960, explicite cette projection intime du poète sur le corps de l'Afrique. C'est le célèbre « Fragment à la mort », qui se termine ainsi :

> J'ai été rationnel et j'ai été
> irrationnel : jusqu'au bout.
> Et maintenant… ah, le désert assourdi
> par le vent, le superbe et immonde
> soleil d'Afrique qui illumine le monde.

5 Sur le concept de Préhistoire chez Pasolini et son origine plus hégelienne que strictement marxiste, voir Gian Luca Picconi, « *Poesia in forma di rosa* di Pasolini : saggio di commento » (thèse de doctorat sous la direction de Giorgio Bertone, Université de Gênes, 2010), p. 82 sqq.

6 Pier Paolo Pasolini, *La Religion de mon temps*, p. 235.

7 Pier Paolo Pasolini, « Lettera del traduttore » [1960], dans Pasolini, *Teatro*, éd. Walter Siti et Silvia De Laude (Milan : Mondadori, 2001), p. 1007–09 (p. 1009). Les traductions des éditions italiennes citées dans cet article sont de mon fait.

Afrique ! Ma seule
alternative……………………………………
………………………………………………[8]

Le regard que Pasolini porte sur la question de la décolonisation est en effet informé par ses propres préoccupations. Sa réaction au « Manifeste des 121 » publié en septembre 1960 par des intellectuels et artistes français pour défendre « le droit à l'insoumission dans la guerre d'Algérie », est significative. Son texte, « Témoignage pour les 121 », est bien moins une prise de position sur la guerre d'Algérie et la décolonisation que l'expression de son admiration pour les signataires et une analyse de leur geste.[9] Il commence par dire qu'il ne comprend pas bien la situation française, mais qu'il est « de tout cœur pour les Algériens », avant d'en arriver au cœur de son texte :

> Dans ce magma, projeté vers un aveugle futur, émerge un phénomène parfaitement limpide et indubitable. Le courage des intellectuels français signataires du manifeste. C'est l'un des épisodes les plus beaux et les plus excitants de ces dernières années. Précisément parce qu'il implique doutes et contradictions : il n'est pas un beau geste, dangereux mais simple, courageux mais évident. Il est, au contraire, extrêmement compliqué. Le courage, dans ce cas, n'est pas seulement héroïque : il est aussi intellectuel.[10]

Pasolini retient donc avant tout la complexité du geste de soutien, les intellectuels signataires se dressant un peu contre eux-mêmes, contre les Français et les Français d'Algérie — « le problème n'est pas simple, écrit-il, si l'on prend en compte le fait, bien connu, qu'il y a en Algérie un million de Français. » L'insoumission est ainsi interne, intime, de soi à soi : elle est le geste par lequel les intellectuels français, fleuron du rationalisme occidental, en reconnaissant la révolte algérienne, acceptent la contradiction interne et accueillent l'irrationnel.

Anticipons légèrement : quelques années plus tard, l'épisode du « Grand Cirque de France », qui devait initialement figurer au début

8 Pasolini, *La Religion de mon temps*, p. 282–89 (p. 289).

9 Pier Paolo Pasolini, « Testimonianza per i 121 », paru dans *Il Contemporaneo* (octobre-novembre 1960), repris dans Pasolini, *Saggi sulla politica e sulla società*, éd. Walter Siti et Silvia De Laude (Milan : Mondadori, 1999), p. 738–39, traduit en français par Hervé Joubert-Laurencin et Caroline Michel dans Pier Paolo Pasolini, *Contre la télévision et autres textes sur la politique et la société* (Besançon : Les Solitaires Intempestifs, 2003), p. 49–50.

10 *Ibid.*

des *Oiseaux, petits et gros* (*Uccellacci e uccellini*, 1966), mais sera coupé au montage, traduira la déception de Pasolini vis-à-vis de la France. Le cinéaste y épingle en effet Michel Cournot, qui avait fustigé *L'Évangile selon saint Matthieu* comme étant un film de prêtre caractéristique d'un « art pédé ».[11] Dans « Le Grand Cirque de France », « Courneau » est un dompteur parisien parvenu à civiliser un crocodile du Congo, un chimpanzé du Rwanda, un Python d'Amazonie, etc., mais il est mis en échec par un Aigle, allégorie d'un Tiers-monde résistant à la domestication.[12] Aux lecteurs de l'hebdomadaire *Vie nuove*, avec lesquels il échange depuis 1960, Pasolini écrit que le dompteur « représente le rationalisme exacerbé, désespéré, mis hors-jeu par un nouveau type de rapports avec le monde de l'irrationalisme, avec le Tiers-Monde ».[13] La France s'est finalement montrée incapable d'intégrer l'irruption d'irrationalité portée par le Tiers-monde. Ce rationalisme intégriste concernerait tout particulièrement l'intellectuel laïc devenu marxiste, qui « craint le catholicisme [...] comme une rechute dans la condition conformiste et bourgeoise dont il est sorti grâce au marxisme »,[14] cet intellectuel qui refoule le « moment irrationnel, religieux » qui se trouve en l'homme et dans le monde et reste prégnant dans le Tiers-monde.

On voit à quel point la question de la crise du marxisme s'est infiltrée dans la pensée de Pasolini entre 1958 et le milieu des années soixante, en lien avec son rapport au Tiers-monde.[15] À la fin des années cinquante, Sékou Touré entre dans la grisaille de l'histoire en compagnie de Marx, et Pasolini peut s'appuyer sur sa lecture de l'*Orestie*

11 Michel Cournot, « Tonton Marx à Bethléem », *Le Nouvel Observateur*, 4 mars 1965.

12 Pasolini publie le *soggetto* du film entre avril et mai 1965 dans *Vie nuove*, repris dans *I dialoghi*, éd. Giovanni Falaschi (Rome : Editori Riuniti, 1992), p. 398–410. En français dans Pier Paolo Pasolini, *Dialogues en public*, trad. François Dupuigrenet Desroussilles (Paris : Sorbier, 1980), p. 184–93. Le scénario de l'épisode figure dans Pier Paolo Pasolini, *Per il cinema*, éd. Walter Siti et Franco Zabagli, 2 vol. (Milan : Mondadori, 2001), I, p. 679–712. Enfin, l'épisode filmé est disponible dans plusieurs éditions DVD et Blu-Ray du film.

13 Pier Paolo Pasolini, « L'Aigle et sa proie » [20 mai 1965], dans Pasolini, *I dialoghi*, p. 410–13 (p. 413), et Pasolini, *Dialogues en public*, p. 193–95 (p. 195).

14 Pier Paolo Pasolini, « Évangile rouge » [22 octobre 1964], dans Pasolini, *I dialoghi*, p. 328–30 (p. 330) et Pasolini, *Dialogues en public*, p. 139–41 (p. 141).

15 Sur cette question, voir Anne-Violaine Houcke, « Saint François selon Pasolini. La prédication des oiseaux : une fable révolutionnaire », *Double Jeu*, 13 (2016), p. 73–99 <https://doi.org/10.4000/doublejeu.339>.

pour imaginer que quelque chose restera de sa société « primitive ». Le « Manifeste des 121 », en retour, laisse entrevoir la possibilité, pour les sociétés occidentales, pour la France, de se contredire, c'est-à-dire d'accepter en leur sein l'irruption de l'irrationnel. Cinq ans plus tard, *Des oiseaux, petits et gros* montre que cet espoir est déçu.

De Rimbaud à Davidson : poésie et résistance

Sous les traits de Pasolini–Sékou Touré affleure, comme en un palimpseste, un autre visage, celui de Rimbaud, figure majeure de l'adolescence de Pasolini, qui ne cessera ensuite de revenir dans son œuvre. « À la France » esquisse ainsi une trinité de la résistance et des marges avec, face à Pasolini, l'homme d'État africain, panafricain, l'acteur de l'indépendance guinéenne, qui était né français, dans un pays de l'Afrique-Occidentale française, et le poète rebelle de Charleville, sur la frontière belge, le voyageur qui écrivait n'avoir « du goût que pour la terre et les pierres ».[16] Rimbaud est d'abord entré dans la vie de Pasolini comme figure de résistance, sans doute même comme moteur de la Résistance. Il disait en effet avoir cessé d'être « naturellement » fasciste le jour où il avait entendu des poésies de Rimbaud, autour de 1937–38.[17] La poésie de Rimbaud et la poésie hermétique avaient représenté pour lui une réaction à la grandiloquence du fascisme et une résistance linguistique aux prétentions soi-disant égalitaires et en réalité uniformisatrices du régime. Comme Rimbaud, Pasolini a alors voulu « trouver une langue » et, en ce sens, l'écriture dialectale pasolinienne fut rimbaldienne et donc, rétrospectivement, « nègre ».

---

16 Pasolini avait traduit en italien, à l'automne 1949–50, ces vers du poème « Fêtes de la faim » paru dans le recueil *Les Illuminations*. Voir Pier Paolo Pasolini, *Tutte le poesie*, éd. Walter Siti, 2 vol. (Milan : Mondadori, 2003), II, p. 1390.

17 Le jour où il entendit le poète Antonio Rinaldi lire « Le bateau ivre », en 1937 (selon le récit de Pasolini) ou 1938–39 (selon la rectification d'Antonio Rinaldi). Voir Enzo Siciliano, *Pasolini, une vie*, trad. Jacques Joly et Emmanuelle Genevois (Paris : Éditions de la différence, 1983), p. 68 et Nico Naldini, *Pasolini, biographie*, trad. René de Ceccatty (Paris : Gallimard, 1991), p. 24. À Jon Halliday, Pasolini dira que son détachement vis-à-vis de la société fasciste fut d'abord ingénu, culturel, lié à ses lectures de Dostoïevski, Shakespeare, Rimbaud, les poètes hermétiques (Pier Paolo Pasolini, *Pasolini par Pasolini : entretiens avec Jon Halliday*, trad. René de Ceccatty (Paris : Seuil, 2022), p. 31).

Entre la fin des années cinquante et le début des années soixante, Rimbaud est remobilisé dans un contexte nouveau, il devient un poète africain. Il n'est sans doute pas anodin que Pasolini rappelle, dans son poème *Qui je suis?* composé en 1966, qu'il avait envoyé ses poésies frioulanes, réunies en 1942 dans le recueil *Poèmes à Casarsa*, à son père, militaire fasciste alors prisonnier au Kenya : l'importance de l'Afrique est ici discrètement anticipée, rétroactivement tissée au fil « Rimbaud-poésie-dialecte-Résistance » de l'autobiographie pasolinienne.

Le poète français figure aussi en filigrane dans les derniers vers du poème déjà cité « Fragment à la mort », dont Pasolini précise, dans une lettre adressée à l'été 1961 à son ami Francesco Leonetti : « C'est une interjection décadente, de défaite, où l'Afrique n'est pas l'Afrique de Lumumba, mais celle de Rimbaud. »[18] Quelques mois plus tard, il évoque à nouveau ce vers dans *Vie nuove* :

> *La Religion de mon temps* exprime la crise des années soixante... La sirène néocapitaliste d'un côté, le désistement révolutionnaire de l'autre : et le vide, le terrible vide existentiel qui s'ensuit. Quand l'action politique devient moins intense, ou se fait incertaine, on ressent alors soit un désir d'évasion, de rêve (« Afrique, mon unique alternative ») soit une insurrection moraliste (mon irritation contre une certaine hypocrisie de gauche [...]).[19]

Rimbaud sera également présent dans le « Grand Cirque de France », où c'est l'Aigle qui finit par déteindre sur son dompteur, qui se met alors à lire des textes « religieux » — Pascal, l'encyclique de Jean XXIII *Pacem in terris*, mais aussi Rimbaud. Rimbaud est donc du côté de l'irrationnel, du religieux et de l'évasion, voire de la fuite. C'est aussi ce que Pasolini exprime lorsque, en 1961, il revient sur le geste de protestation de Rimbaud : « Il dit : je ne peux plus parler ; c'est-à-dire qu'il renonce à la langue, qui est l'institution capitaliste-bourgeoise, et il part en Afrique, il s'évade. »[20] C'est ce que fait Pasolini lui-même au début des années soixante, qui effectue son premier voyage en Afrique

18 Pasolini, *Le lettere*, p. 1222.

19 Pier Paolo Pasolini, « Salinari : riposta e replica », *Vie nuove*, 45 (16 novembre 1961), dans Pasolini, *Saggi sulla politica e sulla società*, p. 975–80 (p. 978), et Pasolini, *Dialogues en public*, p. 76–79 (p. 78).

20 Pier Paolo Pasolini, *Interviste corsare sulla politica e sulla vita 1955–1975*, éd. Michele Gulinucci (Rome : Liberal Atlantide Editoriale, 1995), p. 49. Pasolini en fait un geste archétypal, répété par toutes les avant-gardes.

(au Kenya) en février 1961, avant de commencer, en avril de la même année, le tournage de son premier film, *Accattone.* Cette entrée en cinéma, il l'a lui-même présentée comme une volonté de fuir la nation italienne et sa langue, pour s'accorder avec sa « passion de la vie, de la réalité, de la réalité physique, sexuelle, objectale, existentielle autour de [lui] ».[21]

Sékou Touré est « nègre » comme était « blond » Rimbaud : ce sont là deux couleurs de « l'esprit sauvage », en tout cas deux attributs d'une différence radicale, d'un refus d'être assimilé par la société néocapitaliste. Dans la pièce de théâtre *Affabulation,* dont Pasolini commence la rédaction en 1966, la blondeur du Fils, scandaleuse, paysanne, fera tache dans l'univers bourgeois du Père et constituera la marque physique de sa différence. Mais l'homme politique guinéen a entamé une sortie du « pur esprit sauvage » — de la « passion » — pour aller vers la « grisaille de l'histoire »,[22] la vie civique et la raison — l'« idéologie », tandis que, à l'inverse, Pasolini présente sa propre alternative africaine comme une régression rimbaldienne. L'apparente contradiction est à la mesure du bouleversement dans la vie et l'œuvre de Pasolini, dont le tropisme africain et le passage au cinéma sont les deux facettes principales.

L'interprétation pasolinienne de l'*Orestie* d'Eschyle est claire : il ne s'agit pas de franchir inéluctablement la frontière, que ce soit dans un sens — du monde archaïque vers le monde moderne — ou dans l'autre. L'Afrique et le cinéma permettent ainsi l'immersion dans un territoire non assimilé, où Pasolini peut vivre et élaborer poétiquement la *sineciosi,* cette figure de style consistant à affirmer deux propositions contraires sur un même objet, et que Franco Fortini relève — justement en 1959 — comme la composante fondamentale de son style. Pasolini l'interprètera plus tard comme la forme stylistique de sa propre structure interne « brisée [*spaccata*], c'est-à-dire ouverte », contradictoire, celle de bourgeois voulant être marxiste, ouvert sur

21 Pasolini, *Pasolini par Pasolini : entretiens avec Jon Halliday,* p. 43.

22 Mario Richter, dans un commentaire du poème, écrit : « Si viene così a instaurare in questa prima metà dell'epigramma una simbologia di colori : grigiore, negro, biondo ; spurio il primo, puri gli altri due. Il mondo della purezza emerge dunque nel mondo dell'impurità. » Voir Mario Richter, « La solitudine di Pasolini (lettura dell'epigramma "Alla Francia") », *Paragone,* 326 (avril 1977), p. 48-54 (p. 50).

un monde différent, le monde qui survit, le Tiers-monde, la « pensée sauvage » étudiée par Lévi-Strauss : ce serait même son « totémisme stylistique », puisque le totémisme « dans l'interprétation de Lévi-Strauss est une tentative de processus dialectique, d'intégration des contraires ».[23]

C'est dans *Le Père sauvage*, dont les premières mentions remontent au début de l'année 1962, que Pasolini crée la figure humaine de ce totémisme stylistique : Davidson. Le film, dont la réalisation sera empêchée par le procès de *La Ricotta*, est inspiré d'un article d'Yves Benot (pseudonyme de l'intellectuel français Edouard Helman), paru dans *Il Contemporaneo* en octobre 1961, relatant ses trois années d'enseignement à Conakry.[24] Pasolini élabore à partir de ce texte et de l'actualité récente — les événements meurtriers liés à la sécession de la riche région minière du Katanga, à peine deux semaines après l'indépendance du Congo — l'histoire, dans un État africain récemment décolonisé et en proie à la guerre civile, d'un professeur de lettres européen qui tente d'ouvrir à ses élèves la voie d'une modernité démocratique, libérée à la fois d'un état de sauvagerie préhistorique et de l'aliénation coloniale récente. Un élève retient particulièrement son attention, Davidson, qui, à la fin, écrit un poème ainsi décrit dans le Traitement du film :

> Ce ne sera pas un poème de joie, de « pure vie ». De douleur, bien plutôt, de déception, de critique, oui, de critique. L'âpre sentiment d'une passion rationnelle — si timide soit-elle — sur le doux sentiment des choses de la vie, en Afrique.[25]

Pasolini avait-il vu le film d'actualités produit par la *Settimana Incom* le 24 novembre 1961, qui portait sur le massacre des treize aviateurs italiens engagés dans la mission de paix des Nations Unies

23 Pier Paolo Pasolini, « Una diversa esperienza vitale » [1965], dans Pasolini, *Saggi sulla politica e sulla società*, p. 828–29. Sur ce texte, voir Anne-Violaine Houcke, *L'Antiquité n'a jamais existé. Fellini et Pasolini archéologues* (Rennes : Presses Universitaires, 2023), p. 146–48.

24 Le texte figure en effet dans les archives de Pasolini relatives au *Père sauvage* (Pasolini, *Per il cinema*, II, p. 3053–54).

25 Pier Paolo Pasolini, *Le Père sauvage*, trad. José Guidi (Paris : Les Formes du Secret, 1980), p. 96.

à Kindu ?[26] Son titre, en tout cas, *Furia nera* (Furie noire), n'aurait pu que retenir son attention, tant il résonnait avec sa lecture récente de l'*Orestie*. Dans *Le Père sauvage*, après le massacre des soldats onusiens, la tribu de Davidson, en proie à une « sanguinaire exaltation » se livre dans la forêt à un rite ancestral, préhistorique. Pasolini ne contamine pas encore explicitement le scénario africain et la trilogie d'Eschyle — il le fera en 1969 dans son film *Carnet de notes pour une Orestie africaine* — mais il est clair que ce massacre et ce rite se font sous le signe des Érinyes (nom grec des Furies), déesses primitives des « sentiments primordiaux, instinctifs et obscurs ».[27]

Davidson y a pris part, il s'est « enfoncé à rebours dans le temps »,[28] lui qui, aidé de son professeur, comme Sékou Touré accompagné par Marx, avait pourtant pris le chemin de la grisaille de l'histoire. Mais de cette ultime régression, il ressort conscient de lui-même, animé d'une « passion rationnelle », poète véritablement. La Furie s'est transformée en Euménide : l'irrationnel (la passion) n'est « pas refoulé, mais, endigué et dominé par la raison, [il] devient alors une énergie active et une passion productive et fertile ».[29] Dans le poème « La Guinée », contemporain du *Père sauvage*, Pasolini écrit : « La Négritude, dis-je, qui sera raison. »[30] La Négritude devenue raison, c'est sûrement cette « passion rationnelle » de Davidson, par laquelle le jeune poète africain incarne autre chose que la fuite désillusionnée dans l'irrationnel. Quelques vers plus haut, Pasolini écrivait en effet : « On ne s'échappe pas, je le sais. »

---

26 *Furia nera*, production La Settimana Incom, 24/11/1961, I215001, disponible sur le site de l'Archivio Luce <https://patrimonio.archivioluce.com/luce-web/detail/IL5000036809/2/-13737> [consulté le 10 janvier 2025]. Le film est mentionné par Silvia Riva dans « Trames de mémoires documentaires et filmiques autour du Congo RC : du *Père sauvage* (1967) à *La Rage de Pasolini* (2008) », dans *Des Italiens au Congo aux Italiens du Congo*, éd. Daniele Comberiati et al. (Paris : L'Harmattan, 2020), p. 305–24 (p. 307). Après la présentation des militaires « trucidés », le journal se termine sur les populations responsables du carnage : des images de danses « tribales », au son de tambours et de cris, accompagnent ces mots colonialistes du présentateur : « Espérons que, dans un futur proche, la civilisation pourra racheter ces populations ».

27 Pasolini, « Lettera del traduttore », p. 1009.

28 Pasolini, *Le Père sauvage*, p. 90.

29 Pasolini, « Lettera del traduttore », p. 1009.

30 Pier Paolo Pasolini, *Poésie en forme de rose*, trad. René de Ceccatty (Paris : Payot & Rivages, 2015), p. 59. Gian Luca Picconi date l'écriture de ce poème entre l'automne 1961 et la fin janvier 1962 (*« Poesia in forma di rosa » di Pasolini*, p. 126–27).

ORFEO NEGRO, RESISTENZA NEGRA — PASOLINI AVEC SENGHOR, CÉSAIRE, SARTRE

Poètes de la négritude, ou la révolution par la poésie

Le mot « négritude » ne figure pas dans le *Père sauvage*, mais Senghor est présent, lorsque l'enseignant, pour les aider à sortir de l'endoctrinement colonial, leur lit « une œuvre d'un poète noir contemporain (Senghor, par exemple, ou De Andrade) ».[31] Le nom de Davidson, la mention de Senghor et de De Andrade relient *Le Père sauvage* à l'anthologie dirigée justement par Mário de Andrade, *Letteratura negra : la poesia*, parue en 1961 avec une préface de Pasolini intitulé « La Resistenza negra ». Senghor y figure, ainsi qu'un poète sierra-léonais, Davidson Nicol, qui pourrait bien avoir donné son nom au poète du *Père sauvage*.[32] En effet, l'idée centrale de la préface, celle du « concept "Afrique" » est élaborée par Pasolini à partir de deux vers de ce poète — « Tu n'es pas un pays, | Afrique, tu es un concept » — à qui Pasolini reproche de n'en rien faire. Pasolini, lui, construit le « concept d'une condition sous-prolétarienne extrêmement complexe encore inutilisée comme force révolutionnaire réelle », où l'Afrique est en quelque sorte reterritorialisée « avec tout le monde de Bandung, de l'Afroasie qui, disons-le clairement, commence à la périphérie de Rome, comprend notre Sud, part d'Espagne, de Grèce, des États méditerranéens, du Moyen-Orient ».[33] *Accattone*, tourné dans les *borgate* de Rome, dont Pasolini avait d'ailleurs déjà écrit qu'elles étaient brûlées par les « soleils africains »,[34]est donc le premier film africain de Pasolini, et l'on

31 Pasolini, *Le Père sauvage*, p. 15.

32 Le nom de Davidson figure aussi dans le poème « L'uomo di Bandung », dont la première rédaction est datée été 1961–octobre 1962 (Pasolini, *Tutte le poesie*, I, p. 1305–13), où Pasolini écrit « Davidson 'Ngibuini, è un kikuyu » (p. 1306). Dans la notice du poème, Walter Siti écrit que le Kényan Davidson et l'Indien Revi, l'autre jeune garçon du poème (qui apparaît dans le texte *L'Odeur de l'Inde*), sont deux garçons rencontrés par Pasolini au cours de son voyage de janvier–février, en Inde puis au Kenya. Rien n'empêche de supposer que le Davidson du *Père sauvage* doit aussi un peu au poète Davidson Nicol, qui a particulièrement attiré l'attention de Pasolini, et au « David » des poèmes frioulans de jeunesse.

33 Pier Paolo Pasolini, « La Resistenza negra », dans Pasolini, *Saggi sulla letteratura e sull'arte*, éd. Walter Siti et Silvia De Laude, 2 vol. (Milan : Mondadori, 1999), II, p. 2344–55 (p. 2353).

34 Pier Paolo Pasolini, « Il pianto della scavatrice » [daté de 1956, publié dans *Le Ceneri di Gramsci* en 1957], dans Pasolini, *Tutte le poesie*, I, p. 838.

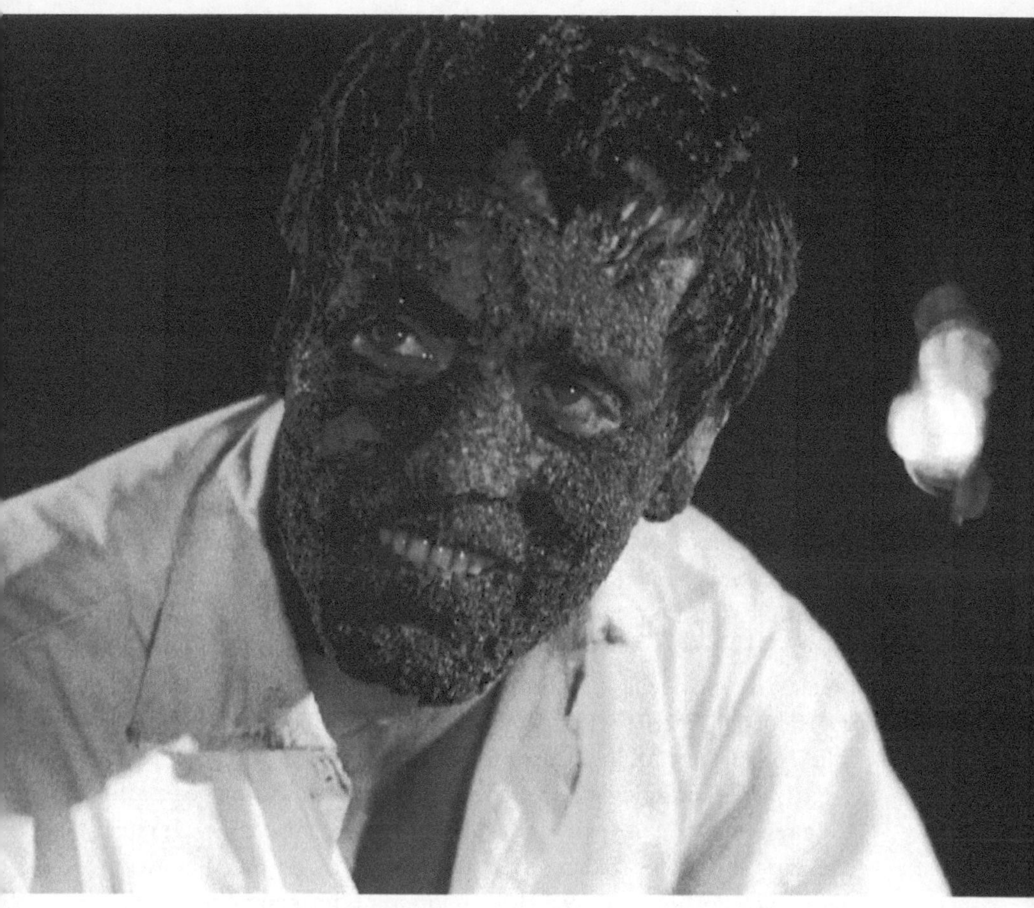

FIG. 1. Le masque de boue d'Accattone (Franco Citti) – *Accattone* (Pier Paolo Pasolini, 1961).

pourrait même imaginer que le masque de boue noir qu'Accattone se crée, en plongeant son visage dans le limon du Tibre, explicite cette analogie (voir figure 1).

Le concept de négritude, élaboré par Aimé Césaire et Léopold Sédar Senghor, n'est pas non plus mentionné dans la préface à l'anthologie de De Andrade, mais on a vu qu'il figure dans le poème « La Guinée », dont l'écriture est à peu près contemporaine de celle de « La Resistenza negra ». Le terme apparaît en Italie dès 1950, dans la foulée de l'*Anthologie de la nouvelle poésie nègre et malgache de langue française* qui, dirigée par Léopold Sédar Senghor en 1948 et préfacée par un texte de Sartre intitulé « Orphée noir », « fit connaître à l'Europe entière les poètes francophones du Tiers-monde ».[35] Vittorio Sereni, ami de Pasolini, traduit six poésies du recueil dès 1951 et les anthologies de Carlo Bo en 1954 et de Alfredo Riedel en 1957 en sont partiellement issues, signe d'une diffusion de l'ouvrage de Senghor dans les milieux intellectuels italiens.[36]

Il est difficile de savoir quand Pasolini en eut connaissance, mais on peut faire l'hypothèse que l'allusion à Dostoïevski contenue dans le titre de la section poétique où se trouve, en 1958, le poème « À la France » : « Umilato e offeso », a été réactualisée par une lecture de Césaire qui fait passer au singulier le pluriel du titre du premier grand roman de Dostoïevski. En effet, l'anthologie de Senghor contient un extrait du texte de Césaire *Et les chiens se taisaient*, paru en 1946 dans *Les Armes miraculeuses* (et dont la version théâtrale est publiée en 1956 dans *Présence africaine*), dans lequel le Rebelle dit à sa mère : « Mon nom : offensé ; mon prénom : humilié ; mon état : révolté ; mon âge : l'âge de la pierre. »[37] Le vers est par ailleurs cité par Sartre dans sa préface, dans laquelle il accorde une place centrale au poète martiniquais, lorsqu'il écrit : « Étrange chemin : humiliés, offensés, les noirs fouillent au plus profond d'eux-mêmes pour retrouver leur plus secret orgueil. »[38] L'anthologie de Senghor contient par ailleurs le poème de Césaire « À l'Afrique », qui dut avoir un certain écho car il est traduit par Carlo Bo en 1954 dans son *Antologia di poeti negri*, puis à nouveau par Franco Fortini en 1959.[39] Rien n'interdit d'imaginer que Pasolini y pense lorsqu'il intitule son poème « À la France », renversant l'ode à l'Afrique en épigramme contre la France du général de Gaulle.[40]

35 Graziano Benelli, *La negritudine in Italia : A. Césaire, L.-G. Damas, L. S. Senghor : 1950–94* (Rome : Bulzoni, 1995), p. 9.

36 Sur les traductions de Sereni, voir *ibid.*, p. 12–14 ; Carlo Bo, *Antologia di poeti negri* (Florence : Parenti, 1954) ; Alfredo Riedel, *Poesia negra di espressione francese*, avec une préface de Léopold Sédar Senghor (Lanciano : Edizioni di Nuvole, 1957).

37 *Anthologie de la nouvelle poésie nègre et malgache de langue française*, éd. Léopold Sédar Senghor (Paris : Presses Universitaires de France, 2016), p. 70.

38 Jean-Paul Sartre, « Orphée noir », préface à *Anthologie de la nouvelle poésie nègre et malgache de langue française*, éd. Léopold Sédar Senghor (Paris : Presses Universitaires de France, 1948), p. IX–XLIV (p. XLII).

39 Franco Fortini, *Il Movimento Surrealista* (Milan : Garzanti, 1959), p. 186–89.

40 Benelli indique que deux passages de *Et les chiens se taisaient* sont traduits dans l'anthologie plutôt confidentielle mais préfacée par Senghor dirigée par Alfredo Riedel

Pasolini a sans doute eu connaissance assez tôt de l'anthologie de Senghor. Quoi qu'il en soit, il est improbable qu'il soit passé à côté de la traduction de la préface de Sartre, « Orphée noir », dans *Che cos'è la letteratura ?* en 1960, tant, comme le relève Gian Luca Picconi, son texte « La Resistenza negra » présente des affinités évidentes avec celui de Sartre.[41] Par ailleurs, Mario de Andrade était secrétaire de la revue *Présence africaine*, à laquelle Sartre était lié depuis sa fondation.[42] Plus que le terme même de négritude, dont Sartre souligne d'ailleurs qu'il est « assez laid »,[43] c'est la réflexion menée sur le lien entre la révolution et la poésie qui a dû frapper Pasolini. Sartre veut en effet montrer « pourquoi c'est nécessairement à travers une expérience poétique que le noir, dans sa situation présente, doit d'abord prendre conscience de lui-même et, inversement, pourquoi la poésie noire de langue française est, de nos jours, la seule grande poésie révolutionnaire ».[44] Le Davidson du *Père sauvage* exprime parfaitement cette idée d'une poésie qui ne peut être sociale et politique qu'à raison d'être subjective. Pasolini, qui souligne la « force révolutionnaire » du monde identifié par le « concept Afrique », met néanmoins au centre de son texte plutôt l'idée de « résistance », en lien avec une préoccupation centrale chez lui, celle d'un nouvel élan que l'Afrique pourrait donner aux espoirs

---

en 1957 sous le titre *Poesia negra di espressione francese* (Lanciano : Edizioni di Nuvole). Aimé Césaire, central dans l'anthologie de Carlo Bo, est sans doute le poète le plus présent dans la réception italienne de cette poésie « noire » francophone, comme en atteste entre autres l'entrée « Césaire » dans le *Dizionario Universale della Letteratura Contemporanea* édité par Mondadori en 1959. Il est par ailleurs présenté comme un « poète de réputation mondiale » par Cristina Brambilla dans son compte-rendu du Congrès de 1959 (« Temi del 2° Congresso Mondiale degli scrittori e artisti neri », *Africa*, 3 (mai–juin 1959), p. 122–24 <https://www.jstor.org/stable/40757061> [consulté le 10 janvier 2025]. Cette même année, il est aussi intégré à la littérature surréaliste par Fortini (voir note précédente) et Benjamin Péret, *La poesia surrealista francese* (Milan : Schwarz, 1959).

41 Picconi, *« Poesia in forma di rosa » di Pasolini*, p. 134.

42 C'est même lui qui aurait trouvé le titre de la revue (Ferroudja Allouache, « Naissance et résistance d'une revue : *Présence africaine* », *Continents manuscrits*, 9 (2017) <https://doi.org/10.4000/coma.950>. Lancée en 1947, elle accueille en 1948 le texte de Sartre, « Orphée noir ».

43 Sartre, « Orphée noir », p. XVIII.

44 *Ibid.*, p. XII. Au titre des affinités nombreuses, dont certaines seront précisées dans la suite du présent texte, j'ajouterai que tous deux relèvent une parenté entre la poésie surréaliste et la poésie noire.

issus de la Résistance, désormais avortés en Europe.[45] Comme on l'a vu, c'était déjà ce que l'on pouvait lire en filigrane.

De la négritude à la différence

Le concept de négritude, peu cité par Pasolini, est reformulé dans le texte « La Résistance nègre » en « concept Afrique », cartographie des luttes pour la justice sociale, dont les noirs seraient l'avant-poste. L'intégration de la négritude dans un cadre marxiste se trouve évidemment chez Sartre, où le Nègre « affirme sa solidarité avec les opprimés de toute couleur », ce par quoi « la notion subjective, existentielle, ethnique, de négritude "passe", comme dit Hegel, dans celle — objective, positive, exacte — de prolétariat ».[46] Pasolini, lui, pense très clairement l'émergence de l'Afrique sur la scène géopolitique mondiale à l'intérieur de la dichotomie Préhistoire (*sous-prolétariat*)-Histoire : à l'avant-poste de la lutte pour la justice sociale, sont les sous-prolétaires africains et américains, « en vérité préhistoriques par rapport à la société industrielle ».[47]

Néanmoins, si la proximité entre Sartre et Pasolini tient également à une vision hégelienne de l'Histoire, qui leur fait envisager l'émergence africaine sur la scène mondiale dans un cadre dialectique reposant sur l'opposition entre le « Blanc » — pensé comme lieu de la bourgeoisie occidentale, du rationalisme, de la civilisation industrielle, du capitalisme, de la prose — et le « Noir », couleur des opprimés, de la vie, de la poésie, ils ne pensent pas tout à fait cette question de la même manière. Sartre formule ainsi très nettement ce rapport dialectique :

> En fait, la Négritude apparaît comme le temps faible d'une progression dialectique : l'affirmation théorique et pratique de la suprématie du blanc est la thèse ; la position de la Négritude comme valeur antithétique est le moment de la négativité. Mais ce moment négatif n'a pas de suffisance par lui-même et les noirs qui en usent le savent fort bien ; ils savent qu'il vise à préparer la synthèse ou la réalisation

45 Dans l'introduction de son anthologie, Carlo Bo parlait de cette littérature comme une « culture [...] résistante » (Bo, *Antologia di poeti negri*, p. IX).

46 Sartre, « Orphée noir », p. XL.

47 Pasolini, « La Resistenza negra », p. 2354.

de l'humain dans une société sans races. Ainsi la Négritude est pour se détruire.[48]

Cette dernière phrase n'a rien de pasolinien. La destruction ne joue jamais, chez Pasolini, un rôle positif — même en tant que moment de négativité dialectique. Dans le poème « La Guinée », il écrit plutôt ce vers déjà cité : « La Négritude, dis-je, qui sera raison », et il note aussi ceci, à peu près au même moment : « Rien ne meurt jamais dans une vie. Tout survit. Nous sommes à la fois des vivants et des survivants. De même, toute culture est toujours un tissu de survivances. »[49] Il écrivait déjà, alors qu'il traduisait l'*Orestie* : « Certains éléments du monde antique […] resteront acquis, seront réassimilés, et naturellement modifiés. »[50] Cette phrase commente l'interprétation qu'il fait de la transformation des Érinyes en Euménides dans le mythe narré par Eschyle : les déesses primitives et irrationnelles sont intégrées, sous la forme nouvelle des Euménides, dans la cité démocratique instaurée par la blanche Athéna.

Pasolini serait-il ici plus proche de Senghor, qui écrit que les « apports européens […] seront intégrés dans, *fécondés* par les valeurs de la Négritude », ce par quoi la négritude peut « apporter [sa] contribution à la civilisation de l'universel » ?[51] J'ai déjà relevé que l'enseignant du *Père sauvage* lit à ses étudiants l'œuvre du poète sénégalais. Senghor est aussi explicitement cité à la fin du *Carnet de notes pour une Orestie africaine*, comme « symbole » de l'idéologie africaine de la fin des années cinquante et du début des années soixante : « L'idée que l'Afrique nouvelle, celle du futur, ne peut être qu'une synthèse de l'Afrique moderne, indépendante et libre, et de l'Afrique ancienne ».[52] Immédiatement après avoir prononcé cette phrase en voix off, Pasolini filme une danse de la tribu des Wagogo, dont il fait la métaphore de la transformation des Érinyes en Euménides. Comme il l'explique dans le

---

48 Sartre, « Orphée noir », p. XLI.

49 Pier Paolo Pasolini, « Marxismo e religiosità » [30 novembre 1961], dans Pasolini, *I dialoghi*, p. 203–07 (p. 206) ; en français : « Marxisme et religiosité », dans *Dialogues en public*, p. 79–82 (p. 82).

50 Pasolini, « Lettera del traduttore », p. 1009.

51 Léopold Sédar Senghor, « Négritude et civilisation gréco-latine ou Démocratie et socialisme », conférence du 20 novembre 1965, *Bulletin de l'Association Guillaume Budé*, 1 (1966), p. 100–18 (p. 118). Je souligne.

52 Pasolini, *Per il cinema*, I, p. 1194.

texte « L'Athéna blanche », cette danse symbolise la « transformation de l'irrationalité sauvage et terrifiante en irrationalité qui intègre la rationalité, en tant que complément essentiel. En d'autres termes, la survivance *féconde*, de l'*ethnos* africain et de son mythe, au sein d'un nouveau type de société ».[53] « L'irrationalité qui intègre la rationalité » est une autre manière de dire que « la Négritude sera raison ».

Une différence subtile mais fondamentale se glisse néanmoins dans les termes, Pasolini employant celui de « survivance » plutôt que de « synthèse ». Picconi a montré le passage, chez Pasolini, d'une pensée de l'histoire influencée très tôt par sa lecture de Nietzsche (les *Considérations intempestives*) — « délimitant pour le peuple un espace situé à la fois en dehors et à l'intérieur des chronologies dont l'histoire se nourrit : comme si la temporalité circulaire du peuple [l'éternel retour] se greffait sur le *telos* linéaire de l'histoire » — à une pensée des survivances, nourrie par le travail d'Ernesto de Martino et de Giuseppe Cocchiara, que le poète consulte pour le *Canzoniere italiano* (1955). Il s'agit d'une pensée « géologique » de l'histoire, vue comme « stratification d'éléments non-contemporains », où des strates et résidus anciens survivent dans le présent, et sont autant menacés de disparition que susceptibles de renaissance.[54] Ce qui se joue dans l'Afrique de la fin des années cinquante et du début des années soixante, c'est la possibilité d'une « irrationalité qui intègre la rationalité, en tant que *complément* essentiel » (je souligne). La survivance est une forme d'intégration qui ne détruit aucun des deux termes. Elle doit être entendue, telle que la mobilise Pasolini, à la lumière de la *sineciosi*, cette figure de style dans laquelle la contradiction entre deux termes est *constitutive* de la fécondité de leur alliance. En ce sens, la *sineciosi* est la figure de l'« alternative » africaine, l'Afrique comme lieu où les deux voies — l'irrationnel et le rationnel, l'antique et le moderne — cœxistent dans une relation à la fois contradictoire et féconde, féconde *parce que* contradictoire.

53 Pier Paolo Pasolini, « L'Athéna blanche », dans Pasolini, *Per il cinema*, I, p. 1202–04 (1203). Le passage est aussi cité par Picconi, « La "sopravvivenza" di Pasolini », p. 77.

54 Gian Luca Picconi, « La "sopravvivenza" di Pasolini : modernità delle tradizioni popolari », dans *Le tradizioni popolari nelle opere di Pier Paolo Pasolini e Dario Fo*, éd. Lisa El Ghaoui et Federica Tummillo (Pise : Fabrizio Serra, 2014), p. 69–78 (p. 72). Voir aussi Houcke, *L'Antiquité n'a jamais existé*, p. 127–53.

UN FILM DATÉ — *CARNET DE NOTES POUR UNE ORESTIE AFRICAINE*

En 1969, Pasolini adapte donc l'*Orestie* d'Eschyle, traduite dix ans plus tôt, en faisant de la transformation des Érinyes en Euménides la métaphore centrale du film : les déesses archaïques et sanguinaires sont intégrées par la blanche et rationnelle Athéna à la cité démocratique. En un sens, le premier plan du film traduit visuellement le poème « À la France » de 1958, dans lequel Pasolini se reflétait en Sékou Touré, « né dans la forêt, de pure mère », remontait « des gouffres de pur esprit sauvage » vers « la grisaille de l'histoire ». Le plan de l'*Orestie* semble ainsi mettre en image le poème, avec la vitrine intégrant le reflet des arbres africains (arbres qui seront ensuite présentés comme une métaphore des Érinyes) et, en transparence, les objets du magasin associés, par la voix de commentaire de Pasolini, à la modernité. Comme dans le poème, Pasolini se voit dans ce miroir africain (voir figures 2 et 3). La vitre, par ce qu'elle reflète (les arbres : l'archaïque), et ce qu'elle laisse entrevoir (les objets modernes), opère ici comme un lieu contredit, une *sineciosi*, reflétant elle-même le corps contredit du cinéaste.

Pourtant, les années soixante ont changé la donne et l'*Orestie africaine* de 1969 est explicitement présentée par Pasolini comme un film anachronique. Il le dit en voix off, précisément au moment où il évoque Senghor : « Mon film sera très daté, comme on l'a dit, 1960, l'année où la plupart des États africains ont récupéré très rapidement un retard séculaire, millénaire, en gagnant l'indépendance, la démocratie. »[55] Au fil des années soixante, le terme de « nègre » chez Pasolini tend de plus en plus à échapper à la question strictement historique de l'indépendance et à celle, marxiste, de la lutte des classes, pour s'inscrire plus radicalement dans une pensée, sociale et existentielle, de la différence. *La Rage*, en 1963, n'évoque nullement la négritude. C'est plutôt le poème de la « couleur », comme on l'entend dans la longue séquence consacrée aux luttes pour l'indépendance :

> Un nouveau problème éclate dans le monde.
> Il s'appelle Couleur.
> Il s'appelle Couleur, le nouvel élargissement du monde.[56]

---

55 Pasolini, *Per il cinema*, II, p. 1194.

56 Pier Paolo Pasolini, *La Rage*, trad. Patrizia Atzei et Benoît Casas (Caen : Nous, 2014), p. 53.

Fig. 2. Image palimpseste à l'ouverture du *Carnet de notes pour une Orestie africaine* (Pier Paolo Pasolini, 1969-1970) : la vitrine d'un magasin reflète les arbres et le corps de Pasolini, et laisse voir en transparence les objets en vente dans le magasin.

Reprenant le poème clandestin écrit par Éluard en 1942, « Liberté, j'écris ton nom », Pasolini inscrit à nouveau cette séquence historique dans les pas de la Résistance, pour souligner la trahison de ces idéaux par la France du général de Gaulle : « Ah France, la haine ! Ah France, la peste ! Ah France, la lâcheté ! ». C'est ce qu'il avait fait au début de « La Résistance nègre », déplorant la fin de la Résistance, « chez nous, avec les cléricaux et De Gaulle au pouvoir ».[57] Mais le problème de la « couleur », et avec lui, du « nègre », relève désormais d'une confrontation entre la normalité (la majorité) et la différence (la minorité), comme l'indique le Traitement du film :

57 Pasolini, *Per il cinema*, II, p. 2344.

FIG. 3. Le corps de Pasolini reflété dans la vitrine du magasin africain au début du *Carnet de notes pour une Orestie africaine* (Pier Paolo Pasolini, 1969-1970).

> [Le racisme] est la haine pour tout ce qui est différent, pour tout ce qui ne rentre pas dans la norme, et perturbe ainsi l'ordre bourgeois. Malheur à celui qui est différent ! voilà le cri, la formule, le slogan du monde moderne. Haine envers les noirs, donc, les jaunes, les gens de couleur : haine envers les juifs, haine envers les enfants rebelles, haine envers les poètes.[58]

Le noir est ici la couleur d'une différence, refusée, haïe, par la société bourgeoise. Or, au fil des années 1960, les choses se transforment subtilement, car Pasolini observe avec horreur la nouvelle stratégie de la société néocapitaliste, qu'il nomme l'« homologation » : la standardisation des modes de vie et de pensée, l'absorption de la différence, l'uniformisation des cultures et leur déréalisation, c'est-à-dire

58 Pasolini, *La Rage*, p. 17.

leur perte de substance historique, la disparition de leurs particularités. Ainsi, en 1968, il rapproche à nouveau l'intellectuel et le noir en tant que frères dans la diversité et la ségrégation, mais désormais, l'enjeu est dans la lutte « contre le système pour "limiter" [...] sa capacité "à les cataloguer et à les intégrer" ».[59]

Peu à peu, Pasolini substitue donc à l'alternative le terme d'altérité. C'est ce qui ressort d'un texte de 1975, écrit pour le Congrès du Parti radical, où il réfléchit à la lutte pour les droits civiques, et affirme la nécessité d'opposer à la culture du capitalisme une altérité :

> Alors que les extrémistes luttent pour les droits civiques marxisés pragmatiquement, au nom, comme je viens de le dire, d'une *identification* finale d'exploité à exploiteur, les communistes, au contraire, luttent pour les droits civiques au nom d'une altérité. Une altérité (non pas une simple alternative) qui, de par sa nature même, exclut toute possible assimilation des exploités aux exploiteurs.[60]

La normalisation moyenne-bourgeoise, agissant sous le masque de la « tolérance », touche les questions de classe, de « race », les données sexuelles et religieuses — « fausse tolérance », « faux laïcisme », « fausse réalisation des droits civiques », écrit-il dans ce texte. C'est cela, la « disparition des lucioles » : la neutralisation de la contradiction féconde des survivances. On comprend dès lors qu'il puisse, au début des années soixante-dix, se positionner contre Hegel :

> Moi, je suis *contre Hegel* (existentiellement-empirisme hérétique). Thèse ? Antithèse ? Synthèse ? Cela me semble trop commode. Ma dialectique n'est plus ternaire mais binaire. Il n'y a que des oppositions, inconciliables.[61]

Il écrivait déjà dans le poème « Callas », lors du tournage de *Médée*, contemporain de l'*Orestie africaine* : « Les dépassements, les syn-

59 Pier Paolo Pasolini, « Gli studenti di *Ombre rosse* », dans Pasolini, *Saggi sulla politica e sulla società*, p. 1157–58.

60 Pier Paolo Pasolini, « Intervention au congrès du Parti radical » (texte préparé pour le congrès du 4 novembre 1975, deux jours après la mort de Pasolini, publié posthume dans le journal *il Mondo* du 13 décembre 1975 sous le titre « Son testament »), dans Pasolini, *Lettres luthériennes*, trad. Anna Rocchi Pullberg (Paris : Seuil, 2000), p. 221–33 (p. 227).

61 Entretien avec Sergio Arecco paru dans *Filmcritica* en mars 1971, repris dans Sergio Arecco, *Pier Paolo Pasolini* (Rome : Partisan, 1972), p. 75.

thèses ! Illusions, | Dis-je, d'Européen vulgaire, mais sans le moindre cynisme. »[62]

La métaphore de la transformation des Érinyes en Euménides n'a jamais été conçue par Pasolini comme un blanchiment des noires Érinyes, au sens où l'on blanchit l'argent des réseaux parallèles pour le remettre, le *fondre* dans le circuit de la normalité financière. Un an avant ce Congrès du Parti radical, il citait le *Livre blanc* de Cocteau, avec son protagoniste homosexuel qui s'est suicidé, « parce qu'il avait compris qu'il est intolérable, pour un homme, d'*être toléré* ».[63] Ainsi, si l'alternative africaine de 1960 — « Afrique, mon unique alternative » — laissait encore espérer une solution possible entre irrationalité et rationalité, une intégration féconde, laissant *œuvrer* les survivances, n'éradiquant pas les particularités culturelles et existentielles, elle est remplacée, au cours des années soixante et soixante-dix, par la nécessité de maintenir l'altérité : une différence non intégrable, anticorps nécessaire à la survie du corps social, à la vie de l'humanité.

ALORS, POURQUOI L'*ORESTIE*, EN 1969 ?

L'*Orestie* est un film dont la temporalité est complexe. Elle est en quelque sorte la fusion de deux textes du tournant cinquante-soixante, soit le moment où l'Afrique entre véritablement dans l'œuvre pasolinienne — la traduction de la trilogie d'Eschyle et le scénario du *Père sauvage* — dans un film tourné dix ans plus tard, à l'issue d'une décennie qui est celle, pour Pasolini, de l'avènement du « Nouveau fascisme ». Or, la forme des *appunti* permet précisément à Pasolini de conserver cette stratification temporelle et d'en jouer. L'ouverture annonce :

> Je suis évidemment venu pour tourner, mais pour tourner quoi ? Pas un documentaire, pas un film, je suis venu tourner des notes pour un film : ce film serait l'*Orestie* d'Eschyle, à tourner dans l'Afrique d'aujourd'hui, dans l'Afrique moderne.[64]

---

62 Pier Paolo Pasolini, « Callas », dans Pasolini, *Entretiens avec Jean Duflot* (Paris : Éditions Gutenberg, 2007), p. 232.

63 Pier Paolo Pasolini, « M. Daniel-A. Baudry : *Gli omosessuali* » [26 avril 1974], repris dans Pasolini, *Saggi sulla politica e sulla società*, p. 487–94 (p. 494).

64 Pasolini, *Per il cinema*, I, p. 1177.

Pasolini saisit Eschyle pour *éprouver* le mythe dans la réalité de l'Afrique contemporaine, et les « *appunti* », les notes, sont la forme filmique de cette démarche. Dans une séquence du film, il demande à des étudiants africains de Rome s'il leur semble plus pertinent de tourner la tragédie d'Oreste dans l'Afrique des années 1970, ou s'il ne devrait pas plutôt « rétrodater » le film en 1960. Un étudiant lui répond que l'Afrique contemporaine est en effet déjà trop moderne pour accueillir le mythe, qu'« elle est en train de ressembler à l'Europe, qu'elle perd son caractère typiquement africain ».[65] Plus loin, dans une autre séquence avec ces étudiants de Rome, Pasolini demande comment pourrait être représentée cette « espèce de synthèse » qu'est la transformation des Furies en Euménides.[66] Un autre étudiant lui répond alors que cette transformation ne peut sans doute pas opérer complètement, que les Furies et les Euménides cœxisteront, poursuivant ainsi :

> L'Africain possède une vie intérieure très profonde, un esprit profond. Ainsi quand vous parlez des Furies qui se transforment en Euménides, sans doute naîtront des Euménides sans que les Furies disparaissent. Qu'elles puissent disparaître totalement me semble très difficile.[67]

On pourrait dire que le premier étudiant fait le constat de l'homologation, et que le second exprime la possibilité d'une altérité radicale, désormais non intégrable. Ensemble, ils formeraient le Pasolini des années soixante-dix.

Cela n'empêche pas Pasolini de filmer, tout de suite après cette seconde séquence avec les étudiants de Rome, une danse ancestrale de la tribu des Wagogo en Tanzanie, puis une cérémonie nuptiale au Tanganyika, énoncées toutes deux comme de possibles métaphores de la transformation des Érinyes en Euménides, toutes deux manifestations de la survivance d'un « monde magique qui se présente comme tradition, comme un esprit antique autochtone, qui refuse de disparaître ».[68] Il récite peu après ces mots de la déesse Athéna :

---

65 *Ibid.*, p. 1181.

66 *Ibid.*, p. 1193. Pasolini emploie aussi bien le terme grec (Érinyes) que le terme latin (Furies). En certains endroits, il utilise le terme « Ménades » (par exemple dans « L'Athéna blanche »), mais il s'agit alors d'une confusion avec les déesses du thiase dionysiaque, qui déchiquetèrent le corps d'Orphée.

67 *Ibid.*, p. 1194.

68 *Ibid.*, p. 1195.

J'obéis à l'amour que je porte à cette
ville, en vous accueillant ici, vous, en tant que maîtresses,
grandes puissances, vigilantes et mystérieuses.
Vous régirez chaque rapport entre les hommes.
Qui ne comprend pas qu'il est juste d'accepter
chez nous ces divinités primordiales
ne comprend pas les contradictions [constrasti] de la vie :
c'est à la barbarie des pères qu'il est confronté :
et l'impiété inconsciente,
malgré les cris de sa conscience,
peut le conduire à un sombre destin.

Que cette conclusion soit « datée », selon les mots mêmes de Pasolini, ne signifie pas qu'elle soit totalement dépassée. Avant de revenir sur ce point, regardons les toutes « dernières notes pour conclure », que Pasolini propose à la fin du film. Il s'agit de paysans africains en train de bêcher (voir figure 4), et Pasolini commente en voix off :

> Mais comment conclure ? La conclusion définitive n'existe pas. Elle est suspendue. Une nouvelle nation est née, ses problèmes sont infinis, mais les problèmes ne se résolvent pas, ils se vivent. Et la vie est lente. Le cheminement vers le futur n'a pas de solution de continuité. Le travail d'un peuple ne connaît ni rhétorique ni délai. Son futur est dans son inquiétude pour le futur, et son inquiétude est une grande patience.[69]

Or, je suis frappée de la similitude entre un passage de « L'Orphée noir » et la fin de cette *Orestie* noire. En effet, Sartre élabore à partir d'un vers de Césaire qui écrit : « Ma négritude [...] troue l'accablement opaque de sa droite patience. » Sartre écrit alors que la négritude n'est pas passivité, mais patience, ce par quoi Césaire met en œuvre une poésie d'agriculteurs (contre une prose d'ingénieurs) : « Le noir est d'abord un paysan, la technique agricole est "droite patience" ; elle fait confiance à la vie ; elle attend. »[70] Quelques pages plus loin, il reprend : « L'apport noir dans l'évolution de l'Humanité, ce n'est plus une saveur, un goût, un rythme, une authenticité, un bouquet d'ins-

69 Pasolini, *Per il cinema*, II, p. 1196. L'idée de la suspension vient de la lecture d'un entretien avec Roland Barthes, paru dans les *Cahiers du cinéma* en 1963 et traduit dans *Cinema e film* en 1966 : voir Hervé Joubert-Laurencin, « Pasolini-Barthes : engagement et suspension de sens », *Studi pasoliniani*, 1 (2007), p. 55–67.

70 Sartre, « Orphée noir », p. XXX–XXXI.

Fig. 4. Paysans africains en train de bêcher dans le finale du *Carnet de notes pour une Orestie africaine* (Pier Paolo Pasolini, 1969–1970).

tincts primitifs : c'est une entreprise datée, une patiente construction, un futur. »[71]

Pasolini a certainement été sensible, sans doute *via* ce texte de Sartre, à l'invention de Césaire, la « droite patience ». Pourtant, en 1969, un entretien avec Ferdinando Camon, dans lequel Pasolini revient sur le vers « Afrique, mon unique alternative », semble renvoyer le finale de l'*Orestie* à une conception ancienne, peut-être dépassée. Aujourd'hui, dit-il,

71 *Ibid.*, p. XXXIX–XLI.

> Les paysans de couleur attendent un nouveau futur qui les transformera, de paysans préhistoriques en paysans historiques, d'abord, puis de paysans historiques en petits bourgeois. C'est là la grise, décevante, lente réalité.[72]

Cette phrase résonne avec la conclusion de l'*Orestie*, dont elle reprend et inverse certains termes — désormais, les paysans du Tiers-monde suivent la voie de l'homologation — comme si cette dernière était, elle aussi, datée, désormais dépassée par la décevante et grise réalité.

Résumons : l'*Orestie* est présentée par Pasolini comme un film « daté » et la métaphore des Euménides est en effet contestée par les étudiants, qui observent la modernisation de l'Afrique d'une part (donc le risque de la disparition pure et simple des traditions autochtones), le maintien des Furies d'autre part (donc leur non-intégrabilité, comme Euménides, dans la société moderne). Pourtant, Pasolini trouve, en Afrique, une réalité à filmer, la danse des Wagogo, comme métaphore de la transformation des Érinyes des Euménides. Le commentaire final est, lui aussi, contredit par l'entretien exactement contemporain de Pasolini avec Ferdinando Camon où Pasolini entrevoit déjà le devenir petit-bourgeois des « paysans de couleur », mais Pasolini filme bien les paysans africains comme métaphore de la *patience* de la vie, qui est inquiétude et confiance, souffrance et résistance, suspension du sens devant la temporalité ouverte de la vie.

Alors, pourquoi l'*Orestie* en 1969 ? Voici deux propositions, non exclusives l'un de l'autre, et même étroitement liées :

Hypothèse 1 : en 1969, Pasolini réalise aussi *Médée*, qui se termine sur les mots furieux d'une Médée-Érinye — « Rien n'est plus possible désormais ». Les deux finales semblent se contredire, et les films sont en fait à lire ensemble, comme un palimpseste, Pasolini exposant avec l'*Orestie*, sous *Médée*, une strate antérieure de son rapport à l'Afrique. C'était le principe de *La Divine Mimésis*, ainsi présenté dans cette note du 1er novembre 1964 :

72 Pier Paolo Pasolini, « [Intervista rilasciata a Ferdinando Camon] », dans Pasolini, *Saggi sulla politica e sulla società*, p. 1626–46 (p. 1645).

> Le livre doit être écrit par couches, toute nouvelle rédaction doit être sous forme de note, *datée,* de façon que le livre se présente presque comme un journal. Par exemple, tout le matériel déjà écrit doit être daté (il y a environ un an, un an et demi) : il ne doit pas être éliminé de la nouvelle rédaction, qui doit consister en une nouvelle couche additionnelle, ou en une longue note. Et de même pour les rédactions successives. À la fin, le livre doit se présenter comme une stratification chronologique, un vivant processus formel : où une nouvelle idée n'effacerait pas la précédente, mais la corrigerait, ou plutôt la laisserait absolument inaltérée, la conservant formellement comme un document du passage de la pensée. Et comme le livre sera un mélange de choses faites et de choses à faire — de pages achevées et de pages ébauchées, ou seulement projetées — sa topographie temporelle sera complète : il aura à la fois la forme magmatique et la forme progressive de la réalité (qui n'efface rien, qui fait cœxister le passé avec le présent), etc.[73]

Hypothèse 2 : cette première hypothèse n'est pas satisfaisante à elle seule en tout cas, car Pasolini *filme* bien, dans la *réalité* africaine de 1969, des survivances : le casting pour les personnages, les repérages des lieux, le rituel funéraire, les propositions de métaphores pour la transformation des Érinyes en Euménides satisfont Pasolini, qui écrit, cette même année, à propos de *Médée* : « Par sa nature, le cinéma ne peut pas représenter le passé. Le cinéma représente la réalité à travers la réalité. »[74] Dans l'entretien cité avec Ferdinando Camon, Pasolini corrige par ailleurs le pessimisme premier sur les paysans homologués, par cette phrase, un peu plus loin : « Mais il reste le fait que le sous-prolétaire et le paysan sont subversifs, simplement parce qu'ils "sont." »[75] Les survivances existent. L'homologation n'est pas encore totalement accomplie. Ce qui est daté, c'est l'idée de l'*alternative,* d'une *sineciosi* œuvrant comme contradiction féconde. Ce qui peut encore être mobilisé contre le système néocapitaliste, c'est l'*altérité,* soit des survivances pas tout à fait Euménides, mais encore Érinyes.

Au fond, on ne peut entendre, on ne peut même accepter l'*Orestie* dans l'œuvre pasolinienne que si on la lit avec *Médée.* Il y a urgence,

---

73 Pier Paolo Pasolini, *La Divine Mimésis,* trad. Danièle Sallenave (Paris : Bartillat, 2023), p. 83–84.

74 Pier Paolo Pasolini, « Le sentiment de l'histoire » [1970], dans Pasolini *Saggi sulla letteratura e sull'arte,* II, p. 2819, traduit en français par Hervé Joubert-Laurencin, *Trafic,* 17 (printemps 2010), p. 131–32.

75 Pasolini, « [Intervista rilasciata a Ferdinando Camon] », p. 1645.

l'avenir peut être inquiétant, mais le cinéma, langue écrite de la réalité, est encore là pour mettre au jour et imposer, sous l'irréalité contemporaine, ce que Pasolini appelle dans *Pétrole* les « réapparitions de la Réalité » — sans quoi c'est toute la trilogie antique qui perd son sens. Ces réapparitions, sans doute faut-il les traquer, les provoquer, peut-être même faudra-t-il, *in fine*, les faire advenir dans un texte *littéraire* mettant en scène des « Visions ». Pasolini l'expérimentera dans *Pétrole*, avec sa longue « Vision du Merde » et son dispositif amphibie, littéraire et cinématographique, dans lequel Carlo voit apparaître, sous l'irréalité atroce des corps homologués des années soixante-dix, les corps réels d'autrefois. Cette scène, il l'observe « comme un metteur en scène sur un chariot de travelling »,[76] tiré par trois dieux. D'une autre Vision du roman, celle du « Jardin médiéval », le narrateur écrit ceci, qui vaut tout compte fait pour la Vision du Merde :

> En tant qu'auteur et inventeur de cette Vision, je dois dire que L'Anachronisme peut retrouver réalité et actualité, mais que cela ne se produit pas au hasard. C'est la nécessité de maintenir du Passé dans le temps moderne (arrogant) qui le rend éloquent. Il est vrai qu'il s'agit d'un retour et d'une réinstallation éphémère, mais au moment où c'est, c'est.[77]

76 Pier Paolo Pasolini, *Pétrole*, trad. René de Ceccatty (Paris : Gallimard, 2006), p. 344.

77 *Ibid.*, p. 268.

Da Sartre «fascista» a Sartre «presente e morto»
«L'addio a Parigi» di Pasolini

GIAN LUCA PICCONI

1. In un frammento di *Le ceneri di Gramsci* figura una menzione della Francia che vale la pena di leggere *in limine*:

> La prima tela dalla scorza intensa
> e rosa, in un gemmante arabesco
> quasi artigiano, dipinta con terra
> e nascosto fuoco: ancora fresco
> lo spirito del vecchio anteguerra
> vi mescola scandalo e festa,
> l'abnorme del pensiero e il puro della
> tecnica, e ardente e affumicata
> la superficie i suoi toni inanella,
> ceree corolle su zolla disseccata.
> Insegna della Francia più alta,
> quando il tramonto pareva un'infuocata
> alba, e la disperazione espanta
> pena del creare, e il frantumarsi
> del secolo un suo disegno araldico.[1]

Poco oltre, la Francia viene nuovamente menzionata: «A nient'altro che a questo ateo furore | poteva, nella cadente Francia, Goya | cedere la sua violenza. Qui, a esprimersi, | sono pura angoscia e pura gioia.»[2]

1 Pier Paolo Pasolini, «Picasso», in Pasolini, *Tutte le poesie*, a cura di Walter Siti e Silvia De Laude, 2 voll. (Milano: Mondadori, 2001), I, pp. 788–89.

2 *Ibid.*, p. 789.

Alba e tramonto, auge e decadenza: le categorie della filosofia della storia pasoliniana, dalle risonanze forse involontariamente spengleriane, mostrano che la Francia occupa un posto centrale nella teorizzazione di Pasolini.[3]

Si tratta di «Picasso», all'altezza di *Le ceneri di Gramsci*, vero e proprio manifesto di estetica.[4] All'interno del poemetto, tra la «Francia più alta» e la «cadente Francia», si descrive il passaggio da una prospettiva modernista e rimbaudiana a una che, giunta l'epoca delle avanguardie storiche, non è più capace di produrre nulla di nuovo, né a livello storico-politico né a livello estetico.[5] Si passa quindi da una piena e assoluta vitalità a livello culturale, a un decadimento e a un irrigidirsi di questa vitalità.

Ecco allora che Goya «cede il suo furore» a Picasso: l'analogia tra i due autori non si riferisce solo alla comune origine spagnola. L'altro riferimento sottinteso va al momento politico postrivoluzionario della figura di Napoleone: epoca di ripiegamento delle possibilità rivoluzionarie a livello politico come lo è quella di Picasso per la Francia a livello estetico.[6] Se quindi l'alba dell'inizio del ventesimo secolo era

3 Alle accuse di francofobia di un lettore, Pasolini su *Vie nuove*, il 27 maggio 1965 risponde: «Io non ce l'ho affatto con la Francia, che considero il centro della mia cultura.» Il passaggio è leggibile in Pasolini, *I dialoghi*, a cura di Giovanni Falaschi, prefazione di Gian Carlo Ferretti (Roma: Editori Riuniti, 1992), p. 414.

4 «In "Picasso" faccio della vera e propria critica, con quanto di prospettiva storiografica questo implica»: *Le lettere*, a cura di Antonella Giordano e Nico Naldini (Milano: Garzanti, 2021), p. 1117. Su «Picasso», si veda almeno Simone Ticciati, «L'errore di Picasso», *Paragone*, 33-34-35 (2001), pp. 56–86, e Tommaso Mozzati, «Picasso 1953. Pasolini, Longhi e l'avanguardia», in *Elegie del caos. Civiltà classica e cultura moderna nell'opera di Pasolini*, a cura di Giona Tuccini (Roma: Carocci, 2024), pp. 55–69. Mozzati rileva molto opportunamente come lo scollamento rispetto a Picasso acquisisse un valore scandaloso visto il forte impulso dato alla mostra dal Pci, con la significativa collaborazione di Guttuso (p. 58). La proposizione di un paradigma estetico non picassiano ha quindi anche un valore politico di interlocuzione dialettica con il Pci.

5 Pasolini scrive su *Vie nuove* nel 1965: «Quanto alla Francia, in questa nazione come tutte le nazioni "opulente" del Nord Europa, non c'è soluzione di continuità da Rimbaud o Flaubert in poi: non si è mai avuta una rivoluzione critica, nemmeno di generazione. La concatenazione dei modi letterari non è stata mai interrotta» (Pasolini, *I dialoghi*, p. 416).

6 «[A]rriccio il naso davanti al tuo Goya e alla tua paura per la moda. Goya è stato di moda, e questo ti dica tutto. Solo un artista che al suo tempo è stato attuale, (anche, ossia nel contempo, nell'accezione peggiore di questo termine) riesce a emergere nell'eternità. Che te ne importa del quinto o del sesto regno, come tu dici? Questa è paura, non onestà. S'intende che con questo non ti esorto a divenire l'ennesimo

già decadenza, se le sperimentazioni più *outrées* non erano altro che la riproposizione di moduli espressivi ormai consunti, ciò significa che politica ed estetica si rapportano all'orizzonte storico in uno stato di imperfetta e intermittente sconcordanza;[7] e i momenti di effettiva evoluzione culturale sarebbero quelli in cui le espressioni estetiche trovano la propria congruenza con una piattaforma politica autenticamente progressiva. È così che ha luogo ogni rivoluzione; è così che la storia si carica di vitalità.

Questa dialettica tra momento storico-politico ed estetico all'insegna della non-contemporaneità, sembra ripresentarsi nell'epigramma «Alla Francia»:

> Ho la lieta sorpresa di vedere che assomiglio
> a Sékou Touré il Presidente della Guinea:
> il naso schiacciato e gli occhi vivi.
> Anche lui risalito al grigiore della storia
> da baratri di puro spirito selvaggio:
> negro proprio come era biondo Rimbaud.
> Forse a chi è stato nella selva, da pura madre,
> a essere solo, a nutrire solo gioia,
> tocca rendersi conto della vita reale:
> rinunciare a obbedire al sesso per pensare,
> finire di essere fanciullo per diventare cittadino,
> tradire gli Dei per lottare con Marx.[8]

Anche qui la Francia è termine di paragone grazie a cui inquadrare il rapporto tra momento storico-politico ed estetico: tutto ciò contribuisce a spiegare perché un epigramma dedicato a Sékou Touré si intitoli «Alla Francia». Sékou Touré è auerbachianamente posto in rapporto

---

picassiano: assorbi Picasso come hai assorbito le regole della prospettiva; hai bisogno di questo, caro Tubaro, per raggiungere la libertà tecnica. Quando la tua tecnica sarà libera, tu sarai di moda, cioè eterno. Abbasso gli idoli. (Hai mai letto Freud? Fallo.)» (Pasolini, *Le lettere*, p. 585).

7 Uno strumento teorico necessario per inquadrare il rapporto tra ideologia politica e ideologia estetica, che si muove su armoniche affatto differenti da quelle pasoliniane, è Walter Benjamin, «L'autore come produttore», in Benjamin, *Aura e Choc. Saggi sulla teoria dei media*, a cura di Andrea Pinotti e Antonio Somaini (Torino: Einaudi, 2012), pp. 147–62.

8 Pier Paolo Pasolini, «Alla Francia», in Pasolini, *Tutte le poesie*, I, p. 1007. La poesia è uscita in prima edizione in *La religione del mio tempo* (Milano: Garzanti, 1961). Sul testo, si legga Mario Richter, «La solitudine di Pasolini (lettura dell'epigramma "Alla Francia")», *Paragone*, 326 (1977), pp. 48–54.

di equivalenza figurale con Rimbaud.[9] L'elemento sottaciuto che consente di mettere in connessione Sékou Touré e Rimbaud è il concetto di preistoria. L'uomo appena uscito dalla preistoria ha «occhi vivi»: la semantica di vita-morte serve a Pasolini per concettualizzare regresso e progresso a livello culturale; l'elemento figurale che consente l'incontro tra Sékou Touré e Rimbaud è certamente la vitalità di cui entrambi caricano il cambiamento storico.

L'idea di figura, per Pasolini, è uno strumento per concettualizzare il non-contemporaneo. La risalita al «grigiore della storia», dalla fantasmagoria anarchica e piena di vita della preistoria, si era realizzata in letteratura con Rimbaud, e si sta realizzando ora in politica con il movimento della decolonizzazione. Va aggiunto che Pasolini sembra implicitamente proporre un'equivalenza tra l'uscita dalla preistoria, che si presenta quasi come costante metastorica, e l'idea di rivoluzione, che diventa un momento di rottura dell'orizzonte metastorico: l'orizzonte metastorico è in realtà già sempre implicitamente storicizzabile, in un certo senso. La Francia appare come l'esempio paradigmatico di questa rottura degli assetti metastorici, in una sorta di eresia (anti-)crociana.

2. Tracce di questa configurazione concettuale in cui alla Francia viene attribuito un ruolo fondamentale di pietra di paragone storico-politico-estetica riemergono in «L'addio a Parigi». La lirica, tra le poesie scartate del cantiere di *Poesia in forma di rosa,* narra un decollo dall'aeroporto di Parigi, città cui Pasolini si rivolge direttamente tramite la figura della prosopopea.

Inizialmente Pasolini intendeva includerla in una sezione dal il titolo «Ballate intellettuali».[10] Se ne leggano le prime strofe:

---

9 Su Auerbach in Pasolini, si vedano Guido Santato, «Pasolini e Auerbach: tra "mescolanza degli stili" e "realismo creaturale"», in Santato, *Pasolini oggi. Studi e letture* (Roma: Carocci, 2024), pp. 53–68, e Gian Luca Picconi, «Aroma di Vico. Appunti su Pasolini e Auerbach», *La Rivista di Engramma* 189 (2022), pp. 11–43.

10 La più importante testimonianza pasoliniana sulle «ballate intellettuali» si ha in «Appunti per una ballata per Gadda», in Pasolini, *Tutte le poesie*, I, p. 1363. A un intervistatore dichiara: «C'è una parte, nel volume che sto preparando, che si intitolerà "Ballate intellettuali", che in un certo senso va oltre al mio lavoro precedente, perché avrà un piglio meno autobiografico e parlerà di problemi oggettivi; sarà composta di invettive e di elegie. — Alcuni titoli? — "Ballata dei giovani missini", "Ballata della FIAT", "Ballata della madre di Stalin"». La dichiarazione si legge in Pietro A. Buttitta,

L'aeroplano tuona, un pianto
inumano, verso la buca dell'Inferno
— il cielo di Parigi — buia sul bianco;
intona Bach, straziante, sopra il manto
morto di questo mondo moderno.
Addio, Parigi: anche se non esisti
che come manto, come tremolio
superstite di lumi misti
a bui ricordi, pur rattristi,
res extensa chi ti dice addio.

Perché sei viva, nella vita morale
disamorata, nella sopravvivenza
dell'antica luce liberale
fatta rimasuglio sociale
di durezza, ironia e diffidenza.
Perché sei viva nella passione
inautentica che ha per oggetto
la memoria di una nazione
che le forze del mondo abbandonano.
E fascista chi è morente od ossesso![11]

Molto interessante l'ambientazione in aeroplano: Pasolini ha dedicato testi poetici anche ad altri mezzi di trasporto, come il treno; ma rispetto a quest'ultimo, qui il ruolo dell'intellettuale assume un valore allegorico differente: si astrae dal proprio punto di vista borghese — spostandosi in alto — per una prospezione di natura metastorica.[12] Al contrario l'intellettuale in treno sembra pienamente assoggettato al binario della storia.[13] Dietro questo volo nel cielo di Parigi definito «buca dell'Inferno» c'è forse un'allusione intertestuale all'episodio dell'*Orlando Furioso* in cui Astolfo in groppa all'ippogrifo ricaccia le Arpie nella «infernal caliginosa buca | ch'apre la strada a chi abandona

«Intervista esclusiva all'*Avanti!* di Pier Paolo Pasolini», *Avanti!* (23 febbraio 1962), p. 3.

11 Pasolini, «L'addio a Parigi», in Pasolini, *Tutte le poesie*, I, pp. 1361–62 (p. 1361).

12 Nel 1961, Pasolini dichiara su *Vie nuove*: «Lo spostamento del punto di vista di un poeta in alto, fuori da ogni particolarismo, da ogni concretezza esistenziale e ambientale, mi sembra oggi l'unico valido possibile» (Pasolini, *I dialoghi*, pp. 286–87).

13 La più importante delle poesie ambientate in treno è «La terra di lavoro», in *Tutte le poesie*, I, pp. 858–863, e appartiene alla raccolta *Le ceneri di Gramsci*. Sul ruolo del treno nella letteratura italiana fondamentale è, ovviamente, Remo Ceserani, *Treni di carta. L'immaginario in ferrovia. L'irruzione del treno nella letteratura moderna* (Torino: Bollati Boringhieri, 2002).

il lume» (XXXIII, 128.1–2): Pasolini, identificatosi in Astolfo (notoriamente legato a Parigi), si troverebbe così a combattere contro una serie di nemici ideologici (marcati dal fascismo).

Risulta rilevante ancora una volta l'isotopia mortuaria, accompagnata dal concetto di sopravvivenza: proprio questa isotopia apre lo spazio al concetto di fascismo, inteso come agente di paralisi o morte storica.

Nel prosieguo del testo ritorna l'immagine del tramonto:

> Ti lascio all'ultimo fragore popolare,
> nell'ultima luminaria democratica,
> che fa un sacrario d'ogni tuo viale,
> d'ogni tempio un topos universale,
> dello smog una tinta socratica.
> Ti lascio a esaurire la tua piena
> storica che si fa Angoscia celtica:
> sei ancora grandissima e la pena
> che tramontando dai, scatena
> quasi odio in chi per amore t'ha scelta.[14]

È possibile spiegare il riferimento alla tinta socratica dello smog ricordando il «grigiore della storia» di «Alla Francia»: lo smog, l'inquinamento, sono connaturati all'esercizio della democrazia (l'ultima «luminaria democratica») nel mondo attuale; contemporaneamente Socrate, cui Pasolini spesso si paragona, è il nome di un agente di razionalizzazione della società e vita politica, quindi di una voce che prelude a un esercizio di democrazia progressiva: altra incarnazione di Atena[15] e attore di una uscita dalla preistoria. Ma lo slancio vitale pare essersi esaurito, tanto che la Francia viene presentata come un immenso «sacrario» a cielo aperto. Altro elemento di cruciale importanza è il riferimento all'«Angoscia»: su cui si tornerà più oltre.

I versi successivi sono ancora più sorprendenti:

---

14 Pasolini, «L'addio a Parigi», pp. 1361–62.

15 La figura di Atena acquisisce centralità a partire dalla traduzione dell'*Orestiade* del 1960. Al riguardo, particolarmente commendevole è la visione del documentario di Monica Centanni e Margherita Rubino dal titolo *Gassman, Pasolini e i filologi*, visibile in *La Rivista di Engramma*, 49 (2006) <https://www.engramma.it/eOS/index.php?id_articolo=2576> [consultato il 15 marzo 2024].

Bene: hai scelto la durezza:
ma com'è macabra l'ironia
dei tuoi chierici o la timidezza
dei tuoi soldati! La tua è scommessa
tra morte e morte: non hai altra via.
Sartre è fascista, l'Humanité
reazionaria!...: ah, io amo
dunque la Contraddizione che è in te,
che sopravvivi ancora come se
per sempre captasse Bach quest'aeroplano![16]

Il riferimento alla «durezza» e ai «soldati» lascia intuire lo spettro dell'Algeria: è sullo sfondo storico della decolonizzazione e su quello metastorico della isotopia mortuaria, che Pasolini mette in relazione un oggetto ultramoderno, come l'aereo, con un'eternità bachiana, ossia con la stessa musica di *Accattone*,[17] che dovrebbe esprimere una dimensione epico-religiosa, nazionale-popolare e in qualche modo profetica.[18] Il richiamo all'Algeria induce a credere che le due morti tra cui può scegliere la Francia sono la fine e l'arresto dell'impulso storico rivoluzionario determinato dalla decadenza della propria grande storia connessa certo anche con il passato coloniale, da un lato, e il tradimento della propria cultura attraverso la violenza perpetrata in Algeria, dall'altro. Morte è sia continuare a essere sé stessa, sia smettere di essere sé stessa, per la Francia.

Ma l'elemento più sorprendente della strofa è il riferimento a Sartre. Come può Pasolini definirlo fascista?[19]

16 Pasolini, «L'addio a Parigi», p. 1362.

17 Pier Paolo Pasolini, *Per il cinema*, a cura di Walter Siti e Franco Zabagli, 2 voll. (Milano: Mondadori, 2001), I, p. 138.

18 Sull'uso della musica di Bach in Pasolini, si può consultare Roberto Calabretto, «La musica di Bach nel cinema di Pier Paolo Pasolini. Echi nella critica coeva», in *Critica della musica per film. Un film, un regista, un compositore*, a cura di Roberto Calabretto (Venezia: Edizioni Fondazione Levi, 2021), pp. 213–310. Va rilevato che nell'episodio inedito di *Uccellacci e uccellini* dedicato alla Francia, la musica è quella di Bach (cfr. Pasolini, *Per il cinema*, I, p. 675–834 (p. 691)), in *Il Vangelo secondo Matteo* definita profetica (*ibid.*, p. 504). Bach viene ascoltato anche nel contesto della decolonizzazione. In *Il padre selvaggio*, si legge: «Lì ascoltano Bach. Un sublime motivo che, con la sua dolce potenza, pare cancellare tutto lì intorno, la realtà dell'Africa. Risucchiarla indietro nei secoli, là dove l'Europa è cristiana, supremamente civile» (*ibid.*, pp. 283–84).

19 Si può fin da qui ipotizzare che l'esclusione di questa lirica dal volume dipenda anche da questa affermazione. Non sono molti ad oggi gli studi su Pasolini e Sartre; si segnalano,

Prima di tentare di capire il perché di un simile giudizio, conviene concludere la lettura del testo:

Quell'amore, quell'amore maledetto!
L'ho visto là, in un grigio lungofiume,
in rosso cremisi, nell'interno angoletto
restaurato, reso assoluto, perfetto
da un amore colore del tuo lume
di ferriera, un amore di immigrato,
parigino ormai per elezione, e, per questo,
ancor più follemente affezionato
al fossile civile del tuo Passato:
quell'amore troppo colto, troppo onesto!

Ah, se dalla buca dell'Inferno
ch'è nel tuo cielo, città
del Fascismo, dovesse in altro inverno,
del nostro tempo, esplodere un eterno
definitivo accordo di Bach,
è per questo minuto, antico amore
ch'io urlerei sulla tua distruzione
— città del rifiuto al dolore
rigenerante, all'infante calore —
più che per quella di mille Rome.[20]

Non si può non notare come torni il colore grigio di «Alla Francia»: «grigiore della storia» che si colloca però entro una più ampia cornice metastorica. Parigi e il suo cielo diventano epitome del «Fascismo» (da notare l'uso delle maiuscole), a significare una prospettiva ribaltata in cui l'amore, inteso come agente sociale che sottostà ai processi di democratizzazione, è ormai rivolto al «fossile civile del tuo Passato»: l'amore, fossilizzato (e quindi mutato in conformismo, conservatorismo), non può che produrre fascismo, o non è più sufficiente a

in particolare, Enrico Menduni, «Sartre e Pasolini. Un incontro», *Studi Sartriani*, 12 (2018), pp. 181–92; Raoul Kirchmayr, «Dire la verità: Pasolini e il posizionamento dell'intellettuale, tra Sartre, Foucault e Marcuse», *Syzetesis*, 10 (2023), pp. 303–31; e la voce dedicata a Sartre da Jean-Max Méjean in *Tutto Pasolini*, a cura di Roberto Chiesi et al. (Roma: Gremese, 2022), pp. 362–65; da consultare anche Francesco Caddeo, «The Impact in Italy of Sartre and his Thinking», e Raoul Kirchmayr, «Toward an Ethics of Singularity: Temporality, Irreversibility, and Need in the Dialogue between Jean-Paul Sartre and Enzo Paci», in *Sartre and the International Impact of Existentialism*, a cura di Alfred Betschart e Juliane Werner (Londra: Palgrave Macmillan, 2020), rispettivamente pp. 151–66 e pp. 167–84.

20 Pasolini, «L'addio a Parigi», p. 1362.

contrastarlo, il che è lo stesso. In questo tentativo di riconoscere la radice metastorica del fascismo, presente in numerosi testi coevi, emerge il termine *fossile*, in riferimento alla parola «Passato»[21] (le altre maiuscole sono «Contraddizione» e «Inferno»); e la contrapposizione con Roma tutta a vantaggio di Parigi nel segno di questo «antico, minuto amore».

Il concetto di amore pare rimandi all'idea di vita, nel quadro di una dialettica tra un suo proliferare incontrollabile, che in Pasolini può assumere diversi nomi, da «barbarie» a «preistoria», e una sua irreggimentazione e formalizzazione, ossia la storia. Questa dialettica sembra rimandare alla dialettica tra vita e forma di Pirandello, e a quella tra vita e storia presente nella quarta Inattuale nicciana.[22] Indubbiamente Sartre è compreso in questa dialettica: sono, come insegna «Picasso», gli intellettuali stessi, gli artisti, a rendere vitale o meno una cultura. Dunque Sartre è fascista perché appartiene a una cultura morente, quindi incapace di associare al rinnovamento delle forme culturali, l'emancipazione delle masse.

3. È ovviamente opportuno datare questa poesia. Secondo Naldini, «[i]n dicembre *Accattone* è presentato a Parigi, con il titolo *Les mendigots*, in onore del comitato direttivo della comunità Europea degli Scrittori.»[23] In quell'occasione, Michèle Manceaux pubblica un'intervista a Pasolini che esce il 14 dicembre 1961. Nell'intervista Pasolini fa alcuni riferimenti al fascismo, confessando di essere diventato antifascista grazie a Rimbaud (che è metonimia di tutta la cultura francese, anche quella politica).[24] Potrebbe questa l'occasione che innesca la redazione della lirica. L'ipotesi appare attendibile anche sotto l'aspetto intertestuale; tanto più che i riferimenti a Bach nella poesia risultano

---

21 Sul tema del passato in Pasolini, si veda tra l'altro Roberto Escobar, «Pasolini: il passato e il futuro», *Quaderni medievali*, 2 (1977), pp. 155–74.

22 Sulla presenza della quarta Inattuale nicciana in Pasolini mi permetto di rinviare a Gian Luca Picconi, «La "sopravvivenza" di Pasolini: modernità delle tradizioni popolari», in *Le tradizioni popolari nelle opere di Pier Paolo Pasolini e Dario Fo*, a cura di Lisa El Ghaoui e Federica Tummillo (Pisa: Fabrizio Serra, 2014), pp. 69–78.

23 Nico Naldini, *Pasolini, una vita. Edizione ampliata con documenti inediti*, a cura di Simone Gianesini (Albaredo d'Adige: Tamellini, 2014), p. 300.

24 Michèle Manceaux, «Rencontre avec P. P. Pasolini», *L'Express* (14 dicembre 1961), p. 38.

riconducibili alla colonna sonora di *Accattone*, e al vasto dibattito che questa scelta aveva suscitato.

Oggettività e rinuncia all'autobiografismo delle «ballate intellettuali» sono parte di una «figura retorica» al quadrato, la «mimesi della mimesi»,[25] imitazione di una voce altra, quindi asserire che «Sartre è fascista» equivarrebbe a dire, in un senso ironicamente iperbolico, dunque paradossale, che l'intera Francia, in quanto borghese, anche nelle sue punte ideologiche più avanzate, finisce per essere fascista, dato che appartiene a una cultura ormai morente: «È fascista chi è morente od ossesso!» Resta da capire di quali mediazioni mimetiche Pasolini si avvalga per poter dispiegare la sua critica alla Francia, attraverso Sartre. Probabilmente, trattandosi di un testo in prima persona che rievoca un'occasione autobiografica, Pasolini sta facendo il verso a sé stesso, in un disperato tentativo di auto-oggettivazione.

Sartre potrebbe essere stato scelto come epitome di «un certo intellettuale laico parigino, rappresentante supremo di una certa borghesia del mondo occidentale».[26] Ma proprio Sartre, soprattutto in «Une victoire», ha per primo proposto una equivalenza tra atteggiamento della Francia in Algeria e fascismi: «aujourd'hui, c'est Chypre et c'est l'Algérie; en somme, Hitler n'était qu'un précurseur.»[27] Ecco allora il senso che ha il riferimento a Rimbaud e all'antifascismo nell'intervista del 14 dicembre 1961: così come l'orizzonte ideale della cultura francese modernista e comunarda era *ipso facto* liberatorio (tanto da produrre Rimbaud), oggi, al contrario, si rivela *ipso facto* fascista, malgrado le posizioni politiche esplicite dei vari interlocutori. Si può sospettare che fin qui, Pasolini non abbia ancora conosciuto Sartre personalmente.

Che «Une victoire» possa aver costituito un terreno di riflessione importante per Pasolini lo si può inferire dal fatto che *Poesia in forma di rosa*, raccolta che cita Sartre esplicitamente e apre la strada alla rifles-

25 Pasolini, «Appunti per una ballata per Gadda», p. 1363.

26 Pasolini, *I dialoghi*, p. 414.

27 Jean-Paul Sartre, «Une victoire», *L'Express*, 350 (6 marzo 1958), poi in Sartre, *Situations*, 10 voll. (Paris: Gallimard, 1947–76), v: *Colonialisme et Néo-Colonialisme* (1964), pp. 72–88 (p. 81). Il discorso sul fascismo verrà ripetuto numerose volte: «Colonialisme là-bas, fascisme ici: une seule et même chose» («Les somnambules», in *Situations*, v, pp. 160–66 (p. 163)).

sione panmeridionalista,[28] si chiude su una lirica dal titolo «Vittoria». In ogni caso, se al centro di «L'addio a Parigi» si presenta il nome di Sartre, è perché il fulcro della lirica, ancorché taciuto, è la questione algerina.

4. Pasolini cita Sartre fin dal 1949.[29] Nel 1962 (pochi mesi dopo «L'addio a Parigi») la prospettiva appare ormai irrimediabilmente cambiata. Pasolini su *Vie nuove* afferma:

> L'esistenzialismo è un atteggiamento filosofico prodotto dall'estrema raffinatezza borghese, «angosciata» perché senza prospettive storiche, finita in un vicolo cieco. Esistenzialisti (ossia angosciati e... vitali) si può morire: ma da esistenzialisti si può anche diventare marxisti. Anzi, questa è una delle conversioni più tipiche al marxismo. Uno psicanalista — infernale — direbbe che è un caso di terapia istintiva. Di fronte all'angoscia estrema, l'angosciato inventa, o trova, una figura «guaritrice». Ecco l'unico rapporto che si può istituire, scherzando un poco, tra esistenzialismo e marxismo... L'Angst è così forte che il povero borghese coltissimo ne sta morendo: ed ecco che gli appare la figura di Marx, come Minerva o come la Madonna, e lo guarisce...
>
> La vera storia comincia dopo.
>
> Criticamente, comunque non c'è possibilità di coesistenza tra esistenzialismo e marxismo, perché il secondo comincia dove il primo finisce. L'esistenzialismo distrugge la realtà, il marxismo la ricostruisce.[30]

In «L'addio a Parigi» si fa riferimento all'«Angoscia Celtica»: è chiaro allora che Pasolini ha in mente, in questi passaggi critici, proprio la figura di Sartre. Non può che essere lui l'esistenzialista passato al marxismo. Tra il 1949 e il 1962, avvengono, quindi, una presa di distanza dall'esistenzialismo e un parziale riavvicinamento. Da Sartre guida a

---

28 Sul concetto di panmeridionalismo da vedere è Giovanna Trento, *Pasolini e l'Africa. L'Africa di Pasolini. Panmeridionalismo e rappresentazioni dell'Africa postcoloniale* (Milano-Udine: Mimesis, 2010).

29 Una menzione cursoria di Sartre la troviamo in una lettera a Serra del 1949, per esempio, o in un saggio del 1951 su Peyrefitte. Sartre per Pasolini appartiene alla cultura dell'esistenzialismo: una cultura da cui però il Pasolini degli anni Cinquanta ha in buona parte preso le distanze. Nel 1943 Pasolini poteva scrivere: «L'unica filosofia che io senta moltissimo vicina a me è l'esistenzialismo, con il suo poetico (e ancora vicinissimo a me) concetto di "angoscia", e la sua identificazione esistenza - filosofia. (Leggi il libro di E. Paci, *L'Esistenzialismo*, C.E.D.A.M. Padova, dove troverai credo una bibliografia)» (Pasolini, *Le lettere*, p. 171).

30 Pasolini, *I dialoghi*, p. 223.

Sartre fascista, al riconoscimento di un Sartre miracolato dal marxismo: in questo senso, parrebbe plausibile una allusione alla recente pubblicazione delle «Questions de methode».[31]

Secondo le «Note e notizie sui testi» nell'edizione Mondadori di *Tutte le poesie*, «Pasolini conobbe Sartre a Parigi nel 1962, in occasione della traduzione francese di *Una vita violenta*, presso Buchet Castel».[32] È forse a seguito di questo incontro che nasce «Profezia», uno dei testi di *Poesia in forma di rosa* poi espunti per confluire in *Alì dagli occhi azzurri*. «Profezia» reca la seguente dedica: «A Jean-Paul Sartre, che mi ha raccontato la storia di Alì dagli Occhi Azzurri».[33] Alì dagli occhi azzurri è quasi certamente riferimento a un luogotenente di Alì La Pointe, realmente esistito, il cui nome è Mohamed Oudelha, detto Alì Z'yeux bleus:[34]

> Alì dagli Occhi Azzurri
> uno dei tanti figli di figli,
> scenderà da Algeri, su navi
> a vela e a remi. Saranno
> con lui migliaia di uomini
> coi corpicini e gli occhi
> di poveri cani dei padri
> sulle barche varate nei Regni della Fame.

«Profezia» è un calligramma a forma di croce che comprende puntuali riferimenti all'Algeria, come nel seguente passaggio:

> Da Crotone o Palmi saranno
> a Napoli, e da lì a Barcellona,
> a Salonicco e a Marsiglia,
> nelle Città della Malavita.
> Anime e angeli, topi e pidocchi,
> col germe della Storia Antica,
> voleranno davanti alle willaye.

31 Il saggio, uscito su rivista nel 1957, è poi confluito in *Critique de la raison dialectique* (Paris: Gallimard, 1960).

32 Walter Siti, Maria Careri, Annalisa Comes e Silvia De Laude, «Note e notizie sui testi», in Pasolini, *Tutte le poesie*, I, pp. 1455–1774 (p. 1751).

33 Pasolini, «Profezia», in Pasolini, *Tutte le poesie*, I, pp. 1285–91 (p. 1285).

34 «Ali Z'yeux bleus, alors le plus connu des lieutenants d'Ali la Pointe, que les opérations les plus violentes et les plus risquées pour le compte du FLN n'effrayaient pas comme on l'a vu, a été arrêté juste après "sur renseignement"»: così Benjamin Stora, *La guerre d'Algérie vue par les Algériens. Le temps des armes. Des origines à la bataille d'Alger*, prefazione di Mohammed Harbi, 2 voll. (Paris: Denoël, 2016), I, p. 439.

Le willaye sono suddivisioni amministrative dell'Algeria. La poesia continua:

> distruggeranno Roma
> e sulle sue rovine
> deporranno il germe
> della Storia Antica.
> Poi col Papa e ogni sacramento
> andranno come zingari
> su verso l'Ovest e il Nord
> con le bandiere rosse
> di Trotzky al vento…[35]

La questione algerina, richiamata attraverso la figura storica di Alì Z'yeux bleus, pone il problema, cruciale per Pasolini, della violenza rivoluzionaria. In questo calligramma, Alì è una sorta di trait d'union tra Cristo e Atena, come lei glaucopide; ma è un Cristo che anziché sacrificarsi, fa la rivoluzione, portando attraverso la violenza una nuova ragione, quella della negritudine, di cui Pasolini già parla in «La Guinea», e Sartre in «Orphée noir».[36]

Se «Profezia» dichiara la necessità di una assoluta sovversione della attuale condizione storica attraverso la violenza, modo unico per riconferire vitalità alla storia, Pasolini, con il mito algerino di Alì Z'yeux bleus, parrebbe riconoscere a Sartre di essere l'unico tra gli intellettuali ad avere la capacità di riflettere sulla violenza rivoluzionaria.[37]

35 Pasolini, «Profezia», pp. 1289–91.

36 Ma attenzione; fin da subito per Pasolini si tratta di una «Profezia» sbagliata, come dimostra l'avantesto: «Non posso andare avanti con questa profezia: e questa ammissione è l'ammissione di un errore, forse di un fallimento» («Note e notizie sui testi», in *Tutte le poesie*, I, p. 1748). Tanto sbagliata da escluderne il testo dalla seconda edizione di *Poesia in forma di rosa*, uscita ad aprile del 1964. Si può credere che per Pasolini uno degli elementi centrali dell'errore fosse non solo la realizzabilità stessa della profezia, ma anche il tema della violenza stesso, se l'autore nel 1962 su *Vie nuove* dichiarò: «sono anni che ripeto, su "Vie Nuove" che odio le armi e gli armati, che trovo stupida ogni forma di violenza, che considero ancora valido il metodo di lotta di Cristo, che è, oggi, quello di Gandhi: la non-violenza, la mitezza, la persuasione» (Pasolini, *I dialoghi*, p. 270).

37 Il tema della violenza è esplicitamente trattato in vari loci, in Sartre, non solo nei testi sulla decolonizzazione. «Aujourd'hui, toute violence, directement ou indirectement, vient du prolétariat qui nous rend ce que nous lui avons donné»: così per esempio Sartre, «Les communistes et la paix», in Sartre, *Situations*, VI: *Problemes du marxisme* (1964), pp. 80–384 (p. 143). Tuttavia, va specificato che la violenza cui fa riferimento Sartre è un elemento dialettico insito nella dimensione storica, e quindi situazionale: solo una trivializzazione inaccettabile può indurre a dire che Sartre incita alla violenza.

Il ruolo e la visione di Sartre, per Pasolini, dopo l'incontro parigino del 1962, risultano cambiati. La dedica di «Profezia», che pare quasi una domanda di primogenitura intellettuale, mostra un sorprendente cambiamento di prospettiva rispetto a «L'addio a Parigi».

Il riferimento alla violenza è di particolare importanza in un intellettuale fortemente attratto dal movimento non-violento, e andrà interpretato correttamente: c'è un Pasolini non-violento prima di «Profezia»[38] e ce n'è uno dopo; ma i due Pasolini sono in parte diversi, e questo probabilmente per aver fatto i conti con Sartre. Nel maggio del 1962, Pasolini ad esempio scrive: «La rassegnazione in quanto non-violenza, in quanto mitezza, può essere un'arma potentissima».[39]

A ideale continuazione di «Profezia», Pasolini in un altro testo dell'epoca di *Poesia in forma di rosa* scrive:

> i ragazzi, i prigionieri, i vergini,
> i contadini, i popoli perduti
> nel candore della barbarie,
> tutti coloro che vivono consacrati
> alla umiliante diversità,
> commetteranno violenza!
>
> Allora la vita comincerà.[40]

Si noti il riferimento ai contadini, da un lato, e alla barbarie, dall'altro: due motivi — strettamente imparentati con la figura di Rimbaud, che al tempo di Pasolini può rivivere solo nell'Africa di Sékou Touré — che diventano fondamentali in Pasolini, acquisendo, a partire da *Poesia in forma di rosa*, nuova significazione. La continuità ideologica rispetto a «Profezia», con la sua dedica a Sartre, è in ogni caso rimarchevole.

La questione della violenza rivoluzionaria era già stata posta anche in «La realtà»:

---

38 Pasolini nel 1960 scrive: «Io, per me, sono alieno dalla violenza: e spero, lo ripeto, che mai più si debba scendere in piazza, a morire. Noi abbiamo un potente mezzo di lotta: la forza della ragione, con la coerenza e la resistenza fisica e morale che essa dà. È con essa che dobbiamo lottare, senza perdere un colpo, senza desistere mai.» (Pasolini, *I dialoghi*, pp. 36–37).

39 *Ibid.*, p. 264.

40 Pasolini, «Monologo sugli Ebrei», in Pasolini, *Tutte le poesie*, I, pp. 1338–46 (p. 1346).

Solo un mare di sangue può salvare,
il mondo, dai suoi borghesi sogni destinati
a farne un luogo sempre più irreale!

Solo una rivoluzione che fa strage
di questi morti, può sconsacrarne il male!»
Questo può urlare, un profeta che non ha

la forza di uccidere una mosca — la cui forza
è nella sua degradante diversità.
Solo detto questo, o urlato, la mia sorte

si potrà liberare: e cominciare
il mio discorso sopra la realtà.[41]

La forza dell'intellettuale stava, qui, nella sua capacità di scandalizzare: ma non c'è traccia di un'idea di violenza come risposta postcoloniale.

5. Vale la pena allora di ricostruire le prese di posizione esplicite di Pasolini sul tema della guerra d'Algeria, collocandole sullo sfondo del vasto dibattito italiano e del rapporto stesso con Sartre.

Nel 1960, su «Tempo presente», compare una dichiarazione a sostegno del manifesto dei 121 in cui il nome di Pasolini non figura tra i firmatari benché vi sia quello di Moravia. Poco dopo, Pasolini partecipa a un'inchiesta su «Il contemporaneo», dove pubblica una «Testimonianza per i 121»;[42] mancato l'appuntamento con «Tempo presente», Pasolini prende posizione chiaramente su una sede più vicina al mondo comunista, scrivendo:

> In questo magma, proiettato verso un futuro cieco, affiora un fenomeno estremamente nitido e indubitabile. Il coraggio degli intellettuali francesi firmatari del manifesto. Uno fra gli episodi più belli e esaltanti degli ultimi anni. Appunto perché implica dubbi e contraddizioni: non è un bel gesto, pericoloso ma semplice, coraggioso ma ovvio. È, anzi, estremamente complicato. Il coraggio, questa volta, non è solo eroico, ma anche intellettuale. È frutto di una scelta

41 Pasolini, «La realtà», in Pasolini, *Tutte le poesie*, I, p. 1109–23 (p. 1123).

42 La dichiarazione di solidarietà con gli intellettuali francesi apparve con il titolo «Diritto alla resistenza», *Tempo presente* 5.11 (novembre 1960), pp. 785–88. La pasoliniana «Testimonianza per i 121» compare invece su *Il Contemporaneo*, 3 (ottobre-novembre 1960), pp. 30–31. In merito, si consulti Cesare Panizza, «Nicola Chiaromonte, "Tempo presente" e la 'crisi' della Francia», *Cahiers d'études italiennes*, 22 (2016), pp. 203–17.

> difficile, in cui pure non possono non permanere dei dubbi. E per questo tanto più ammirevole.[43]

La testimonianza (un testo sul ruolo degli intellettuali francesi riguardo all'Algeria) mostra tutta l'ambiguità con cui Pasolini vive la situazione: «io sono con tutto il cuore per gli algerini: sarei pronto ad assumermi qualsiasi responsabilità, in loro favore.» E immediatamente dopo: «Ma anche qui il problema non è semplice, se, com'è ben noto, in Algeria c'è un milione di francesi.»[44]

Nella «Testimonianza», Pasolini descrive la situazione attraverso due termini chiave: *contraddizione*, che ricorre in «L'addio a Parigi», e *magma*, che per Pasolini è categoria di natura stilistica. Per Pasolini, il magma è dato auerbachianamente dalla commistione di stili differenti, elaborati in epoche storiche diverse: un altro modo di pensare il non-contemporaneo. Nel caso della «Testimonianza per i 121», il magma parrebbe dato dalla commistione tra piani storici, la decolonizzazione incipiente accanto ai molteplici rigurgiti fascisti che l'Europa non ha liquidato. Era probabilmente il magma che consentiva di definire l'atteggiamento di Sartre come fascista in «L'addio a Parigi»: l'aereo consente di astrarsi dal magma per assurgere a una visione transtorica. Un anno prima, il fascismo era menzionato in opposizione a de Gaulle: «Sono nemico di De Gaulle, ma sono più nemico dei fascisti che manifestano contro di lui: come si possono avere contemporaneamente due oggetti concomitanti, e fra loro avversi, di odio?»[45]

Successivamente, su «L'Europa letteraria», Pasolini pubblica una dichiarazione con ancora al centro la questione algerina:

> Gli avvenimenti di Algeri e di Parigi sono angosciosi: non dimostrano affatto, mi pare, che «ogni ritorno fascista è destinato a fallire», ma che è in atto. I generali paras sono dei traditori che meritano la fucilazione: ma la soluzione De Gaulle è veramente molto migliore, a parte le simpatie che il De Gaulle della Resistenza si è riconquistato in questi giorni? Mettiamo insieme la Francia di De Gaulle, la Germania di Adenauer, la Spagna di Franco, il Portogallo di Salazar, l'Italia vaticana… Bella Europa! I residui fascisti non

43 Pasolini, «Testimonianza per i 121», in Pasolini, *Saggi sulla politica e sulla società*, a cura di Walter Siti e Silvia De Laude (Milano: Mondadori, 1999), pp. 738–39 (p. 739).

44 *Ibid.*

45 *Ibid.*, p. 738.

> hanno nessuna importanza: sono ormai del puro folclore: perché il fascismo non è più quello che è stato, l'arcaico fascismo di Mussolini e Hitler, che poteva andar bene contro la misteriosa Russia degli anni Trenta... Il neocapitalismo è meno stupido del capitalismo di allora.[46]

Il fascismo è l'orizzonte che insidia, come da tempo denunciato dal Sartre di «Une victoire», da vicino il senso dell'azione degli intellettuali borghesi europei. Sartre scriveva, ad esempio, nel 1958:

> Fascisme ? Anti-fascisme ? Ils n'ont pas d'opinion et personne ne leur a demandé d'en avoir une. Ils répondront mollement : « Oh ! le fascisme avec de Gaulle, c'est le moindre mal. » Et l'on ira fort loin dans cette direction : quel que soit le massacre ou la Saint-Barthélemy organisés par ces commandos, on pourra toujours affirmer que les choses auraient été pires si de Gaulle s'était retiré.[47]

Ma Pasolini opera un'equazione tra neocapitalismo e nuove incarnazioni del fascismo che prelude al discorso sul nuovo fascismo della sua ultima fase. Questo apporto originale di Pasolini — un Sartre corretto con un po' di Adorno, ma nel 1962 — è probabilmente debitore delle riflessioni di Sartre sulla falsa coscienza del francese rispetto alla guerra in Algeria:

> D'autre part, un fascisme ou pseudo-fascisme français constituera un tel danger international qu'il n'aura aucune chance de durer. La première chose que penseront les Américains, c'est que l'inévitable contrecoup populaire amènera le Front Populaire et la victoire des communistes. Ils chercheront à se débarrasser du Gouvernement fasciste le plus rapidement possible, avant qu'il soit renversé par une lame de fond populaire. Il est même à souhaiter qu'ils ne nous escamotent pas les chances d'une vraie démocratie.[48]

La dedica di «Profezia» a Sartre, successiva a «L'addio a Parigi», mostra allora un riposizionamento riguardo all'intellettuale francese, in particolare sui temi del fascismo e della violenza (ma forse anche un rapporto in qualche modo antagonistico, come si evincerà dal trattamento del concetto di negritudine).

---

46 Pasolini, «Mettiamo insieme...», in Pasolini, *Saggi sulla politica e sulla società*, p. 740.

47 Jean-Paul Sartre, « Les grenouilles demandent un roi », in Sartre, *Situations*, v, pp. 113–44 (p. 139).

48 Jean-Paul Sartre, « L'analyse du referendum », in Sartre, *Situations*, v, pp. 145–59 (pp. 158–59).

In sintesi: nel passaggio dal 1960 al 1961, Pasolini reinterpreta in senso maggiormente autoritario la figura di de Gaulle, profilando l'ipotesi di un nuovo fascismo; nei suoi testi poetici, d'altro canto, tra il 1962 e il 1963, prendendo in esame il problema della decolonizzazione algerina, introduce la questione della violenza come risposta alle varie incarnazioni storiche di fascismo, colonialismo e neocapitalismo. Si nota, in questo senso, un salto concettuale estremo tra «L'addio a Parigi» e «Profezia». La violenza si è trasformata infatti – per lo meno poeticamente – in una risposta disperata al magma storico (proprio mentre Pasolini dichiara di essere tornato «tout court al magma» estetico).[49] Il laboratorio di questa serie di passaggi concettuali emerge in un saggio del 1961 dal titolo «La Resistenza negra».

Se il discorso sulla violenza, per quanto riguarda le poesie degli anni 1962–1963, può essere ricondotto anche, come vedremo, al primo capitolo di *Les Damnés de la terre*, in «La Resistenza negra», redatto prima dell'uscita del libro di Fanon e fortemente marcato dal mito della Resistenza e della lotta materiale, evocati anche da Sartre,[50] Pasolini sembra riprendere alcuni passaggi argomentativi di Sartre in «Orfeo negro», nel tentativo di un superamento dialettico.

«La Resistenza negra» sembra porsi in dialogo con Sartre nella misura in cui questi registra nella lotta politica decoloniale l'orizzonte che giustifica il recupero delle antiche piattaforme stilistiche avanguardiste, in Europa altrimenti irricevibili. Sartre scrive: «Le dernier d'entre ces mythes, ce fameux "grand soir", a reculé devant les nécessités de la lutte.»[51] Pasolini, dal canto suo, scrive: «L'appoggio alla loro lotta non deve essere solo sentimentale o tattico: un momento "fiancheggiatore" della generale lotta politica: deve essere, ora, io credo, il momento centrale di tale lotta.» E poi continua:

---

49 «In questo magma»: così inizia, come si è visto, la pasoliniana «Testimonianza per i 121», p. 739, a designare un magma storico. D'altro canto, in *Poesia in forma di rosa*, si legge: «Sono tornato tout court al magma! | Il Neo-capitalismo ha vinto» (Pasolini, «Una disperata vitalità», in Pasolini, *Tutte le poesie*, I, p. 1187). Con l'espressione «magma», Pasolini si riferisce in questo caso all'abbandono della terzina per stilemi più neo-sperimentali.

50 « Pour une fois au moins, le plus authentique projet révolutionnaire et la poésie la plus pure sortent de la même source » : Sartre, « Orphée noir », in Sartre, *Situations*, III : *Lendemains de guerre* (1947), pp. 229–86 (p. 285).

51 *Ibid.*, p. 234.

> Se l'integrazione figurale richiesta da ogni poeta è però una lotta come lotta, una lotta indiscussa, ontologica, insostituibile, inderogabile, accadente, s'intende che l'allusività di questa poesia è insieme troppo vecchia e troppo generica. La Resistenza — appunto perché soprattutto azione — non produce, neanche qui — come in Italia, come in Europa negli anni Quaranta — un prodotto culturalmente autonomo. Si tratta quasi sempre di un ibrido, di una contaminazione culturale. La reale cultura di ogni Resistenza, pare consistere in quel tanto di significativo che essa pone a integrare, direi quasi nella lettera, ogni poesia: cioè il suo stesso esserci, e, naturalmente, il suo grande futuro.[52]

Il tema per entrambi è la lotta poetica, come sublimazione e complemento della violenza rivoluzionaria. Resistenza e rivoluzione sono il completamento storico della violenza formale insita nel discorso surrealista o avanguardista: senza quelle, gli stilemi d'avanguardia perdono di senso, diventano ridicoli. Sartre, dal canto suo scrive:

> à chaque époque sa poésie; à chaque époque, les circonstances de l'histoire élisent une nation, une race, une classe pour reprendre le flambeau, en créant des situations qui ne peuvent s'exprimer ou se dépasser que par la Poésie; et tantòt l'élan poétique coïncide avec l'élan révolutionnaire et tantòt ils divergent.[53]

Ma la «Négritude» è per Sartre

> triomphe du Narcissisme et suicide de Narcisse, tension de l'âme au-delà de la culture, des mots et de tous les faits psychiques, nuit lumineuse du non-savoir, choix délibéré de l'impossible et de ce que Bataille nomme le "supplice", acceptation intuitive du monde et refus du monde au nom de la "loi du cœur", double postulation contradictoire, rétraction revendicante, expansion de générosité, [elle] est, en son essence, Poésie.[54]

In quanto tale, non è quindi razionalizzabile nella sua differenza, mentre per Pasolini la «Negritudine [...] sarà ragione» proprio attraverso il passaggio agli strumenti della democrazia parlamentare secondo un

---

52 Pasolini, «La Resistenza negra», in Pasolini, *Saggi sulla letteratura e sull'arte*, a cura di Walter Siti e Silvia De Laude, 2 voll. (Milano: Mondadori, 1999), II, p. 2344–55 (p. 2345).

53 Sartre, « Orphée noir », p. 285.

54 *Ibid.*

cammino del tutto analogo a quello accaduto in Europa.[55] Pasolini insomma registra una sconcordanza tra il piano storico su cui si pongono gli strumenti estetici della Negritudine e quelli politici, laddove Sartre sembra sottolinearne l'irriducibilità alle nostre stesse categorie storiche.

I riferimenti al fascismo, alla Resistenza e alla violenza che punteggeranno di lì a poco l'opera di Pasolini in questa fase storica possono trovare un valido reagente e, a volte, un riscontro intertestuale positivo nella posizione di Sartre sulla poesia nella decolonizzazione e sull'Algeria. A partire dal Sartre che riflette sulla decolonizzazione, Pasolini si interroga sulla questione della lotta politica, imparando a vedere nella borghese assenza di lotta una testimonianza di falsa coscienza che giustifica l'equivalenza tra borghesia intellettuale e fascismo. Ma rispetto alla piattaforma ideologica desumibile da «Orphée noir», parrebbe essere stato Fanon a offrire a Pasolini ulteriori elementi di riflessione.

6. Si ritorni all'incipit di «Profezia»: «Era nel mondo un figlio | e un giorno andò in Calabria.» Più oltre: «Alì dagli Occhi Azzurri | uno dei tanti figli di figli | scenderà da Algeri su navi a vela e a remi.» È difficile capire perché Pasolini definisca «figlio» e addirittura «figlio di figli» questo personaggio. Certo Pasolini ha cominciato a riflettere sul suo ruolo anagrafico, sul tema di padri e figli.[56] Tutto ciò pone la figura di Alì su un piano molto diverso dal proprio; ma la tematizzazione così esplicita del suo ruolo di «figlio di figli» impersonato da Alì in incipit pare legata a una dimensione tanto idiolettale da risultare opaca per il lettore. Bisogna dunque cercare dei riscontri intertestuali.

Se si prende in esame il testo che Sartre pone a prefazione di *I dannati della terra* di Fanon, si può trovare qualche *point de repère*. Si veda un passaggio come il seguente:

55 «Non si sfugge, lo so. La Negritudine | è in questi prati bianchi, tra i covoni | dei mezzadri, nella solitudine | delle piazzette, nel patrimonio | dei grandi stili della nostra storia. | La Negritudine, dico, che sarà ragione» (Pasolini, «La Guinea», in Pasolini, *Tutte le poesie*, I, pp. 1085–92 (p. 1092)). Pasolini in questa poesia riprende il riferimento al bianco, in Sartre usato come metafora della senilità della cultura occidentale, per alludere all'uscita dalla preistoria testimoniata dai primi documenti scritti del volgare medievale come l'indovinello veronese.

56 Su padri e figli in Pasolini si veda, tra l'altro Francesco Chianese, *"Mio padre si sta facendo un individuo problematico": padri e figli nell'ultimo Pasolini (1966–75)* (Milano-Udine: Mimesis, 2018).

> Trois générations ? Dès la seconde, à peine ouvraient-ils les yeux, les fils ont vu battre leurs pères. En termes de psychiatrie, les voilà « traumatisés ». Pour la vie. Mais ces agressions sans cesse renouvelées, loin de les porter à se soumettre, les jettent dans une contradiction insupportable dont l'Européen, tôt ou tard, fera les frais. Après cela, qu'on les dresse à leur tour, qu'on leur apprenne la honte, la douleur et la faim : on ne suscitera dans leurs corps qu'une rage volcanique dont la puissance est égale à celle de la pression qui s'exerce sur eux.[57]

Si noti oltre al riferimento ai figli, anche la presenza della parola *rabbia (rage)*, cui Pasolini consacrerà il suo documentario del 1963, in cui la guerra d'Algeria ha un ruolo fondamentale. Ma più avanti: «Nous avons été les semeurs de vent; la tempête, c'est lui. Fils de la violence, il puise en elle à chaque instant son humanité: nous étions hommes à ses dépens, il se fait homme aux nôtres. Un autre homme: de meilleure qualité.»[58] Oltre al motivo del figlio, e di tre generazioni di individui destinati a restare figli a causa del trauma, si registra anche quello della violenza: strettamente intrecciati, gli stessi ritornano nel testo di Pasolini, autore per il quale il sottoproletariato, fino all'inizio degli anni Sessanta, andava visto esclusivamente in una sorta di cristologica vocazione al sacrificio. Se poi si scorrono le pagine del testo di Fanon, che in Italia esce nel 1962, ma che Pasolini avrebbe potuto già sfogliare alla fine del 1961 nelle sue visite in Francia, si legge un passaggio come il seguente:

> La violence assumée permet à la fois aux égarés et aux proscrits du groupe de revenir, de retrouver leur place, de réintégrer. La violence est ainsi comprise comme la médiation royale. L'homme colonisé se libère dans et par la violence. Cette praxis illumine l'agent parce qu'elle lui indique les moyens et la fin. La poésie de Césaire prend dans la perspective précise de la violence une signification prophétique.[59]

Non è forse un caso che un testo in cui Pasolini inserisce in modo così abnorme la questione della violenza si intitoli «Profezia». Ed è in un fitto dialogo con Sartre e Fanon che Pasolini mette in relazione alla

---

57 Jean-Paul Sartre, « Les Damnés de la terre », in Sartre, *Situations*, v, pp. 167–93 (p. 178).

58 *Ibid.*, p. 185.

59 Frantz Fanon, « De la violence », in Fanon, *Les Damnés de la terre* (Paris : La decouverte, 2002), p. 83. La prima edizione del libro è del 1961.

piattaforma ideologica del panmeridionalismo anche un corollario di violenza.

Solo a partire dagli anni Sessanta Pasolini mette pienamente al centro del cambiamento del mondo il sottoproletariato contadino, anche qui verosimilmente, sulla scorta di Sartre, che scriveva nella *Prefazione* ai *Dannati della terra*:

> tous doivent s'aligner sur les positions des masses rurales, véritable réservoir de l'Armée nationale et révolutionnaire ; dans ces contrées dont le colonialisme a délibérément stoppé le développement, la paysannerie, quand elle se révolte apparaît très vite comme la classe radicale : elle connaît l'oppression nue, elle en souffre beaucoup plus que les travailleurs des villes et pour l'empêcher de mourir de faim, il ne faut rien de moins qu'un éclatement de toutes les structures.[60]

Pasolini affermerà qualche anno più tardi:

> Ora, a questo punto della storia, la classe contadina si sta risvegliando dappertutto. Sono stati i contadini a fare le rivoluzioni, sono diventati loro i protagonisti di uno dei massimi eventi della storia contemporanea: l'emergere del Terzo Mondo. Anche la fascia contadina italiana sta diventando rivoluzionaria.[61]

Pasolini intesse quindi attorno alla guerra d'Algeria un dialogo con Sartre che denota più punti di incontro ma anche momenti di dissociazione. La partita decisiva si gioca appunto sul tema della violenza.

Nel 1965, Pasolini scriverà:

> Quanto alla Francia, in questa come tutte le nazioni «opulente» del Nord Europa, non c'è soluzione di continuità da Rimbaud o Flaubert in poi: non si è mai avuta una rivoluzione critica, nemmeno di generazione. La concatenazione dei modi letterari non è stata mai interrotta. La gerarchia dei valori è sempre stata la stessa, e nessuna divisione, né fittizia né reale ha mai discriminato il pantheon francese. Non si è avuta una vera e propria letteratura dell'impegno (la Resistenza ha dato delle opere, spesso stupende, ma legate stilisticamente alla tradizione recente): alla continua e geniale presenza saggistica di Sartre non si è aggiunta una produzione così rilevante da costituire un nuovo periodo letterario: l'engagement è stato quasi esclusivamente saggistico, non creativo ecc. Nella testa di un giovane uomo di cultura marxista francese non esiste un canone morale

---

60 Sartre, « Les Damnés de la terre », pp. 171–72.

61 Pier Paolo Pasolini, *Pasolini su Pasolini. Conversazioni con Jon Halliday* [1968–1971], in Pasolini, *Saggi sulla politica e sulla società*, pp. 1283–1399 (p. 1297).

> di scelta letteraria: nel suo pantheon c'è Sartre vicino a Mauriac, *Tel Quel* vicino a *Clarté*: gli odi e le avversioni avvengono tutti prima dell'operazione letteraria, in sede saggistica o ideologica.[62]

Nel Pantheon: ancora una volta una allusione alla dimensione mortuaria che caratterizza anche la figura di Sartre, stavolta ridotto a mera icona, in un certo senso. Questa scena troverà poi una realizzazione nella sceneggiatura di *Uccellacci e uccellini*.[63] Pasolini continua:

> D'altra parte, se un fanatico in nome di una condanna ideologica mutuata dalle ricerche italiane degli anni Cinquanta, volesse fare piazza pulita, svuoterebbe il pantheon, che diverrebbe tout court una basilica dedicata a san Sartre e alle sue costellazioni. Il marxismo francese non ha espresso una forza culturale media che esercitasse una critica rivoluzionaria rispetto alla cultura precedente al marxismo. Forse perché in Francia non c'era possibilità di scandalo: e nulla si pone scandalosamente in rapporto dialettico col liberalismo francese.[64]

Pasolini sembra chiosare, all'interno delle *Poesie marxiste*, in un testo dedicato a una prosopopea di Sartre: «È necessario che gli scandali avvengano, ma io non mi scandalizzo.» Poco oltre: «E inoltre (aggiunge il dolce uomo che non si scandalizza [...]) non c'è la critica al marxismo.»[65] Il passaggio riecheggia le frasi pronunciate da Sartre in un dialogo tra Sartre e Pasolini che Maria Antonietta Macciocchi pubblicò sull'Unità del 1964: «il razionalismo francese manca di una critica del razionalismo, così come non esiste una critica del marxismo.»[66] È tuttavia assente nel testo di Macciocchi il riferimento allo scandalo; e si tratta di un elemento cruciale. Anche perché contestare a Sartre la sua imbalsamazione è tanto ingiusto quanto definirlo fascista, soprattutto se si pensa allo scandalo che proprio le sue posizioni sulla decolonizzazione avevano suscitato.[67]

---

62 Pasolini, *I dialoghi*, p. 416.

63 Pasolini, *Uccellacci e uccellini*, in Pasolini, *Per il cinema*, I, p. 681.

64 Pasolini, *I dialoghi*, pp. 416–17.

65 Pasolini, «Poesia in forma di polemica», in Pasolini, *Tutte le poesie*, II, pp. 975–77 (p. 977).

66 Maria A. Macciocchi, «Cristo e il marxismo», *L'Unità*, 22 dicembre 1964, p. 3. Il testo costituisce la trascrizione di un dialogo tra Sartre e Pasolini.

67 Sulla capacità di Sartre di suscitare scandalo, si veda l'utile libro di Iside Gjergji, *"Uccidete Sartre!". Anticolonialismo e antirazzismo di un revenant. Con quattro scritti di Jean-Paul Sartre* (Verona: ombre corte, 2018).

Nei *Dannati della terra* Fanon scrive:

> Car la violence, et c'est là le scandale, peut constituer, en tant que méthode, le mot d'ordre d'un parti politique. Des cadres peuvent appeler le peuple à la lutte armée. Il faut réfléchir à cette problématique de la violence. Que le militarisme allemand décide de régler ses problèmes de frontières par la force ne nous surprend point, mais que le peuple angolais, par exemple, décide de prendre les armes, que le peuple algérien rejette toute méthode qui ne soit pas violente, prouve que quelque chose s'est passé ou est en train de se passer.[68]

Lo stesso Sartre: «Par cette raison, son livre est scandaleux.»[69]

Che Pasolini abbia deciso, nel 1965, di ignorare e cancellare lo scandalo della violenza destato dalle parole di Sartre su Fanon, è estremamente significativo. Sartre era stato scandaloso; il problema è che è lo stesso Pasolini a sembrare incapace di suscitare scandalo in lui. Pasolini sembra riflettere sul fatto che sia possibile gettare scandalo senza bisogno di ricorrere alla violenza. Anzi: in una società senza scandalo come quella francese, proprio quella soluzione nonviolenta che Pasolini non può davvero abbandonare, risulta in qualche modo impraticabile; lo scandalo per Pasolini deve essere un sostituto, un'alternativa alla violenza, non generato dalla violenza stessa.

Nel 1962, Pasolini aveva scritto nelle «Poesie mondane»:

> Ho pietà per i giovani fascisti,
> e ai vecchi, che considero forme
> del più orribile male, oppongo
> solo la violenza della ragione.
> Passivo come un uccello che vede
> tutto, volando, e si porta in cuore
> nel volo in cielo la coscienza
> che non perdona.[70]

Questa passività — quella dei nonviolenti condannati da Sartre — è un punto di particolare distanziamento ideologico da Sartre. Scrive Sartre:

> si la violence avait commencé ce soir, si l'exploitation ni l'oppression n'avaient jamais existé sur terre, peut-être la non-violence affichée

68 Fanon, *Les Damnés de la terre*, p. 72.

69 Sartre, «Les Damnés de la terre», p. 170.

70 Pasolini, «Poesie mondane», in Pasolini, *Tutte le poesie*, I, pp. 1093–1101 (p. 1101).

pourrait apaiser la querelle. Mais si le régime tout entier et jusqu'à vos non violentes pensées sont condition nées par une oppression millénaire, votre passivité ne sert qu'à vous ranger du côté des oppresseurs.[71]

Pasolini sottolinea, in «Vittoria», un titolo come si è già detto significativamente sartriano:

LA RIVOLUZIONE DIVENTA ARIDITÀ
S'È SENZA MAI VITTORIA… che forse non è tardi
per chi vuol vincere, ma non con la violenza
delle vecchie, disperate armi…[72]

«Non con la violenza | delle vecchie, disperate armi»: la riflessione sulla violenza rivoluzionaria che pare avviata sulla scorta di Sartre sembra essere approdata al suo rifiuto, in un tentativo di confutazione. «Vittoria» si chiude sull'immagine dei partigiani redivivi che fuggono di nuovo via verso le montagne, imbracciando lo sten: letteralmente si portano via la violenza. Il testo si chiude con la seguente frase: «Eppure è un giorno di vittoria.»[73] Lo spazio della violenza torna per Pasolini impraticabile, persino nei sogni, e questo è per lui un aspetto della vittoria. Nel frattempo, la metrica mostra un ritorno all'ordine, abbandonando il magma, riprendendo volontaristicamente la terzina.

Attorno alla questione della violenza rivoluzionaria Pasolini conduce tra il 1962 e il 1963 tutta una riflessione: «L'addio a Parigi» si situa allora a monte di questa riflessione mentre «Vittoria» si situa a valle; ma l'esito è comunque il rifiuto della possibilità della violenza rivoluzionaria come risposta al fascismo sopravvivente nella nostra cultura; non a caso, in un frammento di un altro testo, Pasolini parlerà di «un falso dilemma tra la Rivoluzione e un'Entità | che vien detta Centrosinistra — con rossore dei Linguisti…»[74]

Questo rifiuto della violenza si produce attraversando Sartre, che determina un parziale cambiamento di prospettiva. Nel 1961 Sartre poteva essere dichiarato fascista; nel 1965 è diventato «San Sartre»:

---

71 Sartre, « Les Damnés de la terre », p. 187.

72 Pasolini, «Vittoria», in Pasolini, *Tutte le poesie*, I, pp. 1259–70 (p. 1267).

73 *Ibid.*, p. 1268.

74 Pasolini, «Progetto di opere future», in Pasolini, *Tutte le poesie*, I, pp. 1245–56 (p. 1256).

un intellettuale, intoccabile, anche dallo stesso Pasolini, ma una figura da Pantheon, imbalsamata. Tuttavia, non poteva più rappresentare «l'intellettuale laico parigino»; forse per questo in *Uccellacci e uccellini* l'episodio francese non realizzato dedicato all'aquila attribuirà questo ruolo a un semplice Cournot. L'aver parlato di violenza, la sua incapacità di scandalizzarsi, avevano reso Sartre un morto:

> I "Grandi" di Francia, statue o ritratti, o litografie o stampe che siano, sono allineati lungo le pareti del Pantheon: Sartre accanto a Mauriac, Camus accanto a Claudel eccetera, secondo l'ordine di prestigio e di successo. Soffia il vento lontano e vivo sulle loro facce presenti e morte.[75]

Sartre morto in vita: l'intellettuale francese esprime la capacità della Francia di sospendere il tempo, e la sua capacità di problematizzare il rapporto tra dimensione istoriale del discorso estetico e di quello politico, ma anche la sua incapacità di produrre il nuovo a livello di sintesi politico-estetica; un nuovo che dovrebbe destare scandalo, ma senza violenza.

Dietro la riflessione pasoliniana sulla violenza attorno a Sartre, materiata in «L'addio a Parigi», in «Profezia», in *Uccellacci e uccellini* (episodio «Uomo bianco»), c'è allora il passaggio dalla speranza di aver individuato in un intellettuale la voce capace di far saltare il continuum della storia alla rassegnazione di fronte a questa impossibilità.

---

75 Pasolini, *Uccellacci e uccellini*, p. 681.

La morte al futuro

ANDREA CORTELLESSA

«La fotografia mi dice la morte al futuro». Quando Roland Barthes scrive questa frase, nella *Camera chiara*, sta parlando di una fotografia in particolare (vedi figura 1): quella fatta nel 1865 a un giovane reduce della Guerra di Secessione, Lewis Powell, che aveva tentato di uccidere il Segretario di Stato americano William H. Seward la stessa sera dell'assassinio del Presidente Lincoln da parte di un altro ex soldato della Confederazione, e ripreso da Alexander Gardner mentre, seduto con le mani in ceppi, attende l'impiccagione con un ineffabile sguardo in camera.

Barthes è colpito dal cortocircuito temporale istituito da questa immagine: se ogni foto congela un istante della *vita al passato* in quello che lui definisce il «noema» della fotografia in generale, cioè «*è stato*»,[1] in questo caso tale passato incontrovertibile coincide con un non meno inevitabile futuro: «Io leggo nello stesso tempo: *questo sarà* e *questo è stato*; osservo con orrore un futuro anteriore di cui la morte è la posta in gioco. Dandomi il passato assoluto della posa (aoristo), la fotografia mi dice la morte al futuro. Ciò che mi punge, è la scoperta di questa equivalenza. Davanti alla foto di mia madre bambina, mi dico: sta per morire: come lo psicotico di Donald W. Winnicott, io fremo *per*

1 Roland Barthes, *La camera chiara* [1980], trad. Renzo Guidieri (Torino: Einaudi, 1980), p. 78.

una catastrofe che è già accaduta. Che il soggetto ritratto sia o non sia già morto, ogni fotografia è appunto tale catastrofe».[2]

Come in altre pagine del libro-testamento del 1980, Barthes gioca come si vede con l'ambiguità — consentita tanto dalla lingua francese che da quella italiana — tra «la fotografia» in particolare, intesa cioè come singola e individuata immagine (nella fattispecie quella del bel giovane che fissa con occhi di ghiaccio l'orizzonte della propria morte), e «la fotografia» in generale, intesa invece come genere del discorso visivo, disciplina tecnica e logica testuale. In entrambi i sensi *la fotografia mi dice della morte al futuro*: come diventa esplicito quando Barthes paragona la foto del condannato a morte a quella della *madre bambina*. Cioè l'«immagine fantasma» del Giardino d'Inverno di Chennevières che della *Camera chiara* — ha scritto di recente Emanuele Trevi — è insieme «la pietra di volta» e il vuoto centrale, la foto dalla quale tutto il monologo si diparte ma che, proprio per questo, nel testo non può essere mostrata: un'omissione che «forse è il collante invisibile della sua bellezza».[3]

Proprio la morte di sua madre Henriette, avvenuta il 25 ottobre 1977, aveva gettato Barthes in un lutto lancinante che segna, in un modo o nell'altro, tutta la sua ultima stagione e in particolare la sontuosa retorica funebre della *Camera chiara* (come ora sappiamo nel

---

2 *Ibid.*, p. 96. Per errore Barthes chiama «Payne», anziché Powell, il giovane fotografato da Gardner. Il riferimento a Donald W. Winnicott è al suo saggio «Fear of Breakdown: A Clinical Example», pubblicato nel 1974 (ma con data «1963») sulla *International Review of Psycho-Analysis*, 61 (1980), pp. 351–57 (trad. Luca Rosi e Manuela Trinci, *Il piccolo Hans*, 63 (autunno 1989), pp. 123–39). Un'anticipazione notevole di questa celebre formulazione barthesiana (anche se dal vettore affettivo poco meno che opposto) si trova in Sigfried Kracauer, «La fotografia» [1927], in *La massa come ornamento* [1963], trad. Maria Giovanna Amirante Pappalardo e Francesco Maione, presentazione di Remo Bodei (Napoli: Prismi, 1982), pp. 120–26: «Il costume della nonna che appare in fotografia sembra un residuo di cui ci si è liberati e che, tuttavia, resta lì fermo con le sue imbarazzanti pretese. Esso, come un cadavere, null'altro è che la somma degli elementi particolari che lo compongono, eppure reclama ancora la vita per sé [...]. Lo spettro è comico e, ad un tempo, terrificante. Una fotografia invecchiata non provoca soltanto il riso: essa rappresenta il passato. [...] La nonna ha davvero vissuto [...]. Oggi la stessa immagine vaga nel presente come il fantasma di una castellana. [...] Per la prima volta nella storia la fotografia porta alla luce nella sua interezza l'involucro naturale, per la prima volta attraverso di essa il mondo dei morti si manifesta nella sua indipendenza dall'uomo» (pp. 120–21 e 26).

3 Emanuele Trevi, «Edipo imbranato», prefazione a Hervé Guibert, *L'immagine fantasma* [1981], trad. Matteo Martelli (Roma: Contrasto, 2021), pp. 5–15 (pp. 9–10).

dettaglio, quasi giorno per giorno, grazie alla pubblicazione postuma del suo *Journal du deuil*: la cui redazione procede in parallelo a quella della «nota sulla fotografia»).[4] È da questa immagine in particolare che Barthes trae il suo postulato fondamentale, secondo il quale «in ogni fotografia» si produce quel miracolo esaltante e spaventoso che è «il ritorno del morto»:[5] anche in questo caso, si capisce, vale l'ambiguità tra il valore specifico di una singola immagine decisiva e quello teorico, per non dire prescrittivo, da lui attribuito alla fotografia in generale. La «*mathesis singularis*»[6] del Barthes tardo, come la chiamava lui, derivava insomma — per dirla invece nei termini del Pasolini delle *Lettere luterane* — dalla sua «patente di intenditore in concreto»: cioè dall'esempio «privato e perciò concreto»[7] di uno specifico lutto, di uno specifico *ritorno del morto*.

Questa inversione (o meglio allucinatoria coincidenza) fra passato e futuro che in qualche misura sempre comporta la fotografia, quella che Barthes chiama la «vertigine del Tempo compresso»,[8] nel repertorio di Pasolini fa pensare a una fotografia in particolare che — in sintonia con un temperamento, il suo, sempre sopra le righe e comunque assai distante da quello introverso e malinconico di Barthes — anziché essere nascosta viene da lui viceversa ostesa, esposta in piena luce. È la foto di un Pasolini men che ventenne quella che ci guarda dalla copertina della prima edizione della *Nuova gioventù*, che

4 Cfr. Roland Barthes, *Dove lei non è. Diario di lutto* [testo del 1977–1979 pubblicato nel 2009], a cura di Nathalie Léger, trad. Valerio Magrelli (Torino: Einaudi, 2010).

5 Barthes, *La camera chiara*, p. 11.

6 *Ibid.*, p. 10.

7 Pier Paolo Pasolini, «Le mie proposte su scuola e Tv» [1975], in Pasolini, *Lettere luterane* (Torino: Einaudi, 1976); ora in Pasolini, *Saggi sulla politica e sulla società*, a cura di Walter Siti e Silvia De Laude (Milano: Mondadori, 1999), pp. 693–99 (p. 695). In questo che è il penultimo suo articolo uscito sul «Corriere della Sera» prima della morte, il 29 ottobre 1975 (col titolo «E se abolissimo davvero la scuola media?»), Pasolini fra l'altro polemizza con Alberto Moravia rivendicando appunto tale «patente»; «ottenuta attraverso il *suo* modo di esistenza, che *gli* ha offerto l'occasione di guardare in faccia centinaia di volte per centinaia di sere i protagonisti delle centinaia di episodi che prefigurano casi estremi e tragici come quelli del Circeo e di Cinecittà» (a Cinecittà, quel mese, si era prodotto un nuovo caso di violenza urbana — dalle conseguenze meno tragiche di quello del Circeo — di cui, a differenza di quello del mese precedente, si erano resi responsabili dei ragazzi del proletariato suburbano). Il giorno dopo, 30 ottobre, esce (col titolo «Delitto in Europa») la più nota «Lettera luterana a Italo Calvino», ancora sui fatti del Circeo.

8 Barthes, *La camera chiara*, p. 96.

esce da Einaudi a maggio del '75. Quando licenzia quella che resterà la sua ultima raccolta poetica, Pasolini non può sapere (a dispetto di quanto s'è affermato)[9] che quello sarebbe stato il suo ultimo anno di vita. Ma tutto lascia pensare che considerasse *La nuova gioventù*, in ogni caso, la sua ultima raccolta: un congedo dalla poesia in versi che — a cavallo delle mille avventure, letterarie e non, e malgrado ricorrenti crisi di rigetto — sempre era stata la passion predominante, sua croce e delizia. Ricollegandosi alla presa di parola aurorale, le *Poesie a Casarsa* del 1942 rielaborate dodici anni dopo col titolo *La meglio gioventù*, il nuovo libro si comporta, col vecchio, come una camera oscura: la sua prima parte riproduce le poesie *d'antan*, scritte allora in un preziosistico dialetto friulano d'invenzione, mentre la seconda le ripete a specchio rovesciato storpiandole in una palinodia che, scriverà Andrea Zanzotto, «è un ricamminare sopra *La meglio gioventù*, anche calpestandola».[10] Se quello antico era il libro dei vent'anni, animati da una giovinezza malinconica ma fervida, questo nuovo è il libro della mezza età, che quelle illusioni sconcia e irride con «tetro entusiasmo» (questo il titolo, desunto da Dostoevskij, delle ultime poesie aggiunte in coda).

Di questa strategia autodistruttiva fa parte anche la copertina del libro con l'immagine risalente giusto agli anni di *Poesie a Casarsa*: la fototessera di un Pasolini ventenne in divisa militare, i tratti concentrati e confidenti, con tanto di timbro dell'ufficio che quel documento aveva rilasciato. È un «rimando a un autore che ormai non è più così», ha scritto Marco Antonio Bazzocchi,[11] e che presenta quella giovinezza come un reperto *ingiallito*: quasi un fossile antidiluviano. In una poesia

9 Alludo alle ripetute pubblicazioni in tal senso di uno degli amici più cari di Pasolini, il pittore Giuseppe Zigaina, susseguitesi a partire dal 1987 (*Pasolini e la morte. Mito, alchimia e semantica del «nulla lucente»*, edito da Marsilio; una sintesi si legge in traduzione inglese, col titolo «Pasolini and Death: a Purely Intellectual Thriller», in *PPP: Pier Paolo Pasolini and Death*, a cura di Bernhard Schwenk e Michael Semff (München: Hatje Canz, 2005), pp. 25–40). Ma quello che Zigaina ha tentato di sistematizzare in un minuziosissimo racconto indiziario era un luogo comune che circolò da subito dopo la morte di Pasolini, e se è per questo circola tuttora.

10 Andrea Zanzotto, «Pasolini poeta» [1980], in Zanzotto, *Aure e disincanti nel Novecento letterario* (Milano: Mondadori, 1994); ora in Zanzotto, *Scritti sulla letteratura*, a cura di Gian Mario Villalta, 2 voll. (Milano: Mondadori, 2001), II, pp. 153–60 (p. 159).

11 Marco Antonio Bazzocchi, *Esposizioni. Pasolini, Foucault e l'esercizio della verità* (Bologna: il Mulino, 2017), p. 132. Si veda anche il ragionamento più ampio, dello stesso Bazzocchi, in «Sopravvivere per ingiallire. Nota sul colore dell'ultimo Pasolini», in

scartata dal libro, così commenta l'immagine Pasolini: «I mi met in posa. Un, doi, tre, via! | Un poeta al vuarda zovin il mond | dal fond di na fotografia. | E da lajù al parla clar e tond».[12] Al modo in cui Barthes, al *fondo* di quella *fotografia* d'un secolo prima, contempla il destino di morte imminente del giovane congiurato, di fronte a questa immagine è impossibile non pensare alla non meno traumatica morte che toccherà, di lì a pochi mesi, allo stesso Pasolini.

Non sarà però, questa in copertina alla *Nuova gioventù*, l'ultima sua «azione complessa» (per mutuare l'espressione con la quale si riferiva alle proprie lugubri e allusive messe in scena l'amico Fabio Mauri)[13] che coinvolgerà la fotografia: *medium* al quale Pasolini, sino a questa sua ultima e straordinaria stagione *expanded*, per la verità aveva guardato in precedenza con circospezione (se non esplicita avversione). Poche settimane prima della morte, com'è noto, si farà riprendere da Dino Pedriali nei suoi due rifugi d'elezione, a Sabaudia e nella Torre di Chia, in una serie di scatti che non farà in tempo a vedere sviluppati ma che, stando al loro autore, aveva concepito quale «integrazione figurale»[14] del suo nuovo e magmatico non-romanzo in gestazione, *Petrolio*: al modo in cui la «poesia visiva» dell'«Iconografia ingiallita», come l'aveva intitolata, giusto in quel vulcanico '75 aveva posto

---

Vedere, Pasolini, a cura di Andrea Cortellessa e Silvia De Laude (Dueville: Ronzani, 2022), pp. 307–25.

12 Sono versi verosimilmente pensati per *La nuova gioventù*, ma rimasti infine fuori dall'ordinamento del 1975, e pubblicati nell'*Appendice a «La nuova gioventù»*, in Pier Paolo Pasolini, *Tutte le poesie*, a cura di Walter Siti, con un saggio di Fernando Bandini, 2 voll. (Milano: Mondadori, 2003), II, p. 523. Se ne veda il commento in Corinne Pontillo, *Di luce e di morte. Pier Paolo Pasolini e la fotografia*, prefazione di Marco Antonio Bazzocchi (Lentini: Duetredue, 2015), pp. 48–49.

13 La definizione di «azione complessa» si trova nel foglio di sala che accompagnava la messa in scena di *Che cosa è il fascismo* (alle cui prove — negli stabilimenti cinematografici Palatini di Roma dove si tenne l'«azione» il 2 aprile 1971 — assistette proprio Pasolini, come si vede in una fotografia di Elisabetta Catalano che a sua volta, più avanti, verrà da Mauri trasformata in una propria opera installativa): Fabio Mauri, *Scritti in mostra. L'avanguardia come zona 1958–2008*, a cura di Francesca Alfano Miglietti (Milano: il Saggiatore, 2008), p. 21.

14 L'espressione viene usata da Pasolini a partire dal 1958 (due anni dopo l'uscita da Einaudi dell'edizione italiana di *Mimesis* di Erich Auerbach dalla quale è desunta): cfr. Guido Santato, «Pasolini e Auerbach: tra "mescolanza degli stili" e "realismo creaturale"», in Santato, *Pasolini oggi. Studi e letture* (Rome: Carocci, 2024), pp. 53–68 (pp. 59–60). Ma, come spesso in Pasolini, muta di significato e di funzione nei suoi impieghi ulteriori. Rinvio al mio «Romanzi per figure», in *Vedere, Pasolini*, a cura di Cortellessa e De Laude, pp. 327–63 (pp. 338 sgg.).

capo a un altro scartafaccio da Pasolini destinato alla pubblicazione in forma incompiuta e frammentaria, ma che a differenza dell'altro fece in tempo a licenziare per le stampe, cioè *La Divina Mimesis.*[15]

Commentando nel 1987 le foto di Pedriali, Leonardo Sciascia evocherà il concetto aristotelico di «entelechia», aggiungendo a mo' di glossa: «un uomo che muore tragicamente è, in ogni punto della sua vita, un uomo che morirà tragicamente».[16] E una giovane studiosa siciliana alla quale si deve uno studio pionieristico quanto prezioso sul rapporto di Pasolini con la fotografia, Corinne Pontillo, ha accostato questa considerazione di Sciascia a un'altra celebre di Walter Benjamin, nella *Piccola storia della fotografia*, a commento di una foto di Karl Dauthendey: il suo autoritratto con la fidanzata che, qualche anno dopo le nozze, gli toccherà scoprire morta, nella loro camera da letto, con le vene dei polsi tagliate.

Scrive Benjamin che, con tale consapevolezza *a posteriori*, è impossibile per chi la osservi impedirsi di «cercare nell'immagine [...] il luogo invisibile in cui [...] si annida ancora oggi il futuro, e con tanta eloquenza che noi, guardandoci indietro, siamo ancora in grado di scoprirlo».[17] Non mancano, nell'opera di Benjamin, simili cortocircuiti: per esempio nel celebre saggio di qualche anno dopo sul *Narratore*, laddove afferma che «la morte è la sanzione di tutto ciò che il narratore può raccontare. Dalla morte egli attinge la sua autorità»; propriamente il narratore anzi non può che identificarsi col «morente»: è solo in

---

15 Cfr. Pier Paolo Pasolini, *La Divina Mimesis* [1975], in Pasolini, *Romanzi e racconti*, a cura di Walter Siti e Silvia De Laude, 2 voll. (Milano: Mondadori, 1998), II: *1961–1975*, pp. 1071–58 (p. 1071). Il titolo della riscrittura interrotta dell'*Inferno* dantesco, iniziata nel '63 ma licenziata solo alla vigilia della morte, aggiungendovi le fotografie dell'«Iconografia ingiallita», è ovviamente un omaggio all'opera critica di Auerbach; ma tanto la definizione di «poesia visiva» che il meccanismo iconopoetico adottato denotano piuttosto un'angoscia dell'influenza da parte della detestata Neoavanguardia (rinvio ad Andrea Cortellessa, «L'incubo dei Novissimi», *il verri*, 83 (ottobre 2023), pp. 89–96).

16 Leonardo Sciascia, «Il ritratto fotografico come entelechia» [1987], in Sciascia, *Fatti diversi di storia letteraria e civile* (Palermo: Sellerio, 1989); ora in *Opere*, a cura di Paolo Squillacioti, 2 voll. (Milano: Adelphi, 2019), II.2: *Inquisizioni. Memorie. Saggi; Saggi letterari, storici, civili* (2019), p. 1141. Il testo di Sciascia si legge anche in Sciascia, *Sulla fotografia*, a cura di Diego Mormorio (Milano-Udine: Mimesis, 2020), pp. 79–88.

17 Walter Benjamin, «Piccola storia della fotografia» [1931], in Benjamin, *Aura e choc. Saggi sulla teoria dei media*, a cura di Andrea Pinotti e Antonio Somaini (Torino: Einaudi, 2012), pp. 225–44 (pp. 229–30), citato in Corinne Pontillo, *Di luce e di morte. Pier Paolo Pasolini e la fotografia*, p. 178.

questa ricapitolazione conclusiva che «la saggezza dell'uomo, ma soprattutto la sua vita vissuta — che è la materia da cui nascono le storie — assume forma tramandabile».[18]

In effetti Sciascia confessa però che questa sua idea del «ritratto fotografico come entelechia» gli è venuta leggendo proprio *La camera chiara* di Barthes, e in particolare giusto le pagine su quella cruciale, *invisibile* fotografia di sua madre bambina (anche se la definizione filosofica l'aveva desunta, invece, dal *Libro degli amici* di Hugo von Hofmannsthal, il quale a sua volta citava uno scrittore suo contemporaneo, Moritz Heimann: «Un uomo che muore a trentacinque anni è in ciascun punto della sua vita un uomo che morrà a trentacinque anni. Questo è ciò che Goethe chiamava l'entelechia»).[19] Sciascia riconduce questa concezione del tempo, tutto concentrato in un punto nel quale s'incontrano presente, passato e futuro, a Sant'Agostino e a quello che resta sempre il suo riferimento-chiave, Borges; avrebbe anche potuto citare Dante quando nella profezia di Cacciaguida, nel XVII canto del *Paradiso*, viene evocato il «punto | a cui tutti li tempi sono presenti», o il Montale di *Satura* («Non c'è un unico tempo: ci sono molti nastri | che paralleli slittano | spesso in senso contrario e raramente | s'intersecano»), che peraltro probabilmente s'ispira a sua volta al Borges più "dantesco".[20]

---

18 Walter Benjamin, «Il narratore. Considerazioni sull'opera di Nicola Leskov» [1936], in Benjamin, *Angelus Novus. Saggi e frammenti*, a cura di Renato Solmi (Torino: Einaudi, 1963), pp. 247–74 (pp. 258–59). Un altro esempio di quest'uso "profetico" delle immagini fotografiche del passato lo ricorda Susan Sontag (in *Sulla fotografia. Realtà e immagine nella nostra società* [1977], trad. Ettore Capriolo (Torino: Einaudi, 1978), p. 144) in un passo del romanzo del 1935, *Invito a una decapitazione* di Vladimir Nabokov, nel quale al prigioniero Cincinnatus viene mostrato il «fotoroscopo» della bambina Emmie ritratta appena nata e poi, mediante foto-ritocchi e foto-montaggi con l'immagine di sua madre, quarantenne sul letto di morte: «una banale imitazione del lavorio del tempo» (cito dall'edizione tradotta da Margherita Crepax (Milano: Adelphi, 2004), p. 171).

19 Sciascia, «Il ritratto fotografico come entelechia», p. 1141 (la citazione da Hugo von Hofmannsthal, *Il libro degli amici* [1922], trad. Gabriella Bemporad (Milano: Adelphi, 1980), p. 19; Goethe aveva fatto suo il concetto aristotelico per esempio nella *Metamorfosi delle piante* del 1790, e ne discute più volte nelle *Conversazioni* con Johann Peter Eckermann, pubblicate postume fra il 1836 e il 1848).

20 Eugenio Montale, «Tempo e tempi», in Montale, *Satura* (Milano: Mondadori, 1971); ora in Montale, *L'opera in versi*, a cura di Rosanna Bettarini e Gianfranco Contini (Torino: Einaudi, 1980), p. 342. Il rinvio alla recensione di Montale alle *Altre inquisizioni di Borges*, di cinque anni precedente a questo suo componimento («Ipotesi di Borges»

Ma è in un altro autore che s'immagina distante tanto da Sciascia che da Pasolini, cioè lo psicoanalista-sciamano Ernst Bernhard, allievo degenere di Carl Gustav Jung e fra i tardi anni Quaranta e i primi Sessanta carismatico mentore di personaggi come Federico Fellini, Giacomo Debenedetti, Giorgio Manganelli e Amelia Rosselli, che si legge un fulminante paragone fra l'«entelechia», proprio (da lui accostata al concetto induista di karma), e il montaggio cinematografico: «se mi rappresento [...] il sorgere dell'entelechia così che il suo corso sia fissato come un film su una pellicola, allora essa, quando si manifesta (il film viene proiettato), è determinata»; mentre prima della proiezione «il corso nel tempo è libertà, per quanto a una considerazione temporale appaia determinato».[21] Pasolini non poteva conoscere questo passo nel 1967, quando alla mostra del cinema di Pesaro esponeva le geniali *Osservazioni sul piano-sequenza* cinque anni dopo raccolte in *Empirismo eretico* (dato che solo due anni dopo, nel '69, Adelphi pubblicherà postuma la *Mitobiografia* che raccoglie anche queste note di Bernhard datate 1943), ma non può non sorprendere la consonanza col celebre passo in cui scrive che «*la morte compie un fulmineo montaggio della nostra vita*», «facendo del nostro presente, infinito, instabile e incerto, e dunque linguisticamente non descrivibile, un passato chiaro, stabile, certo».[22]

Ma c'è anche un magnifico testo giovanile (che difficilmente a quell'altezza Pasolini poteva conoscere, tradotto da noi solo nel '73) di Barthes, la biografia critica dedicata a *Michelet*, nel quale splende un intero capitolo dedicato alla rappresentazione della morte da parte del

[1963], in Eugenio Montale, *Il secondo mestiere. Prose 1929–1979*, a cura di Giorgio Zampa, 2 voll. (Milano: Mondadori, 1996), II, pp. 2605–07 (p. 2606)) si deve a Riccardo Castellana nell'edizione a sua cura di *Satura*, con saggi di Romano Luperini e Franco Fortini (Milano: Mondadori, 2009), pp. 148–49. Per il *background* (anche) dantesco di questa concezione di Jorge Luis Borges si veda il suo saggio «L'ultimo sorriso di Beatrice», in Borges, *Nove saggi danteschi* [inedito degli anni Quaranta pubblicato nel 1982], a cura di Tommaso Scarano (Milano: Adelphi, 2001), pp. 97–104.

21 Ernst Bernhard, «Primi pensieri sistematici sull'entelechia» [testo inedito del 1943], in Bernhard, *Mitobiografia*, a cura di Hélène Erba-Tissot (Milano: Adelphi, 1969), pp. 20–33 (p. 27). Come annota la curatrice (ibid., p. 20), Bernhard desume il concetto da Aristotele, con la mediazione del suo commentatore Hans Driesch.

22 Pier Paolo Pasolini, «Osservazioni sul piano-sequenza» [1968], in Pasolini, *Empirismo eretico* (Milano: Garzanti, 1972); ora in Pasolini, *Saggi sulla letteratura e sull'arte*, a cura di Walter Siti e Silvia De Laude, 2 voll. (Milano: Mondadori, 1999), I, pp. 1555–61 (p. 1560).

grande storiografo: dove si legge fra l'altro che «la vita non è intelligibile se non quando la morte la provvede di un termine irremissibile», prendendo dunque il valore di «una rivelazione, quella che svincola, che libera la coerenza ultima di un destino» (col distinguo, però, che «sfortunatamente non tutte le morti godono della virtù rivelatrice che consente l'apparizione dello stile di un'esistenza»).[23] Non può non colpire, anche in questo caso, la vicinanza alla futura formula di *Empirismo eretico* — sulla «morte» che «compie un fulmineo montaggio della nostra vita»[24].

Ma è solo nel corso degli anni Sessanta che Pasolini si interessa da vicino al pensiero di Barthes: il quale diventa a quell'altezza addirittura, secondo Antonio Tricomi, il suo «maestro occulto»,[25] «prendendo il posto di quel primo padre» che nel decennio precedente era stato Gramsci.[26] Rovesciando il punto di vista, c'è da dire che è stato soprattutto dopo il trauma della sua morte che Barthes ha guardato a Pasolini come a uno specchio: deformante magari ma, proprio per questo, in potenza rivelatorio. A parte la problematica, imbarazzata non-stroncatura di *Salò* del giugno '76,[27] a riassumere bene il senso di quello che Pasolini significava per lui mi pare sia soprattutto il passo della *Lezione* inaugurale al corso di Semiologia letteraria del Collège de France del gennaio successivo: laddove Barthes rivendica nell'ipostasi del suo nome quello che chiama «l'Irriducibile della letteratura», cioè «l'ostinatezza della sentinella che se ne sta al crocevia di tutti gli altri discorsi, in posizione *triviale* rispetto alla purezza delle dottrine».[28] Pasolini può ben rappresentare quest'attitudine con l'"impurità" del suo scrivere da «intellettuale»,[29] cioè l'inclassificabilità di un testo-

23 Roland Barthes, *Michelet* [1954], trad. Glauco Viazzi (Napoli: Guida, 1973), p. 60 e p. 62.

24 Pasolini, «Osservazioni sul piano-sequenza», p. 1569.

25 Antonio Tricomi, *Pasolini: gesto e maniera* (Soveria Mannelli: Rubbettino, 2005), p. 91.

26 *Ibid.*, p. 104.

27 Cfr. Roland Barthes, «Sade - Pasolini», *Le Monde* (16 giugno 1976); ora in Barthes, *Sul cinema*, a cura di Sergio Toffetti (Genova: il melangolo, 1994), pp. 158–60.

28 Roland Barthes, «Lezione» [1978], trad. Renzo Guidieri, in *Sade, Fourier, Loyola seguito da Lezione*, introduzione di Gianfranco Marrone (Torino: Einaudi, 2001), pp. 173–95 (p. 185).

29 Secondo la celebre definizione pasoliniana: «Io so perché sono un intellettuale, uno scrittore, che cerca di seguire tutto ciò che succede, di conoscere tutto ciò che se ne

gesto a suo tempo proprio da Barthes definito di «tipo bastardo»: «figura residuale e differenziale rispetto a quelle [...] dello scrittore e dello scrivente, dell'artigiano e del critico della letteratura, dell'artista e dell'intellettuale, del poeta o romanziere e del saggista».[30] È sintomatica la convinzione di questo Barthes tardo, per il quale l'*irriducibilità* e l'*ostinatezza* dello scrittore non consiste nella sua coerenza più o meno monolitica, bensì al contrario nella sua capacità di «spostarsi»: «trasferirsi dove non si è attesi o, ancora più radicalmente, *abiurare* da ciò che si è scritto (ma non necessariamente da ciò che si è pensato), allorché il potere gregario lo strumentalizza e lo asservisce».[31] In un frammento lampeggiante scritto all'indomani della morte di Barthes, Franco Fortini, che li conosceva bene tutti e due e all'uno e all'altro comminava volentieri l'ambivalenza affettiva suo marchio di fabbrica critico, dirà che proprio questa era l'«illusione» che ingannava entrambi: l'«abiura» non essendo che «la recita di una libertà illusoria».[32]

Secondo Hervé Joubert-Laurencin,[33] al "secondo" Barthes il "secondo" Pasolini deve soprattutto, una volta esauritasi la vena del «pic-

scrive, di immaginare tutto ciò che non si sa o che si tace; che coordina fatti anche lontani, che mette insieme i pezzi disorganizzati e frammentari di un intero coerente quadro politico, che ristabilisce la logica là dove sembrano regnare l'arbitrarietà, la follia e il mistero» («Il romanzo delle stragi» [1974], in Pasolini, *Scritti corsari* (Milano: Garzanti, 1975); ora in Pasolini, *Saggi sulla politica e sulla società*, pp. 362–67 (p. 363)). Per la ridefinizione pasoliniana del concetto di "intellettuale" rinvio ad Andrea Cortellessa, «Intellettuali, Anni Zero», in Giancarlo Alfano et al., *Dove siamo? Nuove posizioni della critica letteraria* (Palermo::duepunti, 2011), pp. 15–40 (pp. 18–19 e pp. 31–33).

30 Antonio Tricomi, *Pasolini: gesto e maniera*, p. 88. Il riferimento è a Roland Barthes, «Scrittori e scriventi» [1960], in Barthes, *Saggi critici*, 4 voll. (Torino: Einaudi, 1966–88), I, trad. Lidia Lonzi (1966), pp. 120–28. Per l'influsso esercitato da Barthes sulla cultura letteraria italiana, nel senso di una marcata "saggistizzazione" degli altri generi della prosa, rinvio al mio *Libri segreti. Autori-critici nel Novecento italiano* (Firenze: Le Lettere, 2008), pp. 25–30.

31 Barthes, «Lezione», p. 185. Il riferimento è a Pier Paolo Pasolini, «Abiura dalla "Trilogia della vita"» [1975], in Pasolini, *Lettere luterane*, ora in Pasolini, *Saggi sulla politica e sulla società*, pp. 599–603.

32 Franco Fortini, «Lezione di crepuscolo» [con data «giugno 1981»], in Fortini, *Insistenze. Cinquanta scritti 1976–1984* (Milano: Garzanti, 1985), pp. 256–58; col titolo «E Barthes», in *Attraverso Pasolini* (Torino: Einaudi, 1993), a cura di Vittorio Celotto e Bernardo De Luca (Macerata: Quodlibet, 2022), p. 174.

33 Cfr. Hervé Joubert-Laurencin, «Pasolini-Barthes: engagement et suspension de sens», *Studi Pasoliniani*, 1 (2007), pp. 55–67.

colo poeta civile degli Anni Cinquanta»[34] (come sprezzante definirà, il sé stesso di allora, il Pasolini della *Divina Mimesis*), la problematizzazione del nesso fra l'estetico e il politico. In fondo proprio questo mi pare il tratto unificante della «bibliografia», tutta francese, irritualmente acclusa a *Salò*; ed è questo film, infatti, il punto estremo della tendenza al «senso sospeso» (concetto che Pasolini doveva proprio a Barthes):[35] che si spinge sino alla volontà, da lui nella circostanza confessata a Gideon Bachmann, di «non essere intesi, o essere *mal*intesi»: perché quella sua «è una sacra rappresentazione, e perciò profondamente enigmatica. Se potesse essere facilmente compresa, sarebbe semplicistica».[36] *Sacra rappresentazione* definisce dunque Pasolini *Salò*, mentre fra *Progetto* e *Mistero* (intendendo quest'ultimo termine, giusta l'etimologia, a sua volta quale psicomachia d'impianto medievale)[37] suddivide il cantiere di *Petrolio*: e sono questi, davvero, i capo-

34 Pasolini, *La Divina Mimesis*, p. 1084.

35 L'espressione si legge in Pier Paolo Pasolini, «La fine dell'avanguardia» [1966], in Pasolini *Empirismo eretico*; ora in Pasolini, *Saggi sulla letteratura e sull'arte*, I, pp. 1400–28 (p. 1425) (e deriva da un'intervista resa da Barthes a Michel Delahaye e Jacques Rivette sul numero 147 dei *Cahiers du Cinéma*, nel 1963, ma letta da Pasolini in traduzione, prima che uscisse col titolo «Cinema metaforico e cinema metonimico» alle pp. 9–14 del primo numero della rivista *Cinema e film*, nel dicembre di quel 1966). Al di là del merito della discussione (sul quale rinvio a Davide Luglio, «Appunti allo specchio», in *Album PPP. Appunti per una galleria da farsi*, a cura di Marco A. Bazzocchi, Stefania Rimini e Maria Rizzarelli, numero monografico di *Arabeschi*, 6 (luglio-dicembre 2015), pp. 37–40), rimarchevole è quest'enfasi di Pasolini: «"Sospendere il senso": ecco una stupenda epigrafe per quella che potrebbe essere una nuova descrizione dell'impegno, del mandato dello scrittore» («La fine dell'avanguardia», pp. 1422423; la frase da lui commentata di Barthes suonava così, nella traduzione italiana: «Il "senso" è una tale fatalità per l'uomo, che l'arte, in quanto libertà, sembra adoperarsi, soprattutto oggi, non a *fare* del senso ma, al contrario, a *sospenderlo*; non a costruire dei sensi ma a non riempirli esattamente»). Un'eco di questa discussione figura pure, nel '68, nel II episodio del dramma *Calderòn* (non a caso quello, fra i suoi, che più si spinge in questa direzione), in un monologo di Sigismondo: «Ne vien fuori questo discorso amaro | e spiritoso, vagamente brechtiano. Il canone | è sospeso, però! Secondo la giusta interpretazione | del mio amico Barthes (conosciuto in Giappone | mentre ammirava il comportamento rituale, | sebbene quotidiano, di alcuni studenti)» (Pier Paolo Pasolini, *Calderòn* (Milano: Garzanti, 1973); ora in Pasolini, *Teatro*, a cura di Walter Siti e Silvia De Laude, con due interviste a Luca Ronconi e Stanislas Nordey (Milano: Mondadori, 2001), pp. 659–758 (p. 672)).

36 Gideon Bachmann, «Pasolini and the Marquis de Sade», *Sight and Sound*, 45.1 (inverno 1975–1976), pp. 50–54 (p. 5) (traduzione mia).

37 Introduce l'antinomia, metariflessivamente, il testo stesso nell'«appunto 43. Lampi sul 'linkskommunismus'»: Pier Paolo Pasolini, *Petrolio* [testo del 1973–75 pubblicato postumo nel 1992], a cura di Maria Careri e Walter Siti (Milano: Garzanti, 2022),

lavori della *sospensione di senso* da lui operata nella sua ultima, verticale stagione artistica.[38]

Felice in ogni caso mi pare la sintesi dello stesso Joubert-Laurencin, secondo il quale quello tra Pasolini e Barthes fu un «incontro mancato riuscito».[39] I due in effetti s'incontrarono un paio di volte (si conobbero proprio a Pesaro, alla mostra del cinema del '65),[40] si scrissero qualche lettera,[41] ma per lo più si studiarono a distanza, leggendosi e citandosi a vicenda, senza cessare di fraintendersi l'uno con l'altro. Il più o meno intenzionale *misreading* è fra i dispositivi retorico-concettuali in Pasolini più consueti (e, dal titolo del libro che li raccoglie, direi almeno *après coup* consapevoli), in particolare nei testi di *Empirismo eretico* nei quali più spesso ricorre il nome, se non il pensiero, di Barthes;[42] ma un vero e proprio *misunderstanding* significativamente ricorre negli incontri "al limite" ai quali Pasolini più teneva (ricordo il cortocircuito linguistico con Francis Bacon durante le riprese dei *Racconti di Canterbury*, testimoniato da Laura Betti;[43] e quello con Man Ray riferito invece

---

pp. 227–28 (dove si aggiunge che «le due parole "Mistero e Progetto" erano anche, provvisoriamente, il sottotitolo del romanzo»).

38 Propone un confronto fra le vocazioni al "romanzo" dell'ultimo Pasolini e dell'ultimo Barthes (per come è dato indurre dai corsi tenuti al Collège de France nel 1978–1979 e nel 1979–1980, pubblicati a cura di Nathalie Léger nel 2003; *La preparazione del romanzo*, trad. Emiliana Galiani e Julia Ponzio (Milano-Udine: Mimesis, 2010)) Viola Brisolin, *Power and Subjectivity in the Late Work of Roland Barthes and Pier Paolo Pasolini* (Bern: Peter Lang, 2011) (una sintesi, col titolo «Preparazione e progetto: esplorazioni romanzesche in Barthes e Pasolini», in *Pasolini e la Francia*, sezione monografica a cura di Ubaldo Fadini, *Iride*, 3 (2018), pp. 561–74).

39 Joubert-Laurencin, «Pasolini-Barthes: engagement et suspension de sens», p. 55.

40 Cfr. Antonella Giordano e Nico Naldini, *Cronologia*, in Pier Paolo Pasolini, *Le lettere*, a cura di Giordano e Naldini (Milano: Garzanti, 2021), p. 212.

41 Due lettere di Barthes a Pasolini, del 15 marzo 1962 e dell'8 aprile 1966, sono citate da Hervé Joubert-Laurencin, «Pasolini-Barthes: engagement et suspension de sens», p. 58. La seconda (che annuncia un nuovo incontro all'edizione di quell'anno del festival di Pesaro) è riportata in Nico Naldini, *Pasolini, una vita* (Torino: Einaudi, 1989), p. 304.

42 Questo livello del confronto è variamente analizzato nei contributi di Davide Luglio, «Le cose e le immagini. Dalla transustanziazione del segno alla polisemia della realtà» e di Corinne Pontillo, «Pier Paolo Pasolini e Roland Barthes. Tracce fotografiche di un dialogo mancato», in *Vedere, Pasolini*, a cura di Cortellessa e De Laude, pp. 209–33 e 235–50.

43 Cfr. Massimo Fusillo, «Spettri di Pasolini… (su Teorema)» e Stefano Casi, «Gli autoritratti "fratelli" di Pasolini e Francis Bacon», in *Album PPP. Appunti per una galleria da farsi*, a cura di Bazzocchi, Rimini e Rizzarelli, pp. 11–13 e 26–28 <http://www.

dallo stesso Pasolini, nel testo su *Ladies and Gentlemen* di Andy Warhol;[44] ma in fondo anche il *backstage* illuminante del celebrato *entretien* del '67 con Ezra Pound, ricostruito da una piccola ma accuratissima mostra curata da Giuseppe Garrera al museo MACRO, consente di ricondurlo a questa fattispecie).[45]

Il primo e direi maggiore punto discriminante, fra i due, è il vettore opposto della rispettiva ricerca sull'immagine. Come già Kafka prima di lui, Barthes rilutta all'immagine in movimento[46] per «il prestigio dell'*è accaduto*», cioè il valore di «reliquia [...] secolarizzata» da lui associato all'immagine fissa: la quale «conserva di sacro soltanto ciò che è legato all'enigma di quel che è stato, non è più, eppure si offre alla lettura come segno presente di una cosa morta» (cito da «Il discorso della storia», saggio del '67 nel quale è già presente, come si vede, quello che sarà il paradigma della *Camera chiara*).[47] Viceversa Pasolini da quella sacralità e da quella frontalità, precisamente, prende le mosse;[48] ma proprio con le «Osservazioni sul piano-sequenza» di

arabeschi.it/collection/album-ppp-appunti-per-una-galleria-da-farsi/> [consultato il 19 giugno 2025].

44 Cfr. Pier Paolo Pasolini, «Ladies and gentlemen» [testo del 1975 pubblicato postumo nel 1976], in Pasolini, *Saggi sulla letteratura e sull'arte*, II, pp. 2710–14; Alessandro Del Puppo, *Pasolini Warhol 1975* (Milano-Udine: Mimesis, 2019).

45 Consentono di leggere in modo molto diverso dalla *vulgata* il celebre episodio televisivo del '67, andato in onda l'anno seguente, i documenti esposti alla mostra *A Pact. Pier Paolo Pasolini ed Ezra Pound*, a cura di Giuseppe Garrera (Roma: MACRO, 24 novembre 2022–19 febbraio 2023). Una trascrizione dell'incontro in Vanni Ronsisvalle (il giornalista che l'aveva ideato e organizzato), «Pasolini e Pound», *Galleria*, 35.1–4 (1985), pp. 168–74.

46 «Forse che al cinema io aggiungo qualcosa all'immagine? – Non credo; non ne ho il tempo: davanti allo schermo non sono libero di chiudere gli occhi, perché altrimenti, riaprendoli, non ritroverei più la stessa immagine; io sono costretto a una voracità continua; un gran numero di altre qualità, ma nessuna *pensosità*; di qui, il mio interesse per il fotogramma»: Barthes, *La camera chiara*, p. 56 (cfr. anche ibid., p. 90). All'amico Janouch aveva detto Kafka di «non soppor*tare* il cinema»: «la rapidità dei movimenti e la successione delle immagini costringono a una visione superficiale. Non è lo sguardo che s'impossessa delle immagini, sono loro a impossessarsi dello sguardo»: Gustav Janouch, *Conversazioni con Kafka* [1951–1968], trad. Maria Grazia Galli (Parma: Guanda, 1991), p. 186.

47 Roland Barthes, «Il discorso della storia» [1967], in Barthes, *Saggi critici*, IV: *Il brusio della lingua* [1984] (1988), trad. Bruno Bellotto, pp. 137–49 (pp. 148–49). Ma si veda già Roland Barthes, «Retorica dell'immagine» [1964], trad. Giovanni Bottiroli, in Barthes *Saggi critici*, III: *L'ovvio e l'ottuso* [1982] (1985), pp. 22–41, in particolare a p. 34.

48 È il primo precetto di quella che Pasolini chiama «sacralità tecnica»: «Sacralità: frontalità. E quindi religione»: Pier Paolo Pasolini, «Confessioni tecniche» [1966],

quello stesso '67, come s'è visto, collega il «montaggio», che quelle singole immagini mette in sequenza, all'idea della morte. Per entrambi, in ogni caso, nell'immagine riprodotta si colloca il fantasma della *morte al futuro*. Per Barthes «la Fotografia crea o mortifica a piacimento il mio corpo» trasformandolo in «un soggetto che si sente diventare oggetto: in quel momento io vivo una micro-esperienza della morte» e «divento veramente spettro».[49] E a ben vedere, come chiarisce la conclusione della conferenza di Pesaro data ai *Cahiers du cinéma*, anche Pasolini intende il montaggio cinematografico come una *morte* artificiale e sperimentale che segmenta il flusso ininterrotto dell'esistenza, feticcio dei cineasti cultori del piano-sequenza: «il continuo della vita, nel momento della morte — ossia dopo l'operazione di montaggio — perde tutta l'infinità di tempi in cui vivendo ci crogiuoliamo. [...] Dopo la morte, tale continuità della vita non c'è più, ma *c'è il suo senso*. | O essere immortali e inespressi o esprimersi e morire».[50] Anche nel flusso del cinema, secondo il primo Barthes, era possibile isolare immagini che, come le *pathosformeln* warburghiane, concentrano il proprio senso in una «dialettica in situazione di stallo»;[51] nel '62 le aveva chiamate «unità traumatiche»: intanto perché formalmente interrompono la catena sintagmatica della narrazione filmica, e poi perché tematicamente le si vede il più delle volte associate a momenti violenti, luttuosi, carichi comunque di stress emotivo.[52] Tornando

in Pasolini, *Per il cinema*, a cura di Walter Siti e Franco Zabagli con scritti di Bernardo Bertolucci, Mario Martone e Vincenzo Cerami, 2 voll. (Milano: Mondadori, 2001), II, pp. 2768–81 (p. 2768).

49 Barthes, *La camera chiara*, p. 12 e p. 15.

50 Pier Paolo Pasolini, «Essere è naturale?» [1968], in *Empirismo eretico*; ora in Pasolini, *Saggi sulla letteratura e sull'arte*, I, pp. 1562–69 (pp. 1568–69).

51 Così preferisce tradurre la formula di Benjamin, «Dialektik im Stillstand», Giorgio Agamben (in *Ninfe* (Torino: Bollati Boringhieri, 2007), p. 28; alle pp. 23–26 dello stesso saggio è svolto il parallelo fra la «sopravvivenza» delle *Pathosformeln* e la «persistenza dell'immagine retinica» alla base del "falso movimento" chiamato cinema; il riferimento è a Walter Benjamin, *I «passages» di Parigi* [testo del 1927–1940 pubblicato postumo nel 1982], trad. Giuseppe Russo, in *Opere complete*, a cura di Rolf Tiedemann, edizione italiana a cura di Enrico Ganni, 9 voll. (Torino: Einaudi, 2000–2008), IX (2000), p. 516, dove suona «dialettica nell'immobilità»).

52 La riflessione sul cinema di Roland Barthes è a tutti gli effetti incompiuta. Il saggio uscito nel 1962 nella *Revue Internationale de Filmologie* su *Le «unità traumatiche» nel cinema, principi di ricerca* (in Roland Barthes, *Sul cinema. Significazione e «unità traumatiche»*, a cura di Liborio Termine e con un'introduzione di Francesco Casetti (Firenze: Vallecchi, 1995), pp. 41–72), un tentativo di lettura saussuriana dei princìpi

a Pasolini si pensa a un esperimento isolato, ma straordinariamente significativo, come *La rabbia*: che è giusto dell'anno successivo.[53]

Ancora una volta però, oltre ai punti di contatto, sono eloquenti quelli di distacco. Per Pasolini la *morte al futuro* introdotta dal cinema non è un segno terminale: «il tempo non è quello della vita quando vive, ma della vita dopo la morte», scrive nelle ultime righe della conferenza di Pesaro: «come tale è reale, non è un'illusione e può benissimo essere quello della storia di un film».[54] Con l'eccezione proprio di *Salò*, forse, la *morte al futuro* è per lui solo una soluzione di continuità: dal momento che — come, esemplarmente, alla conclusione di *Teorema* — il seme del piangere, cioè la compassione dantesca e caproniana incarnata dalle lacrime che Emilia continua a versare dopo la sua sepoltura, produce *vita dopo la morte*.[55] Per uno come Barthes, una conclusione come questa non poteva non essere suggestiva. Ma per sé, lui che per tempo aveva abiurato dalla propria formazione calvinista,[56] non se la poteva concedere. Non credo che il camioncino che il 25 febbraio 1980 lo investì all'uscita del Collège de France, e che un mese dopo lo condurrà alla morte, Barthes se lo fosse andato a cercare con una «medesima volontà pasoliniana», come ha scritto una volta Denis Roche.[57] Mi

---

del linguaggio cinematografico, segna un'*impasse* (come dimostra la dichiarazione dell'anno dopo nella già ricordata intervista ai *Cahiers du cinéma*, *Cinema metaforico e cinema metonimico*: «Non sono riuscito a integrare il cinema nella sfera del linguaggio»). Nei fatti, come dimostra la lettura ejzenstejniana del 1970 («Il terzo senso. Note di ricerca su alcuni fotogrammi di Ejzenstejn», trad. Giovanni Bottiroli, in Barthes, *Saggi critici*, III: *L'ovvio e l'ottuso* (1985), pp. 42–61), Barthes finiva per "leggere" i singoli fotogrammi, ma non il film.

53 Cfr. Flaminia Albertini, «"La rabbia" di Pasolini. Un film scritto, una poetica cinematografica» e Roberto Chiesi, «Le ombre immobili. La fotografia nel cinema di Pasolini», in *Vedere, Pasolini*, a cura di Cortellessa e De Laude, pp. 143–66 e 167–83.

54 Pasolini, «Essere è naturale?», p. 1569.

55 Rinvio al mio intervento «Morte e Trasfigurazione», al convegno *Pasolini antesignano* (Roma, Università «La Sapienza», Università Tor Vergata, Università Roma Tre, 18–20 gennaio 2023).

56 Per la precisione era protestante sua madre Henriette mentre era cattolico il padre Louis, ufficiale di marina morto in battaglia nel Mare del Nord, nel 1916 (quando il figlio aveva un anno). Un lettore acuto come Michele Cometa (*Mistici senza Dio. Teoria letteraria ed esperienza religiosa nel Novecento* (Palermo: Edizioni di passaggio, 2012), pp. 197–238) nota una quantità di "sopravvivenze" della tradizione mistica, in specie tedesca e fiamminga, anzitutto nel lessico teorico di Barthes.

57 Denis Roche, «Lettre à Roland Barthes sur la disparition des lucioles», in Roche, *La Disparition des lucioles. Réflexions sur l'acte photographique* (Paris: Éditions de l'Étoile, 1982), pp. 153–66 (p. 157), citato in Daniele Carluccio, «Barthes et Pasolini, détour

pare di poter dire, però, che il lutto che da due anni lo avvolgeva avesse in quel modo trovato, per dirla alla maniera di Pasolini, un suo modo di *esprimersi*. Nella *Camera chiara*, in ogni caso, dice esplicitamente Barthes che, «morta lei», sua madre cioè, «non *gli* restava altro che aspettare la *sua* morte totale, indialettica»:[58] in quella «prima morte» era già «inscritta la *sua* propria morte; fra le due morti, più niente, solo un'attesa».[59]

Nella nota del *Journal du deuil* che più strettamente dialoga con *La camera chiara* (quello cioè che, in queste sue note private, familiarmente chiama «il libro Foto-Mam»), Barthes si descrive mentre contempla la famosa immagine sottratta: «dopo aver ricevuto la foto che avevo fatto stampare di mam. ragazzina nel giardino d'inverno di Chennevières, provo a mettermela davanti, sul mio tavolo di lavoro. Ma è troppo, mi è intollerabile, mi dà troppa pena. Questa immagine entra in conflitto con tutti i piccoli, vani combattimenti, senza alcuna nobiltà, della mia vita. L'immagine è davvero una misura, un giudice».[60] Quello del lutto, oltre che un «lavoro» come aveva spiegato Freud,[61] è dunque un *conflitto* — *la lotta del lutto* diciamo: tra la vita,

---

et frontalité», *Po&sie*, 165–66 (2018), p. 175–88 (p. 175). Per la ricostruzione dell'ultimo atto della biografia mi rivolgo a Tiphaine Samoyault, *Roland Barthes* (Paris: Seuil, 2015), pp. 13–27: dopo aver partecipato a un pranzo con Jack Lang e François Mitterrand in previsione della sua campagna elettorale, Barthes si stava recando al Collège de France non per fare lezione, ma per discutere l'attrezzatura tecnica necessaria al suo prossimo corso, che avrebbe voluto destinare a Proust e alla fotografia (ibid., p. 13). Le ferite dovute all'incidente non erano mortali e in effetti Barthes morirà in conseguenza d'un'infezione, contratta alla Salpêtrière, che fece precipitare l'insufficienza polmonare congenita. Ma per molti conoscenti, «l'effroi devant la brutalité de l'événement le dispute à un sentiment de nécessité. Comme si, depuis la mort de sa mère, il s'était laissé doucement glisser» (ibid., p. 16). Un amico, Georges Raillard, gli aveva chiesto l'argomento del suo prossimo corso e lui aveva risposto «Je montrerai des photos de ma mère, et je me tairai» (ibid., p. 24). Un altro, Jacques Derrida, ha descritto la sua dopo la morte della madre come «una vita che già assomigliava alla morte», «una morte che veniva mimata in anticipo», concludendo che «da vivo Roland Barthes si è scritto la sua morte da solo» («Le morti di Roland Barthes» [1981], in Derrida, *Psyché. Invenzioni dell'altro* [1997], trad. Rodolfo Balzarotti, 2 voll. (Milano: Jaca Book, 2008–2009), I (2008), pp. 307–42 (p. 321 e p. 326)).

58 Barthes, *La camera chiara*, p. 74.

59 *Ibid.*, p. 93.

60 Barthes, *Dove lei non è*, p. 222 (29 dicembre 1978).

61 Cfr. Sigmund Freud, «Lutto e melanconia» [1915], in Freud, *Opere*, edizione diretta da Cesare L. Musatti, 11 voll. (Torino: Boringhieri, 1967–1979), VIII (1976), pp. 102–18.

che vuole andare avanti nella sua microconflittuale banalità, e la fissità della morte, la sua «piattezza»[62] annichilente: alla quale il piacere perverso dell'immobilità, *la voluttà del lutto* diciamo, vorrebbe invece fissarla una volta per tutte. «Dicono che, attraverso il suo progressivo lavoro, il lutto cancelli lentamente il dolore; io non potevo, non posso crederlo; per me il Tempo elimina l'emozione della perdita (non piango), e basta. Per il resto, tutto è rimasto immobile»,[63] decreta *La camera chiara*.

Proprio in quei giorni di primavera del '78 cita un'ultima volta Pasolini, Barthes, nelle lezioni al Collège sul Neutro: insistendo in particolare sul poemetto «Una disperata vitalità», tradotto dalla rivista *Action poétique* nel numero di ottobre dell'anno precedente[64] (cioè proprio mentre moriva sua madre). E traduce l'espressione che intitola il testo (da Pasolini desunta, come sappiamo, da una definizione data dal maestro Longhi dei suoi amati pittori manieristi)[65] come «odio della morte».[66] Esattamente negli stessi giorni, nelle note del *Journal du deuil*, annota Barthes che il «"Lavoro" in senso analitico», cioè appunto freudiano, può essere completato col «"Lavoro" reale — di scrittura»:[67] nella fattispecie il «libro sulla Foto», appunto, che gli consente «di integrare la *sua* tristezza a una scrittura».[68] Forse allora il nesso, il «noema» di fotografia e morte, che *La camera chiara* istituisce, si spiega anche così: la soluzione (testuale), l'*esprimersi* che la pubblicazione del libro attesta, è davvero il *giudice* — il Giorno del Giudizio — per chi lo ha scritto. Sottratta da quel *montaggio* l'immagine *intollerabile* che lo governa, finalmente, Barthes può morire.

---

62 Barthes, *La camera chiara*, p. 93.

63 *Ibid.*, pp. 76–77.

64 Il riferimento è a margine degli appunti, a p. 169 di Roland Barthes, *Il Neutro. Corso al Collège de France 1977–1978* [2002], a cura di Thomas Clerc, trad. Augusto Ponzio (Milano-Udine: Mimesis, 2022) (18 marzo 1978).

65 L'espressione è prelevata com'è noto dal saggio longhiano «Ricordo dei manieristi» [1953], in Roberto Longhi, *Da Cimabue a Morandi*, a cura di Gianfranco Contini (Milano: Mondadori, 1973), pp. 727–34 (p. 733). Ma Pasolini l'aveva trovata citata, con ogni probabilità, nel volume che gli aveva prestato Attilio Bertolucci per preparare i *tableaux vivants* della *Ricotta*, cioè Giuliano Briganti, *La maniera italiana* (Roma: Editori Riuniti, 1961), p. 9.

66 Barthes, *Dove lei non è*, p. 91 (18 febbraio 1978).

67 *Ibid.*, p. 134 (31 maggio 1978).

68 *Ibid.*, p. 106 (23 marzo 1978).

Barthes lettore di Pasolini

DAVIDE LUGLIO

Conosciamo l'interesse di Pasolini per Barthes e sono noti anche i rapporti che legavano i due autori, ma forse meno nota è l'importanza che assume progressivamente Pasolini nell'opera di Barthes. Tale importanza segue una curva strana perché, come vorrei dimostrare, non tocca l'acme dove ci si aspetterebbe. L'opera, per così dire, in cui Pasolini è esplicitamente più presente è infatti il corso sul Neutro, dove viene più volte citato, come poeta e come illustrazione di un'intenzione che è quella stessa che persegue il semiologo francese, ovvero "neutralizzare" il portato ideologico del linguaggio. Eppure, a me sembra che il punto più alto di convergenza tra la riflessione poetica di Barthes e la pratica poetica di Pasolini venga toccato in un lavoro successivo, ovvero la *Préparation du roman*.[1] Quello che oggi leggiamo sotto questo titolo sono gli ultimi due corsi tenuti da Barthes al Collège de France, 1978–79 e 1979–80. Una lunga riflessione, durata appunto almeno due anni, sulla pratica della scrittura in relazione a quello che Barthes definisce il proprio fantasma di scrittura ovvero il romanzo. Ora il problema è che in questo insieme di lezioni, né Pasolini né le sue opere sono mai citati. Quello che mi propongo di fare è dunque uno scavo critico in ciò che non è nominato nel testo, e forse addirittura nel

1 Roland Barthes, *La Préparation du roman. Cours au Collège de France (1978–1979 et 1979–1980)* (Paris: Seuil, 2015).

rimosso, o più semplicemente in ciò che fondamentalmente avvicina questi due autori. Una ricerca un po' azzardata ma che può trovare una giustificazione nella natura stessa dell'operazione barthesiana che consiste, come dicevo, nel dedicare alcune centinaia di pagine (nella trascrizione) a quello che definisce un fantasma, ovvero la proiezione del suo desiderio in una pratica di scrittura che dovrebbe sfociare in un romanzo, ma come vedremo, in realtà, più esattamente in un testo letterario che non è necessariamente quello che intendiamo canonicamente per romanzo. Chi dice pratica di scrittura dice necessariamente scrittore e Barthes nelle sue lezioni si circonda di alcuni scrittori, in particolare quattro: Dante, Tolstoj, Kafka e quello che più di ogni altro ritorna ovvero Proust. Sono, questi, autori modello ai quali potremmo aggiungere la massa spesso anonima di autori di Haïku e qualche altro scrittore fondamentale come Chateaubriand, Flaubert o Mallarmé. Ma se questi modelli hanno ispirato Barthes, hanno fatto sorgere in lui il desiderio di essere scrittore, proprio per questo non sono, non possono essere il fantasma dello scrittore che persegue, la forma di scrittura che vagheggia. Insomma, si sarà capito, la mia ipotesi è che così come aleggia su tutte queste pagine il fantasma ideale e indefinito di un testo da scrivere, allo stesso modo vi plana la figura altrettanto ideale e innominata di un autore di quel testo e questa figura potrebbe essere, è sicuramente almeno in parte, quella di Pasolini.

È probabile che la lettura del rapporto tra Barthes e Pasolini sia stata viziata da un'interpretazione generalmente negativa della recensione che Barthes ha fatto a *Salò o le centoventi giornate di Sodoma*. Si è parlato addirittura in alcuni casi di stroncatura e credo che questa lettura sia frutto di un malinteso. Naturalmente il testo è in apparenza ambiguo, ma la conclusione è piuttosto esplicita in quanto individua nell'opera del regista un oggetto propriamente sadiano ed è difficile immaginare complimento più grande. Ma leggiamo cosa scrive Barthes:

> Les sadiens (les lecteurs enchantés du texte de Sade) ne reconnaîtront jamais Sade dans le film de Pasolini. La raison en est générale : Sade n'est d'aucune façon figurable. [...] C'est pourquoi Sade ne passera jamais au cinéma, et, d'un point de vue sadien (du point de vue du texte sadien), Pasolini ne pouvait que se tromper - ce qu'il a fait avec entêtement (suivre la lettre, c'est *s'entêter*). [...] Du point de vue politique, Sade s'est trompé aussi. Le fascisme est un danger trop grave et trop insidieux, pour qu'on le traite par simple

> analogie, les maîtres fascistes venant "tout simplement" prendre la place des libertins. En somme, Pasolini a fait deux fois ce qu'il ne fallait pas faire. Du point de vue de la valeur, son film perd sur les deux tableaux: car tout ce qui irréalise le fascisme est mauvais; et tout ce qui réalise Sade est mauvais. [...] Raté comme figuration (ou de Sade ou du système fasciste), le film de Pasolini vaut comme reconnaissance obscure, en chacun de nous mal maîtrisée, mais à coup sûr gênante: elle gène tout le monde, car, en raison de la naïveté propre à Pasolini, elle empêche quiconque de se dédouaner. C'est pourquoi je me demande si, au terme d'une longue chaîne d'erreurs, le Salo de Pasolini n'est pas en fin de compte un objet proprement sadien: absolument irrécupérable: personne en effet, semble-t-il, ne peut le récupérer.[2]

Pasolini si è doppiamente sbagliato, secondo Barthes, perché Sade non può essere portato al cinema e perché non si può usare un'analogia come questa per parlare del fascismo. Va notato che questa duplice obiezione è piuttosto, consapevolmente, inconsistente. Barthes sta dicendo che il film è filologicamente sbagliato (non è così che si può rappresentare il libro di Sade che peraltro è irrappresentabile) ed è anche storicamente sbagliato (non è così che si può parlare del fascismo perché questo è cosa troppo seria per essere trattata analogicamente). È chiaro però che l'intento di Pasolini non corrisponde a nessuno di questi due, è fin troppo evidente che il cineasta non intendeva portare allo schermo Sade, *stricto sensu*, né intendeva fare un film sul fascismo così come lo si intende storicamente. L'intento di Pasolini era un altro e cioè precisamente quello che Barthes gli riconosce come pregio e, potremmo aggiungere, come sommo pregio: ovvero nell'essere irrecuperabile. Che cosa significa irrecuperabile? Per capirlo è necessario riferirsi al verbo un po' enigmatico che usa Barthes all'inizio della citazione: il verbo «*s'entêter*», intestardirsi. Se leggiamo attentamente quel passo appare chiaro che Barthes non sta dicendo che Pasolini si è sbagliato, ma che si è ostinato a sbagliare, il che suggerisce la consapevolezza dell'errore. Ma non è tanto questo che importa quanto ancora una volta la scelta del verbo che si può chiarire soltanto facendo un passo avanti, ovvero andando a leggere la lezione inaugurale che Barthes tiene l'anno successivo al Collège de France. La *Leçon* come sappiamo è dedicata alla questione del potere ovviamente inteso non

---

2 Roland Barthes, « Sade – Pasolini », *Le Monde* (16 juin 1976). Nostra la sottolineatura.

più in senso classico, come potere politico, verticale e sovrano, ma come potere ideologico che si insinua dove non lo si riconosce subito come tale: insomma non solo il potere dello Stato, delle classi, dei partiti, ma il potere che si esprime nelle mode, nelle opinioni correnti, negli spettacoli, nei giochi, nello sport, nelle informazioni, nelle relazioni familiari e private e persino nelle spinte di liberazione che cercano di contestarlo. Insomma, quello che Barthes chiama il discorso di potere, per essenza plurale, proprio perché l'oggetto in cui si iscrive è il linguaggio e nella fattispecie, la lingua. La lezione inaugurale constata quello che Barthes chiama il fascismo della lingua e si chiede criticamente, problematicamente, a che condizioni e secondo quali operazioni il discorso possa liberarsi da ogni volontà di dominio ovvero, come scrive, da ogni «*vouloir saisir*». È questa, spiega, la questione che sta alla base dell'insegnamento che inaugura. Ed è proprio in risposta a questa domanda che Barthes evoca Pasolini che viene addotto come esempio di lotta contro il potere della lingua:

> On peut dire qu'aucun des écrivains qui sont partis d'un combat assez solitaire contre le pouvoir de la langue n'a pu ou ne peut éviter d'être récupéré par lui, soit sous la forme posthume d'une inscription dans la culture officielle, soit sous la forme présente d'une mode qui impose son image et lui prescrit d'être conforme à ce qu'on attend de lui. Pas d'autre issue pour cet auteur que de se déplacer — ou de s'entêter — ou les deux à la fois. S'entêter veut dire affirmer l'Irréductible de la littérature: ce qui, en elle, résiste et survit aux discours typés qui l'entourent: [...] S'entêter veut dire en somme maintenir envers et contre tout la force d'une dérive et d'une attente. Et c'est précisément parce qu'elle s'entête que l'écriture est entraînée à se déplacer. Car le pouvoir s'empare de la jouissance d'écrire comme il s'empare de toute jouissance, pour la manipuler et en faire un produit grégaire, non pervers, de la même façon qu'il s'empare du produit génétique de la jouissance d'amour pour en faire, à son profit, des soldats et des militants. Se déplacer peut donc vouloir dire: se porter là où l'on ne vous attend pas, ou encore et plus radicalement, abjurer ce qu'on a écrit (mais non forcément ce qu'on a pensé), lorsque le pouvoir grégaire l'utilise et l'asservit. Pasolini a été ainsi amené à « abjurer » (le mot est de lui) ses trois films de la *Trilogie de la vie*, parce qu'il a constaté que le pouvoir les utilisait — sans cependant regretter de les avoir écrits.[3]

3 Roland Barthes, *Leçon*, in Barthes, *Œuvres complètes*, dir. Eric Marty, 5 vol. (Paris: Seuil, 2002), v, p. 427–48 (p. 437).

Da una parte «*se déplacer*», lo spostamento, è quello che Pasolini pratica con l'abiura alla trilogia della vita, dall'altra «*s'entêter*», l'ostinazione, come affermazione dell'irriducibilità ovvero, come scriveva nella recensione a *Salò*, l'irrecuperabilità della letteratura o più generalmente di un linguaggio poetico. Se la *Trilogia* ha generato una resistenza *par déplacement*, *Salò* ha dato vita a una resistenza *par entêtement*, e questo era già chiarissimo a Barthes fin dal giugno del 1976.

Vi è poi una terza forma per così dire di resistenza della letteratura che è in qualche modo la somma o la risultante dell'ostinazione e dello spostamento ed è quello che Barthes chiama "*le jeu*" dove il termine è da intendersi sia come gioco che come interpretazione nel senso di recitazione. Conclude infatti Barthes:

> Tout à la fois s'entêter et se déplacer relève en somme d'une méthode de jeu. [...] On peut dire que la troisième force de la littérature, sa force proprement sémiotique, c'est de jouer les signes plutôt que de les détruire, c'est de les mettre dans une machinerie de langage, dont les crans d'arrêt et les verrous de sûreté ont sauté, bref c'est instituer, au sein même de la langue servile, une véritable hétéronymie des choses.[4]

Barthes ha precisato fin dall'inizio che per letteratura non intende né un *corpus* di opere né un settore del commercio o dell'insegnamento ma il grafo complesso delle tracce di una pratica: la pratica dello scrivere. Naturalmente, essa deve rispondere alle condizioni poste perché produca letteratura, in altri termini una pratica specifica che forse potremmo definire resistente. E in quanto pratica essa non può essere separata dal soggetto che ne è, per così dire, l'attore. In questa definizione della letteratura come pratica affiora già, insomma, quello che in altri miei lavori ho definito una bioestetica,[5] ovvero il riverberarsi reciproco della forma sulla vita e della vita sulla forma proprio come avviene nell'interpretazione attoriale e nel gioco. Quel «*jouer les signes*», intraducibile in italiano, utile a istituire una vera e propria «*hétéronymie des choses*».

---

4 *Ibid.*

5 Cfr. Davide Luglio, «La "semiologia della realtà" in Pier Paolo Pasolini. Presupposti per una bioestetica», *Revue des études italiennes*, 1 (2023), pp. 119–32.

Il corso che Barthes tiene l'anno successivo, intitolato *Il Neutro*, è per l'appunto un'applicazione della «*méthode de jeu*». Neutro è del resto proprio un'eteronimia perché nell'accezione che gli conferisce Barthes non rinvia a quella zona grigia alla quale è comunemente associato. Il Neutro è anzi l'espressione di una forza di provocazione e di scandalo a cui corrispondono certe figure esistenziali o pratiche viventi. Il Neutro, infatti, ha a che vedere con la pratica dell'esistenza e non con la letteratura o meglio anche con la letteratura ma soltanto in quanto riflesso di una pratica d'esistenza. Del resto, nella definizione dell'oggetto del corso, la parola letteratura non figura se non in modo indiretto e quando appare, — con una pregnanza particolare, perché legata a quella che Barthes definisce la sua *Vita Nova*, cioè la vita che inizia dopo il lutto per la perdita di sua madre —essa viene evocata attraverso la figura di Pasolini:

> Entre le moment où j'ai décidé de l'objet de ce cours (en mai dernier) et celui où j'ai dû le préparer, il s'est produit dans ma vie, certains le savent, un événement grave, un deuil : le sujet qui va parler du Neutre n'est plus le même que celui qui avait décidé d'en parler [...] il me semble que j'entends moi-même, aujourd'hui, [...] une seconde question qui se détache d'une première question, comme un second Neutre qui s'entrevoit derrière un premier Neutre : 1. La première question, le premier Neutre, objet déclaré du cours, c'est la différence qui sépare le vouloir-vivre du vouloir-saisir : le vouloir-vivre est alors reconnu comme la transcendance du vouloir-saisir, la dérive loin de l'arrogance : je quitte le vouloir-saisir, j'aménage le vouloir-vivre. 2. La seconde question, le second Neutre, objet implicite du cours, c'est la différence qui sépare ce vouloir-vivre pourtant déjà décanté de la vitalité. → Pasolini, dans un poème, dit qu'il ne lui reste que cela : « une vitalité désespérée ». La vitalité désespérée, c'est la haine de la mort. Qu'est-ce donc qui sépare le retrait loin des arrogances, de la mort haïe ? C'est cette distance difficile, incroyablement forte et presque impensable, que j'appelle le Neutre, le second Neutre. Sa forme essentielle est en définitive une protestation.[6]

Come vediamo Barthes istituisce dunque un'opposizione fondamentale tra *vouloir-vivre* et *vouloir-saisir*, un'opposizione che possiamo riformulare nella più fondamentale delle contraddizioni, cioè quella che

6 Roland Barthes, *Le Neutre : Cours au Collège de France (1977–78)*, éd. Thomas Clerc (Paris : Seuil/IMEC, 2002), pp. 39–40.

oppone vita e morte. Ma è chiaro che se la morte sta dalla parte del *vouloir-saisir*, la vita sta da quella del *vouloir se déssaisir* di cui il Neutro è precisamente la forma. E poiché il *vouloir saisir* è dell'ordine del dominio e del potere, possiamo dire che potere e morte sono sinonimi. E inoltre che l'opposizione al potere, la resistenza e la protesta nei confronti di ciò che appartiene all'ordine del potere, è sinonimo di vita e ancor più di vitalità. Ecco perché l'espressione di Pasolini «una disperata vitalità» viene a coincidere con la figura del Neutro la quale, come precisa Barthes, è essenzialmente una protesta. Ci sarebbe molto da dire sull'assimilazione della protesta contro il potere alla protesta della vita contro la morte, ma non è questa la sede. Voglio sottolineare invece la centralità della figura di Pasolini in particolare in quella che Barthes definisce la sua «*Vita Nova*». Non si può non pensare infatti che la morte che ha privato Barthes dell'essere amato, di sua madre, non sia vista come l'esercizio supremo di un potere, l'espressione dell'arroganza del potere nel suo grado più alto quello che ci priva definitivamente della persona amata. La figura che Barthes sceglie come opposizione, al tempo stesso resistenza e protesta, a questa suprema arroganza del potere è appunto Pasolini e la sua «disperata vitalità». Tale protesta, infatti, non può che essere disperata. A conferma della centralità della figura pasoliniana vi è la ricorrenza dell'evocazione dello scrittore e di questa sua poesia come anche il fatto, abbastanza singolare, che Barthes la legga, in italiano, all'inizio della seduta del 4 marzo 1978. Non so esattamente se Barthes avesse letto solo la clausola o anche altri versi ma mi sembra che avrebbe potuto leggere almeno questi:

> «Quanto al futuro, ascolti:
> i suoi figli fascisti
> veleggeranno
> verso i mondi della Nuova Preistoria.
> Io me ne starò là,
> qual è colui che suo dannaggio sogna
> sulle rive del mare
> in cui ricomincia la vita.
> Solo, o quasi, sul vecchio litorale
> tra ruderi di antiche civiltà,
> Ravenna
> Ostia, o Bombay — è uguale —
> con Dei che si scrostano, problemi vecchi
> — quale lotta di classe —

che
si dissolvono…
Come un partigiano
morto prima del maggio del '45,
comincerò pian piano a decompormi,
nella luce straziante di quel mare,
poeta e cittadino dimenticato.»

(Clausola)
«Dio mio, ma allora cos'ha
lei all'attivo?…»
Io? — (un balbettio, nefando
non ho preso l'optalidon, mi trema la voce
di ragazzo malato) —
Io? Una disperata vitalità.»[7]

In questi bellissimi versi, emergono chiaramente le figure di una nuova vita e della resistenza disperata contro la morte che finisce per trionfare. Ma nonostante tale trionfo — peraltro chiaramente messo in relazione col fascismo della Nuova Preistoria — abbiamo la reiterazione, nella clausola, della resistenza e della protesta in forma di vitalità.

Naturalmente, a conferma della centralità della figura pasoliniana potremmo addurre altri elementi, come ad esempio il rifiuto della dialettica come soluzione della contraddizione e al contrario la letteratura come spazio in cui la contraddizione, che Barthes chiama qui aporia, rimane sempre aperta.

Ma senza dilungarmi oltre, diciamo che l'importanza di Pasolini nel corso sul Neutro appare determinante come chiave di lettura di quella pratica di scrittura che Barthes persegue come proprio oggetto del desiderio, come fantasma, nel corso successivo, ovvero *La Préparation du roman*:

> En rapport avec notre idée du Neutre (cours de l'année dernière), je dirai : le Roman (mon roman, le roman à venir) serait un discours sans arrogance, qui ne m'intimide pas ; jamais un roman ne m'intimide ; jamais un roman ne produit sur moi une intimidation de langage. C'est un discours qui ne fait pas pression sur moi — et donc qui me donne l'envie d'accéder moi-même à une pratique de

7 Pier Paolo Pasolini, «Una disperata vitalità», in Pasolini, *Tutte le poesie*, a cura di Walter Siti, 2 voll. (Milano: Mondadori, 2003), I, pp. 1182–1202 (pp. 1201–02).

> discours qui ne fasse pas pression sur autrui. C'était là une des préoccupations du cours sur le Neutre. Le roman est peut-être l'écriture du Neutre ? Pourquoi pas ?[8]

Insomma, se Pasolini è un paradigma del Neutro non c'è da stupirsi che lo si ritrovi nella scrittura da Barthes vagheggiata sulla base di questo stesso paradigma. E non deve nemmeno stupire che la forma desiderata e delineata da Barthes corrisponda a quella di *Petrolio*, l'opera postuma di Pasolini che Barthes non poteva conoscere e che tuttavia per molti versi emerge in filigrana dal suo corso a riprova non solo della vicinanza intellettuale e poetica che esisteva tra i due scrittori, ma anche della loro comune ricerca di una pratica di discorso guidata dall'ideale del Neutro. Proprio mentre sta scrivendo *Petrolio*, infatti, Pasolini esalta una forma di scrittura che ha tutte le caratteristiche del Neutro e che definisce come priva di «vischiosità». Ne trova un perfetto esempio in Mario Soldati e ne parla nel 1974 in *Descrizioni di descrizioni*:

> Sono uno scrittore. Da più di due anni sto scrivendo un nuovo romanzo. La cosa che più mi interessa in un altro scrittore, forse anche proprio perché sto scrivendo, è la scrittura. [...] La scrittura di Soldati manca assolutamente di «vischiosità»: essa non si attacca, non aderisce al lettore, non gli si incolla addosso. Leggo in Ferenczi (*Thalassa*) che il coito delle rane è anomalo rispetto al coito degli anfibi - anello di passaggio tra la libera vita nel mare, per sempre perduto, e la vita nella terra — perché nel maschio si è sviluppata una specie di «vischiosità» nelle zampe per cui può attaccarsi e aderire alla femmina: cioè possederla. L'autore esprime autorità, l'autorità è possessiva, la possessività di un autore si manifesta attraverso la vischiosità della sua scrittura. Si pensi a un caso recente e in questo senso paradigmatico: cioè al rozzo, manieristico e predicatorio *La Storia* di Elsa Morante, il cui diritto a essere considerato, per metà, un libro straordinario, si fonda sulla potentissima vischiosità della sua scrittura. Ora, al contrario, la scrittura di Soldati è priva di ogni vischiosità. Ciò significa che Soldati ha rinunciato praticamente a tutto ciò a cui aveva primario diritto: cioè a tenere attaccato a sé il lettore, a possederlo, a esercitare su di lui una inconfessata autorità.[9]

---

8 Barthes, *La Préparation du roman*, p. 35.

9 Pier Paolo Pasolini, «Mario Soldati, *Lo smeraldo*», in Pasolini, *Saggi sulla letteratura e sull'arte*, a cura di Walter Siti e Silvia De Laude, 2 voll. (Milano: Mondadori, 1999), II, pp. 2174–79 (pp. 2174–75).

L'assenza di vischiosità, potremmo dire, è la versione pasoliniana del Neutro e in un caso come nell'altro l'etica della scrittura e la forma della scrittura sono le due facce di una stessa medaglia. Nella riflessione di Barthes su una nuova pratica di scrittura vita e opera sono infatti inseparabili. L'immagine che utilizza Barthes è, come dicevo, quella della *Vita Nova* la cui origine è il lutto vissuto dopo la morte della madre:

> [...] la nécessité de se donner un nouveau « programme » de vie (un programme de *Vita Nova*). Or, pour celui qui écrit, pour celui qui a choisi d'écrire, pour celui qui a éprouvé la jouissance, le bonheur d'écrire [...] pour celui-là il ne peut y avoir de *Vita Nova* (me semble-t-il) que dans la découverte d'une nouvelle pratique d'écriture.[10]

Questa nuova pratica di scrittura ha a che vedere con la vita non solo programmaticamente — cambiare, rinnovare la propria vita — ma anche strutturalmente secondo l'idea che la letteratura si nutre della vita in quanto vi è omologia tra l'una e l'altra.

La vita, Pasolini direbbe la realtà, «c'est le fleuve de langage qui nous traverse, qui nous entoure, c'est ça la vie».[11] Essa è dunque un testo che si scrive appunto vivendo e la letteratura è una modalità di fissazione o di trascrizione — Barthes parla appunto di «*saisie*» — di questo testo:

> J'en reviens en effet à cette idée simple, mais qui me paraît intraitable, que la « littérature » (car au fond mon projet est essentiellement « littéraire »), ça se fait toujours avec de la « vie ». Mon problème est que je crois n'avoir pas accès à ma vie passée; elle est dans la brume, c'est-à-dire dans la faiblesse d'intensité (sans laquelle il n'y a pas d'écriture). Ce qui est intense, pour moi, c'est la vie présente, mêlée structuralement (c'est là ma donnée) au désir de l'écrire. La « Préparation » du Roman se réfère donc à la saisie de ce texte parallèle, qui est le texte de la vie « contemporaine » ou de la vie concomitante.[12]

La vita o la realtà, scrive anche Barthes, è un testo dal quale si tratta di cogliere o forse potremmo dire di stralciare dei momenti, particolarmente e soggettivamente significativi o come dice anche epifanici. Se

10 Barthes, *La Préparation du roman*, p. 17.

11 *Ibid.*, p. 39.

12 *Ibid.*, p. 40.

non si capisce questo, non si comprende nemmeno perché gran parte del primo anno di lezione sia dedicato all'Haïku, ovvero a quel tipo di poesie giapponesi composte da una sola terzina. A priori non c'è nulla di più distante dal genere romanzo dell'Haïku. Se però poniamo alla base del romanzo, come forma lunga, l'attività di trascrizione di momenti del testo del presente, della vita presente, allora cominciamo a capire la ragione dell'interesse per l'Haïku. L'unico modo di cogliere il testo del presente è infatti per Barthes l'appunto, quello che in latino chiama *notatio*. Per pagine e pagine parla della maniera di annotare, di appuntare il presente e delle implicazioni anche sociali di tale pratica che richiede allo scrittore di avere sempre con sé un taccuino sul quale prendere appunti. Ora l'Haïku non è altro che una modalità particolarmente efficace di cogliere, di appuntare dei momenti di vita presente:

> Donc, de là, a suivi la décision de m'occuper un peu du haïku pour ensuite m'occuper du roman. Cette décision est moins paradoxale qu'il n'y paraît, parce que le haïku est une forme exemplaire de la Notation du Présent : c'est un acte minimal d'énonciation, une forme ultrabrève, une sorte d'atome de phrase qui note (c'est-à-dire qui marque, cerne, glorifie : dote d'une renommée, d'une fama) un élément ténu de la vie « réelle », présente et concomitante du sujet qui écrit. [...] Le haïku donne en même temps la vie du Fait et son abolition — et cela me fait penser précisément aux vieilles photos : je dirais volontiers que l'être de la photo, qui est en rapport avec le noème que je lui suppose, ce n'est pas la photo rutilante de Paris-Match ou de la revue Photo, ce n'est pas ça la photo, c'est la photo vieillie, c'est la photo jaunie. C'est ça la vraie photo, et c'est un peu aussi ce qu'est le haïku).[13]

Barthes avvicina il potere dell'Haiku a quello della fotografia, operando uno slittamento verso una modalità visiva di appuntare la realtà che non può non ricordarci Pasolini. Non solo perché Barthes dichiara qui la sua passione per la «*photo jaunie*», quella fotografia ingiallita che Pasolini mette in campo ne *La Divina Mimesis* a fianco di una serie di «appunti» letterari che per la prima volta appaiono come modalità testuale nella sua opera. Ma anche perché l'appunto è una modalità cinematografica sperimentata da Pasolini ancor prima di quella letteraria.

13 Barthes, *La Préparation du roman*, p. 53 et p. 116.

Il presupposto teorico condiviso, del resto, è sempre lo stesso: la realtà come linguaggio. Ma anche i presupposti estetici lo sono, ovvero la sostanza poetica della realtà e il passaggio dalla pura trascrizione alla scrittura annotativa come modalità di narrazione. L'appunto scritto per Barthes, come l'appunto cinematografico e poi anche quello scritto per Pasolini, è infatti già investito di una dimensione estetica quando è inserito nell'orizzonte del romanzo o del film e basti pensare in questo senso agli appunti su un film da farsi de *L'Orestiade africana*. È quanto emerge dalla citazione che segue:

> Alors à quel moment de la descente (dans l'infiniment subtil) ai-je décidé de déposer le langage ? C'est-à-dire pourquoi noter ceci plutôt que cela ? Peut-être que la décision (ce qui produit à la lecture une sorte de petit satori mental) pour celui qui écrit d'arrêter à tel moment la division ou la surdivision du réel vient de ce que la métrique, dans le haïku, rencontre telle parcelle de la réalité, y fait un nœud et l'arrête ; c'est le moment où le « réel » est soulevé par la métrique cinq-sept-cinq et à ce moment-là la métrique est l'opérateur qui arrête la descente dans le réel. Et si c'est vrai, cela pourrait être la définition de la Poésie, qui serait en somme le langage du Réel, en ce qu'il ne se divise plus ou ne s'intéresse pas à se diviser davantage. Ce n'est pas tellement un paradoxe, ou en tout cas c'est un paradoxe qui a des lettres de noblesse puisque vous savez que pour Vico, grand Italien du XVIIIe siècle (et aussi pour des romantiques comme Michelet), le mythe vichien, c'est celui de l'antériorité du Poétique, de la naturalité du Poétique et donc de la réalité en un sens du Poétique.[14]

Naturalmente, il riferimento a Vico è qui più che sorprendente ed è forse il segno più radicale del sottotesto pasoliniano presente ne *La Préparation du roman*. Parlare come fa qui Barthes di «*réalité du Poétique*» significa rovesciare completamente i presupposti linguistici dello strutturalismo scavalcando o rinnegando la distinzione saussuriana di *langue* e *parole*. Nella prospettiva strutturalista la poesia è un dato sempre posteriore e mai anteriore, essa è l'appropriazione soggettiva di una struttura linguistica che nella sua anteriorità è necessariamente priva di caratteristiche individuali, particolari e quindi poetiche. Non è un caso che proprio rifiutando la prospettiva universalista dello strutturalismo Pasolini, in un celebre passo di *Empirismo*

14 *Ibid.*, p. 135.

eretico, facesse proprio riferimento a Vico.[15] Sposare l'idea di un'anteriorità del Poetico significa pensare alla poesia come a un palinsesto linguistico che si tratta di liberare dalle sedimentazioni, ovvero dagli usi contestuali, dagli impieghi narrativi sotto cui giace sepolto. In altri termini, il procedimento della *notatio*, e quindi l'Haïku, ci svela quella realtà poetica che la prosa del mondo, per così dire, in qualche modo nasconde. L'Haïku, insomma, opera nei confronti della realtà quella «transustanziazione semantica»[16] che l'appunto cinematografico realizza, secondo Pasolini, qualora sia guidato da un'intenzione poetica. Anche l'appunto cinematografico, infatti, ci rivela — ed è attorno a questo che si gioca la disputa di Pasolini con Umberto Eco — l'essenza poetica del linguaggio della realtà o di quello che chiama il «codice dei codici».[17]

Certo, Barthes non parla solo di appunti, si chiede anche se possa esistere un romanzo fatto di appunti e la seconda parte del corso è dedicata principalmente al passaggio dalla *notatio*, dal frammento, alla scrittura fluida e lunga del romanzo. Come avviene tale passaggio? Ebbene esso avviene attraverso un procedimento che può ricordare il montaggio cinematografico ovvero il lavoro di cucitura di cui Barthes parla a proposito della *Recherche* di Proust. *La Recherche*, spiega Barthes, non è un romanzo classico con un intreccio è anzi un romanzo fatto di frammenti, se vogliamo di appunti. Ma questi sono poi cuciti insieme e danno vita a qualcosa di vario, di variopinto, che Barthes riconduce a due termini greci *Poikílos* e *Rhaptéin*:

> On pourrait aussi parler du Rhapsodique : le *poikílos* ce serait en un certain sens le rhapsodique. Vous savez que Rhapsodique en grec *rhaptéin* veut dire coudre. C'est donc ce qui est cousu, ce sont des

---

15 «Ebbene, sì, dovendo accettare il fatto che io sono nato in una città italiana negli anni Venti, non posso poi non accettare di avere delle cattive abitudini italiane [piccoloborghesi]: e non mi dispiace, perciò, per un intimo fascino vichiano e poetico della cosa, di offrire come tertium nell'opposizione saussuriana di langue e parole, 'la lingua nel suo momento puramente orale, la lingua dai riflessi condizionati', questo dato necessario, e individualistico- precedente idealmente la società, ossia la cultura (l'escatologia della lingua orale, verso usi convenzionali, e quindi arbitrari, verso la sua forma ambigua di lingua orale e lingua scritta che è ogni langue)» (Pier Paolo Pasolini, *Empirismo eretico* (Milano: Garzanti, 1972), ora in Pasolini, *Saggi sulla letteratura e sull'arte*, I, pp. 1241–1683 (p. 1334)).

16 *Ibid.*, p. 1588.

17 Cfr. *Ibid*, pp. 1611–21.

> pièces qui sont cousues ensemble, un peu comme un patchwork mais probablement plus organisées dans la mesure où une robe, ce n'est pas seulement un patchwork (et d'ailleurs vous vous rappelez que Proust, à la fin de son œuvre, voulant donner la théorie, la théorie de la littérature, explique que l'Œuvre, l'œuvre littéraire, doit être faite comme par une Couturière, c'est la métaphore de la couturière).[18]

Questo montaggio rapsodico dei frammenti del romanzo è quello che Barthes preferisce in quanto consente di legare assieme ogni momento poetico limitando quelle giunture, quei collegamenti, che nel romanzo canonico appartengono alla finzione perché la giuntura nel romanzo è sempre un momento di finzione:

> quand je produis des notations, elles sont toutes «vraies»: je ne mens jamais (je n'invente jamais) au niveau de la notation, mais précisément, c'est peut-être parce que je ne mens jamais que je n'accède pas au Roman; le roman commencerait non pas au faux, mais plus subtilement quand on mêle sans prévenir le vrai et le faux: le vrai criant, absolu du moment de vérité, et le faux colorié, brillant, venu de l'ordre du Désir et de l'Imaginaire. Le roman serait — et là il faut employer un adjectif grec — *poikílos*, qui veut dire bigarré, varié, tacheté, moucheté, couvert de peintures, de tableaux, vêtement brodé, compliqué, complexe.[19]

E da questo deriva, naturalmente, che ci sono romanzi più o meno veri, vale a dire più o meno poetici ma ne deriva anche che non è possibile scrivere un romanzo senza mescolare verità e finzione, realtà e artificio, gravità e gioco. Nella famosa lettera a Moravia, inserita tra le carte di *Petrolio*, Pasolini dichiarava di non aver voluto costruire una «macchina narrativa» canonica per non «dover accettare quella convenzionalità che è in fondo giuoco.»[20] A prescindere dal carattere veramente metapoetico della lettera a Moravia, resta innegabile che nel romanzo, certo ancora incompiuto, di Pasolini il lavoro di "cucitura" è praticamente assente. Si potrebbe forse dire, allora, che *Petrolio* costituisce il vero punto di arrivo di quella *Préparation du roman* che in Barthes non ha mai trovato il suo compimento.

---

18 Barthes, *La Préparation du roman*, p. 212.

19 *Ibid.*, p. 182.

20 Pier Paolo Pasolini, *Petrolio*, a cura di Maria Careri e Walter Siti (Milano: Garzanti, 2022), p. 5.

La vita sovrana, la parresìa

Tracce di un confronto tra il Pasolini estremo e Michel Foucault

MARCO ANTONIO BAZZOCCHI

In una delle sue poesie testamentarie raccolte in *La nuova gioventù*, «Lengas dai frus di sera», Pasolini mette in rapporto due voci che concorrono a creare l'effetto di quello che lui stesso definisce più volte «compimento figurale», cioè la risoluzione possibile di quanto in un testo è lasciato irrisolto e deve essere riempito dall'attenzione del lettore che crea collegamenti tra il testo e l'autore. In questo caso l'integrazione avviene tra due voci che si completano a vicenda, pur appartenendo a due mondi che non possono comunicare. La prima è la voce di Edipo dal dramma *Edipo a Colono*, le cui battute sono riportate direttamente in greco, la seconda la voce di un uomo che si definisce ormai vecchio e che abita in una torre. Quest'uomo parla in dialetto friulano. Entrambi gli uomini si trovano in una condizione di privazione e di perdita del proprio statuto: il vecchio re sta cercando il luogo adatto per poter morire, il vecchio friulano, pur possedendo una torre e un bosco, sa che gli rimane poco tempo da vivere. Nel testo non c'è cenno delle voci dei fanciulli, che invece danno il titolo al componimento. Il rapporto tra vecchiaia e gioventù rimanda però a un sotterraneo riferimento a un intervento apparentemente estraneo, la recensione di Pasolini alle *Città invisibili* di Calvino, dove Pasolini sembra voler recuperare un rapporto di vicinanza con Calvino dopo molti anni e condividerne l'esperienza a partire da quanto si trova implicito nella nuova opera.[1] Il libro di Calvino viene letto come il risultato di un atteggiamento malinconico e rassegnato, quello di chi ha ormai visto passare tutta la propria vita e se ne sta come un vecchio a osservare, seduto su un muretto, i giovani che invece ancora stanno dandosi da fare. Anche in questo caso la condizione del vecchio corrisponde a una perdita di sapere, e a una forma di ironia che consente di sentirsi in pace proprio dalla posizione di lontananza dalla vitalità giovanile.

Pasolini riproduce nella sua poesia lo stesso sentimento: l'uomo vecchio, il padrone della torre, è consapevole che il suo sapere non serve più, che anzi sarebbe venuto il momento di sbarazzarsene: «Ah, avere ormai più poco tempo da vivere, non essere più padrone... | Questo è un piacere sconosciuto ai giovani, che fa il vecchio leggero».[2]

Credo che questa idea stia alla base dell'atteggiamento dell'io che compare, in forme molteplici e con posture discorsive diverse, nell'ultima parte dell'opera di Pasolini, in versi o in prosa.

Questo "io" è il prodotto di una lunga elaborazione che può essere fatta risalire all'inizio degli anni Sessanta, quando Pasolini rinnega l'esperienza del decennio precedente elaborando un concetto che deriva dalla storia dell'arte, quello di "manierismo". Nel libro di Ludwig Binswanger sul manierismo come forma di esistenza mancata, viene citato Paul Tillich a proposito del lento processo di consunzione dei contenuti spirituali di un'epoca e dell'angoscia che ne deriva come mutamento irreversibile nella storia di un individuo. Questo sentimento Pasolini inizia a tradurlo poeticamente affiancandolo alla idea di «Nuova Preistoria», che non a caso compare nella raccolta più manieristica, quella che nasce sotto il segno della pittura di Pontormo, a ridosso della *Ricotta* e dell'assunzione di Pontormo come padre da mettere vicino a Gramsci e Contini. Poche pagine prima, Binswanger sottolinea la rappresentazione dello spazio nella pittura manierista come caratterizzate da contrazioni dentro le quali il soggetto viene

1 La recensione viene raccolta nel volume postumo *Descrizioni di descrizioni*, che si cita da Pier Paolo Pasolini, *Saggi sulla letteratura e sull'arte*, a cura di Walter Siti e Silvia De Laude, 2 voll. (Milano: Mondadori, 1999), II, pp. 1724–30.

2 La poesia si cita da *La nuova gioventù*, in Pier Paolo Pasolini, *Tutte le poesie*, a cura di Walter Siti, 2 voll. (Milano: Mondadori, 2003), II, pp. 460–62.

trascinato via, in modo tale che la figura umana si sottopone a una pressione esterna per la quale non sembra espandersi dentro l'infinito ma piuttosto viene compressa da esso.[3]

Possiamo ipotizzare un fenomeno simile nel rapporto tra il soggetto poetico e lo spazio dentro il quale avviene la sua libertà di manovra (che dunque non è mai veramente libera ma deve rispettare un confine). Se ipotizziamo che un codice stilistico sia, sulla base di selezione, uno spazio dove il soggetto può muoversi pur rispettando i confini auto-imposti dalle scelte stesse, allora dobbiamo considerare che da *Poesia in forma di rosa* in poi Pasolini abbia messo in scena la progressiva e inarrestabile espulsione di sé dallo spazio della lingua poetica. La lingua poetica delimita ormai un perimetro dentro il quale non si può più abitare. Dunque il soggetto deve contemporaneamente stare "dentro" questo perimetro e mostrare l'impossibilità della sua condizione: lo spazio virtuale del testo lo costringe a continue "torsioni" posturali, sia fisiche che psicologiche. Proprio per questo il sentimento di soffocare e di perdere la voce è in rapporto sia con lo spazio esterno che con lo spazio poetico che ha perso energie vitali e funzione protettiva. Pasolini mette in atto continue strategie di discorso pubblico con le quali si rappresenta in quanto ormai incapace di trovare le condizioni adatte per potersi esprimere. Nella poesia citata, la torre di Chia è un luogo di isolamento dell'io ma nello stesso tempo un luogo dove verificare la disappropriazione del proprio sé. Ultimo atto di questo percorso sono le fotografie di Dino Pedriali nelle quali l'autore si mostra ormai libero di ogni legame con il mondo, letteralmente nudo, cioè privo di ogni sapere.[4]

La raccolta successiva, *Trasumanar e organizzar*, adotta la forma smagliata del libro di appunti tipica dell'ultimo Pasolini. Gli "appunti", in quanto scritture provvisorie, nate per essere corrette o cancellate, fanno emergere l'azione di colui che scrive senza che sia necessario fissare la scrittura in una forma definitiva: sono quasi-testi che attendono un impossibile compimento figurale. Come ha detto Raf-

---

3 Ludwig Binswanger, *Tre forme di esistenza mancata* (Milano: Bompiani, 2001), pp. 162–63.

4 Per questo aspetto rimando al mio libro *Esposizioni. Pasolini, Foucault e l'esercizio della verità* (Bologna: il Mulino, 2017).

faele Dommarumma: «Il libro insomma non è tanto un'opera quanto un'operazione»[5].

Di conseguenza, dal momento che si trova proiettato in uno spazio dentro il quale non esistono più punti di orientamento stabili, e sente di aver perso il legame con la lingua poetica (che è il legame con la madre, e quindi con il "fiore" della rosa) Pasolini cerca di immettere forti dosi di performatività all'interno dei componimenti. In un certo senso, Pasolini non può ignorare la vittoria della Lingua del Padre, quello che Stefano Agosti chiama il sapere costitutivo del Discorso (cioè la lingua che simula la verità), ma cerca di salvare fin dove è possibile la Lingua della Madre (cioè la lingua del possesso della verità), che però può esprimersi sempre solo in modo frammentario, non completo, come balbettio che si insinua sotto il Discorso paterno. Scrive Agosti: «la verità parla al di fuori dei codici, nella lingua del canto o dell'afasia», che sono lingue dell'origine o della condizione postuma[6].

Pasolini usa un'immagine di sé che rovescia comicamente l'immagine di sé che sa essere diffusa. Si tratta della figura del «re di derisione» di cui parla Foucault nel corso del 1984 al Collège de France, *Il coraggio della verità. Il governo di sé e degli altri*. Il tema analizzato da Foucault è quello della vita cinica come «vita altra», cioè la vita condotta senza vergogna, indifferente a tutto ma capace di «abbaiare» (i cinici assumono l'identità del cane) contro i nemici, dal momento che sa distinguere i buoni dai cattivi: «è una vita priva di dissimulazione, che non cela nulla».[7]

Possiamo leggerla come continuazione dell'espressione «maciste magretto» che troviamo in apertura del poema «Poesia in forma di rosa», dove vengono esaminate le fasi di progressivi errori di cui il soggetto fa pubblica ammenda, considerandoli nel loro complesso l'errore dell'intera vita. In *Trasumanar* si registra la fase successiva, che qui diventa «la nascita di un nuovo tipo di buffone». Questa presenza del "buffone", del personaggio inferiore, del reietto, dell'impresenta-

---

5 Raffaele Donnarumma, «La poesia dopo la poesia: *Trasumanar e organizzar* di Pasolini», in *Fra realtà e linguaggi nell'opera di Pasolini*, a cura di Matteo Quinto e Matteo Cazzato, numero speciale di *Autografo*, 61 (2019), pp. 77–96 (p. 88).

6 Stefano Agosti, *La parola fuori di sé. Scritti su Pasolini* (Lecce: Manni, 2004), pp. 29–30.

7 Sintetizzo qui alcuni passaggi che si trovano in Michel Foucault, *Il coraggio della verità. Il governo di sé e degli altri* II (Milano: Feltrinelli, 2011), pp. 234 sgg.

bile, va connessa alle nuove esigenze formali che Pasolini esibisce, a ritmo forsennato, nella raccolta: i comunicati, i rifacimenti, le poesie su commissione, ecc.

Pasolini può così rendere pubblica la sua impossibilità di Canto, ed esporsi con la maschera di chi si sottopone all'attacco fisico dei propri nemici. La raccolta è costellata di "doppi" dell'autore che sono figure della sua condizione di reietto e sacrificato. Riprende, per esempio, la figura del Gracco che viene umiliato dai propri concittadini. Il Gioco nuovo si instaura con il codice della poesia, cioè con il codice dove il Discorso ha ormai soffocato il Canto: «Ah fratelli non mi ammirerete più | attraverso la mia ammirazione. | Gioco al gioco contrario, | e se qualche verso mi riesce passabilmente | è per semplice abitudine». Il che si prolunga poi nella esibizione di un sé come oggetto di ingiuria, di umiliazione pubblica e di attacco fisico da parte degli altri (immagine ripresa nella nota alla *Divina Mimesis*):

> Abbasso la vostra serietà.
> Date, date calci al Gracco boccheggiante,
> mettendo in dubbio la costituzione stessa della sua moralità
> come di persona infida, perché a voi non consustanziale (della stessa pasta);
> quasi appartenente ad altro *gruppo* o *razza*.[8]

Per identificare alcuni aspetti della raccolta poetica che si forma tra il 1968 e il 1970, cerco di sottolineare alcune idee che possono avere una tangenza proprio con gli studi dell'ultimo Foucault, in particolare quelli dedicati a «gouvernement de soi et des autres» e «courage de la vérité» (1984): 1. Figurazioni della soggettività che non hanno al centro il potere (inteso anche come dominio consapevole della lingua poetica) ma al contrario l'abbandono del potere; 2. Il nuovo rapporto tra soggettività e pratiche legate alla sessualità; 3. Declinazioni di un tema che potremmo indicare come "parresiastico", intendendo l'esibizione di un soggetto che aspira a mostrarsi nel vero, con varie strategie di spiazzamento del proprio nemico.

I due verbi del titolo rimandano a un'opposizione che ancora una volta implica la natura doppia della parola poetica, che si riflette nei toni diversi dell'enunciazione da parte del soggetto poetico. Il *trasuma-*

---

8 Pasolini, «Il Gracco», dalla raccolta *Trasumanar e organizzar*, sezione «La nascita di un nuovo tipo di buffone», in Pasolini, *Tutte le poesie*, II, pp. 61–63 (p. 63).

nar avviene non solo in un movimento verso l'alto (dantescamente) ma nel rovesciamento simmetrico verso il basso, dove si agisce attraverso l'*organizzar*. Ma l'*organizzar* si riferisce anche tecnicamente alla forma del discorso, che fa da supporto agli elementi metadiscorsivi. I linguaggi possono arrivare all'afasia, alle variazioni di falsetto, oppure innalzarsi improvvisamente verso il canto che si incarna nella donna della Città Santa, cioè la Callas a Parigi, che sappiamo essere in lotta con la Madre e sottoposta al potere del Padre (e per metonimia del nuovo padrone, cioè Onassis), che però in lei può diventare di nuovo energia poetica. Dunque Pasolini crea quasi in ogni testo uno spazio di isolamento nei confronti del mondo, uno spazio di espressività improbabile, e nello stesso tempo varca, senza requie, questo muro di isolamento per trovare interlocutori non conformi, individuati in luoghi di esautorazione: non a caso Ninetto e Maria vengono abilmente separati da tutti gli altri esseri (in prevalenza maschili) che potrebbero essere oggetti di attenzione erotica. In alcuni testi, questa ricerca di un nuovo "tono" con cui affrontate l'esistenza ha a che fare con la ricerca del trasumanar. Questo tono viene spesso indicato con il termine «leggerezza», come in questo testo, appunto «Propositi di leggerezza» (la poesia ambientata in Eritrea, dove vengono proiettati, anche nel *Fiore della mille e una notte*, desideri erotici, qui anticipati dall'espressione «la grazia degli Eritrei», che dà titolo a una magnifica prosa): «Da tempo sento più forte il rimpianto del ventre materno, | dove stare tutto solo, all'interno, senza meticci di nome Lorenzo | né altri impegni sociali: senza il fango | della stagione delle piogge».[9] Qui Pasolini oscilla tra due opposti, creando una condizione di non decidibilità: la leggerezza sarebbe un valore da ritrovare, ma è proprio la leggerezza «di ragazzo» che ha portato il poeta a diventare «pesante», a scegliere cioè la sincerità, lo zelo, dal momento che «il buono, il puro, il ragazzo è bugiardo», e quindi la leggerezza «è mistificazione». Deve così tornare il tono del "Falsetto", che significa appunto "falsità" della voce. Dunque è impossibile evocare il passaggio da un sistema comportamentale all'altro, perché ambedue sono in rapporto di opposizione e di legame: l'ossimoro significa totalità del mondo, non può esserci scelta.

---

9 Pasolini, *Tutte le poesie*, II, pp. 68–71.

La voce dell'io lirico, o meglio dell'io che sta lasciando la lirica, può solo aprirsi ad altre voci, diventare mimetica inglobando il mondo, senza più selezionare ma agglomerando:

> la continuità è dovuta al persistere dell'*oxymoron*, cioè al definire le cose per opposizione. Ciò è importante, perché deducendo, sia pur schematicamente, la vita dallo stile, si può affermare che Pasolini vive storicamente per accumulazione, e che il suo conoscere, non dialettico, è dovuto all'eterna coesistenza degli opposti.[10]

Pasolini non sa dove porta il suo discorso: il suo non sapere diventa cancellazione del suo io precedente (cioè del suo sapere). Questo io c'è ma anche non c'è, sopravvive come Canto che sta soffocando sotto la forza inarrestabile del Discorso, e per questo diventa "falsetto" o "abitudine" oggetto di svilimento ironico. Il nuovo linguaggio deve dunque adeguarsi a essere un non-linguaggio, oppure mimare un impossibile adeguamento a un linguaggio non umano.

Mirmicolalìa dichiara fallimentare il tentativo di elaborare un linguaggio che consenta una comunicazione con i carcerati di Rebibbia, e si giustifica come incentivo alla protesta per l'incarceramento di Aldo Braibanti, poeta e mirmicologo, cioè studioso delle formiche. Pasolini esibisce non solo un processo di identificazione con Braibanti, ma scende a un livello inferiore, scegliendo di trasfigurarsi nella formica ormai morta e chiusa in una teca di vetro, osservato dagli occhi di Dario Bellezza e di Elsa Morante. Il corpo-formica, ormai ridotto a minuscola salma, ha perso la capacità di entrare in rapporto con gli altri carcerati di Rebibbia. Il linguaggio con cui comunicare dovrebbe essere un «mirmicoeffare», cioè un linguaggio modellato su quello delle formiche: «Ho pensato per prima cosa di ... mirmicoeffare coi coatti: | ma la difficoltà linguistica è stata insormontabile: | discorso diretto senza discorso libero indiretto | per una bestiolina nuda tra i Mirmidoni al fresco».[11] I carcerati vengono nominati dalla metafora dei Mirmidoni, il cui nome secondo la leggenda risale al popolo delle formiche (mirmix). Pasolini rinnega la tecnica che ha usato in passato per dare voce ai personaggi di una classe sociale subalterna, cioè il

10 Pasolini, *Scritti sulla letteratura e sull'arte*, II, p. 2579.

11 Pasolini, *Tutte le poesie*, II, p. 26.

discorso libero indiretto, e che adesso dovrebbe essere sostituito dal discorso diretto, il che si dichiara impossibile.

Dunque non sono più efficaci le antiche abitudini retoriche e stilistiche, eppure la poesia inizia a diventare un discorso su ciò che è necessario compiere, sulla necessità di trovare soluzioni, sull'emergenza del presente. Come spiega Foucault, l'uso performativo del linguaggio si svolge secondo modalità che sono parallele a quelle di chi vuole «parlar franco», cioè praticare la virtù della parresìa. Ma l'atto parresiastico supera l'atto performativo proprio perché mette in gioco qualcosa di più. Ascrivendo il proprio discorso alla parresìa, il pensatore antico non solo enuncia una verità, pratica un discorso sulla verità, ma mette se stesso in una posizione particolare nel rapporto con questa verità. L'enunciato performativo è tale perché viene seguito da un effetto, chi lo pronuncia vuole ottenere subito un effetto pratico, visibile. «Nella parrēsia, al contrario [...] — spiega Foucault — ciò che la produce è il fatto che l'introduzione, l'irruzione del discorso vero determina una situazione aperta, o piuttosto apre la situazione e rende possibile un certo numero di effetti che non sono propriamente conosciuti».[12] Il dire-il-vero, cioè, implica che colui che lo dice si leghi in modo esplicito all'enunciato e al suo contenuto. Colui che dice il vero si assume completamente il rischio di ciò che dice e delle conseguenze che ne derivano. La parresìa ha una ricaduta principale sulla condizione del locutore, di colui che parla, che si espone ai rischi di quel che dice, è anzi disposto a pagare un prezzo altissimo (fino alla morte) per ciò che dice. Colui che pratica la parresia (sia in senso politico che filosofico) si mette in una condizione particolare, in un certo senso si isola dalla propria comunità e crea intorno a sé uno spazio di eccezione. Colui che dice il vero costituisce se stesso «come colui che dice il vero, che ha detto il vero, che si riconosce come colui che ha detto il vero».[13]

Si tratta dunque di un'operazione condotta innanzitutto su di sé, un'operazione che riguarda la soggettività e il modo con cui il soggetto si espone di fronte alla propria comunità di appartenenza. Stando alla concezione di Pasolini, un atto parresiastico può passare attraverso l'esibizione del proprio corpo, attraverso una modalità con cui il corpo

12 Foucault, *Il coraggio della verità*, p. 67.

13 *Ibid.*, p. 73.

trasmette un messaggio. E questo messaggio prende spesso, nella poesia estrema, la forma di una allocuzione pubblica attraverso la quale il poeta dice ai suoi ascoltatori: io esisto, sono così, guardatemi, osservatemi, rendetevi conto che sono diverso da voi. Spesso la forma poetica è lo strumento migliore con cui Pasolini unisce atti di esposizione di sé e del proprio pensiero, attraverso la confessione, il ragionamento parresiastico, l'allocuzione a un interlocutore privilegiato (che, soprattutto negli ultimi anni, è quasi sempre un uomo giovane). Il che porta a pensare che il Discorso in questo momento è sentito come una necessità che è superiore a quella del Canto, in quanto il Canto, pur rimandando sempre a una condizione originaria della voce, non può esistere in una condizione di inquinamento del Reale irreversibile. Come "prima" era necessario il Canto, "ora" è necessario il Discorso (inteso come discorso di verità).

Nella raccolta, l'espulsione di sé dalla voce della poesia corre in parallelo all'espulsione progressiva del soggetto dalla comunità degli umani, salvo restare aggrappato a due interlocutori, posti ai due poli estremi di una spazialità immaginaria dentro la quale il poeta può solo constatare la sua deprivazione: Ninetto a quello basso, Maria a quello alto. Ambedue testimoniano della perdita del rapporto con la poesia, perdita che produce (paradossalmente) un continuo, incessante bisogno di ricerca poetica. A questa mancanza si oppone l'elaborazione di una nuova forma di amore, che qui viene distribuita tra Ninetto e Maria, entrambi presi nel gioco per cui il soggetto li fa entrare nel testo poetico in quanto testimoni di un rapporto diverso con "l'altro".

Nel 1969 Ninetto è in caserma ad Arezzo, dove svolge il servizio militare. Pasolini scrive alcuni componimenti a lui dedicati, tra cui uno che usa come titolo la formula «Comunicato all'Ansa», cioè nega il valore poetico dei versi e li riduce alla forma asettica con cui le notizie vengono trasmesse all'agenzia di stampa. In questa forma, di per sé sconcertante, Pasolini cerca di rinchiudere un impossibile ritratto di Ninetto, considerato sia in rapporto alla situazione contingente (il servizio militare) sia nella prospettiva più ampia del destino che il ragazzo incarna. Ma per parlare di questo destino Pasolini convoca un metalinguaggio, quello che ha letto nel saggio di Claude Bremond sulle funzioni narrative (lo ha indicato per primo Giuseppe Zigaina[14]). Il metalinguaggio tecnico estrania la vita di Ninetto. Ognuna delle funzioni indicate da Bremond con linguaggio tecnico (realizzazione del compito, intervento dell'alleato, eliminazione dell'avversario ecc.) viene resa ridicola proprio nella messa in rapporto con la vita di Ninetto, dichiarato subito un soggetto anomalo e come tale non riconducibile ad alcuna categoria logica: «Anghelos è irriconoscibile» (inizio del componimento), «paria innocente: intoccabile sì, ma anche inattingibile» (fine del componimento). Intoccabile rimanda all'impossibilità delle pratiche erotiche, inattingibile a una impossibilità del conoscere: Ninetto non può essere "contenuto" all'interno delle categorie della narratologia imperante («fiaba fatta di nulla è la sua vita»), si sottrae ad ogni "funzione" e diventa un figlio impossibile, dal momento che la paternità non viene concessa a colui che parla, è una assenza che provoca un vuoto, ed è questo stesso vuoto il luogo da cui Maria canta, cercando di investire Pier Paolo di un ruolo paterno al quale lui rifiuta di adeguarsi: «Tu — ed è la prima volta che mi succede — | mi vedi simile a Lui, | Lui reincarnato e destinato a morire».[15] Ma Ninetto è anche, trasfigurato, colui che «Va per il mondo | vestito in grigioverde come un cane dalla fauci piene de bontà».[16] La metafora del cane, che rimanda alla filosofia cinica indagata come "stile di vita" da Foucault, ritorna nella raccolta più volte, per esempio nel testo successivo, «Comunicato all'Ansa (un cane)», dove il cane fermo sul ciglio della strada possiede sia dignità che bontà, e ispira la morale del verso finale, una ulteriore dichiarazione di cambiamento psicologico e comportamentale provocato dalla rinuncia all'eroismo: «Ecco quindi la mia conclusione: | la rassegnazione non ha niente da invidiare all'eroismo».[17]

Nella sezione seguente («Piccoli poemi politici e personali») il tono diventa invece intimo, quasi elegiaco: Ninetto è presentato come unico oggetto d'amore, e il legame tra lui e Pasolini costituisce il nucleo dei testi.

---

14 Mi riferisco a uno dei saggi di Giuseppe Zigaina dedicato alla iscrizione della volontà di morte nell'opera di Pasolini, *Pasolini e l'abiura. Il segno vivente e il poeta morto* (Venezia: Marsilio, 1993), pp. 173–77.

15 «La baia di Kingstown», in Pasolini, *Tutte le poesie*, II, 196–98.

16 «Comunicato all'Ansa (Ninetto)», in Pasolini, *Tutte le poesie*, II, pp. 77–78.

17 *Ibid.*, p. 77.

Il soggetto poetico ora — dal momento che il desiderio erotico esattamente come il desiderio di poesia si trasforma — può definire l'affetto come «un pretesto | per sapere di avere una possibilità — l'unica — | di disfarsi senza dolore di se stessi».[18] Il dono possibile è quello che si può realizzare donando se stesso, anzi liberandosi di sé (o meglio del sé nel quale il soggetto ormai non si riconosce, il sé che ha compiuto una vita e vorrebbe iniziarne un'altra, con conseguente ulteriore conquista espressiva).

Maria canta da un vuoto che è nel cosmo, e Pier Paolo si dichiara escluso da questo luogo. La voce di Maria è piena di un dono che discende dal dono originario del Padre: Maria, come la Odetta di *Teorema*, è vissuta nel Primo Paradiso, e il suo canto contiene in sé quell'elemento paterno dal quale Pier Paolo è escluso, come è escluso dal canto. Ninetto invece è colui che provoca una trasformazione della sensibilità, nella quale il desiderio erotico si indebolisce e acquista la forma più stabile dell'affetto. Qui il tema dell'affetto preannuncia il tema testamentario che si fa strada nella *Nuova gioventù*, a mio parere il tema più interessante dell'ultimo Pasolini perché lo si trova ramificato in tutte le ultime opere, dalla prosa alla poesia alla saggistica. Il tema è connesso alla capacità di elargire che Maria pratica in quanto mandato paterno.

All'atto di elargire corrisponde (con un rovesciamento simmetrico) la volontà di liberarsi di sé. La liberazione dalla soggettività è l'ultima fase dell'espulsione del soggetto dalla dimora del linguaggio poetico, ma anche l'inizio di una nuova attenzione verso se stessi come soggetti di verità. Dunque possiamo leggere i due verbi del titolo della raccolta anche secondo questo significato: il *trasumanar* cioè il comporre poesia è divenuto ormai impossibile, e si richiede al soggetto una nuova trasformazione che implica un *organizzar* di sé che va in una direzione diversa. Il "testamento" non è un atto che prelude alla morte reale del poeta ma alla morte simbolica della sua soggettività: si tratta della testualità che contiene l'ultima parola, quella vera. La logica del ribaltamento percorre la raccolta, dove l'esibizione di episodi privati riconducibili sia a Ninetto che a Maria indica anche una nuova apertura dell'affetto e dell'erotismo.

---

18 «Un affetto e la vita», in Pasolini, *Tutte le poesie*, II, pp. 103–04 (p. 104).

La poesia «Versi del testamento» (dove il termine che allude alla fine della vita è presente nel titolo) esplicita il ribaltamento dell'atto erotico nel suo paradossale contrario, cioè nella ricerca della solitudine. Alla ricerca compulsiva della soddisfazione sessuale segue ora il bisogno della solitudine, che viene rappresentata dall'immagine del deserto (immagine capitale che attraversa il mondo pasoliniano e che trova la propria realizzazione visiva in *Teorema* e in *Edipo re*, con due deserti diversi, quello nero delle pendici dell'Etna e quello sabbioso del Marocco).

Il sesso è un pretesto. Per quanti siano gli incontri
— e anche d'inverno, per le strade abbandonate al vento,
tra le distese d'immondizia contro i palazzi lontani,
essi sono molti — non sono che momenti della solitudine;
più caldo e vivo è il corpo gentile
che unge di seme e se ne va,
più freddo e mortale è intorno il diletto deserto;
è esso che riempie di gioia, come un vento miracoloso,
non il sorriso innocente o la torbida prepotenza
di chi poi se ne va.[19]

Possiamo leggere questa dichiarazione alla luce del processo di elaborazione della soggettività che Foucault individua nell'etica cinica, come momento di svolta fondamentale nel rapporto con la verità instaurato dai pensatori classici. La presenza dei filosofi cinici (coloro che vivevano per strada come cani) è direttamente implicata nei versi dall'immagine finale che Pasolini usa a proposito di sé e della propria solitudine: «[...] una camminata senza fine per le strade povere, | dove bisogna essere disgraziati e forti, fratelli dei cani»[20]. La coppia di attributi (disgraziati e forti) non ripete semplicemente la vecchia strategia retorica dell'ossimoro, alla quale Pasolini fa ricorso fin dall'origine della sua scrittura poetica.

L'essere «disgraziati» indica una nuova condizione di deprivazione e di rischio, connessa all'abbandono di un sé vitale che domina nella poesia degli anni Sessanta.

Il tema che possiamo individuare in questa trasformazione etica è quello della vita sovrana, così come Foucault lo delinea a proposito

19 «Versi del testamento», in Pasolini, *Tutte le poesie*, II, pp. 118–19 (p. 118).

20 *Ibid.*, p. 119.

della filosofia antica. La vita sovrana è innanzitutto «la vita padrona di se stessa, superiore a ogni altra esistenza», e si caratterizza perché «tende all'instaurazione di un rapporto con se stessi che ha come fine il godimento, nei due significati del termine: come possesso e come piacere». Ma non si tratta assolutamente di un possesso di beni materiali o di una forza esercitata sugli altri. Al contrario: «Essere sovrani vuol dire prima di tutto essere in possesso di sé, appartenere a se stessi».[21] L'appartenere a se stessi, il godere di sé, non implica né i piaceri del corpo né quelli che provengono da beni esterni ma i piaceri che si possiedono indefinitamente, «senza esserne mai spogliati»[22]. Pasolini parla degli atti erotici, che possono ripetersi infinitamente, proprio per contrapporre ad essi una condizione nuova che è espressa dall'immagine della solitudine e del deserto. Il deserto acquista qui un nuovo valore di pienezza, perché il soggetto si trova proiettato dentro questo vuoto non per la rinuncia ascetica alla sessualità ma grazie alla moltiplicazione dell'atto erotico, considerato come momento di godimento momentaneo che però appartiene a colui che lo dona e subito porta via con sé («il corpo gentile | che unge di seme e se ne va»), lasciando vuoto il soggetto si espone al massimo di desiderio pur senza concepire una fine, ma anzi considerando la fine solo come isolamento che è il contrario della pienezza: «La solitudine è ancora più grande se una folla intera | attende il suo turno»[23] (che è la sintesi poetica dell'intero *Appunto 55* di *Petrolio*, nel quale Carlo divenuto donna tenta l'esperimento di anomia erotica che corrisponde alla sua ribellione alla sudditanza al mondo del potere nel quale si muove con successo l'altra sua metà, il Carlo di Polis). Il vuoto ora sostituisce la mancanza, o meglio assistiamo a una reiterata presenza del vuoto là dove prima c'era solo mancanza: «il vuoto —afferma Recalcati— non è una mancanza che attiva il desiderio, perché il vuoto segnala piuttosto lo spegnimento del desiderio, la sua caduta».[24]

---

21 Foucault, *Il coraggio della verità*, p. 258.

22 *Ibid.* p. 259.

23 Pasolini, «Versi del testamento», p. 119.

24 Massimo Recalcati, «Breve sintesi dei fondamenti della clinica del vuoto», in *Il soggetto vuoto. Clinica psicanalitica delle nuove forme del sintomo*, a cura di Massimo Recalcati (Trento: Edizioni Erickson, 2011), pp. 15–34 (p. 22). Tutto il discorso di Recalcati sul desiderio del capitalista fiancheggia le idee di Pasolini degli anni settanta

La pienezza non è un effetto dell'atto erotico, anzi la pienezza non è più un valore, ma lo diventa la solitudine, cioè la consapevolezza del possesso di sé che segue all'atto erotico, che anzi lo osserva come meccanismo inutile. Da qui nasce la possibilità di un nuovo rapporto con gli altri e con il mondo: «La presa di possesso di sé attraverso se stessi è l'atto fondatore che da un lato mi darà la capacità di godere di me stesso e che dall'altro lato mi permetterà di essere utile agli altri quando sono in difficoltà o in disgrazia».[25] Così spieghiamo la ragione vera dell'atto testamentario. Pasolini si mostra portatore di un «dire il vero» che lo mette in una posizione assolutamente nuova di maestro. Grazie alla pratica della parresìa può esibire in pubblico il processo di elaborazione di una nuova forma di etica che gli consente di lasciare a un giovane la propria eredità intellettuale. Come «sovrano cinico» Pasolini ribadisce la sua posizione di chi sa. Ma il nuovo sapere deve essere assunto da qualcuno che può così imparare le regole di un'etica che ha origine da un atteggiamento di cura esercitato nei confronti degli altri: «La vita sovrana è dunque una vita di soccorso e di aiuto agli altri (allievi o amici). Anche sotto un altro profilo, tuttavia, essa è utile e benefica agli altri; lo è nella misura in cui rappresenta, di per se stessa, una sorta di lezione a carattere universale, impartita al genere umano attraverso un certo modo di gestire la propria vita: scopertamente e sotto gli occhi di tutti».[26]

Le strategie di esposizione che si moltiplicano negli ultimi lavori progettati da Pasolini a ridosso dell'anno della sua morte mirano a questo fine. Gestire la propria vita sotto gli occhi di tutti. Farne il modello di una nuova etica dove la vita diventa l'oggetto centrale di preoccupazione, per sé e per gli altri. La sessualità è al centro di questa ricerca e del processo di esposizione, così come è ormai al centro delle strategie del nuovo potere. Su questo terreno Pasolini instaura la sua ultima lotta con il nemico.

---

e cerca di correggerne la natura tragica, ipotizzando una soluzione alla mancanza riconducendo il desiderio all'interno della Legge. Per Pasolini il desiderio resta sempre fuori dalla Legge, e quindi non è dialettizzabile. Detto questo non si può compiere a mio parere il passo successivo, cioè pensare che il vuoto sfoci nella pulsione di morte, come avviene in alcune posizioni critiche. Per me, anzi, questo ultimo Pasolini apre se stesso a nuove soluzioni emotive di vitalità, esattamente come afferma Roland Barthes nelle pagine dedicate al tema del Neutro.

25 Foucault, *Il coraggio della verità*, p. 261.

26 *Ibid.*, p. 260.

La Bibliographie de *Salò*

HERVÉ JOUBERT-LAURENCIN

BILINGUISME : FRANCE, ITALIE

Salò o le centoventi giornate di Sodoma, dernier film réalisé par Pasolini (1975), est une coproduction franco-italienne. Son générique de début en atteste par un carton (voir figure 1). Ce carton en précède immédiatement un autre, qui donne à lire (à condition de lire vite, en dix-sept secondes dans la version italienne), une bibliographie savante d'auteurs français, contemporains du film, sur un auteur français ancien mort au XIXe siècle, manière et matière parfaitement inédites au début d'un film, voire unique dans l'histoire du cinéma mondial (voir figure 2). Sur ce second carton portera mon commentaire.

Comme la production du film, le carton bibliographique se présente, de fait, en deux langues, jusque dans ses lapsus. Bilinguisme et erreur typographique constitueraient deux anomalies pour une stèle funéraire. La Bibliographie[1] de *Salò* n'en est certes pas explicitement une, mais elle évoque pourtant une épitaphe après qu'on a vu le film ou lorsque l'on connaît par avance la fin inéluctable de son récit. Elle prend une allure plus funèbre encore depuis novembre 2022, date

1 « Bibliographie » avec un « B » majuscule désignera désormais la *Bibliografia essenziale* du carton introductif de *Salò*.

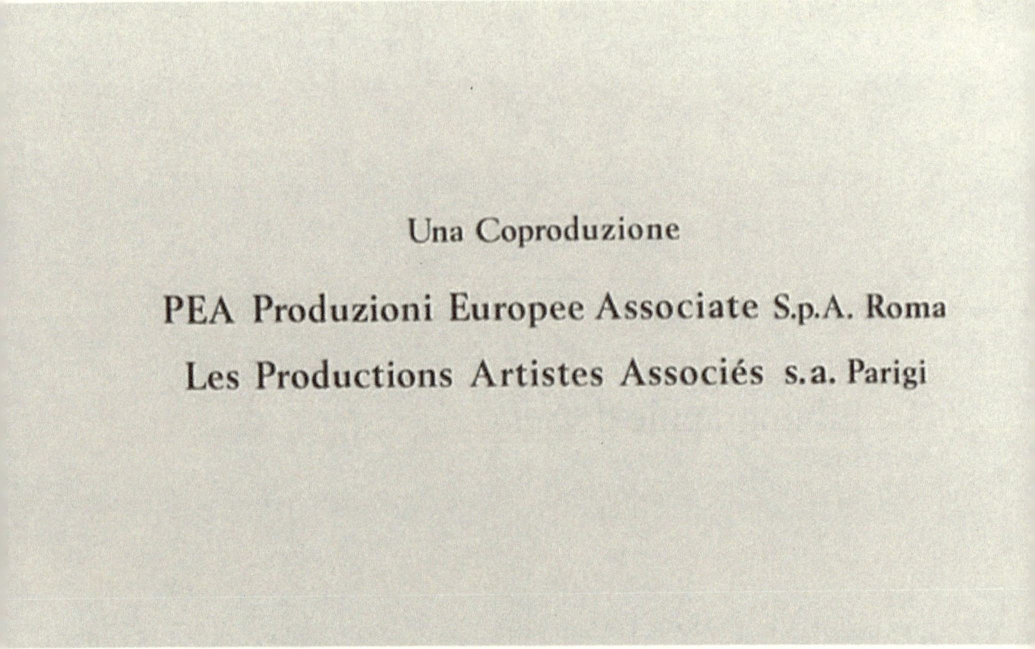

Una Coproduzione

PEA Produzioni Europee Associate S.p.A. Roma

Les Productions Artistes Associés s.a. Parigi

FIG. 1. *Salò o le centoventi giornate di Sodoma* (1975), dir. Pier Paolo Pasolini (00:02:29).

de la mort du dernier des cinq écrivains cités, tous vivants en novembre 1975 au moment de la sortie du film et de la mort de Pasolini. Ils contemplaient alors malgré eux, à travers leur nomination sur le seuil de l'épouvantable récit d'un massacre, la mort inattendue de l'auteur du film. Ils sont aujourd'hui aussi morts que Pasolini et Sade et, avec eux, passés à la postérité. Dans l'ordre de leur disparition : Roland Barthes (1915–1980), Simone de Beauvoir (1908–1986), Pierre Klossowski (1905–2001), Maurice Blanchot (1907–2003), Philippe Sollers (1936–2022).

Deux fautes de frappe rendent l'inscription un instant plus humaine, moins implacable et glacée. La première est sans importance : un accent manque à « expérience » (et, en toute rigueur typographique, un accent sur les « E » majuscules des cinq « Éditions »). La seconde est un lapsus qu'aucun correcteur ou correctrice de langue française n'aurait laissé passer, mais qu'aucun spectateur français ni

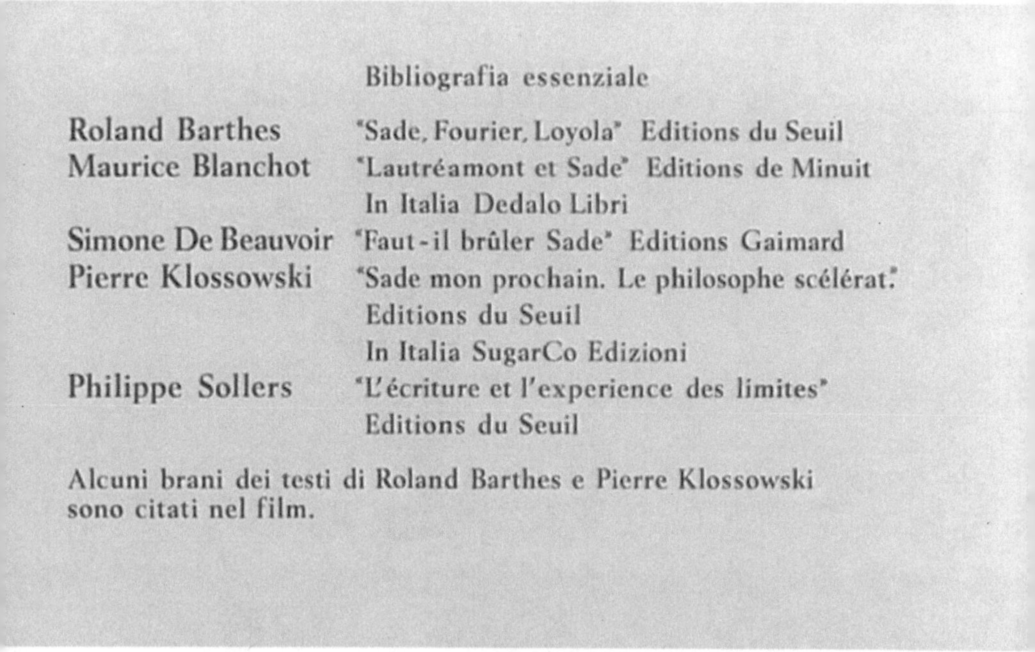

Bibliografia essenziale

Roland Barthes "Sade, Fourier, Loyola" Editions du Seuil
Maurice Blanchot "Lautréamont et Sade" Editions de Minuit
In Italia Dedalo Libri
Simone De Beauvoir "Faut-il brûler Sade" Editions Gaimard
Pierre Klossowski "Sade mon prochain. Le philosophe scélérat."
Editions du Seuil
In Italia SugarCo Edizioni
Philippe Sollers "L'écriture et l'experience des limites"
Editions du Seuil

Alcuni brani dei testi di Roland Barthes e Pierre Klossowski sono citati nel film.

FIG. 2. *Salò o le centoventi giornate di Sodoma* (1975), dir. Pier Paolo Pasolini (00:02:32).

aucune spectatrice française ne voit facilement, en raison d'un effet de « lettre volée » qui le lui rend presque imperceptible : le plus célèbre éditeur de France, Gallimard, est orthographié « Gaimard ».

L'erreur, très probablement involontaire, devient, en tant qu'élément textuel du film soumis à l'analyse stylistique non plus « des moyens » mais « des effets », objectivement un rébus. Passer de « Gallimard » à « Gaimard » revient à couper les deux ailes (les deux « l », phonétiquement) au coq français pour le déclarer « gai ». Le latin « Gallus », d'où le patronyme de Gallimard dérive très probablement et contribue ainsi à assoir le caractère « français » de la maison d'édition, désigne à la fois le coq et le Gaulois : voir la page 703 du célèbre dictionnaire Gaffiot, lui aussi objet littéraire franco-latin comme la Bibliographie, pour ne pas dire gallo-romain. Monsieur Cournot métamorphosé en oiseau sans ailes incapable de s'élancer vers le ciel dans *Uccellacci e uccellini* (1966) (voir figure 3), caricature du Français issu

Fig. 3. *Uccellacci e uccellini*, dir. Pier Paolo Pasolini (1966) (00:05:32).

du monde des Lettres, pourrait être identifié à cet étrange gallinacé bibliographique sans ailes nommé par erreur, un court instant du film, « Gaimard ».[2]

2 Gallimard ne peut pas être considéré comme « l'éditeur français de Pasolini », même s'il se montra opportuniste pour l'édition posthume de ses œuvres grâce aux initiatives de René de Ceccatty. Néanmoins, en 1975, il peut compter aux yeux de Pasolini, car *Il sogno di una cosa* a déjà été traduit par Angélique Levi dans la prestigieuse collection « NRF, Du monde entier » (*Le Rêve d'une chose*, sortie en août 1965) et, surtout, l'édition des *Poésies 1953–64*, une anthologie adaptée d'une édition italienne soigneusement choisie par l'auteur à destination des lecteurs de la nouvelle génération, a été traduite par José Guidi, qui a pu rencontrer le poète à cette occasion et discuter avec lui de ce livre essentiel, paru en 1973, seulement deux ans avant le travail de *Salò*. Le français de José Guidi est à la fois proche de celui de Sade par son élégance surannée (très bienvenue pour les tercets classiques des *Cendres de Gramsci*) et à l'opposé par ses prudes atténuations, sa crainte de toute vulgarité. J'ai le souvenir d'un vieux professeur de lettres aux feuillets jaunis, sûr de lui et inquiet à la fois, charmant et féminin, récitant par cœur de longs poèmes de Pasolini au café lors d'un colloque à Grenoble, pour relever le défi de camarades italiens qui s'étaient mis à chanter, au siècle dernier.

Un psychanalyste, ou un adepte de la paranoïa critique à la Dali, notera aussi que Rita Hayworth doit être profondément enracinée dans l'inconscient de Pasolini depuis son roman posthume *Amado mio*, tiré de son journal intime de jeunesse, puisque les deux phonèmes de cet étrange acte manqué de « Gai-mard », une fois inversés en « mard-gai » (/m ɑ ʀ/ - /g ɛ/), composent avec le nom de « Rita », le dernier mot, mystérieux, du cinéma de Pasolini, à savoir le prénom : « Marghe-rita », qui se trouve entendu *in extremis*, en tendant l'oreille, à la fin du film *Salò* tandis que « Gai-mard » se trouve lu, en clignant des yeux, à son début. Ce nom de *Margherita*, conclusif de toute la vie et l'œuvre de Pasolini et pour cela souvent discuté, constitue la réponse à une question simple, une question, pourtant, affectée d'un très troublant bégaiement, à la fois genré et franco-italien. Deux garçons dansent ensemble. L'un dit à l'autre brusquement, en version française : « Comment s'appelle ta petite amie ? », ce qui traduit logiquement : « Come si chiama la tua ragazza ? », phrase qui se trouve bien écrite en toutes lettres dans le scénario du film (écrit en italien) et encore dans les sous-titres en italien plus tardifs (propres aux éditions dvd). Mais « Come si chiama *il tuo ragazzo* ? » sont les mots qu'on entend en réalité prononcer dans la version audio italienne – au grand étonnement de la plupart des auditeurs du film à qui on le fait remarquer. La réponse du second garçon est, quant à elle, toujours la même : « Mar-ghe-rita ». Ainsi, sous les ombres souveraines de Freud et de Rita Hayworth (de son vrai nom *Margarita* Carmen Cansino), « Gai-mard » ouvre le dernier film de Pasolini par un lapsus, tandis que Mard-Gai, ragazzo « Gallimard » inverti aux ailes coupées, en compagnie de la ragazza Rita, tous deux renommés par une formation de compromis « Mar-ghe (Rita) », le referme sur un Witz.[3]

3 Rita Hayworth est l'icône gay de *Gilda*, film de Charles Vidor sorti en 1946, dans lequel elle chante la chanson *Amado mio*, qui donne son titre à un roman de jeunesse de Pasolini édité seulement après sa mort, tiré de son journal intime des années 1940 racontant la découverte de son homosexualité, et dans lequel de jeunes garçons voient ce film dans un cinéma en plein air, sur une plage. J'analyse ce qu'implique cette découverte du « *tuo ragazzo* » dans Hervé Joubert-Laurencin, « Salò – Dante. Sur la forme *remake* chez Pasolini », *La Rivista di Engramma*, 189 (2022), p. 153–75 (p. 164–66) <https://doi.org/10.25432/1826-901X/2022.189.0013>.

DEUX BIBLIOGRAPHIES EN OUVERTURE : *SALÒ* ET *PETROLIO*

Barthes, Blanchot, Beauvoir, Klossowski, Sollers sont déjà, en 1975, des noms fameux. Leur réunion est surprenante mais rassemble une partie de la République des Lettres parisienne en ce mitan des années 1970 : *Tel Quel* pour trois d'entre eux, le sartrisme, on le verra, par Simone de Beauvoir (ce qui ne retire rien à sa différence d'avec les quatre autres, en tant que femme, et femme revendiquée, et en tant que portant un nom aristocratique, un « de », comme le marquis de Sade), et même la plus ancienne tradition spiritualiste, appelons-la théologique défroquée, avec Klossowski. Le contenu de leurs essais, essais d'écrivains plus que de professeurs, est d'une exceptionnelle densité. Pasolini est, lui aussi, un écrivain et un critique littéraire de renom, un théoricien : en ce sens, il est l'un d'eux.

Par son principe de rassemblement, la Bibliographie de *Salò* ressemble à la liste de noms d'auteurs et d'œuvres qui apparaît, sous la forme de la copie photographique d'un feuillet manuscrit, à la première page de *Petrolio* dans sa première édition de 1992, dirigée par Aurelio Roncaglia et permise par Graziella Chiarcossi.

Or, si Graziella Chiarcossi n'apparaît pas dans *Salò* (mais se trouve bien, en revanche, en image dans *Il Vangelo secondo Matteo, Comizi d'amore, Medea* et, par sa voix — l'une des voix *off* d'un Dieu vengeur — dans *La sequenza del fiore di carta*), Aurelio Roncaglia, lui, y trouve sa place. On retrouve en effet son nom dans le tableau général du carré masculin du conte[4] car il est la voix italienne du Président de Curval, lui-même incarné non par un acteur de profession mais par un écrivain, Umberto Paolo Quintavalle. Ainsi la présence des écrivains et des spécialistes de la littérature est encore plus sensible dans *Salò* qu'on ne pouvait l'imaginer au premier regard et rattache encore plus les deux opus majeurs du dernier Pasolini, *Petrolio* et *Salò* : c'est aussi cela que proclame la Bibliographie du film.

Dans les deux cas, la liste se présente en apparence comme très savante, voire universitaire (« *Bibliografia essenziale* »). Elle inverse cependant la règle académique, tant il apparaît presque systématique que les bibliographies des livres savants sont reléguées en fin de vo-

4 Voir *infra*, le tableau « Quadripartitions de *Salò o le centoventi giornate di Sodoma* ».

lume, laissant à penser que, si l'on s'est appuyé sur elles, c'est pour les dépasser, mais aussi qu'on n'entend pas les continuer, tandis que les listes d'artistes ouvrent un travail de dépassement par l'admiration et la continuation assumées.

Ici, dans les deux cas et plus encore pour *Salò*, la Bibliographie prend la place du *Voi ch'entrate* dantesque, cette inscription lisible sur le seuil de l'Enfer, mais fait entrer le spectateur *par* la littérature dans l'Enfer *de* la littérature. (À l'époque de la sortie de *Salò*, Sade n'est plus dans « l'Enfer » de la Bibliothèque nationale de France, et encore moins les *Cent-vingt Journées* puisque le célèbre rouleau manuscrit n'a pu être racheté par celle-ci qu'en 2021, mais l'auteur attentatoire aux bonnes mœurs a été relégué dans la réserve qui a porté ce nom d'Enfer jusqu'en 1969.)

C'est Silvia De Laude la première, et la seule, qui légende la reproduction photographique de la première page du manuscrit *Romanzo-Vas-Petrolio* (car tel est le titre complet du manuscrit de « *Petrolio* »), lors de sa troisième édition. L'édition est celle de 2005, en poche, chez Oscar Mondadori, celle dont découle une nouvelle connaissance du livre et que reprennent, avec de rares ajouts, les éditions suivantes, celle de Walter Siti en italien et celle de René de Ceccatty en français, à l'occasion du Centenaire Pasolini en 2022. Sa légende est simple mais fondamentale pour le sujet : « *Elenco manoscritto di autori e opere posto all'inizio dell'autografo di* Petrolio. » Il y a bien, en effet, très précisément, ouverture du livre par une liste de noms et d'œuvres : en somme, il faut nous représenter Pasolini en train d'écrire *Petrolio* avec, sous les yeux, son manuscrit qui s'ouvre par une bibliographie.[5] Certes pas

5 En italien, l'édition de 1992 présente la page manuscrite en reproduction photographique, en quelque sorte à la bonne place mais sans explication ; l'édition de 1998 signale la place de l'autographe et le transcrit en notice, mais n'en donne plus l'image photographique (Pier Paolo Pasolini, *Romanzi e racconti*, éd. Walter Siti et Silvia De Laude, chronologie de Nico Naldini, précédé de deux essais de Walter Siti, 2 vol. (Milan : Mondadori, 1998), II, p. 1161–1830 (p. 1993–94)) ; l'édition de 2005 est la seule qui donne l'image « à la bonne place » et sa légende qui confirme sa place exacte dans le manuscrit (Pier Paolo Pasolini, *Petrolio*, éd. Silvia De Laude (Milan : Mondadori, 2005), p. 2) ; l'édition de 2022 signale la place dans le manuscrit (Pier Paolo Pasolini, *Petrolio*, éd. Maria Careri et Walter Siti (Milan : Garzanti, 2022), p. 771) et renvoie à l'image, mais place celle-ci en annexe et non plus en ouverture, avec sa transcription (p. 673–74). En français, les trois éditions de René de Ceccatty se présentent ainsi : la première (Pier Paolo Pasolini, *Pétrole*, trad. René de Ceccatty (Paris : Gallimard, 1995)) donne en ouverture la reproduction de la page manuscrite, sans explication

par hasard puisque son roman était un méta-roman expérimental pastichant, rediscutant et, devrait-on dire, *revivant* les livres recensés sur cette liste, mais le parallèle entre cette liste manuscrite devenue porte d'entrée de *Petrolio* et le coup de génie de la Bibliographie d'ouverture de *Salò* n'a pas été remarqué à sa juste valeur.

DEUX VALISES : LA VIE, LA LITTÉRATURE

La relation intertextuelle, inépuisable, entre *Salò* et *Petrolio* peut, en quelque sorte, être résumée par les deux listes bibliographiques, qui en produisent l'allégorie. La bibliographie d'ouverture de *Petrolio* n'est que la mise en abyme du livre en train de s'écrire et aussi de se *vivre*. Afin de rendre sa bibliographie plus vivante, Pasolini en fait, dans son récit, un objet malléable et transitionnel : il invente le jeu narratif des avatars d'une valise, la valise pleine de livres d'un personnage d'intellectuel, imaginant que les titres de sa liste désignent tout simplement le contenu de cette valise (*Petrolio,* Appunti 6 sexies et 19 a).

Ce sont autant d'histoires, de fables et de réflexions critiques que *Petrolio* cite, recopie, pastiche, discute pour former l'un des plus grands palimpsestes culturels du XXe siècle. En ce sens, *Salò,* et en particulier sa Bibliographie, est une *excroissance* de *Petrolio,* et vice-versa.

L'homme à la valise croise dans le train, dès l'Appunto 6 sexies (éd. 1992, p. 46–49), un policier des renseignements généraux se promenant lui-même avec une valise qui contient, quant à elle, la vie réelle, sous la forme du « procès-verbal » de l'espionnage de la vie

---

ni transcription ; la deuxième donne toujours en ouverture la reproduction (2006), toujours pas la transcription, et ajoute un description très discrète de sa place dans le manuscrit, p. 581, mais l'information est fausse car elle place la liste après les pages de titres au lieu de les placer avant ; la troisième (2022) reprend cette inexactitude p. 32 (pourtant une note nouvelle, p. 167, affirme bien que la liste « ouvre le brouillon du roman », ce qui invalide l'indication de la p. 32, tandis que le mot « brouillon » n'est pas le meilleur pour un manuscrit inachevé unique), ne présente plus la reproduction au début du texte, seulement sa transcription en annexe, suivant en cela l'édition de Siti et Careri de 2022, mais sans la comprendre : la note de bas de page de l'édition française, p. 878, qui adapte la note 132 de Siti, ajoute une parenthèse qui affirme, par un abyssal trou de mémoire, que la liste de noms et d'œuvres « ne figure pas dans les précédentes éditions ». En résumé, l'effet fondamental et frappant de la bibliographie d'ouverture de *Petrolio* a progressivement été oublié par ses éditeurs, malgré la leçon correcte que Silvia De Laude en avait donnée en 2005. (Voir aussi *La biblioteca di Pier Paolo Pasolini,* éd. Graziella Chiarcossi et Franco Zabagli (Florence : Olschki, 2017), p. 277.)

quotidienne du personnage Carlo. Dans l'Appunto 6 sexies, qui a du reste pour titre « *La valigia col verbale* », l'homme de la police secrète, avant de s'endormir tranquillement, constate la présence, à côté de sa valise et de son précieux procès-verbal (la vie), d'une « valise jumelle » (la littérature). Cette « *valigia gemella* », pleine de livres, est celle de l'intellectuel. Comme dans tout bon roman picaresque, l'homme se réveille pour constater le vol des deux valises. La Bibliographie de *Salò*, et *Salò* avec elle, constituent l'addition de la *valigia col verbale* et de la *valigia gemella*, de la valise de la vie et de la valise de la littérature, vie à travers les livres. « Et que le lecteur me pardonne si je l'ennuie avec ces choses : mais je *vis* la genèse de mon livre », conclut Pasolini à la fin de l'Appunto 6 sexies.

Le rapport intime, d'inclusion et presque de fusion, entre vie et récit, action et littérature est déjà présent ailleurs, dans l'épisode mythologique intime du départ de son frère cadet Guido dans le maquis. À plusieurs reprises, Pasolini raconte cet épisode autobiographique : lorsqu'il l'accompagna à la gare de Casarsa, raconte-t-il, son frère cachait un pistolet dans un livre, évidé de ses pages, « un livre de poésie », assure-t-il, « un livre de Montale » précise même un poème de 1958, rangé « dans sa petite valise », tandis que le biographe le plus informé à ce jour assure qu'il s'agissait d'un dictionnaire, lui-même accompagné des *Chants orphiques* de Dino Campana).[6] Des vers célèbres du poème « Vittoria » rendent explicites cette relation vécue ou fantasmée entre insurrection armée et livres : « Où sont les armes ? Moi je ne connais | que celles de ma raison : | et dans ma violence il n'y a pas place || NE FUT-CE QUE POUR UNE OMBRE D'ACTION | QUI NE SOIT INTELLECTUELLE. » (*Dove sono le armi? Io non conosco | che quelle della mia ragione: | e nella mia violenza non c'è posto || NEANCHE PER UN'OMBRA DI AZIONE | NON INTELLETUALE*.)[7] Enfin une lettre longtemps inédite, sorte de journal intime avec lequel Pier Paolo

6 Nico Naldini, « *Cronologia* », dans Pier Paolo Pasolini, *Tutte le poesie*, éd. Walter Siti, 2 vol. (Milan : Mondadori, 2003), I, p. LIX–CXXVI (p. LXXVI) ; pour le poème de 1958 (« A un ragazzo »), p. 955.

7 Pier Paolo Pasolini, « Vittoria » [mars 1964], dans *Poesia en forma de rosa*, dans Pasolini, *Tutte le poesie*, I, p. 1259–70 (p. 1259 ; traduction personnelle). Ce poème clôt le recueil anthologique « populaire », *Poesie*, paru chez Garzanti en 1970, et donc également sa traduction-adaptation par José Guidi, sous le contrôle de Pasolini, en traduction française chez Gallimard en 1973, évoqué note 2 *supra*.

s'adresse à son frère mort, écrite peu après l'annonce de son décès, ramène complètement l'objet valise dans la chaîne signifiante : « Dans la valise, tu avais dissimulé des armes. » (*Nella valigia avevi nascosto delle armi* .)[8]

La Bibliographie de *Salò* contient virtuellement d'autres titres que ceux qu'elle inscrit ; en suivant notre parallèle, on pourrait remarquer qu'elle ressemble en cela à la valise de *Petrolio* qui, une fois retrouvée au chapitre 19a, s'avère en partie pillée mais contient aussi, en plus du procès-verbal de surveillance issu de l'autre valise volée au même moment, de nouveaux titres d'ouvrages. Elle constitue à elle seule un contexte, un génial dehors offert à ce huis clos qu'est *Salò*.

Elle met en jeu, au minimum en spectacle, à partir de la nomination des cinq livres (que manifestement Pasolini avait bien lus, et relus) la réception moderne de l'œuvre du marquis de Sade en France en sa saison peut-être la plus sérieuse et la plus inventive, mais aussi celle que l'on peut tenir, rétrospectivement, pour la plus hystérisée. Cette période court approximativement sur les trente années qui suivirent la Seconde Guerre mondiale, qu'on appelle parfois en France les Trente Glorieuses[9] et qui va de la fin de la Guerre mondiale marquant la chute du Troisième Reich et de la République de Salò, autrement dit celle du nazisme et du fascisme, du moins sous leur forme historique étatisée, à la première grande crise du néocapitalisme, la crise du pétrole qui débute en 1973.

« BIBLIOGRAPHIER » : DEUX MANIÈRES DE VOIR LES LIVRES, LIRE, ÉLIRE

Lancer au spectateur d'un film italien qui, par surcroît, n'a pas encore entamé son récit en images, cinq noms d'auteurs français difficiles, écrivains réputés, polémistes et théoriciens bien propres à « therrori-

8 Pier Paolo Pasolini, *Le lettere*, éd. Antonella Giordano et Nico Naldini (Milan : Garzanti, 2021), p. 472.

9 L'expression aurait été forgée par Jean Fourastié en 1979, pour désigner des années de prospérité pour la France — qui sont aussi celles de l'implantation de la société de consommation tant décriée par Pasolini — par imitation, peut-être par dérision, des « Trois Glorieuses », journées révolutionnaires de 1830 formant la seconde révolution française qui mit fin à la Seconde Restauration.

ser »,[10] suivis de cinq de leurs ouvrages majeurs, dont les titres originaux, cités en français dans le texte et sans sous-titrage, contiennent eux-mêmes, au total, sept fois le nom d'un écrivain (« Sade, Fourier, Loyola, Lautréamont, Sade, Sade, Sade »), est un acte, une action spectaculaire, et entre autres une agression, autant qu'un conseil de lecture.

« Bibliographier », consiste ici à transformer la Terreur dans les Lettres en Terreur par l'Image. C'est en tous cas le sens de la démonstration de *Salò* tout entier — s'il doit en posséder une — selon le témoignage de Pasolini lui-même, tel qu'il l'a exposé à son actrice Hélène Surgère lors des discussions informelles et intellectuelles qu'elle a menées avec lui pendant le tournage du film, lors des repas, des pauses et des dimanches : Sade a voulu prouver que la haute culture, l'abondance de l'écrit, du livre, pouvait terroriser la société ; en 1975, le cinéma peut montrer, et *Salò* devra démontrer, que l'abus de l'image peut désormais renforcer l'oppression de la population.[11]

Il n'est pas absurde de penser que cet usage esthétique particulier de la bibliographie n'en dise long sur l'usage habituel, académique, littéraire au sens large, de cet objet littéraire. Ainsi la liste d'ouverture de *Petrolio* joue-t-elle manifestement, elle aussi, un tel rôle de spectacle et de contention, d'adresse au lecteur, et au lecteur savant, au « lecteur lecteur » (qui lit beaucoup d'autres livres que celui qu'il a sous les yeux, pour qui, par exemple, le nom de « Sterne » fait jaillir des images de pages blanches ou noires, de gags parfois sinistres et de digressions immenses, le titre *Les Démons* de Dostoïevski une scène de crime pivotale, *Les Argonautes* une scène de film autant qu'une aventure de lecture, etc.) Rétrospectivement, les deux lignes « Sollers (su Dante e De Sade) / De Sade (120 Giornate [progetto]) » traduisent la relation directe, explicite, du roman au film : elles disent, dans *Petrolio*, que *Salò* existe, et fait sens, simultanément.

Élire des livres, des titres et des noms d'auteurs apparaît donc aussi important que lire ces livres. Une bibliographie, censée renvoyer à la

---

10 Ce néologisme est appliqué au cinéma de Jean-Luc Godard par le grand écrivain de cinéma Serge Daney dans son article « Le Thérrorisé (pédagogie godardienne) », *Cahiers du cinéma*, 262–63 (janvier 1976), repris dans Serge Daney, *La Rampe* [1983] (Paris : Éditions des Cahiers du cinéma, 1996), p. 85–95.

11 Hélène Surgère, entretiens avec l'auteur.

lecture des livres nécessaires et importants, n'est pas, sauf pour les philistins, une manière de les condamner à la relégation et d'éviter de les lire, mais plutôt une manière de les métaboliser en images et en sons (leurs titres sont vus et lus « photographiquement »), en souvenirs et en anticipations, en mouvement de la pensée et en réanimations, en somme de les « réaliser », comme sait le faire le cinéma, de les cinématographier.

Le contenu des cinq livres s'avère bien, pour chacun d'eux, passionnant dans sa relation à Pasolini, et sur ce point les possibilités de travail restent très grandes, mais je ne résumerai ici que celui de Simone de Beauvoir, posant comme principe de lecture qu'il est le seul à convenir pleinement à l'idéologie de Pasolini et à consonner avec sa vision personnelle du marquis de Sade, à la différence des quatre autres, qui forment donc, par cette opposition et pas seulement par leur genre, un carré masculin mis scandaleusement en miroir avec les quatre criminels en série du film de Pasolini et du livre de Sade, ceux que Klossowski nomme, dans son livre, les « philosophes scélérats ». Quant au degré de récurrence des cinq auteurs chez Pasolini, disons brièvement, et sous réserve d'inventaire, que Barthes est sans doute sa lecture la plus ancienne, Pasolini le cite dès *Le Degré zéro de l'écriture*, dans les années 1950 ; Klossowski et Sollers sont cités soit dans les notes de scénario de *Salò*, soit dans des articles qui lui sont contemporains ; Blanchot et Beauvoir ne sont pas cités ailleurs dans l'œuvre de Pasolini.

QUATRE QUESTIONS POSÉES À LA BIBLIOGRAPHIE

Pour prendre en compte théoriquement la façon dont les livres sont *élus* et non pas seulement lus, je vais donc tenter maintenant, puisque la Bibliographie de *Salò* n'est pas seulement une bibliographie mais aussi un plan de cinéma, de la documenter en tant que dispositif, notamment filmique, à travers quatre questions. Elles s'en tiendront aux *parerga*, comme le proposait Jacques Derrida philosophant l'histoire de l'art,[12] c'est-à-dire aux entours plutôt qu'à l'intérieur, à la place plutôt qu'à la forme ou au contenu, et donc à la bibliographie en tant

12 Jacques Derrida, *La Vérité en peinture* (Paris : Flammarion, 1978).

que bibliographie (plutôt qu'addition de livres) ; plus précisément, et successivement : aux *noms en tant que noms* (première question), au *plan en tant que plan* (deuxième question), aux *nombre en tant que nombre* (troisième question), aux *lettres noires en tant que lettres noires* (quatrième et dernière question).

Première question

Peut-on interpréter la Bibliographie elle-même avant d'avoir lu les cinq livres ? (Les noms en tant que noms.)

Oui, car il suffit de prononcer les noms et les titres à haute voix, ou dans sa tête dans une salle de cinéma. Ils vibrent pour l'oreille et pour l'œil comme les « noms de pays » du Proust des *Jeunes filles en fleurs*. À peine cités un instant, dans ce film débutant, et ils se connectent d'eux-mêmes : « Gallimard », « Sollers », « Barthes », « Blanchot », « Klossowski », « De Beauvoir », « Lautréamont et Sade ». À condition de reconstituer ou de créer les branchements, des lumières s'allument, des sons se mettent à rimer. « Je n'eus besoin pour les faire renaître que de prononcer ces noms : Balbec, Venise, Florence »,[13] écrit Proust et aussi : « [Le train pour la Normandie] s'avançait magnifiquement surchargé de noms qu'il m'offrait [...] Mais si ces noms absorbèrent à tout jamais l'image que j'avais de ces villes, ce ne fut qu'en la transformant, qu'en soumettant sa réapparition en moi à leurs lois propres [...] Ils exaltèrent l'idée que je me faisais de certains lieux de la terre, *en les faisant plus particuliers, par conséquent plus réels.* »[14] « Lautréamont et Sade », « Bibliographie essentielle », « 1944–45 en Italie du Nord », « occupation nazifasciste », « Marzabotto », « Salò », répondent les écriteaux soigneusement choisis par Pasolini, extradiégétiques puis diégétiques, c'est-à-dire d'abord dans les images fixes et typographiées du générique puis en caractères toujours aussi fixes et glacés, mais insérés dans les images à peine mouvantes de la fiction commençante. L'écrit passe ainsi — de part et d'autre de l'épisode de la *signature*, précisément, du pacte criminel, entre les quatre hommes, des règles

13 Marcel Proust, *À la recherche du temps perdu*, éd. Pierre Clarac et André Ferré, 3 vol. (Paris : Gallimard, 1954), I : *Du côté de chez Swann*, Troisième partie : « Noms de pays : le nom », p. 387.

14 *Ibid.*, p. 386–87. C'est moi qui souligne.

de l'orgie, autrement dit de la mise en page, par écrit, dans un livre, en forme de cahier rouge, la couleur du journal intime écrit par le Pasolini de ces années 1940 — du lu au vu, du mot à l'image, de l'écrit à l'écran, de l'écriteau à l'idée, jusqu'à accéder au « plus particulier, par conséquent plus réel », au réel proustien.[15]

Deuxième question

Cette Bibliographie littéraire, de forme académique, est-elle cependant un vrai plan du film ? (Le plan en tant que plan.)

Oui, car un carton est toujours un peu du cinéma muet. Déjà au tout début de son premier film, *Accattone*, Pasolini était parvenu, en un seul plan, à disposer de la poésie sur la page blanche de l'écran, en cinéaste mallarméen. Bien avant la structure à la fois binaire et ternaire de *Salò* (résumée en deux chiffres attachés à deux noms, Dante et Sade, cela donne 3 multiplié par 4, qui mènent aux 120 journées étalées, dans le livre, sur quatre mois de trente jours en moyenne — n'oublions pas que ce livre est écrit en prison, lieu où l'on compte les jours ; dans le film, le cercle ternaire de Dante est multiplié par le carré binaire ou quaternaire de Sade), *Accattone* avait déjà changé 3 en 2 car le tercet du *Purgatoire* de Dante, qui évoque la petite larme du pécheur pleurée à la dernière seconde d'une vie dissolue, à travers une habile disposition des lettres noires sur fond blanc, se transformait sur l'écran en deux distiques qui se retrouvaient doublement rimés.[16]

En tant que carton, « intertitre » comme on dit aussi, la Bibliographie vient donc boucler l'œuvre d'un cinéaste qui ne s'est jamais refusé le bonheur de faire du cinéma muet et l'a affirmé dans certains entretiens (ainsi la moitié de *Porcile* et tout *Medea* sont-ils des films quasiment muets). Le livre de Roland Barthes cité dans la Bibliographie parle de cette sensualité du muet dès ses premières pages. Chaque intertitre, parce qu'il est une expérience écrite, affirme Barthes, est un

15 C'est ainsi que prend sens le pastiche bouffon qu'invente et déclame le Duc pour sceller le quadruple mariage incestueux des quatre scélérats avec leurs filles respectives — dont l'une porte le prénom de la mère de Pasolini, Susanna — en mêlant Barthes et Proust : « À l'ombre des jeunes filles en fleurs, elles ne veulent pas croire au bonheur, au degré zéro de la liberté… »

16 Voir Hervé Joubert-Laurencin, « Salò – Dante. Sur la forme *remake* chez Pasolini ».

« hoquet salutaire » venant trouer l'image mouvante qui se présente, au temps du muet, comme un « flot d'images (ce *flumen orationis* en quoi consiste peut-être la « cochonnerie » de l'écriture ».[17] À travers la ruse de Pasolini, Barthes se retrouve lui-même écrit et décrit par le titre de son livre : c'est le rôle d'une Bibliographie que de sceller ainsi un homme à sa production ; exceptionnellement pourtant, le titre de l'ouvrage cherchait à échapper à cette identification auteur-livre en brouillant les cartes, car il n'est constitué que de noms d'écrivains, seulement assortis de virgules : « Sade, Fourier, Loyola ». Le « noir à peine écrit de l'intertitre » sauve le défilé d'images par l'« irruption désinvolte d'un autre signifiant », a écrit Barthes, et maintenant, avec *Salò*, c'est son livre et l'institution du Livre qui devient ce petit hoquet désinvolte « à peine écrit », trouant la vie qui passe en continu comme l'intertitre vient faire clignoter du texte dans le film muet de la vie qui ne s'arrête jamais.

Troisième question

Le nombre de livres contenus dans la Bibliographie a-t-il un sens ? (Le nombre en tant que nombre.)

Oui, car les quatre scélérats forment un groupe uni dans le film, un carré, en cela très fidèle au livre de Sade, et l'on peut manifestement comparer cette obsession chiffrée du *Quatre* à la Bibliographie. Même si elle comporte cinq titres, l'un est écrit par une femme et l'on peut démontrer, je l'ai dit, que ce livre s'oppose aux autres non seulement en raison du genre de l'autrice, mais parce qu'il propose un portrait de Sade auquel Pasolini, à la différence de ceux des quatre autres livres, pouvait s'identifier. En voici le résumé.

Beauvoir et Pasolini (parenthèse)

L'ouvrage de Simone de Beauvoir sort une première fois en 1955 sous le titre *Privilèges*. Le sujet commun aux trois essais qui constituent le livre rebaptisé en édition de poche, d'après le premier d'entre

---

17 Roland Barthes, *Sade, Fourier, Loyola* (Paris : Seuil, 1971), p. 14, l'une des rares pages où ce livre parle de cinéma.

eux, *Faut-il brûler Sade?* est de fait une critique des privilégiés, autrement dit de la bourgeoisie occidentale, argumentée selon une logique implacable, comme à l'accoutumée chez cette autrice. L'aristocratie, dans laquelle est née Sade, affirmait ses droits sans se soucier de les légitimer. La bourgeoisie, au contraire, s'est forgé une idéologie pour continuer à jouir de sa domination sur le plus grand nombre. Celle-ci consiste à faire passer pour universels ses intérêts particuliers. Le second essai s'intitule: « La pensée de droite, aujourd'hui ». Le troisième, « Merleau-Ponty et le pseudo-sartrisme », attaque violemment la position politique de Maurice Merleau-Ponty, un ancien ami proche de l'autrice. Selon Beauvoir, il écrit une philosophie qui convient aux privilégiés, notamment en raison de son incompréhension des thèses et des positions du compagnon de Beauvoir, le philosophe et gauchiste Jean-Paul Sartre.

La vision beauvoirienne de Sade n'est ni adulatrice enchantée ni moraliste pincée: elle est purement politique. Beauvoir partage cette position avec Pasolini, position assez rare dans la réception du divin marquis, comme l'a établi la thèse de Julie Paquette.[18] Quelques lignes remarquables de Beauvoir permettent de saisir ce que Sade vient faire dans sa démonstration. En même temps, le très beau portrait de monsieur de Sade contenu dans ces lignes écrites par madame de Beauvoir pourrait, sans retouche aucune, décrire Pasolini lui-même:

« Sade a tenté de convertir son destin psycho-physiologique en un choix éthique; et de cet acte par lequel il assumait sa séparation, il a prétendu faire un exemple et un appel: c'est par là que son aventure revêt une signification humaine. Pouvons-nous sans renier notre individualité satisfaire nos aspirations à l'universalité? ou est-ce seulement par le sacrifice de nos différences que nous pouvons nous intégrer à la collectivité? Ce problème nous touche tous. Chez Sade, les différences sont poussées jusqu'au scandale, et l'immensité de son travail littéraire nous montre avec quelle passion il souhaitait être accepté par la communauté humaine: le conflit qu'aucun individu ne peut éluder sans se mentir, on le rencontre donc chez lui sous sa forme la plus extrême.

18 Julie Paquette, « Sade peintre de caractères ou la destitution des volontés d'absolu. Étude d'inspiration lefortienne » (thèse de doctorat sous la direction de Gilles Labelle, Université d'Ottawa, 2012).

C'est le paradoxe et, en un sens, le triomphe de Sade, que pour s'être entêté dans ses singularités, il nous aide à définir le drame humain dans sa généralité. »[19]

Le Sade des quatre autres auteurs masculins, tous ravis par la sublimité du style de l'écrivain et par la puissance transgressive de l'homme, à la différence de celui de Beauvoir, ne peut d'évidence convenir à Pasolini qui, en bon critique littéraire, s'est clairement exprimé sur la prose du Marquis à plusieurs reprises. Pour lui, l'écrivain est peu intéressant du point de vue du style, quoique passionnant pour l'inventivité de ses structures et par son souffle désacralisateur : une phrase d'anthologie de Pasolini décrit Sade comme un « provocateur merveilleux [qui], à travers la Raison des Lumières, a désacralisé non seulement ce que les Lumières désacralisaient, mais les Lumières elles-mêmes, à travers l'usage aberrant et monstrueux de leur rationalité »[20].

Ce sont bien quatre hommes que Pasolini désacralise à son tour par sa Bibliographie, quatre fétiches de la Raison française que la grande structure quaternaire de *Salò* va pouvoir avaler.

Certes, Pasolini décrivait déjà son film *Teorema* (1968), qui ressemble en plusieurs endroits à *Salò*, par le chiffre cinq, avec ses cinq personnages multipliés par leurs cinq visitations et leurs cinq « corollaires » ; il décrivait même son futur film, dans un entretien, comme l'histoire de cinq incestes avec Dieu.[21] Mais la réaction à l'inceste divin de la bonne représentant le prolétariat est en tous points opposée à celles de ses patrons, les membres de la famille, et la sépare nettement des quatre autres, qui redeviennent ainsi un carré de bourgeois privilégiés névrosés.

Quatre hommes et une femme est aussi le choix de Marco Ferreri dans *La Grande Bouffe* (*La grande abbuffata*), sorti deux ans avant *Salò*,

---

19 Simone de Beauvoir, *Faut-il brûler Sade ?* [1955] (Paris : Gallimard, 1972), p. 12–13.

20 Pier Paolo Pasolini, « L'estetica dell'osceno », dans *Descrizioni di descrizioni*, dans Pasolini, *Saggi sulla letteratura e sull'arte*, éd. Walter Siti et Silvia De Laude, 2 vol. (Milan : Mondadori, 1999), II, p. 2002–07 (p. 2004), trad. fr. René de Ceccatty sous le titre « L'esthétique de l'obscène », dans Pasolini, *Descriptions de descriptions* (Paris : Payot & Rivages, 1995), p. 181–85 (p. 183), nouvelle éd. augmentée (Paris : Editions Manifeste, 2022), p. 270–74 (p. 272) : je rétablis « désacralisaient » qui fait l'objet d'un lapsus dans la traduction française.

21 « La personne avec laquelle les cinq membres de la famille commettent l'inceste est tout simplement Dieu », Pier Paolo Pasolini, « Entretien avec Jean-André Fieschi », *Cahiers du cinéma*, 195 (novembre 1967), p. 12–17 (p. 13).

FIG. 4. La Grande Bouffe, dir. Marco Ferreri (1973).

FIG. 5. Maurice Henry, « Michel Foucault, Jacques Lacan, Claude Lévi-Strauss et Roland Barthes », *La quinzaine littéraire* (1er juillet 1967), dessin accompagnant l'article de François Châtelet, « Où en est le structuralisme ? ».

autre film parfaitement franco-italien et qui apparaît comme une autre adaptation, plus libre, à la manière de Ferreri, des *Cent-Vingt Journées* de Sade (voir figure 4).

Déjà Michel Delon, dans la notice des *Cent Vingt Journées* en Pléiade, établissait un impressionnant relevé des quadripartitions se faisant écho dans le texte sadien, fondamentalement numérologique : d'abord les tempéraments de la médecine humorale, puis les quatre humeurs corporelles, les quatre éléments, les quatre saisons, enfin les quatre points cardinaux. À sa suite, j'ai tenté de repérer, dans un ouvrages sur *Salò* de 2012, repris et intégré dans une monographie générale sur Pasolini en 2022, toutes les quadripartitions possibles, issues de la structure sadienne fondamentale des quatre scélérats originels, présentes dans *Salò*, dans sa réalisation (acteurs des corps filmés, acteurs des voix postsynchronisées et doublées, en italien et en français), et dans son paratexte (en l'occurrence, les titres en quatre mots de deux critiques de films écrites par Pasolini au moment de la préparation de son film ; les acteurs du film *La Grande Bouffe* ; leur rôle social dans cette fiction de Marco Ferreri; une caricature parue dans un journal français en 1967 représentant « la tribu structuraliste », à savoir quatre penseurs fondamentaux français des années 1960–1970) (voir figure 5). La Bibliographie de *Salò*, en tant que plan du film, mais aussi appel à la lecture d'œuvres extérieures et d'auteurs emportant avec eux un univers de pensée critique, se situe très paradoxalement entre les deux: comme une sorte de « paratexte intratextuel ». Je présente ici un tableau général sans commentaires puisqu'il reprend des analyses préalables.[22] Il ajoute quelques éléments retrouvés et offre une vue d'ensemble de la forte structuration quadripartite exposée spectaculairement par la Bibliographie au commencement d'un film lui-même hanté par le décompte numérique, à la suite du livre de Sade.

22 En guise de « Sur-Bibliographie essentielle », pour l'origine et les commentaires du tableau, voir: D. A. F. de Sade, *Les Cent Vingt Journées de Sodome ou l'École du libertinage* (Paris: Gallimard, 1990 [1785]); Pier Paolo Pasolini, « La pazzesca razionalità della geometria religiosa » (sur *Milarepa* de Liliana Cavani et *Le Dernier Tango à Paris* de Bernardo Bertolucci), *Cinema nuovo*, 23.229 (mai–juin 1974) (repris dans Pasolini, *Saggi sulla letteratura e sull'arte*, II, p. 2638–44), en français: Pasolini, « La délirante rationalité de la géométrie religieuse », dans Pasolini, *Écrits sur le cinéma*, trad. Hervé Joubert-Laurencin (Lyon: Presses Universitaires de Lyon, 1987), p. 198–203 (repris dans Pasolini, *Écrits sur le cinéma. Petits dialogues avec les films (1957–1974)*, trad. Hervé Joubert-Laurencin (Paris: Éditions des Cahiers du cinéma, 2000), p. 181–87); Pier Paolo Pasolini, « Le ambigue forme della ritualità narrativa » (sur *La Nuit américaine* de François Truffaut et *La Grande bouffe* de Marco Ferreri), *Cinema nuovo*, 23.231 (septembre-octobre 1974) (repris dans *Saggi sulla letteratura e sull'arte*, II, p. 2652–61); en français: Pasolini, « Les Formes ambiguës du rituel narratif », dans Pasolini, *Écrits sur le cinéma*, p. 203–10 (repris dans Pasolini, *Écrits sur le cinéma. Petits dialogues avec les films (1957–1974)*, p. 189–99); Dessin de Maurice Henry dans *La Quinzaine littéraire* du 1er juillet 1967, accompagnant l'article de François Châtelet, « Où en est le structuralisme ? », repris dans Roland Barthes, *Roland Barthes par Roland Barthes* (Paris: Seuil, 1975) (achevé d'imprimer du 1er trimestre 1975, soit pendant l'écriture de *Salò*), p. 148–49; Michel Delon, « Notice », dans Sade, *Les Cent Vingt Journées de Sodome* (sur le modèle médical et ses quadripartitions) (Paris: Gallimard, 1990), p. 1127–28; Hervé Joubert-Laurencin, *Le Grand Chant. Pasolini, poète et cinéaste* (Paris: Macula, 2022), p. 735–39 et fig. 67–69; Hervé Joubert-Laurencin, *Salò ou les 120 journées de Sodome* (Chatou: La Transparence, 2012), p. 52–56.

Quadripartitions de Salò o le centoventi giornate di Sodoma

Tempérament	Sanguin	Colérique	Flegmatique	Mélancolique
Personnage du livre de Sade	Duc de BLANGIS	EVEQUE DE ***	DURCET	Président de CURVAL
Caractérisation sociale en 1785	Noblesse d'épée	haut clergé	grande finance d'Ancien Régime	noblesse de robe (juge)
Climat	Chaud et humide	chaud et sec	froid et humide	froid et sec
Humeur	Sang	bile jaune	pituite	bile noire
Organe	Cœur	foie	cerveau	rate
Élément	Air	feu	eau	terre
Saison	Printemps	été	hiver	automne
Point cardinal	Est	Sud	Nord	Ouest
Personnage du film	DUCA	MONSIGNORE	PRESIDENTE	ECCELLENZA
Acteur en corps, caractérisation sociale en 1975	Paolo Bonacelli, acteur	Giorgio Cataldi, borgataro, ami époque *Accattone*	Aldo Valetti, figurant à Cinecittà	Umberto Paolo Quintavalle, écrivain
Acteur des voix italiennes, caractérisation sociale en 1975	Giancarlo Vigorelli, critique, spécialiste de Manzoni, diction « slave »	Giorgio Caproni, poète, traducteur de Proust et de Céline en italien	Marco Bellocchio, cinéaste	Aurelio Roncaglia, philologue, futur éditeur de *Petrolio*

Acteur des voix françaises, autres rôles récents en 1975	Michel Piccoli, acteur, joue dans *La Grande Bouffe* (Marco Ferreri, 1973)	Michel Delahaye, acteur, joue dans *Femmes femmes* (Paul Vecchiali, 1974)	Alain Mottet, acteur	René Arrieu, acteur
Intellectuels français masculins de la Bibliographie essentielle	Philippe SOLLERS	Roland BARTHES	Maurice BLANCHOT	Pierre KLOSSOWSKI
Ouvrages cités dans la Bibliographie essentielle	*L'Écriture et l'expérience des limites*	*Sade, Fourier, Loyola*	*Lautréamont et Sade*	*Sade mon prochain. Le philosophe scélérat*
Cercles du film	Cercle du sang	Cercle des Manies	Cercle invisible (mort, extermination)	Cercle de la Merde
Amis de *La grande bouffe*	Ugo Tognazzi, cuisinier	Marcello Mastroianni, pilote de ligne	Michel Piccoli, producteur TV	Philippe Noiret, juge
Substantifs des titres de deux articles contemporains	Rationalité	Géométrie	Formes	Rituel
Adjectifs des mêmes titres	Délirant	narratif	ambigu	religieux
La tribu structuraliste (dessin de Maurice Henry)	Jacques Lacan	Roland Barthes	Claude Lévi-Strauss	Michel Foucault

FIG. 6. *Salò ou les 120 journées de Sodome*, dir. Pier Paolo Pasolini (1975) (00 :38 :25).

Quatrième et dernière question

Comment voir à la jumelle ? (Lettres noires en tant que lettres noires.)

Il existe dans les archives photographiques de « Cinemazero », à Pordenone, une photographie de plateau noir et blanc un peu particulière. Elle reprend la posture des quatre scélérats dans le boudoir occupés à une expérience infâme sur la différence des sexes et des genres (voir figure 6). Ils se trouvent assis en tailleur sur un tapis. Le boudoir qui, chez Sade, est ce mélange de salon où l'on philosophe et de chambre à coucher utile aux ébats sexuels, fait suite, chez Pasolini, au film qui précède, érotique et orientaliste, *Il fiore delle Mille e una notti*, dans lequel on fait l'amour et l'on converse sur des tapis.[23]

23 Sur cette scène d'éducation sexuelle compliquée, chez Sade comme chez Pasolini, fondée, dans le film, sur des citations du livre de Klossowski cité dans la Bibliographie,

Fig. 7. *Salò ou les 120 journées de Sodome*, dir. Pier Paolo Pasolini (1975) (01:46:05).

Or, au portrait de ces quatre hommes sagement assis en tailleur, comme les quatre intellectuels français « structuralistes » du dessin de Maurice Henry, justement repris par Roland Barthes dans son livre autobiographique sorti pendant l'écriture du scénario de *Salò*,[24] s'ajoute, sur la photo noir et blanc de tournage archivée à Pordenone, témoin d'une bifurcation possible de la mise en scène, une paire de jumelles utilisée par le Président de Curval (« Eccellenza »). Il ne peut que regarder la révoltante expérience perverse qu'il a suscitée : une double masturbation qui a lieu, elle aussi, à quatre. L'idée des jumelles était belle — quoique abandonnée sans doute pour son invraisemblance spatiale — car elle rimait avec l'épisode du retournement des jumelles qu'opère le Duc du haut de son fauteuil de voyeur pendant le finale

voir Joubert-Laurencin, *Salò ou les 120 journées de Sodome*, p. 60 et *Le Grand Chant*, p. 742.

24 Barthes, *Roland Barthes par Roland Barthes*, p. 148–49.

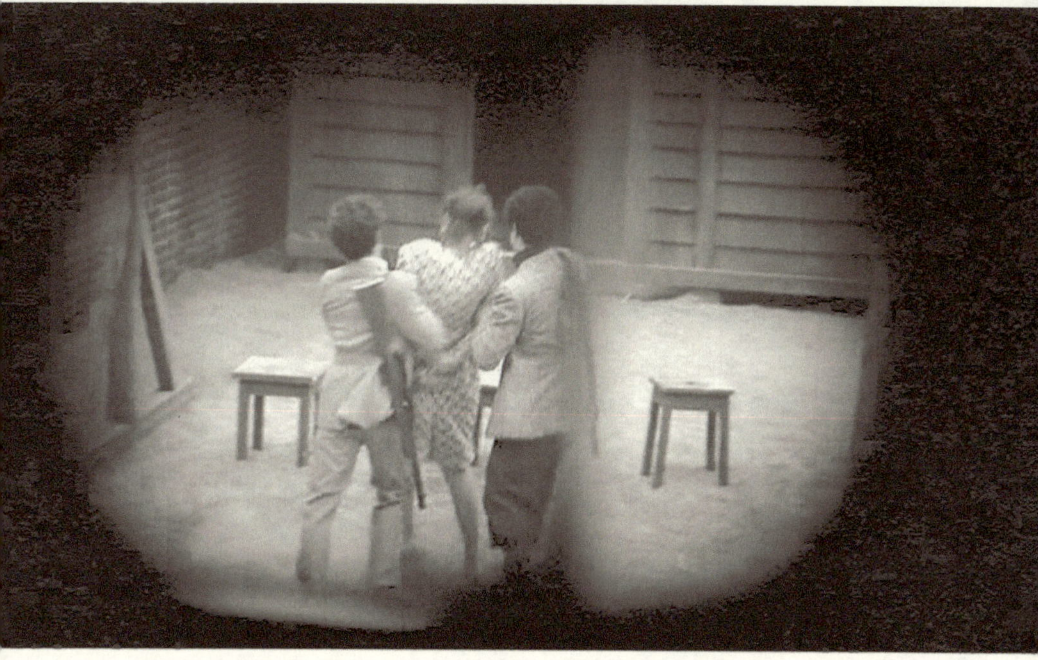

Fig. 8. *Salò ou les 120 journées de Sodome*, dir. Pier Paolo Pasolini (1975) (01:46:13).

tragique et grand guignol du film (il regarde brusquement les tortures par le petit bout de la lorgnette et semble en tirer satisfaction).

Si, comme le dit le témoignage d'Hélène Surgère déjà cité, la terreur par la vision explique *Salò*, alors cette paire de jumelles de théâtre est la matrice même du film. Le fait que le Duc les retourne reste énigmatique, ou du moins polysémique, mais peut, en première analyse, signifier au spectateur qu'il est lui-même, par ce geste, brusquement projeté au centre de la perversion de l'image. Mais à y regarder de plus près (« à la jumelle »), que se passe-t-il vraiment dans cette séquence, à cet instant, avant qu'elle ne se close, et le film avec elle, sur le mot (ou le nom) de « Marguerite ».

Les deux garçons qui dansent enlacés à la fin du film — et dont le premier interroge l'autre sur sa « *ragazza* » ou son « *ragazzo* » selon les versions française ou italienne comme on l'a rappelé, tandis que le second lui répond : « *Margherita* » — sont nettement reconnaissables,

FIG. 9. *Salò ou les 120 journées de Sodome*, dir. Pier Paolo Pasolini (1975) (01:51:30).

peu avant leur pas de danse dans la salle du haut, à l'intérieur de la cour des supplices, à condition de se forcer à regarder de près ce qui se passe en contrebas de la fenêtre aux jumelles. Claudio viole, en la prenant par derrière, l'une des filles du Président de Curval, qui avait été mariée au Duc au début du film, appelée Susanna, pendant que Maurizio, en face de lui, la tient penchée (figure 7) ; puis brusquement, aidés par d'autres collaborateurs, les deux garçons la rhabillent en trombe et la forcent à monter sur un tabouret sous une potence pour lui passer une corde au cou (figure 8) ; à ce moment précis, le Duc retourne ses jumelles : l'instant d'après, il voit la même cour mais de beaucoup plus loin, on a changé l'objectif ; ce qui se passe dans la cour a changé aussi pendant l'intervalle : les bourreaux se sont écartés et le cadavre de la jeune fille, comme dans un document de guerre, pend désormais à la corde.

D'après Laura Betti, dans un entretien donné à Roberto Chiesi en 2004, le rôle de Claudio, tenu par le jeune acteur Claudio Troccoli,

FIG. 10. *Salò ou les 120 journées de Sodome*, dir. Pier Paolo Pasolini (1975) (01:50:03).

aurait dû être tenu par Ninetto Davoli, mais, dit Laura, « Pier Paolo avait peur pour nous, il avait reçu des menaces et sentait le danger » (Temeva dei pericoli).[25] Il est possible que Laura ait reconstruit ses souvenirs après-coup, néanmoins il est indéniable que Claudio Troccoli, mais également Maurizio Valaguzza, ont les cheveux frisés et correspondent ainsi, au-delà de Ninetto, à l'archétype du *Riccetto*, du garçon aux cheveux frisés présent dès les débuts de la littérature et du cinéma pasoliniens, non pas exactement Ninetto mais, comme le dit un poème de Pasolini adressé à Elsa Morante, « l'idée de Ninetto ». Par ailleurs, au moment final, lorsqu'ils dansent, leurs cheveux rapprochés ne font presque plus qu'une seule chevelure, un homme à deux têtes,

25 Laura Betti, « Bisogna nuotare nel forse », entretien avec Roberto Chiesi, *Cineforum*, 7.437 (août-septembre 2004), p. 56–67 (p. 64), cité par Tomaso Subini, « Alcune considerazioni su *Salò* », dans *Corpus Pasolini*, éd. Alessandro Canadè (Cosenza : Luigi Pellegrini editore, 2008), p. 150–73 (p. 172).

FIG. 11. *Salò ou les 120 journées de Sodome*, dir. Pier Paolo Pasolini (1975) (01:51:12).

et l'on se rapproche alors de l'entité divisée des Carlo : Carlo I et Carlo II de *Romanzo-Vas-Petrolio*, des vases communicants (figure 9).

Lorsque, plus tard, les deux garçons écoutent la radio dans la salle du haut, ils sont habillés comme dans la cour des tortures, aucun doute n'est possible (figure 10). *Leur danse improvisée est donc une suite à ce que l'on a vu auparavant.* Entre eux, il n'y a plus de femme (voir figures 7, 11 et 12), il n'y a plus « Susanna », qui portait le nom de la mère de Pasolini, à savoir celle qui donne la vie, et à qui ils ont donné la mort, mais seulement le nom qu'ils échangent, « Margherita », non plus un corps mais seulement une parole, un souffle de voix, entre masculin et féminin. Un retour à la lettre, au pur signifiant.

Cette lettre est celle qui se trouvait signifiée d'emblée, avant le commencement du récit en images, par les noms et les titres noir sur blanc de la Bibliographie, qui fait ainsi un retour *in extremis* dans le film.

FIG. 12. *Salò ou les 120 journées de Sodome*, dir. Pier Paolo Pasolini (1975) (01:51:13).

Après l'évaporation d'un corps entre deux corps, voici un simple nom de fleur, principe de poésie.

Le dernier faux absent de la Bibliographie, le poète d'un théâtre de mots, bien présent dans la liste, mais caché à l'intérieur du livre de Philippe Sollers, Stéphane Mallarmé, peut ainsi conclure : « Je dis : une fleur ! et, hors de l'oubli où ma voix relègue aucun contour, en tant que quelque chose d'autre que les calices sus, musicalement se lève, idée même et suave, l'absente de tous bouquets. »

Mais ses mots définitifs se trouvent imprimés noir sur blanc sur l'une des pages de l'un des livres de la Bibliographie de *Salò* : « Tu remarqueras, on n'écrit pas, lumineusement, sur champ obscur, l'alphabet des astres, seul, ainsi s'indiqua, ébauché ou interrompu ; *l'homme poursuit noir sur blanc.* »[26] Enfin concernant l'abandon de la parole

26 Stéphane Mallarmé cité par Philippe Sollers dans *L'Écriture et l'expérience des limites* (Paris, Seuil 1971 [1968]), p. 77 (c'est moi qui souligne).

pour l'écriture, qui est aussi, explique Sollers, « la transformation de temps en espace », Mallarmé y écrit encore, toujours dans la Bibliographie si l'on ouvre l'un de ses livres : « L'œuvre pure implique la disparition élocutoire du poète, qui cède l'initiative aux mots par le heurt de leur inégalité mobilisés. »[27]

27 *Ibid.*, p. 77–78.

Soudain Salò (S.S.)

Avec toi, contre toi Sade

JULIE PAQUETTE*

INTRODUCTION

Je suis entrée dans Pasolini par la fin, alors que je rédigeais une thèse de doctorat en pensée politique sur la destitution des volontés d'absolu chez le Marquis de Sade. *Salò* a été mon Salut, ma porte de sortie du Marquis, mon entrée chez Pasolini. Ma sensibilité antifasciste — celle qui déjà guidait ma lecture de Sade — fut interpelée brutalement alors que Pasolini mettait en scène le roman *Les Cent Vingt Journées de Sodome* dans l'Italie de Mussolini, plus précisément dans la grotesque[1] République sociale italienne de Salo, afin de critiquer les nouvelles formes de fascisme qui émergeaient dans les années 1970. Soudain, *Salò* faisait irruption dans le champ de la réception de l'œuvre de Sade, et il était loin de faire consensus. Pasolini y dialoguait non seulement

* Le titre de ce chapitre renvoie à celui de l'introduction du *Contre la télévision* de Hervé Joubert-Laurencin « Avec toi, contre toi, Pasolini » (Besançon : Les Solitaires intempestifs, 2003) qui lui-même renvoie à un extrait des *Cendres de Gramsci* de Pasolini, partie IV « Le scandale de me contredire, d'être avec toi et contre toi ». Il s'agit d'une formulation qui suggère d'emblée la nécessité d'accepter la contradiction, sans résolution possible, chose tout à fait pasolinienne s'il en est une.

1 Serge Daney, « Notes sur *Salò* », *Cahiers du cinéma*, 268–69 (juillet-août 1976), p. 102–03 (p. 103).

avec ce monstre de la littérature française, mais aussi avec ceux qui avaient entamé ce dialogue avant lui.[2] *Salò*, en objecteur de conscience, allait marquer un point de non-retour. L'année 1975 sonna le glas de la « fête sadienne ».[3] Non seulement Foucault revenait-il sur sa première lecture de Sade et le présentait-il désormais comme un « Sergent du sexe » qui déployait toute la violence que l'on sait contenue dans la société disciplinaire,[4] mais, au même moment, Pasolini avec son film créait l'embarras chez toute une génération de lecteurs complices des romans de Sade.

Dans ce chapitre, nous concentrerons notre analyse sur la place de Sade dans l'œuvre de Pasolini. Pour ce faire, nous présenterons d'abord de quelle manière Sade peut être perçu comme un test de Rorsach, puis nous retracerons les occurrences de Sade dans l'œuvre de Pasolini, pour terminer avec l'avènement *Salò*. Au terme de ce chapitre, nous suggérerons que c'est avec *Salò* que Pasolini dialogue le plus avec la France, mais c'est un dialogue qui achoppe et qui trouve peut-être le nœud de son achoppement dans l'apathie sadienne, qui fait écho au désintéressement surréaliste et auquel Pasolini ne pourra jamais complètement adhérer.

SADE EN TEST DE RORSCHACH

La très vaste majorité des philosophes et intellectuels français du XXe siècle a, à un certain moment, directement ou non, écrit sur Sade. Lorsqu'on y regarde de plus près, on remarque que tout se passe comme s'ils projetaient leur singularité sur son œuvre protéiforme :[5] Sade se dévoile en test de Rorschach.[6] L'on entend cette thèse dans les propos de Bernard Sichère : « Écrivant sur l'œuvre de Sade, chacun

---

2 D'ailleurs le film s'ouvre sur une bibliographie sélective des commentateurs du texte sadien où sont cités Roland Barthes, Maurice Blanchot, Simone de Beauvoir, Pierre Klossowski et Philippe Sollers. Pour en savoir davantage sur ce sujet, voir le chapitre rédigé par Hervé Joubert-Laurencin dans le présent ouvrage.

3 Éric Marty, *Pourquoi le XXe siècle a-t-il pris Sade au sérieux ?* (Paris : Seuil, 2011), p. 26.

4 Michel Foucault, « Sade, sergent du sexe », dans Foucault, *Dits et écrits*, 2 vol. (Paris : Gallimard, 2001), I : *1954–75*, p. 1686–90 (p. 1686).

5 Hubert Juin, « Sade entier », *Europe*, 522 (octobre 1972), p. 10–15 (p. 14).

6 C'est là l'une des hypothèses que j'avance dans ma thèse : Julie Paquette, « Sade peintre de caractères ou la destitution des volontés d'absolu. Étude d'inspiration lefortienne » (thèse de doctorat sous la direction de Gilles Labelle, Université d'Ottawa, 2012).

écrit en même temps, bien entendu, sur lui-même, quel que soit le degré de ruse ou de distance qu'il mobilise dans sa lecture » ;[7] idée aussi suggérée par Annie Lebrun :

> Pierre de scandale aux mille facettes, le monde de Sade a le pouvoir de faire trébucher sur son propre reflet celui qui s'y aventure. Car on y court toujours le risque majeur d'y découvrir l'image de ce que l'on est, soudain pris au piège de sa mise en scène infinie.[8]

En découle une polyphonie — pour ne pas dire une cacophonie — qui a de quoi dérouter au premier abord. À en croire la réception de Sade, il serait tantôt libertin, matérialiste, athée, révolutionnaire, mais aussi contre-révolutionnaire, théologien, monarchiste, anarchiste ; ou encore kantien ou hégélien ; et la liste se poursuit : un penseur de la morale ou de l'émancipation libertaire et encore, une exception monstrueuse annonçant la Terreur et parfois même le nazisme.

S'agissant de l'émancipation libertaire (qui nous intéressera particulièrement pour notre propos), il est possible de classer grossièrement les auteurs en deux camps. D'une part, il y a ceux qui semblent charmés par le texte sadien. Nous les nommons, suivant l'expression de Roland Barthes lui-même, les « lecteurs enchantés » de Sade.[9] Parmi eux, certains surréalistes pour qui : « Sade était le défenseur d'un amour libéré, le briseur de conventions morales, le porte-parole d'une sexualité vigoureuse »[10] ou encore « un libérateur et un porte-parole intrépide de la *liberté intégrale* [...] celui qui brise à tout jamais les nombreuses bastilles qui tiennent enfermée la liberté fondamentale ».[11] On retrouve d'ailleurs cela chez un Buñuel qui avait déjà (du moins en partie) porté Sade à l'écran. On se souviendra du Duc de Blangis (personnage des *Cent Vingt Journées de Sodome*) faisant son apparition sous les traits du Christ dans *L'Âge d'or* en 1930 ; ou encore chez un

7 Bernard Sichère, « Sade, l'impossible », *Lignes*,14 (mai 2004), p. 141–58 (p. 142).

8 Annie Lebrun, *On n'enchaîne pas les volcans* (Paris : Gallimard, 2006), p. 18.

9 Roland Barthes, « Sade – Pasolini » [1976], dans Barthes, *Œuvres complètes*, dir. Eric Marty, 5 vol. (Paris : Seuil, 2002), IV : *Livres, textes et entretiens, 1972–76*, p. 944–46 (p. 944).

10 Rosemary Lancaster, *La Poésie éclatée de René Char* (Paris : Éditions Rodopi, 1994), p. 110.

11 Svein-Eikik Fauskevåg, *Sade ou la tentation totalitaire, étude sur l'anthropologie littéraire dans « La Nouvelle Justine » et « L'Histoire de Juliette »* (Paris : Champion, 2001), p. 8. Voir aussi Svein-Eikik Fauskevåg, *Sade dans le surréalisme* (Paris : Privat, 1982).

Jean Benoît, ce surréaliste québécois ami d'André Breton qui exécuta le *Testament du Marquis de Sade* en 1959, acte qui consistait à se brûler les lettres SADE sur le corps après avoir déambulé vêtu d'une sorte d'armure colossale dans les rues de Paris.[12] Lebrun, autre surréaliste et autrice de *Soudain un bloc d'abîme, Sade,* qui a assisté à cette performance fera ressortir, presque trente années plus tard, ce qu'elle perçoit comme la féérie des romans de Sade :

> L'*Histoire de Juliette* est un vrai conte de fées, et même le premier et le seul conte de fées absolument érotique. Pour la première fois, une petite fille vient au monde, uniquement pour son plaisir, uniquement pour notre plaisir, s'avançant dès ses premiers pas dans un univers où les sexes sont grands comme des maisons, où les maisons s'ouvrent comme des sexes, où les gestes déploient les espaces tournoyant de plaisir, où la durée se tend sur les plus belles érections, où enfin les objets de désir sont plus nombreux que les désirs.[13]

D'autre part, il y a ces lecteurs de Sade qui, bien que le présentant toujours comme un penseur de l'émancipation libertaire en font aussi un prédicteur de l'ordre marchand néo-libéral en associant les dérives du libertinage au libertarianisme et à la logique du capital. Ici se loge Pasolini. Sa lecture trouve des répondants tels que Michel Brix, Dany-Robert Dufour, Marcel Hénaff, Thierry Hentsch et Louis Janover pour ne nommer que ceux-là.[14] Selon ces lectures, algolagnie et impératif de jouissance se trouvent confondus et réunis chez Sade sous le même sigle d'une anticipation de la morale bourgeoise : « Là tient le génie du Divin Marquis [écrit Dufour] : il a été le premier à en tirer les conséquences et à dévoiler toutes les implications du principe libéral

---

12 Voir là-dessus Dominic Marion, « Sade au rituel : Jean Benoît et le corps mystique du surréalisme », dans Marion, *Sade et ses lecteurs. Une historiographie critique (XVIIIe–XXIIe siècle)* (Paris : Hermann, 2017), p. 265–74.

13 Annie Lebrun, *Soudain un bloc d'abîme, Sade* (Paris : Jean-Jacques Pauvert, 1986), p. 308–09.

14 Voir Michel Brix, *Sade et les félons* (Jaignes : Chasse aux Snark, 2003) ; Marcel Hénaff, *Sade, l'invention du corps libertin* (Paris : Presses Universitaires de France, 1978) ; Thierry Hentsch, « Sade, la jouissance absolue », dans Hentsch, *Le Temps aboli* (Montréal : Presse de l'Université de Montréal, 2005), p. 103–25 ; Louis Janover, *Lautréamont et les chants magnétiques* (Arles : Sulliver, 2002) ; Dany-Robert Dufour, *La Cité perverse, libéralisme et pornographie* (Paris : Denoël, 2009) et Bertrand Binoche, *Sade ou l'institutionnalisation de l'écart* (Québec : Les Presses de l'Université Laval, 2007).

fondé sur l'égoïsme, qui se lançait alors à la conquête du monde. »[15] Brix de son côté s'interroge :

> Comment a-t-on pu voir dans *Les Cent Vingt Journées de Sodome* une œuvre célébrant la complète émancipation des désirs ? La liberté des quatre personnages principaux ne connaît peut-être pas de limites, mais l'atmosphère du roman est à mille lieues de l'hédonisme et du libertinage heureux.[16]

Il ajoute : Sade peint là « la mécanique libertine [comme] un engrenage qui conduit toujours vers l'intolérable ».[17] Hénaff quelques années plus tôt dans *L'Invention du corps libertin* poussait déjà la filiation entre la société de Silling (le château dans lequel se déroule l'intrigue du roman *Les Cent Vingt Journées de Sodome*) et la fabrique comme « modèle capitaliste » donnant un accès illimité à des corps qui sont stockés et manipulés selon la cadence du modèle de l'« exploitation industrielle ».[18] Alors que Hentsch pour sa part avançait : « Qu'il l'ait ou non pressenti, Sade annonce notre époque, où la liberté de jouir, confondue à l'accumulation financière, n'a pour ainsi dire pas de bornes. »[19] Pasolini abonde en ce sens, lui qui retrouve chez Sade cette idée de la réduction du corps à l'état de marchandise, où le pouvoir transforme les humains en choses[20] et où « les producteurs obligent les consommateurs à manger de la merde ».[21] Fait à noter, une rhétorique tout à fait similaire sera mobilisée pour établir une analogie entre Sade et le fascisme-nazisme.[22] On comprend alors mieux pourquoi ceux qui « réduisent l'œuvre de Sade au pur plaisir de les lire »

---

15 Dufour, *La Cité perverse*, p. 45.

16 Michel Brix, *Sade et les félons*, p. 152.

17 *Ibid.*, p. 158.

18 Marcel Hénaff, *L'Invention du corps libertin* (Paris : Presses Universitaires de France, 1978), p. 178 ; 182 ; 184–05.

19 *Ibid.*, p. 124–25.

20 Pier Paolo Pasolini, *Polémique Politique Pouvoir. Conversations avec Gideon Bachmann*, trad. Fabien Trémeau (Paris : Éditions critiques, 2024), p. 138 ; 149 ; 159.

21 *Ibid.*, p. 155.

22 Voir Emmanuelle Sauvage, « L'Écriture du corps dans *Les Cent Vingt Journées de Sodome* de Sade », *Tangence*, 60 (1999), p. 119–33 (p. 132) et Fauskevåg, *Sade ou la tentation totalitaire*, p. 17.

et qui sont « plus envahissant [...] que jamais », seront accusés par Pasolini d'être de gourmets terroristes.[23]

SADE CHEZ PASOLINI

La première association entre Sade et Pasolini que nous avons recensée surgit subrepticement en 1965 sous le signe de l'attaque. On la retrouve dans le bien nommé journal *Il Borghese*, qui n'avait pas particulièrement la réputation d'être tendre à l'égard de Pasolini. Sur une photo en page gauche, Pasolini marche devant un théâtre, un manteau dans les mains, ses lunettes de soleil au visage (voir figure 1).

On le devine sortant d'une représentation de la pièce de théâtre du Marquis de Sade *Les Crimes de l'amour* mettant en scène des passions incestueuses criminelles (d'où — peut-être — l'association sur l'affiche entre cette pièce et le théâtre de la cruauté d'Antonin Artaud). Sur l'affiche on lit :

> Teatro G. Belli
> 3 dicembre 1965
> Il teatro della crudeltà
> Io, de Sade
> (I crimini dell'amore)
> Regia di Fulvio Tonti Rendnell

Puis, en bas de l'image, cette formule : « Pasolini au théâtre en quête d'inspiration. Filmera-t-il l'Évangile selon Sade ? » (Pasolini al teatro in cerca di ispirazione. Girerà il Vangelo secondo Sade ?)[24] On décèle là une pointe de mépris, ainsi qu'une critique du dernier film de Pasolini qui, cette même année, sort en salle son *Évangile selon Saint-Mathieu* où un jeune syndicaliste prend les traits du Christ. Pasolini vient à peine d'être condamné à quatre mois de prison pour outrage à la religion d'État pour son film *La Ricotta* (1963) ; un non-lieu sera finalement ordonné.

L'année suivante, en 1966, Pasolini termine la pièce *Affabulazione* qui a pour sous-titre *(régicide)*. Celle-ci débute par un exergue de Sade

23 Pier Paolo Pasolini, *Descriptions de descriptions*, trad. René de Ceccatty (Paris : Rivages, 1995), p. 184.

24 *Il Borghese*, 16 dicembre 1965, p. 816, ma traduction. Collezione Sergio Oriente-Enrica Piscolla ; présentée dans le cadre de l'exposition Pier Paolo Pasolini, *Tutto è santo. Il corpo poetico.*, Roma, Palazzo delle Esposizioni, 2022.

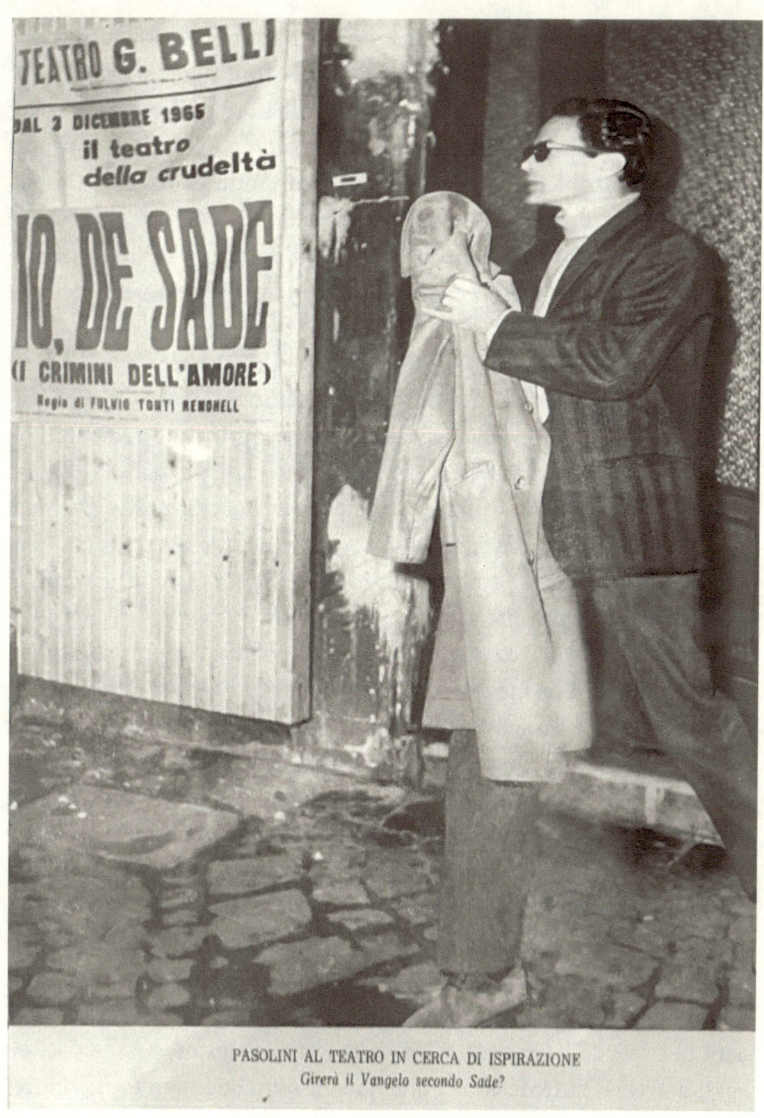

PASOLINI AL TEATRO IN CERCA DI ISPIRAZIONE
Girerà il Vangelo secondo Sade?

Fig. 1. Page de *Il Borghese*, 16 dicembre 1965 (photo Julie Paquette).

tiré de l'*Histoire de Juliette*: « Les causes sont peut-être inutiles aux effets. »[25] Dans cette pièce, il est aussi question d'inceste mais sous la forme d'un père épris de son fils (un fils libre qui se refuse à lui). On comprend alors mieux le sens de l'exergue de Sade, les causes renvoyant probablement aux pères qui sont inutiles aux effets : les fils. Le père qui souhaite se faire fils à la place du fils et ira jusqu'à tuer le fils, ce que Pasolini résumera ainsi : « Il y a des époques dans le monde | où les pères dégénèrent | *et quand ils tuent leurs fils* | *ils accomplissent des régicides.* »[26]

Puis, en 1974, dans une chronique littéraire publiée dans *Il Tempo* au sujet de *L'Esthétique de l'obscène* de Guido Almansi, Pasolini fait une longue digression au sujet de Sade. Il y soutient notamment que l'expressivité chez Sade « doit être recherchée non pas dans la page ou le détail, mais dans la structure », une structure composée d'« interminables accumulations itératives » comme c'est le cas dans *Les Cent Vingt Journées de Sodome*, roman dont Pasolini relève, toujours dans le même texte, une parenté schématique avec le *Décaméron* de Boccace : « Il [Sade] a pris le *Décaméron*, il l'a rendu infiniment plus sommaire, plus dépouillé, plus mécanique, plus numérique. »[27] Rappelons que Pasolini a réalisé lui aussi, en 1971, sa version du *Décaméron* ; version qui se termine par la formule, prononcée par Pasolini — interprétant le peintre Giotto : « Pourquoi réaliser une œuvre alors qu'il est si beau de la rêver ? » Sans vouloir filer trop loin l'analogie, on pourrait dire que cette formule, qui évoque un décalage entre la capacité de l'imagination et sa matérialisation dans le réel, se présente comme en miroir à celle-là que l'on retrouve dans *Les Cent Vingt Journées de Sodome* prononcée par le financier Durcet, que l'on associe souvent au Marquis lui-même : « Je me suis toujours plaint de la nature qui en me donnant le désir de l'outrager, m'en ôtait toujours les moyens. »[28] C'est aussi dans cette même chronique que Pasolini décrit en toutes lettres Sade comme « un provocateur merveilleux qui, à travers les Lumières rationnelles, a désacralisé non seulement ce que les Lumières désacra-

25 Pier Paolo Pasolini, « Affabulazione », dans Pasolini, *Théâtre*, trad. Michèle Fabien, Titina Maselli et Alberte Spinette (Paris : Actes Sud, 1995), p. 119–208 (p. 121).

26 *Ibid.*, p. 202 (en italiques dans le texte)

27 Pasolini, *Descriptions de descriptions*, p. 182.

28 Sade, *Les Cent Vingt Journées de Sodome* (Paris : 10/18, 1975), p. 14.

lisaient, mais les Lumières elles-mêmes à travers l'usage aberrant et monstrueux de leur rationalité ».[29] Nous y reviendrons.

Poursuivant chronologiquement la trace de Sade dans l'œuvre de Pasolini, nous nous retrouvons en avril 1975, alors qu'il compose le « Projet de l'œuvre » du petit traité pédagogique *Les Lettres luthériennes* où il affirme qu'« au lieu de [...] dédier [son recueil] à l'ombre monstrueuse de Rousseau, [il le dédie] à l'ombre dédaigneuse [hautaine *sdegnosa*] du marquis de Sade »[30]. On observe alors dans les écrits de Pasolini comme dans son cinéma, une rupture avec un certain rousseauisme qui passait par le mythe du bon sauvage[31] et que l'on retrouve notamment dans sa *Trilogie*. Nous y reviendrons aussi.

Puis, en août 1975, Sade le hante à nouveau alors que dans son texte intitulé « Il faudrait juger les hiérarques de la DC », il dresse une analogie entre la Démocratie chrétienne alors au pouvoir en Italie et le roman de Sade *Les Cent Vingt Journées de Sodome* :

> Cher Ghirelli, je crois que le souvenir de la première page de *Il Giorno* du 21 juillet 1975 restera longtemps gravé dans ma mémoire. C'était une page même typographiquement particulière : symétrique et carrée comme le bloc d'écriture d'une affiche, avec, au centre, une seule image, elle aussi parfaitement régulière, composée de carrés rapprochés qui contenaient quatre photos représentant quatre grands dignitaires de la DC [Démocratie chrétienne]. Quatre : le nombre du marquis de Sade.[32]

Toujours en août de cette même année, Pasolini rencontre Man Ray,[33] peintre américain dadaïste et surréaliste, auteur du célèbre

---

29 Pier Paolo Pasolini, *Descriptions de descriptions*, p. 183 (nous rétablissons « *désacralisaient* » qui fait l'objet d'un lapsus dans la traduction de René de Ceccatty).

30 Pier Paolo Pasolini, *Lettres luthériennes. Petit traité pédagogique*, trad. Anna Rocchi Pullberg (Paris : Seuil, 2002), p. 42.

31 Idée que l'on retrouve notamment dans l'inédit « Que faire du bon sauvage ? », « Che fare del "Buon selvaggio" », inédit, 1970, publié dans *L'Illustrazione italiana*, 109.3 (février–mars 1982), repris dans Pasolini, *Saggi sulla politica e sulla società*, éd. Walter Siti et Silvia De Laude (Milan : Mondadori, 1999), p. 217–22 et publié dans sa traduction en langue française pour la première fois en première page du premier numéro de la revue transculturelle canado-américo-italienne *Vice versa*. Voir Pier Paolo Pasolini, « Que faire du bon sauvage », trad. Nunzia Javarone, *Vice versa Magazine transculturel*, 1.1 (1983), p. 1 ; 10–11.

32 Pasolini, *Lettres luthériennes*, p. 125.

33 Silvia Martín Gutiérrez, « L'incontro fra Pier Paolo Pasolini e Man Ray », *Città Pasolini*, 15 novembre 2022 <https://www.cittapasolini.com/post/pier-paolo-pasolini-incontra-man-ray-fregene-agosto-1975> [consulté le 3 mars 2025].

« Portrait imaginaire de D. A. F. de Sade » (1938) sur lequel on aperçoit le visage de Sade dessiné dans la pierre devant une Bastille en flammes (de quoi rappeler le briseur de bastilles mentionné plus haut et célébré par les surréalistes). Pasolini discute avec lui du projet *Salò* et lui confie même qu'il souhaite utiliser son fameux portrait de Sade pour son film (cela n'aura pas lieu). Pasolini raconte que Man Ray ne comprend rien à son projet, lui qui ne connait pas la République de Salò.[34] On sait que Pasolini possédait deux œuvres de Man Ray dans sa collection personnelle, une lithographie du célèbre portrait de Sade et *La Transformation d'arachnée.*[35]

SOUDAIN SALÒ

C'est en 1975 qu'est tourné le film *Salò*; comme si Pasolini répondait à ceux qui, dix ans plus tôt dans *Il Borghese*, ridiculisaient son travail en l'affublant de l'épithète de Sade. Volontairement ou non, Pasolini se réapproprie radicalement l'anathème « Sade » pour le retourner contre ses détracteurs. En effet, le film s'adresse à aussi eux dans la mesure où Pasolini y dénonce l'Italie de son époque, celle où règne en surface une tolérance fallacieuse cachant un fascisme nouveau, celui de la société de consommation.

On se souvient que la photographie présentant Pasolini en page gauche de l'édition du journal *Il Borghese* en 1965 contenait une affiche sur laquelle la pièce *Les Crimes de l'amour* de Sade était associée au théâtre de la cruauté d'Artaud. De manière intéressante, dix ans plus tard, Pasolini reprend à son compte cette idée de la cruauté. En janvier 1975, il écrit : « C'est vrai, *Salò* sera un film 'cruel', tellement cruel que je suppose que je devrai m'en distancier, faire semblant de ne pas y croire. »[36] Puis en août 1975, en référence à son abjuration de la *Trilogie de la vie*, la cruauté apparaît de nouveau : « Puisque l'adaptation est

---

34 Pier Paolo Pasolini, « Andy Warhol's Ladies & Gentlemen », dans Andy Warhol, *Ladies & Gentlemen* (New York : Skarstedt Gallery, 2009), p. 4–7.

35 Voir *Pasolini pittore*, éd. Silvana Cirillo, Claudio Crescentini et Federica Pirani (Milan : Silvana Editoriale, 2022), p. 288–89.

36 Pier Paolo Pasolini, « Poesie, prose e un nuovo film in cantiere. Pasolini ricomincia », propos recueillis par Lorenzo Mondo, *La Stampa*, 10 janvier 1975, cité dans Hervé Joubert-Laurencin, « Le Pasolini des derniers temps dans le 'maintenant' de sa lisibilité », *Pasolini cinéaste civil*, revue CiNéMAS, 27.1 (2016), p. 77–94 (p. 86).

défaite, et que la défaite rend agressif et même un peu *cruel*, voilà *Salò*, on pourrait même dire *Salaud* » … ;[37] résonne ici le salaud sartrien, le lâche qui prend pour excuse un déterminisme excessif, l'innocent au sens coupable du terme,[38] le plus cruel d'entre tous.

Nul meilleur compagnon de route pour attaquer ses contemporains que Sade et l'apathie de ses personnages, nul meilleur roman de Sade que *Les Cent Vingt Journées de Sodome*. Mais *Salò* n'est pas une fin en soi, plutôt il s'agit d'un chemin que *la force des choses* l'oblige à emprunter. Pasolini suggère d'ailleurs qu'il devra ensuite s'en « distancier », comme s'il devait (suivant la très belle expression de Joubert-Laurencin) « abjurer au présent le film en train de se faire ».[39] Sade, comme le projet *Salò*, s'impose à Pasolini comme une urgence.[40] Il met sur pause le projet de film sur Saint-Paul : « I have given up the idea of making a film about Saint Paul. Perhaps this is a more meaningful story for today. »[41] Dans un extrait d'entretien cité par Naldini, on entend cet empressement :

> Maintenant, j'ai fait un film dont je ne sais pas bien pourquoi je l'ai fait, il s'intitule *Salò ou les cent vingt journées de Sodome*, tiré de Sade et situé sous la République de Salò, c'est-à-dire pendant les derniers mois de Mussolini, bref, je ne sais pas pourquoi je l'ai fait ; maintenant, je vais voir, comprendre pourquoi je l'ai fait, dans quelques mois, dans quelques années.[42]

---

37 Pier Paolo Pasolini, « Pasolini : l'Italia una fossa dei serpenti », entretien avec Gian Luigi Rondi, *Il Tempo*, 24 août 1975 (en version française dans le livret d'accompagnement du DVD de *Salò* édité par Carlotta Films en 2009), cité dans Joubert-Laurencin, « Le Pasolini des derniers temps dans le 'maintenant' de sa lisibilité », p. 87.

38 Julie Paquette, « Du lumpen prolétariat à la jeunesse aux cheveux longs : la problématique de l'innocence dans *La séquence de la fleur de papier* (1969) de Pier Paolo Pasolini », *Revue Hors Champ* (2014) (en ligne) <https://horschamp.qc.ca/article/du-lumpen-proltariat-la-jeunesse-aux-cheveux-longs> [consulté le 3 mars 2025].

39 Hervé Joubert-Laurencin, *« Salò ou les 120 journées de Sodome » de Pier Paolo Pasolini* (Paris : Les édition de la transparence, 2012), p. 20.

40 Pour retracer l'histoire entourant le projet d'un film à partir du roman *Les Cent Vingt Journées de Sodome*, voir Joubert-Laurencin, *« Salò ou les 120 journées de Sodome » de Pier Paolo Pasolini*, p. 114 et Roberto Chiesi, « Salò ou les 120 journées de Sodome », dans *Tout sur Pasolini*, dir. Jean Gili, Roberto Chiesi, Silvana Cirillo et Piero Spila (Paris : Gremese, 2022), p. 369–75 (p. 370).

41 Gideon Bachmann et Pier Paolo Pasolini, « Pasolini on de Sade : An Interview during the Filming of *The 120 Days of Sodom* », *Film Quarterly*, 29.2 (Winter 1975–76), p. 39–45.

42 Pier Paolo Pasolini cité dans Nico Naldini, *Pier Paolo Pasolini*, trad. René de Ceccatty (Paris : Gallimard, 1991), p. 401.

Ces quelques mois, ces quelques années n'auront jamais lieu, on le sait, Pasolini sera assassiné avant même que le film ne soit projeté en salle.

Nous le disions, *Salò* s'impose à Pasolini, lui qui ira jusqu'à abjurer son œuvre passée afin de s'engager « dans le maintenant de sa lisibilité ».[43] Rappelons ici un extrait de l'*Abjuration de la Trilogie de la vie* composée en juin 1975 : « Je suis en train d'oublier comment étaient les choses *auparavant*. Les visages aimés d'hier commencent à pâlir dans ma mémoire. J'ai devant moi — peu à peu et sans aucune alternative — le présent. Je réadapte ma tâche [mon engagement] à une plus grande lisibilité. [Pasolini ajoute ensuite, entre parenthèse] (*Salò* ?). »[44] Pasolini abjure donc sa *Trilogie de la vie* (*Le Décameron* (1971), *Les Contes de Canterbury* (1972), *Les Mille et Une Nuits* (1974)). Il écrit : « J'abjure la *Trilogie de la vie*, bien que je ne regrette pas de l'avoir faite. Car je ne peux pas nier la sincérité et la nécessité qui m'ont poussé à représenter le corps et leur symbole principal, le sexe [mais] je ne pourrais plus faire des films comme *La Trilogie de la vie* parce que désormais, je hais les corps et les organes sexuels. »[45] Cependant, même si le texte de l'abjuration laisse entendre une rupture complète dans l'œuvre de Pasolini, force est de constater, lorsqu'on s'y attarde de plus près, que déjà le rapport érotique et joyeux à la vie et au corps s'était transformé au fil de la *Trilogie de la vie*, notamment dans les « déprimants et funèbres *Contes de Canterbury* »[46] qui furent — sans réduire l'œuvre de Pasolini à sa dimension biographique — inextricablement liés à sa rupture avec Ninetto.

Sade s'impose mais il n'est en rien un accident de parcours. *Salò* s'inscrit en continuité et non en rupture avec ce que Pasolini édifiait depuis plusieurs années. Pensons aussi à *Porcherie* (film réalisé en 1969),[47] où on voyait poindre déjà sa haine des corps marchandises,

43 Joubert-Laurencin, « Le Pasolini des derniers temps dans le 'maintenant' de sa lisibilité », p. 86.

44 Pasolini, *Lettres luthériennes*, p. 87.

45 *Ibid.*, p. 81 ; 83.

46 Joubert-Laurencin, « Le Pasolini des derniers temps dans le "maintenant" de sa lisibilité ». Voir aussi là-dessus Pier Paolo Pasolini, *Le Dada du sonnet*, trad. Hervé Joubert-Laurencin (Besançon : Les Solitaires intempestifs, 2005).

47 Dans un auto-entretien publié le 25 mars 1975 dans *Il Corriere della sera* Pasolini demande si le film *Salò* a des précédents dans son œuvre. Il répond : « Oui. Je vous

tout comme sa colère contre toute logique transgressive détournée au bénéfice des nouvelles alliances capitalistes (entre les vieux et les nouveaux fascistes/nazis).[48] On retrouve aussi cela dans *Salò*.

> [Dans *Salò*], le sexe est encore utilisé, mais au lieu d'être utilisé comme dans la 'Trilogie de la vie', comme quelque chose de joyeux, de beau, de perdu, il est utilisé comme quelque chose de terrible [...]. Ce qu'a brutalement fait Hitler, c'est-à-dire en tuant, en détruisant les corps, la civilisation de la consommation l'a fait sur le plan culturel, mais en réalité, c'est la même chose.[49]

Pasolini enfantera avec *Les Cent Vingt Journée de Sodome* une hydre à deux têtes, *Salò* et *Pétrole*. Pour son roman *Pétrole*, débuté en 1972 et publié à titre posthume, Pasolini dira avoir usé du roman de Sade en filigrane de la trame narrative.[50] Sade lui aurait inspiré la technique de l'énumération,[51] technique qui sera reprise aussi dans *Salò*. Puis *Pétrole*, comme *Les Cent Vingt Journées de Sodome* d'ailleurs, se caractérisent par leur inachèvement — un inachèvement pensé et achevé comme tel, puisque Sade aurait eu tout le loisir de l'automne 1785 à juillet 1789 de retoucher le manuscrit.[52] Bref, il faut lire/voir *Pétrole* et *Salò* ensemble. Ces deux œuvres où s'entrecroisent merde et fascisme se complètent. On se souvient de cette citation dans *Pétrole* : « Les véritables fascistes étaient maintenant, en réalité, les antifascistes au pouvoir. »[53] Ces

---

rappelle *Porcherie*. Je vous rappelle également *Orgie*, œuvre théâtrale dont j'ai moi-même assuré la mise en scène (à Turin, en 1968) » (Naldini, *Pier Paolo Pasolini*, p. 387). Voir aussi Pier Paolo Pasolini, *Polémique Politique Pouvoir*, p. 167.

48 Voir là-dessus Julie Paquette, « La question du refus face au pouvoir intégrateur, Pasolini et le poète déterré par les porcs à l'ère du fascisme de la société de consommation, *De(s)générations* (2024), p. 119–27.

49 Pier Paolo Pasolini cité dans Naldini, *Pier Paolo Pasolini*, p. 401.

50 Chiesi, « Salò ou les 120 journées de Sodome », p. 370. Pasolini nommera textuellement Sade à deux reprises dans *Pétrole*. Il écrit que « Sade [lui] enseigne qu'il ne faut pas trop exiger du lecteur », et plus loin : « Et moi, comme le marquis de Sade, je pense que 'le lecteur a le droit de se fâcher quand il s'aperçoit que l'on veut trop exiger de lui...' c'est pour cela que je lui ai généreusement posé le dilemme en des termes presque élémentaires ». Voir Pier Paolo Pasolini, *Pétrole*, trad. René de Ceccatty (Paris : Gallimard, 2006), p. 124 ; 479.

51 Énumération qui obsédait complètement l'embastillé qui écrivait par exemple, dans une lettre à sa femme : « Aujourd'hui jeudi 14 décembre 1780, le 1400e jour, de la 200e semaine et l'échéance du 46e mois que nous sommes séparés, ayant reçu de toi soixante et huit provisions de quinzaines et cent lettres, et celle-ci étant de moi la 114e », cité dans Lebrun, *Soudain un bloc d'abîme Sade*, p. 44.

52 *Ibid.*, p. 42–43.

53 Pasolini, *Pétrole*, p. 531.

mêmes propos sont repris dans *Salò* : « Nous, les fascistes, sommes les véritables anarchistes, une fois que nous nous sommes emparés du pouvoir bien sûr » et marquent chez Pasolini une manière de condamner le fascisme qui se présente sous le visage trompeur de l'antifascisme, qu'il associe aussi parfois à la fausse tolérance.

On a écrit qu'il y avait dans *Salò* un esprit carnavalesque. On cite alors — de concert avec Mikhaïl Bakhtine que Pasolini mobilise par ailleurs dans *l'Expérience hérétique* — les corps grotesques, l'humour scabreux et les amas de merde et d'urine comme autant d'exemples qui attesteraient du rire subversif de Pasolini.[54] Il y a du rire dans *Salò* il est vrai, mais c'est un rire de l'entre-soi entre puissants, un rire destiné exclusivement aux dominants. Nous sommes à des lieux d'un Rabelais et, même si Hélène Surgère affirma en 2002 que le tournage fut plutôt « juvénile et joyeux », force nous est de constater que le film qui en émane a plus à voir avec ce que montre à la caméra un Pierre Falardeau dans l'incisif court-métrage documentaire *Le Temps des bouffons* (1985) : c'est-à-dire un moment de rencontre entre les notables de la bourgeoisie coloniale où le carnaval s'opère sans renversement aucun, où tout est à l'endroit, « les maîtres jouent le rôle des maîtres, les esclaves restent les esclaves, chacun à sa place ».[55] L'anarchie qui se dégage dans *Salò* n'a rien d'une commune insurrectionnelle, ni d'un instant de liberté où tout devient possible, elle est plutôt l'anarchie au pouvoir des *Caligula* et des *Héliogabale* de ce monde : « En donnant corps à une *anarchie du* pouvoir, le film désigne la permanence d'un état d'exception, où les élites conquièrent la liberté de transgresser les lois auxquelles l'ensemble du corps social s'avère assujetti. »[56] C'est bien en cela aussi que l'univers de *Salò* est sadique et non sadomasochiste comme l'est *Portier de nuit* de Liliana Cavani par exemple.[57] Il n'y a pas d'ambiguïté, pas d'inversion des rôles, pas de manipulation des bourreaux de la part des victimes, pas non plus d'esthétisation complaisante

54 Marco Antonio Bazzocchi, *Esposizioni Pasolini, Foucault e l'esercizio della verità* (Bologne : il Mulino, 2017), p. 101–03.

55 *Le Temps des bouffons*, réalisé par Pierre Falardeau (1985).

56 Marion, *Sade et ses lecteurs*, p. 252.

57 Anne-Violaine Houcke, « SM chez les S.S. critique du *Portier de nuit* de Liliana Cavani », *Critikat*, 2 (octobre 2012) <https://www.critikat.com/actualite-cine/critique/portier-de-nuit/> [consulté le 3 mars 2025].

des nazis. Ajoutons à cela qu'il y a une impossibilité complète de la « transmutation souffrance/jouissance chez le spectateur [qui subit] l'apathie sadienne ».[58] La structure de *Salò* est tout sauf dialectique, elle empêche tout mouvement. Sa « perfection formelle [est] glacée »,[59] elle déploie une « structure de cyclone pétrifiée »[60] dira-t-on, reprenant l'expression de Lebrun au sujet du roman de Sade. Dans une conversation avec Bachmann Pasolini formula d'ailleurs : « Formally I want this film to be like a crystal, and not magmatic, chaotic, inventive and out-of-proportion like my previous ones. It is all perfectly calculated. »[61] Et rien de mieux pour rendre justice à ce cristal que l'écriture de Sade « détachée du magma du monde et de la passion ».[62]

Salò sera reçu de manière équivoque. Si l'on s'arrête seulement sur les critiques qui renvoient à Sade, il est possible de les rassembler au compte de trois. On dira que Pasolini déforme Sade ; qu'on ne peut pas porter Sade à l'écran et que Sade n'est pas un nazi. S'agissant de la première critique, on lira Barthes par exemple qui dira qu'« en restant fidèle à la lettre » des scènes sadiennes, Pasolini en vient à déformer l'objet-Sade ; assertion pour le moins surprenante puisque Pasolini n'est précisément pas resté fidèle à la lettre de Sade, il s'est permis une certaine libéralité par rapport au texte. Il a non seulement déplacé le contexte de l'action, mais il a aussi notamment ajouté des extraits de commentateurs de Sade dont Klossovski et Barthes tout comme de la poésie d'Erza Pound, il a modifié le final en insérant l'ambivalente figure de Marguerite lorsque dansent les deux miliciens, fait jouer Dante avec Sade en misant sur le motif circulaire (multiple de 3), plutôt que sur le carré sadien (multiple de 4), et ce ne sont là que

58 Véronique Taquin, « Pathos et sacralité chez Pasolini. D'*Accattone* à *Salo ou les 120 journées de Sodome* », *Chroniques italiennes web*, 12 (avril 2007), p. 1–30 (p. 27). Fait intéressant, dans *La Dialectique de la raison*, Adorno et Horkheimer nous rappellent que chez Kant, « l'apathie [considérée comme une force] est un présupposé indispensable de la vertu », suggérant que Sade opère, par l'apathie de ses personnages, une sorte de destitution des Lumières. Max Horkheimer et Theodor W. Adorno, « Digression II : Juliette, ou la raison morale », dans Horkheimer et Adorno, *La Dialectique de la raison* (Paris : Gallimard, 1974), p. 127–78 (p. 147).

59 Chiesi, « Salò ou les 120 journées de Sodome », p. 371.

60 Lebrun, *Soudain un bloc d'abîme Sade*, p. 43.

61 Bachmann et Pasolini, « Pasolini on de Sade », p. 39–45. Voir aussi : Pasolini, *Polémique Pouvoir Politique*, p. 146–47 ; 164

62 Pasolini, *Descriptions de descriptions*, p. 181.

quelques exemples parmi d'autres. Impossible de soutenir que Pasolini est resté fidèle à la lettre, mais à l'esprit oui, peut-être. Loin de nous l'idée d'être d'accord avec Barthes qui prétend que Pasolini a déformé l'objet-Sade, bien au contraire. Plutôt, il semble avoir été fidèle dans la trahison, lui qui suggérait que Sade lui-même s'était inspiré de Dante pour *Les Cent Vingt Journées de Sodome.*[63] Pasolini a utilisé Sade au plus près, en le mobilisant pour mettre en scène à nouveau frais ce que Sade faisait déjà deux cents ans plus tôt : destituer de son socle tout ce qui avait prétention à l'absolu. Sans « forcer l'œuvre de Sade », il l'a plutôt conduit à ses conclusions, élargissant son analyse en substituant à la notion de « Dieu », celle de « pouvoir ».[64] Un bel hommage si vous voulez mon avis.

Ensuite on dira, on ne peut porter Sade à l'écran :[65]

> Je crois qu'il n'y a rien de plus allergique au cinéma que l'œuvre de Sade [soutient Foucault]. Parmi les nombreuses raisons, d'abord celle-ci : la méticulosité, le rituel, la forme de cérémonie rigoureuse que prennent toutes les scènes de Sade, excluent tout ce qui pourrait être du jeu supplémentaire de la caméra. La moindre addition, la moindre suppression, le plus petit ornement sont insupportables. Pas de fantasme ouvert, mais une réglementation soigneusement programmée. Dès que quelque chose manque ou vient en surimpression, tout est loupé. Pas de place pour une image.[66]

Il est intéressant de souligner que c'est précisément cette « méticulosité » et cette « forme de cérémonie rigoureuse » qui a attiré Pasolini dans l'antre de Sade comme il le mentionne lui-même dans le projet *Pétrole* ; le roman ayant été publié de manière posthume, il est possible de se demander si sa lecture aurait pu influencer Foucault et modifier son constat, mais nous sommes ici dans le domaine de la supposition. Revenons à Foucault puisque si on lit attentivement sa critique, on ne peut s'empêcher de remarquer qu'il est davantage embêté par *Portier*

63 « Il n'est pas dit que Sade n'ait pas tenu compte également de la *Divine Comédie* : de sa « forme » pyramidale, construite par brefs blocs narratifs » (Pasolini, *Descriptions de descriptions*, p. 182).

64 Pasolini, *Polémique Politique Pouvoir*, p. 137–38.

65 Voir là-dessus Jacques Zimmer, *Sade et le cinéma* (Paris : La Musardine, 2010) et Alberto Brodesco, *Sade et le cinéma, Regard, corps, violence* (Aix-en-Provence : Rouge profond, 2020).

66 Foucault, « Sade, sergent du sexe », p. 1686.

de nuit que par *Salò*. En effet, l'entretien mené par Gérard Dupont pour *Cinématographe* débute par un amalgame entre ces deux films, susceptible de nous conduire sur une fausse piste. Lorsque Foucault affirme « Ce qui m'ennuie, c'est qu'on utilise dans les films récents un certain nombre d'éléments qui ressuscitent à travers le thème du nazisme un érotisme de type disciplinaire »,[67] on sait qu'il pense au film de Cavani puisqu'il est impossible de voir de l'érotisme dans *Salò*. D'ailleurs, ses propos rappellent directement l'entretien qu'il avait accordé aux Cahiers du cinéma quelques mois auparavant sur le thème de l' « Anti-Rétro » où il était question de *Portier de nuit*.[68] Puis, lorsque Foucault ajoute au sujet de Sade que « c'est un disciplinaire, un sergent du sexe, un agent comptable des culs et de leurs équivalents »[69] on ne peut tirer là aucune autre conclusion que celle d'une grande parenté entre les lectures de Sade que proposent Foucault et Pasolini.[70]

Finalement on dira : Sade n'est pas un nazi. On parlera alors d'une « grossière analogie (entre le fascisme et le sadisme) ».[71] Citons ici Lebrun, qui n'a d'ailleurs pas particulièrement aimé le projet *Salò*, elle qui condamnait l'« intérêt tapageur » que l'on prêtait à ce « gigantesque contresens cinématographique ». Elle affirmait : « Pasolini en est arrivé à la falsification pure et simple, dès lors qu'il n'a pas hésité à plaquer une interprétation idéologique — je parle de sa transposition à l'époque fasciste — sur un texte dont la puissance définitive est de se situer en deçà de toute référence idéologique. »[72] Il est intéressant de voir ici Lebrun qui cherche à soustraire Sade à toute référence idéologique possible. On la comprend, elle pour qui « la radicalité et la nouveauté de l'œuvre sadienne résid[ai]ent [précisément] [...] dans une 'technique de nettoyage idéologique' ».[73] Mais ce que permet Sade pour Pasolini va bien au-delà d'une référence idéologique précise

67 *Ibid.* p. 1689.

68 Michel Foucault, « Entretien avec Michel Foucault », *Cahiers du cinéma* (juillet–août 1974), p. 5–18.

69 *Ibid.* p. 1690.

70 Qui plus est, comme le relève Joubert-Laurencin dans *Le Grand Chant. Pasolini, poète et cinéaste* (Paris : Macula, 2022), p. 777, note 109 : on peut douter, aux vues des réponses qu'il donne et du fait que le film n'avait été projeté qu'une fois en salle à Paris le 22 novembre 1975, que Foucault avait vu *Salò* avant de faire l'entrevue.

71 Barthes, « Sade – Pasolini », p. 944.

72 Lebrun, *On n'enchaîne pas les volcans*, p. 80.

73 Fauskevåg, *Sade ou la tentation totalitaire*, p. 8.

puisque c'est chez Sade que Pasolini trouve ce qui lui permet d'éviter de feindre de croire que le nazisme était d'un seul temps et d'un seul pays. Sade permet, et nous reprenons ici précisément les mots de Lebrun, de faire « apparaître l'inconcevable inhumanité qui est en nous », ce qui n'est pas sans rappeler cette dernière phrase qui clôt *Nuit et brouillard* « ces nouveaux bourreaux, ont-ils vraiment un autre visage que nous ? »[74] Le propre de *Salò* n'est-il pas précisément de nous faire voir que le fascisme va au-delà de la référence idéologique, qu'il est une « disposition de l'esprit »[75] pour reprendre une expression chère aux surréalistes. Que ses résonnances se font entendre aussi chez ceux qui prônent la libération des corps sans songer à la manière dont elle se déploie parfois sous l'égide du pouvoir et du capital, ce que Foucault nomme « le fascisme qui est en nous tous, qui hante nos esprits et nos conduites quotidiennes, le fascisme qui nous fait aimer le pouvoir, désirer cette chose même qui nous exploite ».[76]

C'est peut-être étonnamment chez un jésuite québécois, Marc Gervais,[77] que l'on retrouve l'une des lectures les plus généreuses de *Salò* au moment de sa sortie. Notons que ce dernier n'avait pas particulièrement apprécié la *Trilogie de la vie* qu'il qualifiait « d'objet de consommation » où « le goût de la mort et de la pourriture » pénétrait malgré une aspiration à une certaine « joie et innocence », comme si Gervais avait déjà appréhendé, dès la sortie de la *Trilogie*, l'abjuration à venir. Gervais écrit qu'avec *Salò* :

> Pasolini redevient un cinéaste important. Et comme jamais auparavant, un cinéaste maudit [...] « Salò » n'est pas un film pornographique, ni sadique. [...] On n'a qu'à étudier les réactions de la foule : aucun 'trip' pour les voyeurs [...]. Pour moi, c'est le dernier cri (artistique) d'un cinéaste au bord de l'abîme. Plus de dialectique, plus de lutte, seulement le cri de désespoir devant cette condition humaine devenue intolérable.[78]

---

74 À ce propos, rappelons les mots de Jean-Claude Biette qui disait : « *Nuit et brouillard* et *Salò* sont les deux films que devrait voir tout spectateur qui aspire à devenir citoyen ».

75 André Breton, *Manifestes du surréalisme* (Paris : Gallimard, 2023), p. 75.

76 Michel Foucault, « "Préface" à la traduction américaine de l'anti-œdipe (1977) », dans Foucault, *Dits et écrits*, 2 vol. (Paris : Gallimard, 2001), II : *1976–1988*, p. 133–36.

77 Marc Gervais est le premier biographe de Pasolini en langue française : *Pier Paolo Pasolini* (Paris : Seghers, 1973) ; il était aussi président du jury de l'Office catholique international du cinéma lorsque Pasolini reçut son prix pour *Théorème* (1968).

78 Marc Gervais, « Pier Paolo Pasolini, le dernier cri d'un cinéaste au bord de l'abîme », *Cinéma Québec*, 43 (1976), p. 8–11.

Gervais saisit bien l'absence de dialectique possible mentionnée plus tôt dans ce chapitre, il écrit aussi en toute lettre que *Salò* n'est pas un film pornographique, encore moins sadomasochiste. Joubert-Laurencin me faisait remarquer ce fait étonnant que Gervais retrouve-là, dans *Salò*, le cri final du film pour lequel il avait décerné le prix de l'OCIC : le cri dans le désert du père qui est à la fois Grand refus et souffle de vie. Gervais nous ramène à l'essentiel : le désespoir d'un Pasolini qui ne tolère plus cette société de fausse tolérance. Pasolini est au bord de l'abîme. Certes, nous avons maintes fois ailleurs démontré que son désespoir était plein d'espérance, que Pasolini avait d'autres projets en cours, mais *Salò* s'imposait comme un passage obligé, un cri cruel déchirant la « normalité »,[79] un « bloc d'abîme [pour reprendre l'expression de Lebrun au sujet du roman *Les Cent Vingt Journées de Sodome*] déchirant définitivement l'horizon des Lumières ».[80]

CONCLUSION : AVEC TOI, CONTRE TOI SADE

Nous l'avons déjà dit, Pasolini décrit Sade comme « un provocateur merveilleux qui, à travers les Lumières rationnelles, a désacralisé non seulement ce que les Lumières désacralisaient, mais les Lumières elles-mêmes à travers l'usage aberrant et monstrueux de leur rationalité ».[81] Il y a quelque chose ici de vraiment poignant quand on replace cette citation dans le contexte du cinéma pasolinien, notamment si l'on repense à *Médée* (1969) où Pasolini opposait l'archaïsme de ce personnage mythique au rationalisme monstrueux de Jason, Pasolini prenant résolument le parti de la première qui sacrifie ses enfants pour leur épargner un monde plus terrible que la mort. Mais plus encore, puisque la presqu'entièreté du cinéma de Pasolini peut se lire sous le signe de la recherche de l'archaïque, du sauvage, de ce qui vient d'un monde d'avant, un monde qui n'a pas encore été corrompu par la rationalité instrumentale petite-bourgeoise : l'univers des *borgate*, la figure de Cassandre en Afrique, la joie et l'innocence des *Mille et une nuits*, bref toutes ces lucioles qui, même si elles sont en voie de disparition,

---

79 Pier Paolo Pasolini, *La Rage*, trad. Patrizia Atzei et Benoît Casas (Caen : Nous, 2014), p. 15.

80 Lebrun, *On n'enchaîne pas les volcans*, p. 79.

81 Pasolini, *Descriptions de descriptions*, p. 183.

nous donnent raison d'espérer encore. Tout se passe comme si, à force d'avoir trop tiré sur le frein d'urgence d'un train nommé progrès,[82] *la force des choses* avait conduit Pasolini, l'instant d'un film : *Salò*, l'instant d'un livre : *Pétrole*, à modifier (abjurer) radicalement son approche ; et qu'il n'a pas trouvé meilleur allié pour balancer à la face du monde la vérité des dérives de la modernité, que le marquis de Sade. Sade qui était, selon les mots de Lebrun elle-même « la plus implacable critique de la scène des Lumières ».[83]

N'est-il pas intéressant de souligner ici la parenté de lecture entre Pasolini et Lebrun, elle qui avait tant détesté le film. Qu'est-ce qui a fait blocage ici, où se situe l'impasse ? Comment interpréter le fait que Lebrun n'ait pas vu dans le *Salò* de Pasolini un compagnon de route ? Au test de Rorschach, devant le texte de Sade, les interprétations qu'en donnent Lebrun et Pasolini ont de nombreux traits communs. Mais là où Lebrun affirme de concert avec les surréalistes que « Sade est surréaliste dans le sadisme »,[84] suggérant une adhésion à la figure du Marquis, Pasolini n'adopte Sade que pour mieux s'en dissocier par la suite. S'il adresse le film « à un autre [lui]-même »[85] c'est un lui-même en miroir à la manière des deux Carlos de *Pétrole* et dont l'un représente la face détestée, mais bien réelle (la possibilité du fascisme), qu'il importe de combattre. Il semble aussi y avoir quelque chose dans le désintéressement surréaliste[86] qui ne colle pas à Pasolini. L'amour de Pasolini pour la vie, sa radicale hérésie, l'empêche (le sauve) d'être récupéré par les surréalistes pour qui « la fidélité sans défaillance aux engagements du surréalisme suppos[ait] un désintéressement ».[87] Là a où les surréalistes voient en Sade un miroir renvoyant leurs propres désirs de liberté, Pasolini y voit plutôt une fenêtre sur le monde.

C'est peut-être avec *Salò* que Pasolini dialogue le plus avec la France (il y dialogue non seulement avec Sade, mais avec toute une génération de lecteurs) ; mais c'est un dialogue qui achoppe par mo-

82 Michael Löwy, *Walter Benjamin : avertissement d'incendie, une lecture des thèses "Sur le concept d'histoire"* (Paris : Éditions de l'Éclat, 2018).

83 Lebrun, *On n'enchaîne pas les volcans*, p. 73.

84 Breton, *Manifestes du surréalisme*, p. 37.

85 Pasolini, *Polémique Politique Pouvoir*, p. 161.

86 *Ibid.*, p. 36.

87 *Ibid.*, p. 78.

ments. Peut-être y-a-t-il quelque chose dans l'athéisme radical que l'on retrouve en France qui pourrait agir ici comme une clef d'interprétation de l'impasse… Sade disait que l'idée de Dieu était le seul tort qu'il ne pouvait pardonner à l'homme, Pasolini pour sa part, ne blâmera jamais l'humain en soi mais plutôt les institutions, les bourgeois, les collaborateurs du système. Aux survivances, il pardonne aisément, il se fait amour du peuple malgré ses déceptions infinies.[88] Pasolini espèrera jusqu'à la fin. Sade est davantage un compagnon de passage. *Salò* n'est pas la fin, mais un arrêt obligé, un arrêt sur lequel malheureusement le montage de sa vie se sera « accompli ».[89]

---

88 Si « quelqu'un proteste de toutes ses forces […] contre la régression et la dégradation, cela veut dire qu'il aime ces hommes-là, en chair et en os. Un amour que j'ai le malheur d'éprouver » (Pier Paolo Pasolini, *Lettres Luthériennes*, p. 34).

89 « La mort accomplit un fulgurant montage de notre vie », Pier Paolo Pasolini, « Observations sur le plan-séquence », dans Pasolini, *L'Expérience hérétique* (Paris : Payot, 1976), p. 88–92 (p. 92).

Références

BIBLIOGRAPHIE

Aboukir, Dominique, « *Edipo Re* », *Cahiers du cinéma*, 206 (1968), p. 63–64
Agamben, Giorgio, *Ninfe* (Turin : Bollati Boringhieri, 2007)
Agosti, Stefano, *La parola fuori di sé. Scritti su Pasolini* (Lecce : Manni, 2004)
Allouache, Ferroudja, « Naissance et résistance d'une revue : *Présence africaine* », *Continents manuscrits*, 9 (2017) <https://doi.org/10.4000/coma.950>
Arecco, Sergio, *Pier Paolo Pasolini* (Rome : Partisan, 1972)
Auerbach, Erich *Mimésis, la représentation de la réalité dans la littérature occidentale*, trad. Cornelius Heim (Paris : Gallimard, 1968)
Bachmann, Gideon, « Pasolini and the Marquis de Sade », *Sight and Sound*, 45.1 (hiver 1975–1976), p. 50–54
Bachmann, Gideon, et Pier Paolo Pasolini, « Pasolini on de Sade : An Interview during the Filming of *The 120 Days of Sodom* », *Film Quarterly*, 29.2 (Winter 1975–76), p. 39–45 <https://doi.org/10.2307/1211747>
Baecque, Antoine de, *Les Cahiers du cinéma. Histoire d'une revue*, 2 vol. (Paris : Édition des Cahiers du cinéma, 1992)
Barthes, Roland, *La camera chiara* [1980], trad. Renzo Guidieri (Turin : Einaudi, 1980)
—— « Il discorso della storia » [1967], dans Barthes, *Saggi critici*, IV : *Il brusio della lingua* (1988), trad. Bruno Bellotto, p. 137–49
—— *Dove lei non è. Diario di lutto*, éd Nathalie Léger, trad. Valerio Magrelli (Turin : Einaudi, 2010)
—— *Elementi semiologia* (Turin : Einaudi, 1966)
—— *Fragments d'un discours amoureux* [1977], dans Barthes, *Œuvres complètes*, V, p. 33–377
—— *Leçon*, dans Barthes, *Œuvres complètes*, dir. Eric Marty, 5 vol. (Paris : Seuil, 2002), V, p. 427–48
—— « Lezione » [1978], trad. Renzo Guidieri, dans *Sade, Fourier, Loyola seguito da Lezione* (Turin : Einaudi, 2001), p. 173–195
—— *Michelet* [1954], trad. Glauco Viazzi (Naples : Guida, 1973)
—— *Le Neutre : Cours au Collège de France (1977–78)*, éd. Thomas Clerc (Paris : Seuil/IMEC, 2002)
—— *Il Neutro. Corso al Collège de France 1977–1978* [2002], éd. Thomas Clerc, trad. Augusto Ponzio (Milan-Udine : Mimesis, 2022)
—— *Œuvres complètes*, dir. Éric Marty, 5 vol. (Paris : Seuil, 2002)

—— « On échoue toujours à parler de ce qu'on aime » [1980], dans Barthes, *Œuvres complètes*, dir. Éric Marty, 5 vol. (Paris : Seuil, 2002), v, p. 906–14

—— *La Préparation du roman. Cours au Collège de France (1978–1979 et 1979–1980)* (Paris : Seuil, 2015)

—— *La preparazione del romanzo*, trad. Emiliana Galiani et Julia Ponzio (Milan-Udine : Mimesis, 2010)

—— « Retorica dell'immagine » [1964], trad. Giovanni Bottiroli, dans Barthes *Saggi critici*, III : *L'ovvio e l'ottuso* (1985), p. 22–41

—— *Roland Barthes par Roland Barthes* (Paris : Seuil, 1975)

—— « Sade – Pasolini » [1976], dans Barthes, *Sul cinema*, éd. Sergio Toffetti (Gênes : il melangolo, 1994), p. 158–60

—— « Sade – Pasolini » [1976], dans Barthes, *Œuvres complètes*, dir. Eric Marty, 5 vol. (Paris : Seuil, 2002), IV : *Livres, textes et entretiens, 1972–76*, p. 944–46

—— *Sade, Fourier, Loyola* (Paris : Seuil, 1971)

—— *Saggi critici*, 4 vol. (Turin : Einaudi, 1966–88)

—— « Scrittori e scriventi » [1960], dans Barthes, *Saggi critici*, I, trad. Lidia Lonzi (1966), p. 120–28

—— *Sul cinema. Significazione e « unità traumatiche »*, éd. Liborio Termine (Florence : Vallecchi, 1995)

—— « Il terzo senso. Note di ricerca su alcuni fotogrammi di Ejzenstejn », trad. Giovanni Bottiroli, dans Barthes *Saggi critici*, III : *L'ovvio e l'ottuso* (1985), p. 42–61

Bassoli, Vincenzo, « Il Vangelo secondo Matteo », *Quaderni di cultura*, 2.7 (1966), p. 3–17

Bazzocchi, Marco Antonio, *Alfabeto Pasolini* (Rome : Carocci, 2022)

—— *Esposizioni. Pasolini, Foucault e l'esercizio della verità* (Bologne : il Mulino, 2017)

—— *I burattini filosofi* (Milan : Bruno Mondadori, 2007)

—— « Sopravvivere per ingiallire. Nota sul colore dell'ultimo Pasolini », dans *Vedere, Pasolini*, éd. Andrea Cortellessa et Silvia De Laude (Dueville : Ronzani, 2022), p. 307–25.

Bazzocchi, Marco Antonio, et Roberto Chiesi, éd., *Pasolini e Bologna. Gli anni della formazione e i ritorni* (Bologne : Cineteca, 2022)

Beauvoir, Simone de, *Faut-il brûler Sade ?* [1955] (Paris : Gallimard, 1972)

Benedetti, Carla, *Pasolini contro Calvino. Per una letteratura impura* (Turin : Bollati Boringhieri, 1998)

Benelli, Graziano, *La negritudine in Italia : A. Césaire, L.-G. Damas, L. S. Senghor : 1950–94* (Rome : Bulzoni, 1995)

Benjamin, Walter, « L'autore come produttore », dans Benjamin, *Aura e Choc. Saggi sulla teoria dei media*, éd. Andrea Pinotti et Antonio Somaini (Turin : Einaudi, 2012), p. 147–62

—— *I « passages » di Parigi*, trad. Giuseppe Russo, dans Benjamin, *Opere complete*, éd. Rolf Tiedemann et Enrico Ganni, 9 vol. (Turin : Einaudi, 2000–2008), IX (2000)

—— « Il narratore. Considerazioni sull'opera di Nicola Leskov » [1936], dans Benjamin, *Angelus Novus. Saggi e frammenti*, éd. Renato Solmi (Turin : Einaudi, 1963), p. 247–74

—— « Piccola storia della fotografia » [1931], dans Benjamin, *Aura e choc. Saggi sulla teoria dei media*, éd. Andrea Pinotti et Antonio Somaini (Turin : Einaudi, 2012), p. 225–44

Bergala, Alain, « Pasolini, pour un cinéma deux fois impur », *Cahiers du cinéma*, hors-série « Pasolini cinéaste » (1981), p. 7–10

Bernhard, Ernst, « Primi pensieri sistematici sull'entelechia », dans Bernhard, *Mitobiografia*, éd. Hélène Erba-Tissot (Milan : Adelphi, 1969), p. 20–33

Bertolucci, Bernardo et Jean-Louis Comolli, « Le Cinéma selon Pasolini. Entretien avec Pier Paolo Pasolini », *Cahiers du cinéma*, 169 (1965), p. 20–25 et 76–77

Betti, Laura, « Bisogna nuotare nel forse », entretien avec Roberto Chiesi, *Cineforum*, 7.437 (août–septembre 2004), p. 56–67

Biette, Jean-Claude, « Dix ans, près et loin de Pasolini », *Cahiers du cinéma*, hors-série « Pasolini cinéaste » (1981), p. 58.

—— « Les Fantômes du permanent (treize inédits) », *Cahiers du cinéma*, 309 (1980), p. 23–34

—— « Les oiseaux de Pasolini », *Cahiers du cinéma*, 174 (1965), p. 13

—— *Poétique des auteurs* (Paris : Éditions de l'étoile, 1988)

Binoche, Bertrand, *Sade ou l'institutionnalisation de l'écart* (Québec : Les Presses de l'Université Laval, 2007)

Binswanger, Ludwig, *Tre forme di esistenza mancata* (Milan : Bompiani, 2001)

Bo, Carlo, *Antologia di poeti negri* (Florence : Parenti, 1954)

Bonitzer, Pascal, « Calme bloc », dans Olivier Assayas et al., *Serge Daney* (Paris : Éditions des Cahiers du cinéma, 2005), p. 17–21

—— « Le Carré », *Cahiers du cinéma*, 211 (1969), p. 53

—— « *Mamma Roma* », *Cahiers du cinéma*, 265 (1976), p. 66

Bontemps, Jacques, « *Uccellacci e uccellini* », *Cahiers du cinéma*, 179 (1966), p. 46–47

Borges, Jorge Luis, « L'ultimo sorriso di Beatrice », dans Borges, *Nove saggi danteschi*, éd. Tommaso Scarano (Milan : Adelphi, 2001), p. 97–104

Brambilla, Cristina, « Temi del 2° Congresso Mondiale degli scrittori e artisti neri », *Africa*, 3 (mai–juin 1959), p. 122–24 <https://www.jstor.org/stable/40757061> [consulté le 10 janvier 2025]

Breton, André, *Manifestes du surréalisme* (Paris : Gallimard, 2023), p. 75

Briganti, Giuliano, *La maniera italiana* (Rome : Editori Riuniti)

Brisolin, Viola, *Power and Subjectivity in the Late Work of Roland Barthes and Pier Paolo Pasolini*, (Bern : Peter Lang, 2011) <https://doi.org/10.3726/978-3-0353-0149-6>

—— « Preparazione e progetto : esplorazioni romanzesche in Barthes e Pasolini », dans *Pasolini e la Francia*, éd. Ubaldo Fadini, numéro spécial de *Iride*, 3 (2018), p. 561–74

Brix, Michel, *Sade et les félons* (Jaignes : Chasse aux Snark, 2003)

Brodesco, Alberto, *Sade et le cinéma, Regard, corps, violence* (Aix-en-Provence : Rouge profond, 2020)

Brown, Norman O., *La vita contro la morte. Il significato psicanalitico della storia* (Milan : Adelphi, 2002)

Buttitta, Pietro A., « Intervista esclusiva all'*Avanti !* di Pier Paolo Pasolini », *Avanti !* (23 febbraio 1962), p. 3

Caddeo, Francesco, « The Impact in Italy of Sartre and his Thinking », dans *Sartre and the International Impact of Existentialism*, éd. Alfred Betschart et Juliane Werner (Londres : Palgrave Macmillan, 2020), p. 151–66 <https://doi.org/10.1007/978-3-030-38482-1_8>

Calabretto, Roberto, « La musica di Bach nel cinema di Pier Paolo Pasolini. Echi nella critica coeva », dans *Critica della musica per film. Un film, un regista, un compositore*, éd. Roberto Calabretto (Venise : Edizioni Fondazione Levi, 2021), p. 213–310

—— *Pasolini e la musica* (Pordenone : Cinemazero, 1999)

Casi, Stefano, « Gli autoritratti "fratelli" di Pasolini e Francis Bacon », dans *Album PPP. Appunti per una galleria da farsi*, éd. Marco A. Bazzocchi, Stefania Rimini et Maria Rizzarelli, numéro spécial de *Arabeschi*, 6 (2015), p. 26–28 <http://www.arabeschi.it/2-autoritratti-22-gli-autoritratti-fratelli-di-pasolini-e-francis-bacon-/> [consulté le 19 juin1 2025]

—— *I teatri di Pasolini* (Milan : Ubulibri, 2005)

Centanni, Monica, et Margherita Rubino, *Gassman, Pasolini e i filologi*, documentaire accessible dans *La Rivista di Engramma*, 49 (2006) <https://www.engramma.it/eOS/index.php?id_articolo=2576> [consulté le 15 mars 2024]

Cerisuelo, Marc, « Godard et la théorie : tu n'as rien vu à Pesaro », *Cinémaction*, 52 (1989), p. 192–98

Cervoni, Albert, « Le Festival de Pesaro », *Cinéma*, 108 (1966), p. 120–23

Ceserani, Remo, Treni di carta. L'immaginario in ferrovia. L'irruzione del treno nella letteratura moderna (Turin : Bollati Boringhieri, 2002)

Chateaubriand, François-René de, *Mémoires d'outre-tombe* (Lausanne : Rencontre, 1963)

Chianese, Francesco, *"Mio padre si sta facendo un individuo problematico" : padri e figli nell'ultimo Pasolini (1966–75)* (Milan-Udine : Mimesis, 2018)

Chiarcossi, Graziella, et Franco Zabagli, éd., *La biblioteca di Pier Paolo Pasolini* (Florence : Olschki, 2017)

Chiesi, Roberto, « Le ombre immobili. La fotografia nel cinema di Pasolini », dans *Vedere, Pasolini*, éd. Andrea Cortellessa et Silvia De Laude (Dueville : Ronzani, 2022), p. 167–83

—— « Salò ou les 120 journées de Sodome », dans *Tout sur Pasolini*, dir. Jean Gili, Roberto Chiesi, Silvana Cirillo et Piero Spila (Paris : Gremese, 2022), p. 369–375

Cirillo, Silvana, Claudio Crescentini et Federica Pirani, éd., *Pasolini pittore* (Milan : Silvana Editoriale, 2022)

Collet, Jean, « Le Blanc et le Noir », *Cahiers du cinéma*, 132 (1962), p. 44–47.

Cometa, Michele, *Mistici senza Dio. Teoria letteraria ed esperienza religiosa nel Novecento* (Palerme : Edizioni di passaggio, 2012)

Comolli, Jean-Louis, « *Teorema* », *Cahiers du cinéma*, 206 (1968), p. 34

—— « *Il Vangelo secondo Matteo* », *Cahiers du cinéma*, 159 (1964), p. 24–27

Comolli, Jean-Louis, Maurizio Ponzi, Adriano Aprà et Edoardo Bruno, « Quatre films inédits de Pasolini », *Cahiers du cinéma*, 169 (1965), p. 27–29

Cortellessa, Andrea, « L'incubo dei Novissimi », *il verri*, 83 (ottobre 2023), p. 89–96

—— « Intellettuali, Anni Zero », in Giancarlo Alfano et al., *Dove siamo ? Nuove posizioni della critica letteraria* (Palermo ::duepunti, 2011), p. 15–40

—— *Libri segreti. Autori-critici nel Novecento italiano* (Florence : Le Lettere, 2008)

—— *Morte e Trasfigurazione*, intervention au colloque *Pasolini antesignano* (Rome, Università « La Sapienza », Università Tor Vergata, Università Roma Tre, 18–20 janvier 2023)

—— « Romanzi per figure », dans *Vedere, Pasolini*, éd. Andrea Cortellessa et Silvia De Laude (Dueville : Ronzani, 2022), p. 327–64

Cournot, Michel, « Tonton Marx à Bethléem », *Le Nouvel Observateur*, 4 mars 1965

Daney, Serge, « Le Désert rose », *Cahiers du cinéma*, 212 (1969), p. 61–62

—— « Éloge d'Emma Thiers », *Cahiers du cinéma*, 285 (1978), p. 31–35

—— *L'Exercice a été profitable, Monsieur* (Paris : P.O.L, 1993)

—— « Les Films marquants de la décennie (1970–1980) », *Cahiers du cinéma*, 308 (1980), p. 45–46

—— « Fonction critique : histoire d'énoncer », *Cahiers du cinéma*, 250 (1974), p. 38–42

—— « Notes sur *Salò* », *Cahiers du cinéma*, 268–69 (1976), p. 102–03

—— « Le Thérrorisé (pédagogie godardienne) » [1976], dans Daney, *La Rampe* [1983] (Paris : Éditions des Cahiers du cinéma, 1996), p. 85–95

—— « Le Travelling de *Kapo* », dans Daney, *Persévérance* (Paris : P.O.L, 1994), p. 24

Daniele, Carluccio, « Barthes et Pasolini, détour et frontalité », *Po&sie*, 165–66 (2018), p. 175–88

De Laude, Silvia, « Pasolini e Proust. Su un sogno del 1946 e l'episodio del vespasiano della *Meglio gioventù*-romanzo », dans *Pier Paolo Pasolini. Figure, luoghi, dialoghi*, éd. Elisa Donzelli (Venise : Marsilio, 2024), p. 21–29

De Martino, Ernesto, « Intorno a una storia del mondo popolare subalterno », *Società*, 3 (1949), p. 411–35
de Nardis, Luigi, « Pietro Paolo Trompeo », *Belfagor*, 24/4 (1969), p. 435–45
Del Puppo, Alessandro, *Pasolini Warhol 1975* (Milan-Udine : Mimesis, 2019)
Delahaye, Michel, « Tout droit », *Cahiers du cinéma*, 159 (1964), p. 125–26
Deleuze, Gilles, *L'Image-mouvement* (Paris : Éditions de Minuit, 1983)
—— *L'Image-temps* (Paris : Éditions de Minuit, 1985)
—— *Lo strutturalismo*, éd. Simona Paolini (Milan : SE, 2004)
Deleuze, Gilles, et Félix Guattari, *Capitalisme et schizophrénie*, 2 vol. (Paris : Éditions de Minuit, 1972–80)
Delmas, Jean, « Cinéma nouveau à Hyères et Pesaro », *Jeune cinéma*, 16 (1966), p. 20–22
Delon, Michel, « Notice », dans Sade, *Les Cent Vingt Journées de Sodome* (Paris : Gallimard, 1990), p. 1127–28
Derrida, Jacques, « Le morti di Roland Barthes » [1981], dans Derrida, *Psyché. Invenzioni dell'altro* [1997], trad. Rodolfo Balzarotti, 2 vol. (Milan : Jaca Book, 2008–2009), I (2008), p. 307–42
—— *La Vérité en peinture* (Paris : Flammarion, 1978).
Desogus, Paolo, « Le cose e i segni. Per una semiotica dello stile indiretto libero nell'opera letteraria e cinematografica di Pier Paolo Pasolini » (thèse de doctorat sous la direction de Davide Luglio et Giovanni Manetti, Université de Sienne et Université Paris-Sorbonne, 2015), p. 165–246
—— « Lo scandalo della coscienza. Pasolini e il pensiero anti-dialettico », dans *Pasolini, Foucault e "il politico"*, éd. Raoul Kirchmayr (Venise : Marsilio, 2016), p. 83–96
Desogus, Paolo, Manuele Gragnolati, Christoph F. E. Holzhey et Davide Luglio, éd., *Pier Paolo Pasolini entre régression et échec*, numéro spécial de *La Rivista* 4 (2015)
Di Iorio, Sam, « The Woodcutter's Gaze : Luc Moullet and *Cahiers du cinéma* 1956–69 », *SubStance*, 34.3 (2005), p. 79–95
Didi-Huberman, Georges, *Survivance des lucioles* (Paris : Minuit, 2009)
Dolfi, Anna, éd., *Il 'tono' Proust. Dagli avantesti alla ricezione* (Firenze : Firenze University Press, 2022) <https://doi.org/10.36253/978-88-5518-643-8>
Donnarumma, Raffaele, « La poesia dopo la poesia : *Trasumanar e organizzar* di Pasolini », dans *Fra realtà e linguaggi nell'opera di Pasolini*, éd. Matteo Quinto et Matteo Cazzato, numéro special de *Autografo*, 61 (2019), p. 77–96
Dufour, Dany-Robert, *La Cité perverse, libéralisme et pornographie* (Paris : Denoël, 2009)
Eco, Umberto, « Qualche osservazione a mo' di conclusione », dans *Nel nome del senso : intorno all'opera di Umberto Eco*, éd. Jean Petitot et Paolo Fabbri (Milan : Sansoni, 2002), p. 615–35
—— *La struttura assente* (Milan : Bompiani, 1968)

Eisenschitz, Bernard, « *Amore e Rabbia* », *Cahiers du cinéma*, 222 (1970), p. 62

—— « *Teorema* », *Cahiers du cinéma*, 209 (1969), p. 63–64

Eisenschitz, Bernard, et Serge Daney, « *Porcile* », *Cahiers du cinéma*, 217 (1969), p. 64

Eizykman, Claudine, *La Jouissance Cinéma* (Paris : Union générale d'Éditions, 1975)

—— « Pensées en cinéma » (2005), dans Eizykman, *Le Film après coup*, p. 89–93

—— « Que sans discours apparaissent les films » [1973], dans Eizykman, *Le Film après-coup* (Saint-Denis : Presses Universitaires de Vincennes, 2019), p. 45–71 <https://doi.org/10.3917/puv.eizyk.2019.01>

Escobar, Roberto, « Pasolini : il passato e il futuro », *Quaderni medievali*, 2 (1977), p. 155–74

Eugène, Pierre, *Exercices de relecture : Serge Daney (1962–82)* (Paris : Éditions du Linteau, 2023), p. 114–16

Fanon, Frantz, « De la violence », dans Fanon, *Les Damnés de la terre* [1961] (Paris : La decouverte, 2002)

Fauskevâg, Svein-Eikik, *Sade dans le surréalisme* (Paris : Privat, 1982)

—— *Sade ou la tentation totalitaire, étude sur l'anthropologie littéraire dans « La Nouvelle Justine » et « L'Histoire de Juliette »* (Paris : Champion, 2001)

Fieschi, Jean-André, « *Edipo Re* », *Cahiers du cinéma*, 195 (1967), p. 28

Flaminia, Albertini, « "La rabbia" di Pasolini. Un film scritto, una poetica cinematografica », dans *Vedere, Pasolini*, éd. Andrea Cortellessa et Silvia De Laude (Dueville : Ronzani, 2022), p. 143–66

Fofi, Goffredo, « Pesaro 1966 », *Positif*, 79 (1966), p. 98–99

Fortini, Franco, *Attraverso Pasolini* (Turin : Einaudi, 1993)

—— « Lezione di crepuscolo » [1981], dans Fortini, *Insistenze. Cinquanta scritti 1976–1984* (Milan : Garzanti, 1985), p. 256–58

—— *Il Movimento Surrealista* (Milan : Garzanti, 1959)

Foucault, Michel, *Il coraggio della verità. Il governo di sé e degli altri* II (Milan : Feltrinelli, 2011)

—— « "Préface" à la traduction américaine de l'anti-œdipe (1977) », dans Foucault, *Dits et écrits*, 2 vol. (Paris : Gallimard, 2001), II : *1976–1988*, p. 133–36

—— « Sade, sergent du sexe »,dans Foucault, *Dits et écrits*, 2 vol. (Paris : Gallimard, 2001), I : *1954–75*, p. 1686–90

Freud, Sigmund, « Lutto e melanconia » [1915], dans Freud *Opere*, dir. Cesare L. Musatti, 11 vol. (Turin : Boringhieri, 1967–1979), VIII (1976), p. 102–18

Fusillo, Massimo, « Spettri di Pasolini… (su Teorema) », dans *Album PPP. Appunti per una galleria da farsi*, éd. Marco A. Bazzocchi, Stefania Rimini et Maria Rizzarelli, numéro spécial de *Arabeschi*, 6 (2015), p. 11–13 <http://www.arabeschi.it/1-in-forma-di--immagine-13-spettri/> [consulté le 19 juin1 2025]

Galli, Giorgio, *Pasolini, comunista dissidente. Attualità di un pensiero politico* (Milan : Kaos, 2015)

Gauthier, Guy, « Pesaro : premier festival du nuovo cinema », *Image et son*, 186 (1965), p. 52–55.

Genette, Gérard, *Figures*, 3 vol. (Paris : Seuil, 1966–72)

Gervais, Marc, « Pier Paolo Pasolini, le dernier cri d'un cinéaste au bord de l'abîme », *Cinéma Québec*, 43 (1976), p. 8–11

—— *Pier Paolo Pasolini* (Paris : Seghers, 1973)

Ginzburg, Carlo, « L'aspra verità », « L'âpre vérité, un défi de Stendhal aux historiens », trad. Martin Rueff, *Écrire l'histoire*, 4 (2009), p. 89–104

—— *Il formaggio e i vermi. Il cosmo di un mugnaio del '500* (Turin : Einaudi, 2009)

Giovanna Trento, *Pasolini e l'Africa. L'Africa di Pasolini. Panmeridionalismo e rappresentazioni dell'Africa postcoloniale* (Milan-Udine : Mimesis, 2010)

Gjergji, Iside, *« Uccidete Sartre ! ». Anticolonialismo e antirazzismo di un revenant. Con quattro scritti di Jean-Paul Sartre* (Vérone : ombre corte, 2018)

Godard, Jean-Luc, « Trois mille heures de cinéma », *Cahiers du cinéma*, 184 (1966), p. 47–48

Goldmann, Lucien, *Pour une sociologie du roman* (Paris : Gallimard, 1964)

Gragnolati, Manuele, « Analogy and Difference : Multistable Figures in Pier Paolo Pasolini's Appunti per un'Orestiade Africana », dans *The Scandal of Self-Contradiction : Pasolini's Multistable Subjectivities, Geographies, Traditions*, éd. Luca Di Blasi, Manuele Gragnolati et Christoph F. E. Holzhey (Vienne : Turia + Kant, 2012), p. 119–33

Gramsci, Antonio, *Quaderni del carcere* (Turin : Einaudi, 1975)

Greco, Giovanni, « Introduzione », dans Eschilo, *Orestea. Agamennone — Coefore — Eumenidi*, éd. Giovanni Greco (Milan : Feltrinelli, 2022), p. 7–39

Hénaff, Marcel, *L'Invention du corps libertin* (Paris : Presses Universitaires de France, 1978)

—— *Sade, l'invention du corps libertin* (Paris : Presses Universitaires de France, 1978)

Hentsch, Thierry, « Sade, la jouissance absolue », dans Hentsch, *Le Temps aboli* (Montréal : Presse de l'Université de Montréal, 2005), p. 103–25 <https://doi.org/10.1515/9782760624603-007>

Herczeg, Giulio, *Lo stile indiretto libero in italiano* (Florence : Sansoni, 1963)

Hjelmslev, Louis, « Per una semantica strutturale » [1957], dans *Saggi di linguistica generale*, éd. Massimo Prampolini (Parma : Pratiche, 1981), p. 127–46

Hofmannsthal, Hugo von, *Il libro degli amici* [1922], trad. Gabriella Bemporad (Milan : Adelphi, 1980)

Horkheimer, Max, et Theodor W. Adorno, *Dialettica dell'illuminismo*, trad. Renato Solmi (Turin : Einaudi, 1997)

—— « Digression II : Juliette, ou la raison morale », dans Horkheimer et Adorno, *La Dialectique de la raison* (Paris : Gallimard, 1974), p. 127–78

Houcke, Anne-Violaine, *L'Antiquité n'a jamais existé. Fellini et Pasolini archéologues* (Rennes : Presses Universitaires, 2023)

—— « Saint François selon Pasolini. La prédication des oiseaux : une fable révolutionnaire », *Double Jeu*, 13 (2016), p. 73–99 <https://doi.org/10.4000/doublejeu.339>

—— « SM chez les S.S. critique du *Portier de nuit* de Liliana Cavani », *Critikat*, 2 (octobre 2012) <https://www.critikat.com/actualite-cine/critique/portier-de-nuit/> [consulté le 3 mars 2025]

Hubert, Juin, « Sade entier », *Europe*, 522 (octobre 1972), p. 10–15

Janouch, Gustav, *Conversazioni con Kafka* [1951–1968], trad. Maria Grazia Galli (Parme : Guanda, 1991)

Janover, Louis, *Lautréamont et les chants magnétiques* (Arles : Sulliver, 2002)

Joubert-Laurencin, Hervé, « 1965–75 Pier Paolo Pasolini : la divine théorie », *Cinémaction*, 60 (1991), p. 206–13

—— *Le Dernier Poète expressionniste : Écrits sur Pasolini* (Besançon : Les Solitaires Intempestifs, 2005)

—— *Le Grand Chant. Pasolini, poète et cinéaste* (Paris : Macula, 2022)

—— « Le Pasolini des derniers temps dans le 'maintenant' de sa lisibilité », *Pasolini cinéaste civil*, revue CiNéMAS, 27.1 (2016), p. 77–94

—— « Pasolini-Barthes : engagement et supension de sens », *Studi pasoliniani*, 1 (2007), p. 55–67

—— « Salò – Dante. Sur la forme *remake* chez Pasolini », *La Rivista di Engramma*, 189 (2022), p. 153–75 <https://doi.org/10.25432/1826-901X/2022.189.0013>

—— *Salò ou les 120 journées de Sodome* (Chatou : La Transparence, 2012)

—— *« Salò ou les 120 journées de Sodome » de Pier Paolo Pasolini* (Paris : Les édition de la transparence, 2012)

Jullier, Laurent, et Guillaume Soulez, « Stendhal au miroir », dans Jullier et Soulez, *Stendhal, le désir de cinéma, suivi des Privilèges du 10 avril 1840 de Stendhal* (Paris : Séguier, 2006), p. 21–39

Kané, Pascal, « Cinéma et histoire », *Cahiers du cinéma*, 254–255 (1974 – 1975), p. 77–83

Kirchmayr, Raoul, « Dire la verità : Pasolini e il posizionamento dell'intellettuale, tra Sartre, Foucault e Marcuse », *Syzetesis*, 10 (2023), p. 303–31

—— « Toward an Ethics of Singularity : Temporality, Irreversibility, and Need in the Dialogue between Jean-Paul Sartre and Enzo Paci », dans *Sartre and the International Impact of Existentialism*, éd. Alfred Betschart et Juliane Werner (Londres : Palgrave Macmillan, 2020), p. 167–84 <https://doi.org/10.1007/978-3-030-38482-1_9>

Kracauer, Sigfried, « La fotografia » [1927], dans *La massa come ornamento* [1963], trad. Maria Giovanna Amirante Pappalardo et Francesco Maione (Naples : Prismi, 1982), p. 120–26

Kunz, Fabien, « Intorno ai materiali di Casarsa. Dediche nelle prime opere di Pasolini (1941–55) », *Margini. Giornale della dedica e altro*, 4 (2010), p. 11–14

La Fontaine, Jean de, « Le Corbeau voulant imiter l'Aigle » [II, 16], dans La Fontaine, *Fables* (Paris : Librairie Générale Française, 2002), p. 103–04

Labarthe, André S., « La Boîte à surprises », *Cahiers du cinéma*, 124 (1961), p. 48.

—— « Entretien avec Gianvittorio Baldi », *Cahiers du cinéma*, 206 (1968), p. 27–29

Lancaster, Rosemary, *La Poésie éclatée de René Char* (Paris : Éditions Rodopi, 1994) <https://doi.org/10.1163/9789004650305>

Lavagetto, Mario, *Quel Marcel ! Frammenti dalla biografia di Proust* (Turin : Einaudi, 2011)

Lebrun, Annie, *On n'enchaîne pas les volcans* (Paris : Gallimard, 2006)

—— *Soudain un bloc d'abîme, Sade* (Paris : Jean-Jacques Pauvert, 1986)

Levergeois, Bertrand, *Pasolini. L'Alphabet du refus* (Paris : Éditions du félin, 2005)

Lévi-Strauss, Claude, *Antropologia strutturale*, trad. Paolo Caruso (Milan : Net, 2002)

—— *Le Totémisme aujourd'hui* (Paris : Presses Universitaires de France, 2002) <https://doi.org/10.3917/puf.strau.2002.01>

Löwy, Michael, *Walter Benjamin : avertissement d'incendie, une lecture des thèses "Sur le concept d'histoire"* (Paris : Éditions de l'Éclat, 2018) <https://doi.org/10.14375/NP.9782841626090>

Longhi, Roberto, « Ricordo dei manieristi » [1953], dans Longhi, *Da Cimabue a Morandi*, a cura di Gianfranco Contini (Milan : Mondadori, 1973), p. 727–34

Luglio, Davide, « Appunti allo specchio », dans *Album PPP. Appunti per una galleria da farsi*, éd. Marco A. Bazzocchi, Stefania Rimini et Maria Rizzarelli, numéro spécial de *Arabeschi*, 6 (2015) <http://www.arabeschi.it/2-autoritratti-26-appunti-allo-specchio-/> [consulté le 30 mai 2025]

—— « Le cose e le immagini. Dalla transustanziazione del segno alla polisemia della realtà », dans *Vedere, Pasolini*, éd. Andrea Cortellessa et Silvia De Laude (Dueville : Ronzani, 2022), p. 209–33

—— « Pasolini et la "vaccine" de Barthes », *Lo Sguardo*, 19 (2015), p. 165–73

—— « Pour une genèse littéraire de "l'esthétique de l'existence" : Pasolini, Barthes, Foucault », *Theory Now: Journal of Literature, Critique and Thought*, 3.1 (2020), p. 148–60

—— « La "semiologia della realtà" dans Pier Paolo Pasolini. Presupposti per una bioestetica », *Revue des études italiennes*, 1 (2023), p. 119–32

Macciocchi, Maria A., « Cristo e il marxismo », *L'Unità*, 22 dicembre 1964, p. 3

Maingueneau, Dominique, *L'Énonciation en linguistique française* (Paris : Hachette, 1999)

Manceaux, Michèle, « Rencontre avec P.P. Pasolini », *L'Express* (14 décembre 1961), p. 38

Maquet, Albert, « Pasolini et Stendhal », *Stendhal Club*, 109 (1985), p. 66

Marion, Dominic, « Sade au rituel : Jean Benoît et le corps mystique du surréalisme », dans Marion, *Sade et ses lecteurs. Une historiographie critique (XVIIIe – XXIIe siècle)* (Paris : Hermann, 2017), p. 265–74

Martín Gutiérrez, Silvia, « L'incontro fra Pier Paolo Pasolini e Man Ray », *Città Pasolini*, 15 novembre 2022 <https://www.cittapasolini.com/post/pier-paolo-pasolini-incontra-man-ray-fregene-agosto-1975> [consulté le 3 mars 2025]

Martin, Marcel, « Le "Nouveau Cinéma" à Pesaro », *Cinéma*, 98 (1965), p. 129–31

Marty, Éric, *Pourquoi le XXe siècle a-t-il pris Sade au sérieux ?* (Paris : Seuil, 2011)

Matte Blanco, Ignacio, *L'inconscio come insiemi infiniti : saggio sulla bi-logica*, éd. Pietro Bria (Turin : Einaudi, 2000)

Mauri, Fabio, *Scritti in mostra. L'avanguardia come zona 1958–2008*, éd. Francesca Alfano Miglietti (Milan : il Saggiatore, 2008)

Méjean, Jean-Max, « Sartre », dans *Tutto Pasolini*, éd. Roberto Chiesi et al. (Rome : Gremese, 2022), p. 362–65

Menduni, Enrico, « Sartre e Pasolini. Un incontro », *Studi Sartriani*, 12 (2018), p. 181–92

Messina, Davide, *Pasolini et son chant du signe. Écriture, cinéma, musique* (Paris : L'Harmattan, 2018)

Metz, Christian, « Le Cinéma moderne et la narrativité », *Cahiers du cinéma*, 185 (1966), p. 43–68

—— *Langage et cinéma* [1971] (Paris : Éditions Albatros, 1977)

Michalet, Judith, *Deleuze penseur de l'image* (Saint-Denis : Presses Universitaires de Vincennes, 2020)

Montale, Eugenio, « Ipotesi di Borges » [1963], dans Montale, *Il secondo mestiere. Prose 1929–1979*, éd. Giorgio Zampa, 2 vol. (Milan : Mondadori, 1996), II, p. 2605–07

—— *Satura*, éd. Riccardo Castellana (Milan : Mondadori, 2009)

—— « Tempo e tempi », dans Montale, *L'opera in versi*, éd. Rosanna Bettarini et Gianfranco Contini (Turin : Einaudi, 1980), p. 342

Morante, Elsa, « À P.P.P. Nulle part » [13 février 1976], trad. dans René de Ceccatty, *Elsa Morante. Une vie pour la littérature* (Paris : Tallandier, 2018), p. 323–25

Moullet, Luc, « De la nocivité du langage cinématographique, de son inutilité, ainsi que des moyens de lutter contre lui » [1966], dans Moullet, *Piges choisies (de Griffith à Ellroy)* (Nantes : Capricci, 2009), p. 235–41

Mozzati, Tommaso, « Picasso 1953. Pasolini, Longhi e l'avanguardia », dans *Elegie del caos. Civiltà classica e cultura moderna nell'opera di Pasolini*, éd. Giona Tuccini (Rome : Carocci, 2024), p. 55–69.

Nabokov, Vladimir, *Invito a una decapitazione* [1935], trad. Margherita Crepax (Milan : Adelphi, 2004)

Naldini, Nico, « *Cronologia* », dans Pier Paolo Pasolini, *Tutte le poesie*, i, p. lix–cxxvi

—— *Pasolini, biographie*, trad. René de Ceccatty (Paris : Gallimard, 1991)

—— *Pasolini. Pages retrouvées dans les champs du Frioul*, trad. Philippe Di Meo (Paris : Persona, 1984)

—— *Pasolini, una vita. Edizione ampliata con documenti inediti*, éd. Simone Gianesini (Albaredo d'Adige : Tamellini, 2014)

—— *Pasolini, una vita* (Turin : Einaudi, 1989)

—— *Pier Paolo Pasolini*, trad. René de Ceccatty (Paris : Gallimard, 1991)

Narboni, Jean, « Notre alpin quotidien », *Cahiers du cinéma*, 180 (1966), p. 58–60

Nigdélian-Fabre, Valérie, « *Vas*, l'impossible totalité », dans Nigdélian-Fabre, *Pétrole de Pasolini. Le Poème du retour* (Lyon : ENS Éditions, 2011), p. 231–56 <https://doi.org/10.4000/books.enseditions.4776>

Orlando, Francesco, *L'intimità e la storia. Lettura del « Gattopardo »* (Turin : Einaudi, 1998)

Oudart, Jean-Pierre, « Diffamations (Fragments) », *Cahiers du cinéma*, 266–267 (1976), p. 78–82

Panizza, Cesare, « Nicola Chiaromonte, "Tempo presente" e la 'crisi' della Francia », *Cahiers d'études italiennes*, 22 (2016), p. 203–17

Paquette, Julie, « Du lumpen prolétariat à la jeunesse aux cheveux longs : la problématique de l'innocence dans *La séquence de la fleur de papier* (1969) de Pier Paolo Pasolini », *Revue Hors Champ* (2014) <https://horschamp.qc.ca/article/du-lumpen-proltariat-la-jeunesse-aux-cheveux-longs> [consulté le 3 mars 2025]

—— « La question du refus face au pouvoir intégrateur, Pasolini et le poète déterré par les porcs à l'ère du fascisme de la société de consommation, *De(s)générations* (2024), p. 119–27

—— « Sade peintre de caractères ou la destitution des volontés d'absolu. Étude d'inspiration lefortienne » (thèse de doctorat sous la direction de Gilles Labelle, Université d'Ottawa, 2012)

Pasolini, Pier Paolo, « Abiura dalla "Trilogia della vita" » [1975], dans Pasolini, *Saggi sulla politica e sulla società*, p. 599–603

—— *Actes impurs, suivi de Amado mio*, trad. René de Ceccatty (Paris : Gallimard, 1984)

—— « L'addio a Parigi », dans Pasolini, *Tutte le poesie*, i, p. 1361–62

—— « Affabulazione », dans Pasolini, *Théâtre*, trad. Michèle Fabien, Titina Maselli et Alberte Spinette (Paris : Actes Sud, 1995), p. 119–208

—— « Un affetto e la vita », dans Pasolini, *Tutte le poesie*, ii, p. 103–04

—— « L'aigle », dans Pasolini, *Per il cinema*, i, p. 809–13

—— « L'Aigle et sa proie » [20 mai 1965], dans Pasolini, *Dialogues en public*, p. 193–95

—— « Alla Francia », dans Pasolini, *Tutte le poesie*, i, p. 1007

—— *Amado mio*, dans Pasolini, *Romanzi e racconti*, I, p. 197–268

—— « Le ambigue forme della ritualità narrativa » [1974], dans *Saggi sulla letteratura e sull'arte*, II, p. 2652–61

—— « Andy Warhol's Ladies & Gentlemen », dans Andy Warhol, *Ladies & Gentlemen* (New York : Skarstedt Gallery, 2009), p. 4–7

—— « Appendice ad *Atti impuri* », dans Pasolini, *Romanzi e racconti*, I, p. 129–94

—— « Appendice. La mala mimesi », dans Pasolini, *Saggi sulla letteratura e sull'arte*, I, p. 1391–99

—— « Appunti per una ballata per Gadda », dans Pasolini, *Tutte le poesie*, I, p. 1363

—— « L'article des lucioles » [1975], dans Pasolini, *Écrits corsaires*, p. 180–89

—— « L'Atena Bianca », dans Pasolini, *Per il cinema*, I, p. 1202–04

—— *Atti impuri*, dans Pasolini, *Romanzi e racconti*, I, p. 5–130

—— « Battute sul cinema », dans Pasolini, *Saggi sulla letteratura e sull'arte*, I, p. 1541–54

—— « Benedetto Croce e la poesia pura », dans Pasolini, *Saggi sulla letteratura e sull'arte*, p. 357–60

—— « Il Biondomoro » [1950], dans Pasolini, *Romanzi e racconti*, II, p. 362–72

—— *Calderòn* [1973], dans Pasolini, *Teatro*, éd. Walter Siti et Silvia De Laude (Milan : Mondadori, 2001), p. 659–758

—— « Callas », dans Pasolini, *Entretiens avec Jean Duflot* (Paris : Éditions Gutenberg, 2007), p. 232.

—— « Che fare del "Buon selvaggio" » [1970], dans Pasolini, *Saggi sulla politica e sulla società*, p. 217–22

—— « Le Cinéma de poésie », *Cahiers du cinéma*, 171 (1965), p. 54–64

—— « Il "cinema di poesia" », dans Pasolini, *Saggi sulla letteratura e sull'arte*, I, p. 1461–88

—— « Il cinema impopolare », dans Pasolini, *Saggi sulla letteratura e sull'arte*, I, p. 1600–10

—— « Il cinema secondo Pasolini », dans Pasolini, *Per il cinema*, II, p. 2890–2907

—— « Il codice dei codici » [1967], dans Pasolini, *Saggi sulla letteratura e sull'arte*, I, p. 1611–21

—— « Comunicato all'Ansa (Ninetto) », dans Pasolini, *Tutte le poesie*, II, p. 77–78

—— « Confessioni tecniche » [1966], dans Pasolini, *Per il cinema*, , II, p. 2768–81

—— « La confusione degli stili », dans Pasolini, *Saggi sulla letteratura e sull'arte*, I, p. 1070–88

—— *Contre la télévision*, trad. Caroline Michel et Hervé Joubert-Laurencin (Besançon : Les Solitaires intempestifs, 2003)

—— «[Cultura borghese – Cultura marxista – Cultura popolare]», dans Pasolini, *Saggi sulla letteratura e sull'arte*, II, p. 1995–2001
—— «Da Udine a Casarsa», dans Pasolini, *Romanzi e racconti*, I, p. 1330–33
—— *Le Dada du sonnet*, trad. Hervé Joubert-Laurencin (Besançon: Les Solitaires intempestifs, 2005)
—— «Dai "Dialoghi con Pasolini" su *Vie Nuove*», dans Pasolini, *Saggi sulla politica e sulla società*, p. 875–1089
—— «Dai "Quaderni rossi"», dans Pasolini, *Romanzi e racconti*, I, p. 131–57
—— «Dal diario di un insegnante» [1948], dans Pasolini, *Romanzi e racconti*, I, p. 1334–37
—— «Dal laboratorio (Appunti en poète per una linguistica marxista)», dans Pasolini, *Saggi sulla letteratura e sull'arte*, I, p. 1307–42
—— «Dalla leggenda topografico-sentimentale del Friuli», in *Romanzi e racconti*, II, p. 183–96
—— «La délirante rationalité de la géométrie religieuse», dans Pasolini, *Écrits sur le cinéma*, trad. Hervé Joubert-Laurencin (Lyon: Presses Universitaires de Lyon, 1987), p. 198–203
—— *Descriptions de descriptions*, trad. René de Ceccatty (Paris: Rivages, 1995)
—— *Descrizioni di descrizioni*, dans Pasolini, *Saggi sulla letteratura e sull'arte*, II, p. 1865–2224
—— *Dialogues en public*, trad. François Dupuigrenet Desroussilles (Paris: Sorbier, 1980)
—— «Discours sur le plan séquence comme sémiologie de la réalité», *Cahiers du cinéma*, 192 (1967), p. 26–30
—— «Una disperata vitalità», dans Pasolini, *Tutte le poesie*, I, p. 1182–1202
—— *Il disprezzo della provincia* [1951–52], dans Pasolini, *Romanzi e racconti*, I, p. 421–520
—— «Dittatura in fiaba», dans Pasolini, *Saggi sulla letteratura e sull'arte*, I, p. 337–40
—— «Una diversa esperienza vitale» [1965], dans Pasolini, *Saggi sulla politica e sulla società*, p. 828–29
—— *La Divina Mimesis* [1975], dans Pasolini, *Romanzi e racconti*, II: *1961–1975*, p. 1071–58
—— *La Divine Mimésis*, trad. Danièle Sallenave (Paris: Bartillat, 2023)
—— *Douce, et autres textes*, trad. Marguerite Pozzoli (Arles: Actes Sud, 2000)
—— «Dove va la poesia?» [1959], dans Pasolini, *Saggi sulla letteratura e sull'arte*, I, p. 2734–39
—— *Écrits corsaires*, trad. Philippe Guilhon (Paris: Flammarion, 1976)
—— *Empirismo eretico* [1972], dans Pasolini, *Saggi sulla letteratura e sull'arte*, I, p. 1241–1683
—— «Entretien avec Jean-André Fieschi», *Cahiers du cinéma*, 195 (1967), p. 12–17
—— «Essere è naturale?» [1968], dans Pasolini, *Saggi sulla letteratura e sull'arte*, I, p. 1562–69

—— « L'estetica dell'osceno », dans Pasolini, *Saggi sulla letteratura e sull'arte*, II, p. 2002–07

—— « L'esthétique de l'obscène », dans Pasolini, *Descriptions de descriptions*, trad. René de Ceccatty (Paris : Rivages, 1995), p. 181-85, nouvelle éd. augmentée (Paris : Editions Manifeste, 2022), p. 270–74

—— « Évangile rouge » [22 octobre 1964], dans Pasolini, *Dialogues en public*, p. 139–41

—— *L'Expérience hérétique. Langue et cinéma*, trad. Anna Rocchi-Pullberg (Paris : Payot, 1976)

—— « Le fasi del corvo », dans Pasolini, *Per il cinema*, I, p. 824–27

—— « La fine dell'avanguardia (appunti per una frase di Goldmann, per due versi di un testo d'avanguardia, e per un'intervista di Barthes) » [1966], dans Pasolini, *Saggi sulla letteratura e sull'arte*, I, p. 1400–28

—— « Foglie Fuejs », dans Pasolini, *Romanzi e racconti*, I, p. 1294–97 (p. 1295)

—— « Les Formes ambiguës du rituel narratif », dans Pasolini, *Écrits sur le cinéma*, trad. Hervé Joubert-Laurencin (Lyon : Presses Universitaires de Lyon, 1987), p. 203–10

—— « Frammento alla morte », dans Pasolini, *Tutte le poesie*, I, p. 1050

—— « Freud connaît bien les astuces du grand romancier », trad. Gilles Dupuis, *Liberté*, 38 (1996), p. 27–34

—— « Gadda. Le Novelle dal ducato in fiamme » [1954], dans Pasolini, *Saggi sulla letteratura e sull'arte*, I, p. 1049–55

—— « Gli adorati toponimi », dans Pasolini, *Romanzi e racconti*, II, p. 163–67

—— « Gli studenti di *Ombre rosse* », dans Pasolini, *Saggi sulla politica e sulla società*, p. 1157–58

—— « Godard », *Cahiers du cinéma*, hors-série « Pasolini cinéaste » (1981), p. 28

—— « Il Gracco », dans Pasolini, *Tutte le poesie*, II, p. 61–63

—— « La Guinea », dans *Tutte le poesie*, I, p. 1085–92

—— « Haikai dei rimorsi », dans Pasolini, *Tutte le poesie*, I, p. 556–57

—— *I dialoghi*, éd. Giovanni Falaschi (Rome : Editori Riuniti, 1992)

—— « I diseredati sono il nostro "Terzo Mondo" », dans Pasolini, *Saggi sulla politica e sulla società*, p. 825–29

—— « Intervention au congrès du Parti radical » [1975], dans Pasolini, *Lettres luthériennes*, trad. Anna Rocchi Pullberg (Paris : Seuil, 2000), p. 221–33

—— « [Intervista rilasciata a Clemente Ciattaglia] », dans Pasolini, *Saggi sulla politica e sulla società*, p. 1682–88

—— « [Intervista rilasciata a Ferdinando Camon] », dans Pasolini, *Saggi sulla politica e sulla società*, p. 1626–46

—— *Interviste corsare sulla politica e sulla vita 1955–1975*, éd. Michele Gulinucci (Rome : Liberal Atlantide Editoriale, 1995)

—— « Italo Calvino, *Le città invisibili* », dans Pasolini, *Saggi sulla letteratura e sull'arte*, II, pp. 1724–30

—— « Ladies and gentlemen » [1975], dans Pasolini, *Saggi sulla letteratura e sull'arte*, II, pp. 2710–14

—— « [Le "maglie"] », dans Pasolini, *Romanzi e racconti*, I, p. 272–92

—— « Lengas dai frus di sera », dans Pasolini, *Tutte le poesie*, II, p. 460–62

—— « Lettera aperta » [1966], dans Pasolini, *Per il cinema*, I, p. 830–31

—— « Lettera del traduttore » [1960], dans Pasolini, *Teatro*, p. 1007–09

—— *Lettere 1940–1954*, éd. Nico Naldini (Turin : Einaudi, 1986)

—— *Lettere 1955–1975*, éd. Nico Naldini (Turin : Einaudi, 1988)

—— *Le lettere*, éd. Antonella Giordano et Nico Naldini (Milan : Garzanti, 2021)

—— lettre à Gianfranco Contini (18 août 1947), dans Pasolini, *Le lettere*, éd. Antonella Giordano et Nico Naldini (Milan : Garzanti, 2021), p. 575

—— *Lettres luthériennes. Petit traité pédagogique*, trad. Anna Rocchi Pullberg (Paris : Seuil, 2002), p. 42

—— « La lingua scritta della realtà », dans Pasolini, *Saggi sulla letteratura e sull'arte*, I, p. 1503–40

—— « M. Daniel-A. Baudry : *Gli omosessuali* » [1974], dans Pasolini, *Saggi sulla politica e sulla società*, p. 487–94

—— « Mario Soldati, *Lo smeraldo* », dans Pasolini, *Saggi sulla letteratura e sull'arte*, p. 2174–79

—— « Marxisme et religiosité » [1961], dans Pasolini, *Dialogues en public*, p. 79–82

—— « Marxismo e religiosità » [1961], dans Pasolini, *I dialoghi*, p. 203–07

—— « Mettiamo insieme… », dans Pasolini, *Saggi sulla politica e sulla società*, p. 740

—— « La mia periferia », dans Pasolini, *Saggi sulla letteratura e sull'arte*, I, p. 2727–33

—— « Le mie proposte su scuola e Tv » [1975], dans Pasolini, *Saggi sulla politica e sulla società*, p. 693–99

—— « Mircea Eliade, *Mito e realtà*, Elias Canetti, *Potere e sopravvivenza* », dans Pasolini, *Saggi sulla letteratura e sull'arte*, II, p. 2113–18

—— « Monologo sugli Ebrei », dans Pasolini, *Tutte le poesie*, I, p. 1338–46

—— « No, i dis di no », dans Pasolini, *Tutte le poesie*, I, p. 375–77

—— « Non ho amato Claudel », dans Pasolini, *Saggi sulla letteratura e sull'arte*, II, p. 2721

—— « [Nota all'*Usignolo della chiesa cattolica*] », dans Pasolini, *Saggi sulla letteratura e sull'arte*, I, p. 366–68

—— « Notte sull'ES », dans Pasolini, *Romanzi e racconti*, II, p. 395–411

—— « Le nuove questioni linguistiche », dans Pasolini, *Saggi sulla letteratura e sull'arte*, I, p. 1245–71

—— « O, la trappola », dans Pasolini, *Romanzi e racconti*, I, p. 1313–16

—— « Observations sur le plan-séquence », dans Pasolini, *L'Expérience hérétique* (Paris : Payot, 1976), p. 88–92

—— *L'odore dell'India*, dans Pasolini, *Romanzi e racconti*, I, p. 1197–1286

—— « Opera "ideo-comica" con tema religioso », dans Pasolini, *Per il cinema,* II, p. 2908–10

—— « Operetta marina », dans Pasolini, *Romanzi e racconti,* II, p. 367–420

—— « Osservazioni sul piano-sequenza » [1968], dans Pasolini, *Saggi sulla letteratura e sull'arte,* I, p. 1555–61

—— « Paesaggio del romanzo d'ambiente », dans Pasolini, *Romanzi e racconti,* II, p. 181–83

—— « Pasolini : l'Italia una fossa dei serpenti », entretien avec Gian Luigi Rondi, *Il Tempo,* 24 août 1975

—— *Pasolini par Pasolini : entretiens avec Jon Halliday,* trad. René de Ceccatty (Paris : Seuil, 2022)

—— *Pasolini su Pasolini. Conversazioni con Jon Halliday* [1968–1971], dans Pasolini, *Saggi sulla politica e sulla società,* p. 1283–1399

—— *Passione e ideologia* [1960], dans Pasolini, *Saggi sulla letteratura e sull'arte,* I, p. 709–1239

—— « Il pasticciaccio » [1958], dans Pasolini, *Saggi sulla letteratura e sull'arte,* I, p. 1055–61

—— « La pazzesca razionalità della geometria religiosa » [1974], dans Pasolini, *Saggi sulla letteratura e sull'arte,* II, p. 2638–44

—— *Per il cinema,* éd. Walter Siti et Franco Zabagli, 2 vol. (Milan : Mondadori, 2001)

—— *Le Père sauvage,* trad. José Guidi (Paris : Les Formes du Secret, 1980)

—— *Pétrole,* trad. René de Ceccatty (Paris : Gallimard, 1995/2006/2022)

—— *Petrolio,* dans Pasolini, *Romanzi e racconti,* II, p. 1161–1830

—— *Petrolio,* éd. Maria Careri et Walter Siti (Milan : Garzanti, 2022)

—— *Petrolio,* éd. Silvia De Laude (Milan : Mondadori, 2005)

—— « Il pianto della scavatrice » [1956], dans Pasolini, *Tutte le poesie,* I, p. 838

—— « Picasso », dans Pasolini, *Tutte le poesie,* I, p. 788–89

—— « Poesia in forma di polemica », dans Pasolini, *Tutte le poesie,* II, p. 975–77

—— *Poesie e pagine ritrovate,* éd. Andrea Zanzotto et Nico Naldini (Rome : Lato Side, 1980)

—— *Poésie en forme de rose,* trad. René de Ceccatty (Paris : Payot & Rivages, 2015)

—— « Poesie mondane », dans Pasolini, *Tutte le poesie,* I, p. 1093–1101

—— *Poésies 1953–64,* trad. José Guidi (Paris : Gallimard, 1973)

—— *Poeta delle Ceneri,* dans Pasolini, *Tutte le poesie,* II, p. 1261–88

—— *Polemica. Politica. Potere. Conversazioni con Gideon Bachmann,* éd. Riccardo Costantini (Milan : Chiarelettere, 2015)

—— *Polémique Politique Pouvoir. Conversations avec Gideon Bachmann,* trad. Fabien Trémeau (Paris : Éditions critiques, 2024)

—— *Porno-Théo-Kolossal* [1975], trad. Hervé Joubert-Laurencin, dans Pasolini, *Porno-Théo-Kolossal, suivi de Le Cinéma,* éd. Davide Luglio (Paris : Mimésis, 2016), p. 57–78

—— « Profezia », dans Pasolini, *Tutte le poesie*, I, p. 1285–91

—— « Progetto di opere future », dans Pasolini, *Tutte le poesie*, I, p. 1245–56

—— *Quaderni rossi*, Centro Studi Pier Paolo Pasolini (Fondo Nico Naldini), Casarsa della Delizia

—— « Que faire du bon sauvage », trad. Nunzia Javarone, *Vice versa Magazine transculturel*, 1.1 (1983), p. 1 ; 10–11

—— *Qui je suis* [1967], trad. Jean-Pierre Milelli et Graziella Chiarcossi (Paris : Arléa, 2015)

—— « La rabbia », dans Pasolini, *Per il cinema*, I, p. 355–404

—— « Ragazzo e Trastevere », dans Pasolini, *Romanzi e racconti*, I, p. 1383–86

—— *La Rage*, trad. Patrizia Atzei et Benoît Casas (Caen : Nous, 2014)

—— « Razionalità e metafora in Pier Paolo Pasolini », dans Pasolini, *Per il cinema*, II, p. 2911–17

—— « La realtà », dans *Tutte le poesie*, I, p. 1109–23

—— *La Religion de mon temps*, éd. et trad. René de Ceccatty (Paris : Rivages poche, 2020)

—— *La religione del mio tempo* (Milan : Garzanti, 1961)

—— « La Resistenza negra », dans Pasolini, *Saggi sulla letteratura e sull'arte*, II, p. 2344–55

—— *Le Rêve d'une chose*, trad. Angélique Levi (Paris : Gallimard, 1965)

—— « Risvolto di copertina », dans Pasolini, *Per il cinema*, I, p. 828–29

—— « Rital e raton », dans Pasolini, *Romanzi e racconti*, II, p. 865–87

—— « Roma e Milano », dans Pasolini, *Saggi sulla letteratura e sull'arte*, I, p. 771–73

—— « Le Roman des massacres » [1974], dans Pasolini, *Écrits corsaires*, trad. Philippe Guilhon (Paris : Flammarion, 1976), p. 131–37

—— *Romanzi e racconti*, éd. Walter Siti et Silvia De Laude, 2 vol. (Milan : Mondadori, 1998)

—— « Il romanzo delle stragi » [1974], dans Pasolini, *Saggi sulla politica e sulla società*, p. 362–67

—— *Saggi sulla letteratura e sull'arte*, éd. Walter Siti et Silvia De Laude, 2 vol. (Milan : Mondadori, 1999)

—— *Saggi sulla politica e sulla società*, éd. Walter Siti et Silvia De Laude (Milan : Mondadori, 1999)

—— *Salò o le 120 giornate di Sodoma*, dans Pasolini, *Per il cinema*, II, p. 2032–60

—— *Salò, ou les 120 journées de Sodome*, Dossier de presse (1975)

—— « Salinari : riposta e replica » [1961], dans Pasolini, *Saggi sulla politica e sulla società*, p. 975–80

—— « Le Scénario comme structure tendant à être une autre structure », *Cahiers du cinéma*, 185 (1966), p. 76–83

—— « La sceneggiatura come "struttura che vuol essere altra struttura" », dans Pasolini, *Saggi sulla letteratura e sull'arte*, I, p. 1489–1502

—— « Le sentiment de l'histoire » [1970], trad. Hervé Joubert-Laurencin, *Trafic*, 17 (printemps 2010), p. 131–32

—— « Il sentimento della storia » [1970], dans Pasolini, *Saggi sulla letteratura e sull'arte*, II, p. 2819

—— « Siamo tutti in pericolo », dans Pasolini, *Saggi sulla politica e sulla società*, p. 1723–30

—— « Le soglie di Pordenone », dans *Un paese di temporali e di primule*, éd. Nico Naldini (Parme : Guanda, 1993), p. 228–231

—— « Squarci di notti romane », dans Pasolini, *Romanzi e racconti*, II, p. 329–61

—— « Stefano », dans Pasolini, *Romanzi e racconti*, II, p. 167–74

—— « Sur le cinéma » [1966–67], dans Pasolini, *L'Expérience hérétique. Langue et cinéma*, trad. Anna Rocchi-Pullberg (Paris : Payot, 1976), p. 197–207

—— « Sur le discours indirect libre », dans Pasolini, *L'Expérience hérétique*, p. 39–64

—— *Teatro*, éd. Walter Siti et Silvia De Laude (Milan : Mondadori, 2001)

—— « Témoignage pour les 121 », dans Pier Paolo Pasolini, *Contre la télévision et autres textes sur la politique et la société*, trad. Hervé Joubert-Laurencin et Caroline Michel (Besançon : Les Solitaires Intempestifs, 2003), p. 49–50

—— « Testimonianza per i 121 » [1960], dans Pasolini, *Saggi sulla politica e sulla società*, p. 738–39

—— « Il treno di Casarsa », dans Pasolini, *Romanzi e racconti*, I, p. 1437–43

—— *Tutte le poesie*, éd. Walter Siti, 2 vol. (Milan : Mondadori, 2003)

—— « *Uccellacci e uccellini* », *Cahiers du cinéma*, 179 (1966), p. 39

—— *Uccellacci e uccellini*, dans Pasolini, *Per il cinema*, I, p. 675–834

—— « L'uomo bianco », dans Pasolini, *Per il cinema*, I, p. 681–712

—— « Versi del testamento », dans Pasolini, *Tutte le poesie*, II, p. 118–19

—— *Una vita Violenta* (Milan : Garzanti, 1959)

—— « Vittoria » [1964], dans Pasolini, *Tutte le poesie*, I, p. 1259–70

—— « Voci nella città di Dio », dans Pasolini, *Saggi sulla letteratura e sull'arte*, I, p. 394

Pasolini, Pier Paolo, et Gideon Bachmann, *Gespräche 1963–1975 und Kommentar*, éd. Fabien Vitali et Gabriella Angheleddu, trad. et introd. Fabien Vitali, 2 vol. (Hambourg : Galerie der abseitigen Künste, 2022)

Péret, Benjamin, *La poesia surrealista francese* (Milan : Schwarz, 1959)

Petris, Enrico, *Rosso, nero e Pasolini* (Milan : Mimesis, 2015)

Picconi, Gian Luca, « Aroma di Vico. Appunti su Pasolini e Auerbach », *La Rivista di Engramma* 189 (2022), p. 11–43

—— « *Poesia in forma di rosa* di Pasolini : saggio di commento » (thèse de doctorat sous la direction de Giorgio Bertone, Université de Gênes, 2010)

—— « La "sopravvivenza" di Pasolini : modernità delle tradizioni popolari », dans *Le tradizioni popolari nelle opere di Pier Paolo Pasolini e Dario Fo*, éd. Lisa El Ghaoui et Federica Tummillo (Pise : Fabrizio Serra, 2014), p. 69–78

Pilard, Philippe, « Structuralisme et cinéma », *Image et son*, 175 (1964), p. 36–45

Pion, Alexandra, « Désirer, c'est imaginer », dans Pion, *Stendhal et l'érotisme romantique* (Rennes : Presses Universitaires de Rennes, 2010), p. 61–96 <https://doi.org/10.4000/books.pur.40497>

Pontillo, Corinne, *Di luce e di morte. Pier Paolo Pasolini e la fotografia* (Lentini : Duetredue, 2015)

—— « Pier Paolo Pasolini e Roland Barthes. Tracce fotografiche di un dialogo mancato », dans *Vedere, Pasolini*, éd. Andrea Cortellessa et Silvia De Laude (Dueville : Ronzani, 2022), p. 235–50

Proust, Marcel, *À la recherche du temps perdu*, éd. Pierre Clarac et André Ferré, 3 vol. (Paris : Gallimard, 1954)

Recalcati, Massimo, « Breve sintesi dei fondamenti della clinica del vuoto », dans *Il soggetto vuoto. Clinica psicanalitica delle nuove forme del sintomo*, éd. Massimo Recalcati (Trento : Edizioni Erickson, 2011), p. 15–34

Richter, Mario, « La solitudine di Pasolini (lettura dell'epigramma "Alla Francia") », *Paragone*, 326 (1977), p. 48–54

Riedel, Alfredo, *Poesia negra di espressione francese*, avec une préface de Léopold Sédar Senghor (Lanciano : Edizioni di Nuvole, 1957).

Riva, Silvia « Trames de mémoires documentaires et filmiques autour du Congo RC : du *Père sauvage* (1967) à *La Rage de Pasolini* (2008) », dans *Des Italiens au Congo aux Italiens du Congo*, éd. Daniele Comberiati et al. (Paris : L'Harmattan, 2020), p. 305–24

Roche, Denis, « Lettre à Roland Barthes sur la disparition des lucioles », dans Roche, *La Disparition des lucioles. Réflexions sur l'acte photographique* (Paris : Éditions de l'Étoile, 1982), p. 153–66

Ronsisvalle, Vanni, « Pasolini e Pound », *Galleria*, 35.1–4 (1985), pp. 168–74

Ropars-Wuilleumier, Marie-Claire, « À Pesaro : perspectives sur un nouveau cinéma » [1966], dans Ropars-Wuilleumier, *L'Écran de la mémoire – Essais de lecture cinématographique* (Paris : éditions du Seuil, 1970), p. 23–28

—— « Blow-up ou la fin des hypostases » [1967], dans Ropars-Wuilleumier, *L'Écran de la mémoire*, p. 126–32

—— « Le Cinéma lecteur de Gilles Deleuze », dans Ropars-Wuilleumier, *Le Temps d'une pensée*, éd. Sophie Charlin (Paris : Presses Universitaires de Vincennes, 2009), p. 167–74 <https://doi.org/10.4000/books.puv.132>

—— « L'Espace et le temps dans l'univers d'Antonioni » [1964], dans Ropars-Wuilleumier, *L'Écran de la mémoire*, p. 73–90

—— « La "Pensée du dehors" dans *L'Image-temps* (Deleuze et Blanchot) », dans Ropars-Wuilleumier, *Le Temps d'une pensée*, éd. Sophie Charlin (Paris : Presses Universitaires de Vincennes, 2009), p. 401–17 <https://doi.org/10.4000/books.puv.151>

—— « Réflexions sur la couleur dans le cinéma contemporain » [1965] dans Ropars-Wuilleumier, *L'Écran de la mémoire*, p. 160–73

—— « Réflexions sur les possibilités actuelles de l'expression cinématographiques », *Cahiers de l'Association internationale des études françaises*, 20 (1968), p. 221–37

Sade, D. A. F. de, *Les Cent Vingt Journées de Sodome ou l'École du libertinage* (Paris : Gallimard, 1990 [1785])

—— *L'Histoire de Juliette, ou les Prospérités du vice* (1801), dans Sade, *Œuvres*, éd. Michel Delon, 3 vol. (Paris : Gallimard, 1990–98), III (1998), p. 179–1262

Samoyault, Tiphaine, *Roland Barthes* (Paris : Seuil, 2015)

Santato, Guido, « Pasolini e Auerbach : tra "mescolanza degli stili" e "realismo creaturale" », dans Santato, *Pasolini oggi. Studi e letture* (Rome : Carocci, 2024), p. 53–68

Sartre, Jean-Paul, « L'analyse du referendum », dans Sartre, *Situations*, V, p. 145–59

—— « Les communistes et la paix », dans Sartre, *Situations*,VI : *Problemes du marxisme* (1964), p. 80–384

—— « Les Damnés de la terre », dans Sartre, *Situations*, V, p. 167–93

—— « Les grenouilles demandent un roi », dans Sartre, *Situations*, V, p. 113–44

—— « Orphée noir », dans Sartre, *Situations*, III : *Lendemains de guerre* (1947), p. 229–86

—— « Orphée noir », préface à *Anthologie de la nouvelle poésie nègre et malgache de langue française*, éd. Léopold Sédar Senghor (Paris : Presses Universitaires de France, 1948), p. IX–XLIV

—— *Situations*, 10 vol. (Paris : Gallimard, 1947–76)

—— « Une victoire » [1958], dans Sartre, *Situations*, V : *Colonialisme et Néo-Colonialisme* (1964), p. 72–88

Saussure, Ferdinand de, *Corso di linguistica generale*, éd. Tullio De Mauro (Rome-Bari : Laterza, 2006)

Sauvage, Emmanuelle, « L'Écriture du corps dans *Les Cent Vingt Journées de Sodome* de Sade », *Tangence*, 60 (1999), p. 119–33

Scarpa, Domenico, « Préface », dans Leonardo Sciascia, *Stendhal forever. Écrits 1970–89*, trad. Carole Cavallera (Paris : Cahiers de l'Hôtel de Galliffet, 2020), p. 9–21

Schwartz, Louis-Georges, « Typewriter : Free Indirect Discourse in Deleuze's "Cinema" », *SubStance*, 34.3 (2005), p. 107–35

Sciascia, Leonardo, *L'Affaire Moro* (Paris : Grasset, 1978), repris dans Sciascia, *Œuvres complètes*, éd. Mario Fusco, 3 vol. (Paris : Fayard, 1999–2002), II (2000)

—— « Il ritratto fotografico come entelechia » [1987], dans Sciascia, *Sulla fotografia*, éd. Diego Mormorio (Milan-Udine : Mimesis, 2020), p. 79–88

Senghor, Léopold Sédar, « Négritude et civilisation gréco-latine ou Démocratie et socialisme », *Bulletin de l'Association Guillaume Budé*, 1 (1966), p. 100–18

—— éd., *Anthologie de la nouvelle poésie nègre et malgache de langue française* (Paris : Presses Universitaires de France, 2016)

Sérodes, Serge, « De *Roman* à *De l'Amour*, ou comment ne plus échouer à parler de ce qu'on aime », dans Sérodes, *Persuasions d'amour. Nouvelles lectures de De l'Amour de Stendhal*, éd. Daniel Sangsue (Genève : Droz, 1999), p. 41–50

Sichère, Bernard, « Sade, l'impossible », *Lignes*,14 (mai 2004), p. 141–58 <https://doi.org/10.3917/lignes1.014.0141>

Siciliano, Enzo, *Pasolini, une vie*, trad. Jacques Joly et Emmanuelle Genevois (Paris : Éditions de la différence, 1983)

Siti, Walter, « Descrivere, narrare, esporsi », dans Pasolini, *Romanzi e racconti*, I, p. XCV–CXLIII

—— « Oltre il nostro accanito difenderla », dans Siti, *Quindici riprese*, p. 225–46

—— « Pasolini e Proust », dans Siti, *Quindici riprese*, p. 266–89

—— *Quindici riprese. Cinquant'anni di studi su Pasolini* (Milan : Rizzoli, 2022)

—— « Tracce scritte di un'opera vivente », dans Pasolini, *Romanzi e racconti*, I, p. XI–XCII

Siti, Walter, et Franco Zabagli, « Note e notizie sui testi », dans Pasolini, *Per il cinema*, II, p. 3033–3249

Siti, Walter, et Silvia De Laude, « Note e notizie sui testi », dans Pasolini, *Saggi sulla politica e sulla società*, p. 1732–1831

Siti, Walter, Maria Careri, Annalisa Comes et Silvia De Laude, « Note e notizie sui testi », dans Pasolini, *Tutte le poesie*, I, p. 1455–1774

Sobrero, Alberto, *Ho eretto questa statua per ridere. L'antropologia e Pier Paolo Pasolini* (Rome : Cisu, 2015)

Sollers, Philippe, *L'Écriture et l'expérience des limites* [1968] (Paris : Seuil, 1971)

Sontag, Susan, *Sulla fotografia. Realtà e immagine nella nostra società* [1977], trad. Ettore Capriolo (Turin : Einaudi, 1978)

Sorin, Cécile, *Pasolini, pastiche et mélange* (Saint-Denis : Presses Universitaires de Vincennes, 2017) <https://doi.org/10.3917/puv.sorin.2017.01>

Stendhal, *Correspondance*, éd. Henri Martineau et Victor Del Litto, 3 vol. (Paris : Gallimard, 1962–68)

—— *De l'amour* [1822], éd. Victor Del Litto (Paris : Gallimard, 1980)

—— *Dell'amore*, trad. Massimo Bontempelli (Milan : Istituto Editoriale italiano, 1916)

—— *Œuvres intimes*, éd. Victor Del Litto, 2 vol. (Paris : Gallimard, 1981–82)

—— *Il rosso e il nero*, trad. Massimo Bontempelli, 2 vol. (Milan : Istituto Editoriale Italiano, 1913)

—— *Le Rouge et le Noir*, dans Stendhal, *Romans et nouvelles*, éd. Henri Martineau, 2 vol. (Paris : Gallimard, 1952), I, p. 215–699

—— *Vie de Henry Brulard* [1835–36], dans Stendhal, *Œuvres intimes*, II, p. 523–959

—— *Voyages en Italie*, éd. Victor Del Litto (Paris : Gallimard, 1973)

Stora, Benjamin, *La guerre d'Algérie vue par les Algériens. Le temps des armes. Des origines à la bataille d'Alger*, prefazione di Mohammed Harbi, 2 vol. (Paris : Denoël, 2016)

Straub, Jean-Marie, « Entretien », *Cahiers du cinéma*, 224 (1970), p. 42

Subini, Tomaso, « Alcune considerazioni su *Salò* », dans *Corpus Pasolini*, éd. Alessandro Canadè (Cosenza : Luigi Pellegrini editore, 2008), p. 150–73

Taquin, Véronique, « Pathos et sacralité chez Pasolini. D'*Accattone* à *Salo ou les 120 journées de Sodome* », *Chroniques italiennes web*, 12 (avril 2007), p. 1–30

Ticciati, Simone, « L'errore di Picasso », *Paragone*, 33–34–35 (2001), p. 56–86

Tomasi di Lampedusa, Giuseppe, *Lezioni su Stendhal* (Palerme : Sellerio, 1987)

Toubiana, Serge, « Le Hasard arbitraire », *Cahiers du cinéma*, 262–263 (1976), p. 15–19

Trevi, Emanuele, « Edipo imbranato », préface à Hervé Guibert, *L'immagine fantasma* [1981], trad. Matteo Martelli (Rome : Contrasto, 2021), p. 5–15

Tricomi, Antonio, *Pasolini : gesto e maniera* (Soveria Mannelli : Rubbettino, 2005)

Ungari, Enzo, « Entretien avec Jean-Marie Straub et Danièle Huillet », *Cahiers du cinéma*, 260–261 (1975), p. 48

Viano, Maurizio, *A Certain Realism : Making Use of Pasolini's Film Theory and Practice* (Berkeley : University of California Press, 1993) <https://doi.org/10.1525/9780520912618>

Winnicott, Donald W., « Fear of Breakdown : A Clinical Example » [1974], *International Review of Psycho-Analysis*, 61 (1980), p. 351–57

Zanzotto, Andrea, « Pasolini poeta » [1980], dans Zanzotto, *Scritti sulla letteratura*, éd. Gian Mario Villalta, 2 vol. (Milan : Mondadori, 2001), II, p. 153–60

Zigaina, Giuseppe, « Pasolini and Death : a Purely Intellectual Thriller », dans *PPP : Pier Paolo Pasolini and Death*, éd. Bernhard Schwenk et Michael Semff (München : Hatje Canz, 2005), p. 25–40

—— *Pasolini e l'abiura. Il segno vivente e il poeta morto* (Venise : Marsilio, 1993)

—— *Pasolini e la morte. Mito, alchimia e semantica del « nulla lucente »* (Venise : Marsilio, 1987)

—— *Pasolini e la morte. Un giallo puramente intellettuale* (Venise : Marsilio, 2005)

Zimmer, Jacques, *Sade et le cinéma* (Paris : La Musardine, 2010)
Žižek, Slavoj, *Did Somebody Say Totalitarianism ? Five Interventions in the (Mis)use of a Notion* (Londres : Verso, 2002)

FILMOGRAPHIE

Bellocchio, Marco, Bernardo Bertolucci, Pasolini, Pier Paolo, Jean-Luc Goddard, Carlo Lizzani, *Amore e Rabbia* (*La Contestation*) (1969)
Biette, Jean-Claude, *Le Théâtre des matières* (1978)
Buñuel, Luis, *L'Âge d'or* (1930)
Cavani, Liliana, *Il portiere di notte* (*Portier de nuit*) (1974)
De Sica, Vittorio, *Ladri di biciclette* (*Le Voleur de bicyclette*) (1948)
Duval, Daniel, *Le Mariage de Clovis* (1967)
Falardeau, Pierre, *Le Temps des bouffons* (1985)
Ferreri, Marco, *La Grande Bouffe* (1973)
Fieschi, Jean-André, *Pasolini l'enragé* (1966)
La Settimana Incom, *Furia nera*, I215001 (24 novembre 1961), disponible sur l'Archivio Luce <https://patrimonio.archivioluce.com/luce-web/detail/IL5000036809/2/-13737> [consulté le 10 janvier 2025]
Pasolini, Pier Paolo, *Accattone* (1961)
—— *Appunti per un film sull'India* (*Notes pour un film sur l'Inde*) (1968)
—— *Appunti per un'Orestiade africana* (*Carnet de notes pour une Orestie africaine*) (1970)
—— *Comizi d'amore* (*Enquête sur la sexualité*) (1965)
—— *Il Decameron* (*Le Décameron*) (1971)
—— *Edipo re* (*Œdipe Roi*) (1967)
—— *Il fiore delle Mille e una note* (*Les Mille et Une Nuits*) (1974)
—— *I racconti di Canterbury* (*Les Contes de Canterbury*) (1972)
—— *Mamma Roma* (1962)
—— *Medea* (*Médée*) (1969)
—— *Porcile* (*Porcherie*) (1969)
—— *La rabbia* (*La Rage*) (1963)
—— *La Ricotta* (1963)
—— *Salò o le centoventi giornate di Sodoma* (*Salò ou les 120 journées de Sodome*) (1975)
—— *La sequenza del fiore di carta* (*La Séquence de la fleur de papier*) (1969)
—— *Sopralluoghi in Palestina per Il vangelo secondo Matteo* (*Repérages en Palestine pour L'Évangile selon saint Matthieu*) (1965)
—— *Teorema* (*Théorème*) (1968)
—— *La terra vista dalla luna* (*La Terre vue de la lune*) (1967)
—— *Uccellacci e uccellini* (*Des oiseaux, petits et gros*) (1966)
—— *Il vangelo secondo Matteo* (*L'Évangile selon saint Matthieu*) (1964)
Resnais, Alain, *Nuit et brouillard* (1956)
Straub, Jean-Marie, et Danièle Huillet, *Moïse et Aaron* (1974)
Syberberg, Hans-Jürgen, *Karl May* (1974)

Vecchiali, Paul, *Femmes femmes* (1974)

Notes sur les contributeurs

Marco Antonio Bazzocchi est professeur de Littérature italienne contemporaine et de l'époque romantique à l'Université de Bologne. Ses principaux centres d'intérêt incluent l'herméneutique littéraire appliquée à des auteurs des XIXe et XXe siècles, en particulier Leopardi, Pascoli, Pasolini, Campana. Ses domaines de recherche portent sur la représentation de la corporéité dans le texte en tant que vecteur de représentations symboliques, les relations entre littérature et anthropologie, ainsi que la fonction de la visualité dans les œuvres littéraires. Il a publié des essais sur Pasolini, Leopardi, Longhi, et sur la transformation de l'Italie à travers la littérature moderne. Parmi ses essais récents : *Esposizioni. Pasolini, Foucault e l'esercizio della verità* (2027), *Con gli occhi di Artemisia* (2021), *Cento. Un grattacielo di racconti* (2022) et une anthologie consacrée aux écrits d'Ezio Raimondi (*Le buone letture di Ezio Raimondi*, 2024).

Pierre-Paul Carotenuto est lecteur titulaire de français à l'Università Statale de Milan et il y enseigne également la traduction littéraire entre le français et l'italien. Ses recherches ont porté sur certains aspects du sacré pasolinien (« Bestemmia e l'antimedioevo pasoliniano », dans *Il Medioevo secondo Pasolini*, dir. Silvia De Laude, Paolo Desogus, et al., *La rivista di Engramma*, 2022). Sa monographie sur l'influence du franciscanisme dans l'œuvre pasolinienne est sur le point de sortir. Il s'est aussi intéressé à une anthologie pasolinienne de chants populaires et à l'autotraduction littéraire.

Andrea Cortellessa enseigne la littérature italienne contemporaine à l'Université Roma Tre ; en 2018, il a occupé la chaire « De Sanctis » à l'École polytechnique de Zurich. Il a publié des essais et des anthologies, édité des textes et organisé des expositions d'auteurs italiens du XXe siècle et contemporains, réalisé des émissions de radio et de télévision, des spectacles de théâtre et de musique. Parmi ses derniers livres figurent la nouvelle édition augmentée de *Le notti chiare erano tutte un'alba. Antologia di poeti italiani nella Prima guerra mondiale* (2018), *Andrea Zanzotto. Il canto nella terra* (2021), *Filologia fantastica. Ipotizzare, Manganelli* (2022), *Con l'ascia dietro le nostre spalle. Amelia Rosselli* (2024), *Forse che sì. Joyce tra Pascoli e Gadda* (2025) et *Una ragione di più per andare all'Inferno. Vedere, Pasolini* (2025). Il a édité, entre autres, les numéros que « Riga » a consacrés à Manganelli (avec Marco Belpoliti, 2006 et 2022), l'exposition *Illustrazioni per libri inesistenti* (Museo di Roma in Trastevere, 2023) et le recueil des écrits de Manganelli sur l'art

Emigrazioni oniriche (2023) ; ainsi que les volumes collectifs *Vedere, Pasolini* (avec Silvia De Laude, 2022) et *Arbasino A-Z* (2023).

Silvia De Laude, de formation philologue romane, travaille actuellement à l'Université de Rome « La Sapienza ». Elle a enseigné la littérature contemporaine à l'Université de Milan Bicocca et à l'Université de Genève. Elle fait partie de la rédaction de la « Rivista di Engramma », du comité de direction des « Annali della Fondazione Gramsci » et du comité de direction de la revue « Letteratura&cinema ». Elle est membre de la Fondazione Giuliano Scabia de Florence. Elle a édité, entre autres, Del romanzo storico e, in genere, de' componimenti misti di storia e d'invenzione pour l'« Édition Nationale et Européenne des Œuvres d'Alessandro Manzoni », avec une introduction de Folco Portinari et une préface de Giovanni Macchia (2000), et a collaboré avec Walter Siti à l'édition des dix volumes des œuvres complètes de Pasolini pour les « Meridiani » de Mondadori (1998-2003). Parmi ses derniers ouvrages : I due Pasolini. « Ragazzi di vita » prima della censura (2018) et La rondine di Pasolini, avec un texte d'Alessandro Zaccuri (2018). À paraître prochainement chez Il Saggiatore : Fly Trasnslove Airways. Un incontro mancato. Pasolini e Mario Mieli.

Paolo Desogus est maître de conférences à Sorbonne Université. Ses recherches portent principalement sur la production littéraire italienne de l'après-guerre et sur les rapports entre cinéma et littérature. Il travaille sur plusieurs auteurs, parmi lesquels Pier Paolo Pasolini et Antonio Gramsci. Il collabore également avec le Centro Studi Pasolini de Casarsa della Delizia en tant que co-directeur de l'école d'été. Pour ses travaux de recherche, il a reçu en 2015 le Prix Pasolini de la Cinémathèque de Bologne et en 2023 le Prix Sormani de la Fondation Institut Gramsci du Piémont. Sa nouvelle monographie, *In difesa dell'umano. Pasolini tra passione e ideologia,* est parue en 2025.

Pierre Eugène est maître de conférences à l'Université de Picardie Jules-Verne et membre du comité de rédaction des *Cahiers du cinéma*. Ses travaux portent sur les écrits suscités par le cinéma (critique et cinéphilie française), les liens entre cinéma et poésie (colloque *Zigzaguer /poésie & cinéma* en 2023 et 2024) et l'analyse de films. Il a publié *Exercices de relecture, Serge Daney 1962–82* (2023), *Serge Daney and Queer Cinephilia* avec Kate Ince et Marc Siegel (2024).

Manuele Gragnolati est professeur de littérature médiévale à Sorbonne Université, où il est directeur adjoint d'ELCI (Équipe Culture et Littérature Italiennes). Il est également directeur adjoint de l'ICI Berlin Institute for Cultural Inquiry et « senior research fellow » du Somerville College, Oxford. Il s'est principalement occupé de Dante, Petrarque et de la littérature du Moyen Âge. Sur Pasolini il a publié la monographie *Amor che move. Linguag-*

gio del corpo e forma del desiderio in Dante, Pasolini e Morante (2013). Il a également dirigé les volumes *The Scandal of Self-Contradiction : Pier Paolo Pasolini's Multistable Subjectivities, Traditions, Geographies* (2012 ; avec Luca Di Blasi et Christoph E. H. Holzhey) ; « *Petrolio* » *25 anni dopo. Biopolitica, eros e verità nell'ultimo romanzo di Pier Paolo Pasolini* (2020 ; avec Carla Benedetti et Davide Luglio) ; ainsi que Pier Paolo Pasolini, *Écrits sur la litterature italienne (1941–1974)* (2025 ; avec Andrea Agliozzo).

Anne-Violaine Houcke est maîtresse de conférences en histoire, esthétique et théorie du cinéma et de l'audiovisuel à l'Université Paris Nanterre. Elle étudie la présence de l'antiquité dans le cinéma moderne. Elle a publié *L'Antiquité n'a jamais existé. Fellini et Pasolini archéologues* (2022). Pour son travail de recherche sur Pasolini, elle a reçu en 2013 le prix Pasolini de la Cinémathèque de Bologne. Elle est responsable du projet international de recherche « ICAAR : temps réInventés : Cinéma, Antiquités, Archéologie », soutenu par le labex Les passés dans le présent et en partenariat avec le musée du Louvre et l'Université d'Oxford. Pensionnaire de la Villa Médicis en 2015–16, elle a initié une recherche sur l'œuvre photographique et cinématographique de Cecilia Mangini, et travaille à l'écriture d'une monographie sur son œuvre.

Hervé Joubert-Laurencin est professeur d'esthétique et d'histoire du cinéma à l'Université Paris Nanterre. Il est membre Senior de l'Institut Universitaire de France depuis 2022. Familier de longue date de l'œuvre de Pier Paolo Pasolini, dont il est traducteur en français, il a aussi écrit sur le cinéma d'animation et édité les *Écrits complets* d'André Bazin (2018). Il a réalisé des films avec Marianne Dautrey (*Bazin roman*, 2019 ; *Fontaine. Trente-trois minutes à la documenta fifteen*, 2023). Parmi ses ouvrages sur Pasolini : *Théorème* (2024) ; *Le Grand Chant. Pasolini poète et cinéaste* (2022) ; *Salò ou les 120 journées de Sodome* (2012) ; *Le dernier poète expressionniste. Écrits sur Pasolini*, *Besançon* (2005) ; *Pasolini. Portrait du poète en cinéaste* (1995). Il travaille actuellement à un projet long de création et de recherche autour de quatre cinéastes de la subversion : Pasolini, Rocha, Fassbinder et Oshima.

Davide Luglio est professeur de littérature italienne moderne et contemporaine à Sorbonne Université. Ses domaines de recherche sont les rapports entre philosophie et littérature et la littérature italienne contemporaine. Il dirige l'Équipe Littérature et Culture Italiennes (ELCI, UR 1496) et l'UFR d'Études italiennes de Sorbonne Université et est directeur de la *Revue des Études Italiennes*. Il a consacré de nombreux travaux à l'œuvre de P.P. Pasolini, parmi ses dernières publications : « Pasolini e Nietzsche : Elementi per una genealogia », *Syzetesis* 10 (2023), « Naissance et renaissance d'un "poète de choses" », dans *Tout sur Pasolini* (2022) ; « Le cose e le immagini. Dalla transustanziazione del segno alla polisemia della realtà", *La Rivista di Engramma*, 181 (2021).

Davide Messina est professeur d'études italiennes et comparées à l'Université d'Édimbourg, Écosse. Sa recherche couvre un large éventail de sujets, de la première modernité à l'époque contemporaine. Sur Pasolini, il a récemment publié : « Il canto del violino solo : Pasolini e la *Ciaccona* di Bach », *Intersezioni*, 2024 ; « La retroguardia del paradiso : Pasolini e la lingua del futuro », *Annali d'italianistica*, 2022 ; « Condizioni di felicità : la performatività retroattiva di *Petrolio* », dans *Petrolio 25 anni dopo* (2020) ; *Pasolini et son chant du signe : écriture, cinéma, musique* (2018).

Julie Paquette est professeure agrégée à l'École d'innovation sociale Élisabeth-Bruyère, à l'Université Saint-Paul à Ottawa. Sa thèse de doctorat en études politiques s'intitulait « Sade peintre de caractère ou la destitution des volontés d'absolu » (2012). Elle a, depuis, consacré ses travaux à l'œuvre de Pier Paolo Pasolini. Parmi ses publications : *Arts, entre libertés et scandales, études de cas* (codir. avec Emmanuelle Sirois et Ève Lamoureux, 2020) ainsi que des articles sur Pasolini dans les revues *De(s)générations, Théâtre public, Romanic Review, ThéoRèmes, Cinémas, Magazine littéraire, Nouveaux cahiers du socialisme* et *Oltreoceano*.

Gian Luca Picconi a obtenu en 2010 son doctorat en philologie, interprétation et histoire des textes italiens et romans à l'Université de Gênes avec une thèse intitulée « Poesia in forma di rosa di Pasolini : saggio di commento ». Il a publié le volume *La cornice e il testo. Pragmatica della non-assertività* (2020), ainsi que des essais sur la littérature contemporaine dans des ouvrages collectifs, des revues scientifiques et engagées.

Cécile Sorin est actuellement professeure au département Cinéma de l'Université Paris 8. Après avoir consacré un ouvrage aux *Pratiques de la parodie et du pastiche au cinéma* (2010), et un second sur le pastiche pasolinien, *Pasolini, pastiche et mélange* (2017), elle interroge les processus de subjectivation dans le cinéma pasolinien et le cinéma français contemporain notamment le cinéma de banlieue et l'autoproduction. Elle questionne également les racines de l'écosophie à partir de la pensée de Pasolini.

Fabien Vitali est *wissenschaftlicher Mitarbeiter* à l'université de Siegen (Allemagne). Il a obtenu son doctorat à la Scuola Normale Superiore di Pisa sur l'œuvre essayistique de Giuseppe Tomasi di Lampedusa. Ses nombreux travaux sur Pasolini comprennent également la traduction et le commentaire des conversations de Pasolini avec le journaliste de cinéma juif Gideon Bachmann, qui ont été récompensées en 2023 par le prix de la traduction du ministère italien des Affaires étrangères (Pasolini-Bachmann, *Gespräche 1963–1975*, 2022). Il a traduit en allemand les dialogues de Pasolini avec les lecteurs du magazine communiste « Vie Nuove » des années 1960 (2025). Depuis 2025, il est éditeur de la série Sefiroth| ספירות à la Galerie der abseitigen Künste de Hambourg. C'est là qu'a récemment été publié son essai « Der Zeit widersprechen », une étude sur la dimension performative de la critique culturelle de Pasolini.

Index

Cultural Inquiry

EDITED BY CHRISTOPH F. E. HOLZHEY
AND MANUELE GRAGNOLATI

VOL. 1 TENSION/SPANNUNG
Edited by Christoph F. E. Holzhey

VOL. 2 METAMORPHOSING DANTE
Appropriations, Manipulations, and Rewritings in the Twentieth and Twenty-First Centuries
Edited by Manuele Gragnolati, Fabio Camilletti, and Fabian Lampart

VOL. 3 PHANTASMATA
Techniken des Unheimlichen
Edited by Fabio Camilletti, Martin Doll, and Rupert Gaderer

VOL. 4 Boris Groys / Vittorio Hösle
DIE VERNUNFT AN DIE MACHT
Edited by Luca Di Blasi and Marc Jongen

VOL. 5 Sara Fortuna
WITTGENSTEINS PHILOSOPHIE DES KIPPBILDS
Aspektwechsel, Ethik, Sprache

VOL. 6 THE SCANDAL OF SELF-CONTRADICTION
Pasolini's Multistable Subjectivities, Geographies, Traditions
Edited by Luca Di Blasi, Manuele Gragnolati, and Christoph F. E. Holzhey

VOL. 7 SITUIERTES WISSEN UND REGIONALE EPISTEMOLOGIE
Zur Aktualität Georges Canguilhems und Donna J. Haraways
Edited by Astrid Deuber-Mankowsky and Christoph F. E. Holzhey

VOL. 8 MULTISTABLE FIGURES
On the Critical Potentials of Ir/Reversible Aspect-Seeing
Edited by Christoph F. E. Holzhey

VOL. 9 Wendy Brown / Rainer Forst
THE POWER OF TOLERANCE
Edited by Luca Di Blasi and Christoph F. E. Holzhey

Vol. 10 DENKWEISEN DES SPIELS
Medienphilosophische Annäherungen
Edited by Astrid Deuber-Mankowsky and Reinhold Görling

Vol. 11 DE/CONSTITUTING WHOLES
Towards Partiality Without Parts
Edited by Manuele Gragnolati and Christoph F. E. Holzhey

Vol. 12 CONATUS UND LEBENSNOT
Schlüsselbegriffe der Medienanthropologie
Edited by Astrid Deuber-Mankowsky and Anna Tuschling

Vol. 13 AURA UND EXPERIMENT
Naturwissenschaft und Technik bei Walter Benjamin
Edited by Kyung-Ho Cha

Vol. 14 Luca Di Blasi
DEZENTRIERUNGEN
Beiträge zur Religion der Philosophie im 20. Jahrhundert

Vol. 15 RE-
An Errant Glossary
Edited by Christoph F. E. Holzhey and Arnd Wedemeyer

Vol. 16 Claude Lefort
DANTE'S MODERNITY
An Introduction to the Monarchia; with an Essay by Judith Revel. Translated by Jennifer Rushworth
Edited by Christiane Frey, Manuele Gragnolati, Christoph F. E. Holzhey, and Arnd Wedemeyer

Vol. 17 WEATHERING
Ecologies of Exposure
Edited by Christoph F. E. Holzhey and Arnd Wedemeyer

Vol. 18 Manuele Gragnolati and Francesca Southerden
POSSIBILITIES OF LYRIC
Reading Petrarch in Dialogue

Vol. 19 THE WORK OF WORLD LITERATURE
Edited by Francesco Giusti and Benjamin Lewis Robinson

Vol. 20 MATERIALISM AND POLITICS
Edited by Bernardo Bianchi, Emilie Filion-Donato, Marlon Miguel, and Ayşe Yuva

Vol. 21 OVER AND OVER AND OVER AGAIN
Reenactment Strategies in Contemporary Arts and Theory
Edited by Cristina Baldacci, Clio Nicastro, and Arianna Sforzini

Vol. 22 QUEERES KINO / QUEERE ÄSTHETIKEN ALS DOKUMENTATIONEN DES PREKÄREN
Edited by Astrid Deuber-Mankowsky and Philipp Hanke

Vol. 23 OPENNESS IN MEDIEVAL EUROPE
Edited by Manuele Gragnolati and Almut Suerbaum

Vol. 24 ERRANS
Going Astray, Being Adrift, Coming to Nothing
Edited by Christoph F. E. Holzhey and Arnd Wedemeyer

Vol. 25 THE CASE FOR REDUCTION
Edited by Christoph F. E. Holzhey and Jakob Schillinger

Vol. 26 UNTYING THE MOTHER TONGUE
Edited by Antonio Castore and Federico Dal Bo

Vol. 27 WAR-TORN ECOLOGIES, AN-ARCHIC FRAGMENTS
Reflections from the Middle East
Edited by Umut Yıldırım

Vol. 28 Elena Lombardi
ULYSSES, DANTE, AND OTHER STORIES

Vol. 29 DISPLACING THEORY THROUGH THE GLOBAL SOUTH
Edited by Iracema Dulley and Özgün Eylül İşcen

Vol. 30 RETHINKING LYRIC COMMUNITIES
Edited by Irene Fantappiè, Francesco Giusti, and Laura Scuriatti

Vol. 31 PSYCHOTHERAPY AND MATERIALISM
Essays by François Tosquelles and Jean Oury
Edited by Marlon Miguel and Elena Vogman

Vol. 32 Astrid Deuber-Mankowsky
QUEER POST-CINEMA
Reinventing Resistance

Vol. 33 BREAKING AND MAKING MODELS
Edited by Christoph F. E. Holzhey, Marietta Kesting, and Claudia Peppel

Vol. 34 Rosa Barotsi
TIME AND THE EVERYDAY IN SLOW CINEMA

Vol. 35 Stella do Patrocínio
FALATÓRIO/CHATTER
Edited by Iracema Dulley and Marlon Miguel

Vol. 36 PASOLINI
Dialogues avec la France / Dialoghi con la Francia
Edited by M. A. Bazzocchi, P. Desogus, M. Gragnolati, A.-V. Houcke, H. Joubert-Laurencin, and D. Luglio

www.ingramcontent.com/pod-product-compliance
Lightning Source LLC
LaVergne TN
LVHW101915220826
846093LV00009B/262

* 9 7 8 3 9 6 5 5 8 1 0 4 3 *